KB105407

습관은 반드시 실천할 때 만들어집니다.

좋은습관연구소의 35번째 습관은 디지털 전환에 성공하는 기업의 습관입니다. 기업의 혁신 노력은 습관처럼 상시적으로 이루어져야 합니다. 특히 모든 것이 디지털화 되는 세상에서 전통 기업의 혁신 노력은 더욱 중요합니다. 이 책은 전통 기업의 입장에서 그동안 무엇 때문에 디지털 전환이 지지부진했는지 점검하고, 문제를 해결하기 위한 구체적인 실천 방안은 무엇인지 제시하고 있습니다. 오랫동안 관련 분야에서 일해 온 전문가의 제안인 만큼, 제안 하나하나가 공감과 탄성을 줍니다. 디지털 전환에 필요한 좋은 습관을 참고하여 디지털 경제에서 승자가 되는 '디지털 전통 기업'이 되었으면 합니다.

추 천 사

디지털 전환이라는 이름으로 앞다투어 조직을 만들고 인재 영입을 하고 첨단 기술을 도입했다. 그렇게 떠들썩하게 시작한 기업은 넘쳐 나지만 고객이 손꼽을 정도로 디지털 전환을 훌륭히 해낸 기업은 찾아보기 힘들다. 이 책은 비즈니스와 IT 사이, CEO와 조직원들 사이 어디쯤에서 고민하고 있을 디지털 전환 담당자들의 답답함을 명료하게 정리했다. 경영진, 그중에서도 CEO와 오너들에게 전하고 싶은 메시지로 가득찬 책이다.

| 정중락 NH투자증권 WM디지털사업부 총괄대표 |

기업들의 디지털 전환은 비슷한 시기에 비슷한 모습으로 시작되었다. 그로부터 수년이 지난 현재, DX가 구체화된 모습과 결과는 기업마다 극명한 차이를 보인다. 80%의 기업은 여전히 안갯속을 걷고 있지만, 20%의 기업은 투자 대비 효용을 만들고 있다. 이 차이는 디지털 전환에 접근하는 시각의 문제에서 비롯되었다. 가장 보수적인 업종인 금융 대기업에서 디지털 전환의 여정을 총괄한 저자의 조언은 여전히 미로 속을 걷고 있는 기업에게 밝은 등대가 될 것이다.

| 우정훈 LG전자 H&A데이터플랫폼Task 수석전문위원/상무 |

디지털 전환에 대한 작가의 풍부한 실무 경험과 깊은 연구가 돋보인다. 작가는 날카로운 문제 의식과 심도 있는 분석을 통해 디지털 전환의 성공 요인을 명확하게 도출해냈다. 특히 고객을 위한 가치 혁신을 지속적으로 해내기 위해 전통 기업이 해결해야 하는 전략, 역량, 조직의 이슈들을 조목조목 짚어주었다. 디지털 시대에 새로운 경영을 고민하는 독자라면 일독을 권한다.

| 남영운 서울대학교 소비자학과 교수 |

책을 읽으면서 국내 대기업의 디지털 및 IT 담당 임원으로서 겪었던 수많은 에피소드들이 떠올랐다. 이 책에서 제시하고 있는 9가지 코드들이 있었다면 더 의미 있는 성과를 낼 수 있었을 것이라는 생각이 든다. 만약 다시 한번 CDO 역할을 맡게 된다면 "우리는 과연 디지털 혁신을 할 수 있는가?"라는 이메일을 보내는 대신 이 책을 그룹 회장단, 사장단, 현업 임원들에게 선물할 것이다.

| 김영호 메타넷글로벌 사업대표 |

디지털 초격차 코드 나인

디지털
전환에
성공하는
기업의
9가지 습관

◆

이상호 지음

좋은습관연구소

머 리 말

팬데믹이 끝나자마자 리세션Recession(경기 후퇴)이 걱정이다. 고물가, 고금리, 고환율의 3고(高) 현상이 지속되면서 경기 전망은 어둡기만 하다. 돈줄이 막힌 스타트업은 인력을 구조조정하고, 대기업은 성장을 위한 투자 대신 수익 확보에 혈안이 되고 있다. 또 다른 한편에서는 챗GPT가 몰고 온 생성 AI의 열풍에 떠밀려 너도나도 초거대언어모델LLM을 발표하고 생성형 AI 서비스를 도입한다고 발표한다. 이런 시기에 다시금 전통 기업의 디지털 전환을 이야기하는 이유는 무엇일까? 그것은 디지털 전환이 엔데믹과 함께 사라질 유행이 아니라 디지털 시대의 초격차 성장을 위한 경영 혁신이기 때문이다.

그동안 '디지털 트랜스포메이션'을 제목으로 달고 나온 책이 한두 권이 아니었다. 관련된 세미나도 숱하게 열렸다. 많은 기업이 참석하고 공부했지만, 여전히 디지털 전환을 추진하는 기업들은 성공보다 실패의 경험을 더 많이 갖고 있다. 왜 그런 걸까? 왜 돈은 썼는데, 바뀌는 건 없을까? 인재도 영입했는데, 왜 그들은 실력 발휘를 하지 못하는 걸까? 결과적으로 왜 이렇다 할 만한 성과는 아직 나오지 않는 걸까? 다시 한 번 생각해보자. 디지털 비즈니스의 속성은 모르고 있으면서 실리콘 밸리를 무작정 따라 하고 있는 건 아닐까? 무작정 빠른 실패Fast Fail를 많이 하면 커다란 성공Big Success에 도달한다고 믿고 있는 것은 아닐까?

어쩌면 우리는 더 이상 작동하지 않는 성공 방정식을 붙잡고 있으면서 여전히 '디지털'이 살 길이라고 외치면서 우왕좌왕하고 있는 것일지도 모른다. 앞의 질문은 디지털 전환을 추진하는 전통 기업의 임직원들이라면 한 번쯤은 던져본 것들이다. 필자도 같은 질문을 여러 번 했다. 이 책은 이러한 디지털 전환의 여러 문제를 총체적인 관점으로 하나씩 접근하고 나름의 해답을 구하고 있다. 경쟁 전략, 가치 혁신, 핵심 역량, 그리고 조직 문화까지, 디지털 경영의 전체 스펙트럼을 한 권에 담고 있다.

책은 전체 4부 15장 46개 꼭지(글)로 구성되어 있다. 개별 꼭지는 독립적인 소주제를 가지고 있지만, 전체적으로는 서로 연결된 모듈형 네트워크 형태를 띤다. 그래서 독자들은 관심 가는 꼭지부터 먼저 읽어도 된다. 하지만 필자는 처음부터 순서대로 읽는 것을 추천한다. 그리고 통상의 경영서와 달리 이 책은 주석이 상당히 많다. 독자의 이해를 돕고 인용의 출처를 밝혀서 추가적인 공부를 위한 정보 제공을 목적으로 욕심을 낸 부분이다. 책을 읽는데 방해가 되지 않고 잠깐씩 쉬어가는 정거장 같기를 기대한다.

1부는 '디지털 전환'에 대한 새로운 인식을 이야기하고 있다. 먼저 디지털 전환에 대한 기본적인 이해를 돕기 위해서 전환이 실패하는 이유와 전환을 둘러싼 다양한 주장들을 검토했다. 디지털 전환을 경영 패러다임의 시프트로 재인식해야 한다고 제안하고 리더가 '만드는' 비전의 중요성과 변화 관리를 위한 비전의 프로토타이핑을 자세히 다뤘다.

2부는 '절대 경쟁'에 관한 이야기이다. 가치 혁신으로 고객을 창출하는 절대 경쟁의 의미를 밝히고 혁신의 대상이 되는 고객 경험 혁신 CXI, 운영 혁신 OI, 비즈니스 모델 혁신 BMI의 3I를 명확하게 정리했다. 이론적인 내용이 많지만 핵심만 전달하기 위해서 가장 많이 연구하고 고민한 파트이다. 특히 플랫폼 비즈니스에 대해서는 개념 이해를 위한 이론뿐만이 아니라 현업의 시각에서도 도움이 되는 현실적인 조언을 담으려고 노력했다.

3부는 '디지털 역량'에 대한 이야기를 하고 있다. 디지털 역량을 '디지털 프로덕트를 만들 수 있는 세 가지 역량'으로 정의했다. 바로 개발Development, 디자인Design, 데이터Data 역량이다. 지속 가능한 경쟁 우위를 위해 3D 역량의 내재화가 왜 필요한지를 제시하고 각 역량별로 현업에서 경험했던 문제를 해결할 실천적 방안도 제안했다. 해당 역량의 전문가는 자기 동네보다 옆 동네를 돌아보는 재미가 있을 것이다.

4부는 '조직 문화' 이야기이다. 애자일 조직의 핵심은 진짜 팀의 구성이라는 점을 밝히고 팀 경영을 위해 필요한 세 가지 조직 문화에 대해 이슈와 해결 방안을 제시했다. 평평Flat하고, 빠르고Fast, 재미Fun있는 F3의 조직 문화에 대한 내용은 전통 대기업에서 디지털 조직을 운영했던 5년간의 고민을 녹여서 쓴 것이다. 특히 이 파트는 내 아들, 딸이 다니는 기업이 F3의 조직으로 전환하기를 바라는 마음으로 썼다.

전체를 요약해 보면 다음과 같다. 디지털 전환은 비전을 가진 CEO의 일이고 비전을 실행하는 주체는 현업이며 실행을 지원하는 파트너가 CDO이다. CDO에게 비전, 실행, 지원을 모두 맡기는 순간 CDO는 섬처럼 고립된다. 전통 기업의 경영자들은 디지털 전환을 디지털 경영을 향한 패러다임 시프트로 재인식하는 것이 필요하다. 기술의 도입이 아니라 디지털 시대의 성장을 위해 경영을 혁신하는 것이 전환의 핵심이다. 초격차 성장을 위한 가치 혁신은 시장 점유율에 매몰된 파이 뺏기 싸움이 아니다. 필자는 이것을 '절대 경쟁'이라 불렀다. 전통 기업은 절대 경쟁에서 승리하기 위해 고객 경험, 운영 프로세스, 비즈니스 모델을 혁신하여 고객 가치를 창출할 수 있어야 한다. 혁신을 지속하기 위해서는 필요한 디지털 역량을 확보해야 경쟁 우위 또한 지속 가능해진다. 그런데 이것은 결국 사람의 문제이기 때문에 조직의 변화 없이는 디지털 역량을 계속해서 유지하기가 어렵다. 디지털 전환을 총체적이고 전사적인 변화 과정이라고 인식해야 하는 이유이다.

필자는 2000년부터 15년간 국내의 다양한 산업에 속한 대기업들을 대상으로 CRM, 사업 전략, 빅데이터 분석 등을 컨설팅한 경험을 가지고 국내 최대 보험사에서 5년 동안 디지털 전환을 총괄하면서 디지털 전환의 실질적인 해답을 고민했다. 전통 기업의 현장에서 성공과 실패를 모두 경험하면서 깨우친 인사이트를 책 속에 모조리 담았다. 전통 기업의 조직원들은 각자의 자리에서 무엇을 해야 디지털 전환의 성공에 기여할 수 있는지 원점에서 다시 고민할 수 있다.

책의 주제는 전통 기업의 디지털 전환을 다루고 있지만, 많은 내용이 디지털 전환 이후의 경영의 실제에 대해 설명하고 있다. 그래서 디지털 비즈니스를 시작하는 스타트업 종사자들에게도 유익한 인사이트를 준다. 그리고 지식 확장을 위한 이론적인 내용은 물론이고 업무에 적용할 수 있는 실천적인 조언도 포함하고 있어 리더를 꿈꾸는 MZ 세대가 읽으면 전문성과 현실감을 가지고 미래 경영을 준비할 수도 있다.

혼자서 디지털 전환의 총체적 모습을 조망한다는 기획은 솔직히 처음부터 부담이 큰 작업이었다. 자료 조사와 정리 그리고 한 꼭지씩 글을 쓰면서 책값은 하는 책을 쓰겠다는 각오로 1년이 넘는 시간 동안 집필에 매진했다. 비판적 책 읽기에 눈을 뜨게 해주신 평생의 은사 서규환 선생님께 이 자리를 빌어 감사의 마음을 전해드리고 싶다.

책을 쓰는 시간 동안 변함없는 지지와 사랑을 보내준 가족이 없었다면 힘든 시간을 버텨내지 못했을 것이다. 처음부터 아빠의 책 쓰기를 지지해준 둘째 도현이, 멀리서 마음으로 응원을 보내온 첫째 성록이, 그리고 언제나 곁에서 지혜와 사랑으로 부족한 남편을 보듬어주는 아내 선영에게 이 책을 바친다. “사랑합니다.”

출근이 설레는 디지털의 미래를 꿈꾸며

2023년 11월 이상호

목 차

1부 '디지털 전환'의 전환 : 기술에서 성장으로 관점을 전환하라

절대 경쟁의 시대
: 가치 혁신으로 고객을 창출하라

3부 경쟁 우위의 디지털 원천
: 개발, 디자인, 데이터 역량을 확보하라

디지털 전환의 팀 경영
: 평평하고 빠르고 재미있는 조직으로 탄생하라

요약

1 디지털 전환에서 CEO의 역할만큼 중요한 것이 없다. 명확한 비전 제시와 함께 탑-다운 방식으로 전환을 추진해야 한다. 관리자적 의무가 아니라 창업가적 역할이 필요하다.

2 디지털 전환의 실행은 현업(사업) 부서가 주도해야 한다. CDO 직책을 만들었다고 해서 혼자서 전환을 책임질 수는 없다. CDO는 현업부서를 지원하는 역할을 해야 한다.

3 CEO도 디지털에 대해서 잘 알아야 한다. 스스로 미래를 그리지 못하면 리더십 발휘가 어렵다.

4 디지털과 관련된 정확한 개념부터 이해하자. 디지타이제이션, 디지털라이제이션, 디지털 트랜스포메이션 그리고 플랫폼 등. 개념을 정확히 알 때 새로운 사업의 기회도 보인다.

5 디지털 경제의 특징을 기억하자. 수확 체증의 법칙, 네트워크 효과, 고객가치 극대화, 자율과 책임 등이 디지털 전환을 대표하는 키워드이다.

6 디지털 시대는 경험의 시대다. 디지털에서 느끼는 고객의 경험은 개인화되고 있으며 산업의 경계도 허문다. 전통 기업도 디지털 네이티브 기업과 경쟁하는 시대다. 디지털 전환의 강도가 셀 수밖에 없다.

7 디지털 전환을 디지털 기술 도입이나 애자일 조직 만들기 정도로 생각해서는 안 된다. 경영 전반에 대한 전사적이고 총체적인 변화로 생각해야 한다.

8 디지털 혁신에 성공하려면 디지털 프로덕트를 잘 만들어야 한다. 디지털 프로덕트라고 특별한 무엇이 아니다. 차별화를 하고 가격을 낮춰 고객이 느끼는 가치를 높이는 것이다. 다만 이를 디지털 관점에서 하는 것이 중요하다.

9 디지털 프로덕트의 핵심은 고객 경험이다. 고객 경험을 잘 디자인 하기 위해서는 디자인 씽킹을 마스터해야 한다. '공감 - 문제 정의 - 아이디어 도출 - 프로토타이핑 - 테스트'로 이어지는 일련의 활동을 반복하면서 가다듬어야 한다.

10 디지털 프로덕트를 만드는 역량이 디지털 역량이다. 개발, 디자인, 데이터 역량을 내재화해야 지속 가능한 경쟁 우위를 창출할 수 있다.

11 전통 기업이 디지털 기업이 되기 위해서는 기존의 조직 문화도 버리고 인재 채용 방식도 버려야 한다. 채용 단계부터 회사와 핏이 맞는 인재를 골라야 한다. 이들이 즐겁게 일할 수 있는 문화와 팀제를 갖춰야 하는 것은 당연한 조치다.

12 기존의 기능 중심 팀이 아니라 프로덕트 중심 팀으로 조직을 전환해야 한다. 모듈화된 팀의 네트워크를 구성해야 민첩하게 일할 수 있다.

13 '진짜 팀'을 고민해보자. 서로 다른 역할과 역량을 가진 개인이 모여 하나의 팀이 되어 협업하고, 팀으로 평가 받음으로써 '진짜 팀'이 된다.

14 팀은 '심리적 안전'을 바탕으로 실패를 용인하며 서로 신뢰할 수 있는 수평적 조직이 되어야 한다. 프로덕트의 시작과 끝을 책임지는 조직이다. 프로덕트 팀이 애자일하게(민첩하게 실험과 실패를 반복하며 문제를 해결) 일하면 애자일 조직이 된다.

15 개인들은 자신의 비전과 회사의 비전이 일치될 때 그리고 일의 의미를 알고 재미를 느낄 때 가장 몰입해서 일한다. 이러한 조직이 되려면 OKR의 운영 철학이 필요하다. 리더는 목표와 핵심 결과 두 가지만 확인하고, 실행은 조직원 스스로 자율적으로 할 수 있도록 해야 한다.

디지털 초격차 코드 나인

1부

'디지털 전환'의 전환

: 기술에서 성장으로 관점을 전환하라

디지털 전환을 단순히 기술 도입이나 조직의 변화가 아니라 경영 패러다임의 시프트로 이해해야 한다. CEO의 역할을 강조하고 현업이 전환의 주체라고 하는 이유도 디지털 전환이 단순히 트렌드가 아니라 경영을 혁신하는 과정이기 때문이다.

1장

디지털 전환은 왜 실패 하는가

1

모든 것은 CEO의 책임이다

전통 기업의 디지털 전환에서 CEO의 역할만큼 중요한 것은 없다. 헌신적인 리더십을 가지고 명확한 비전 제시와 함께 탑-다운 방식의 전환을 추진해야 한다. 디지털 전환은 CEO에게 '효율적인 관리자'가 아니라 '창업가적인 리더'의 역할을 요구한다.

4차 산업혁명, 알파고, 디지털 파괴, 팬데믹과 온택트 그리고 최근의 챗GPT 까지. 모두 디지털 전환을 가속시킨 키워드이다. IT 기업, 전통 기업 할 것 없이 모두가 비즈니스 경쟁력을 높이기 위해 디지털 전환에 투자하고 있다.

디지털 전환에 성공하기 위해서는 디지털 기술의 가능성을 기업의 경쟁 우위로 만들 수 있는 조직적 역량을 확보해야 한다. 단순히 기술 도입만이 아니라 기업의 체질을 바꾸고 조직의 문화를 바꾸는 '총체적' 문제로 접근할 때 성공에 한 발 더 다가설 수 있다. 디지털 전환에서 CEO의 리더십이 중요한 이유이다.

디지털 전환은 CEO의 일이다

디지털 전환이 중요하다는 말은 디지털 전환이 어렵다는 말과 다르지 않다. 2022년 실시한 하버드 비즈니스 리뷰의 조사에 따르면 글로벌 경영자 727명 중 92%는 디지털 전환이 비즈니스 성공에 더욱 중요해질 것이라고 응답했다.[1] 반면 글로벌 전략 컨설팅사 BCG(보스턴 컨설팅 그룹)는 "디지털 전환의 30%만이 성공적이다"[2]라고 했다. 이처럼 디지털 전환의 중요성을 인식하는 것과 디지털 전환에 성공하는 것은 차원이 다른 문제다. 그래서 전통 기업의 디지털 전환은 '매우 중요하지만 아주 어려운 과제'로 인식된다.

디지털 전환의 실패 이유는 다양하다. 『디지털 트랜스포메이션 생존 전략』을 쓴 컬럼비아 경영대학의 데이비드 로저스 교수는 디지털 전환의 실패 이유를 여섯 가지로 정리했다.[3] 1)디지털 전환의 목표에서 강력한 동기와 명확한 이유를 찾기 힘들다. 2)디지털 전환을 비즈니스 전략과 무관한 IT 투자로 본다. 3)벤치마킹, 베스트 프랙티스, 성숙도 조사 등 현재의 위치 파악에만 집중한다. 4)디지털 과제가 일상적인 업무 프로세스와 거버넌스 아래에서 추진된다. 5)성과를 위해 규모를 키우지 않고 파일럿 프로젝트나 소규모 팀에 머물고 있다. 6)비즈니스 변화를 시도하지만 조직 문화와 역량은 그대로 둔다.

모두 맞는 말이지만 디지털 전환의 실패는 하나의 원인에 근본 뿌리를 두고 있다. 바로 기업의 리더인 최고경영자의 리더십이다. 디지털 전환에서 가장 어려운 것이 조직 전체가 디지털 전환의 비전과 과정을 문화적으로 받아들이는 것이다. 이같은 근본적인 변화를 만들 수 있는 사람은 CEO밖에 없다. "CEO만이 조직 구성원들에게 디지털 전환의 필요성을 설명하고, 디지털 전환의 비전을 가지고 조직 내부의 타성을 극복할 수 있다."[4] 그러기 위해 가장 효과적이고 유일한 방법은 CEO가 탑-다운 방식으로 디지털 전환을 시작하는 것이다.

디지털 전환의 대상이 현재 조직이고 기존 직원들인 만큼 그들이 주체가 되는 바텀-업 방식으로는 추진의 동력을 얻기 어렵다. '스스로 고쳐라'인데, 익숙한 것으로부터 '헤어질 결심'을 하는 것은 말처럼 쉽지가 않다. 그래서 리더인 CEO가 디지털 전환을 진두지휘해야 한다. CEO가 "디지털의 수호자 역할을 하고 조직에 디지털 DNA를 내재화하는 변화에 가장 효과적으로 영향을 미칠 수 있는 방법"[5]을 명확히 해야 한다.

명확한 비전 없이 실행을 지시한다

2020년 11월 26일 위비톡 서비스가 5년 만에 종료되었다.[6] 우리은행이 2016년 출시한 금융권 '최초'의 메신저 플랫폼이었다. 안타깝게도 비싼 수업료를 치르고 용두사미로 끝나고 말았다. 2년 만에 가입자 500만 명을 달성한 것은 플랫폼의 성과가 아니라 창구 직원들이 모은 실적이었다. 보수적인 은행의 '혁신적인 도전'이라는 평가도 있지만, '비전 없는 실행'의 대표적인 사례였다. 개발을 지시한 행장이 퇴임하자 바로 투자를 줄이고 서비스를 종료한 것은 명확한 비전 없이 사업을 진행했다는 방증이었다.

기업의 비전은 탐험가의 북극성과 같다. 어떤 조직이든 새로운 세계를 찾아 앞으로 나아가기 위해서는 명확한 비전이 필요하다. 비전은 조직 구성원들에게 디지털 전환에 대한 방향을 제시한다. 즉, 디지털 과제가 전체 비즈니스 전략과 어떻게 연결되는지는 비전을 통해서 확인이 가능하다. 그렇기 때문에 환경의 변화가 빠르고 예측이 어려울수록 비전의 중요성은 더욱 커진다. 그리고 새로운 기회를 식별하고 투자 우선 순위를 정하는 데 모든 사람을 동일한 목표를 향해 나아가도록 해준다.

문제는 전통 기업의 CEO는 디지털 전환의 비전을 수립하기가 어렵다는 데 있다. 신입사원부터 시작해서 30년 정도 회사 생활을 한 CEO지만 '디지털'은 처음 겪는 상황으로 전환 이후의 모습은 상상이 힘들다. 마치 동네 축구부터 시작해서 국가 대표 감독까지 올라왔는데, 갑자기 게임의 룰이 미식축구로 바뀐 것과 같다. 팀을 이끄는 감독은 바뀐 룰을 파악하기도 전에 지시를 내려야 한다. 전통 기업의 CEO가 처한 입장이 이와 같다.

입은 디지털에, 몸은 아날로그에 담그고 있다

전사 전략회의에서 '디지털 원년'을 선포하고 '디지털 퍼스트 무버'가 되자고 신년사에서 강조한다. '디지털 혁신만이 살 길'이라고 인터뷰에서도 떠든다. 하지만 조직은 아무런 감흥이 없다. CEO의 말씀 자료나 보도 자료는 인사팀, 홍보팀의 글이지 CEO의 진짜 말이 아니기 때문이다. 데이비드 로저스 교수가 말하듯 "모든 기업에서 디지털 전환에 대해 어느 정도 립서비스를 하고 있다는 것은 이제 비밀이 아니다."[7]

비전을 세우고 추진 과제들을 구체화해서 로드맵을 수립하는 것이 큰 자원을 요구하는 일은 아니다. 하지만 과제를 실행하기 위해서는 예산을 따야 하고, 이를 위해서는 관리 부서와의 합의가 필요하다. 문제는 예산을 '관리'하는 부서에서 디지털을 제대로 모른다는 데에 있다. 그래서 CEO가 외치는 '디지털 퍼스트 무브'를 기존에 하던 대로 '관리' 모드로 지켜본다.

실무자 입장에서는 디지털을 모르는 예산 담당자를 공부시키고 이해시키는 과정이 힘들고 지루한 싸움과 같다. CEO는 과제 추진을 직접 지시했고 담당 임원도 뽑았으니 알아서들 하겠지, 라는 생각으로 오너십을 '위임' 한다. 심지어 디지털은 잘 모르는 세상이라는 생각에 한 발만 걸치고 3년의 임기 동안 버티기에 돌입한다. 이렇게 되면 디지털 전환의 당위성은 점점 약해지고 원칙도 사라진다. 한마디로 리더의 비전이 보이지 않는 디지털 전환이 된다.

CDO**Chief Digital Officer** 자리를 만들고 사람을 앉히는 것으로 CEO의 역할은 끝이라고 생각해서는 안 된다. 전통 기업에서 CDO가 CEO의 역할을 대신할 수 있을까? 불가능하다. 디지털 전환의 실패를 막기 위해서는 CEO의 "헌신적인 오너십"[8]이 필요하다. CEO는 CDO를 지원하는 스폰서가 아니라 자신의 시간과 에너지를 디지털 전환에 쏟는

'오너'가 되어야 한다.

디지털 전환을 후원한다고 말로만 하는 것이 아니라면 공식적으로 자원과 신뢰를 현장에 보내야 한다. 립서비스로 바쁜 입이 아니라 몸이 디지털로 가야 한다. 결국 CEO의 마인드가 바뀌어야 디지털 전환은 성공한다.

조직 문화와 조직 구조의 전환은 외면한다

디지털 전환은 조직의 전환이다. 많은 전통 기업들이 '조직의 전환' 없이 디지털 기술에만 집중했기 때문에 실패했다. 일하는 사람의 마인드, 일하는 방식, 커뮤니케이션 구조, 평가와 보상 체계 등 조직의 근본적인 변화가 동반되어야 전환이 성공하고 지속할 수 있다.[9] 조직을 구성하는 모든 요소가 함께 변하지 않고서는 디지털 전환의 로드맵은 사상누각일 뿐이다.

때로는 전통 기업이 디지털 기업처럼 민첩하고 창의적인 조직을 만들겠다고 실리콘 밸리의 유행을 따르기도 한다. 그리고 애자일 방법론을 교육받고 디자인 씽킹 워크숍을 하기도 한다. 하지만 사무실은 숨죽인 독서실처럼 조용하기만 하다. 직급 체계를 줄여 보지만 의사결정은 여전히 느리고 답답하다. 영어로 이름을 불러도 소용없기는 마찬가지다. 실패해도 비난 받지 않는 "두려움 없는 조직"은 책에서만 볼 수 있다.[10] 부서 간 이기주의로 인해 소통이 어려운 사일로Sailo 구조는 그대로 둔 채 협업만을 강조한다. 연말이면 조직을 떼었다 붙이기를 반복하고 직원들은 장기판의 졸처럼 취급된다. 전통 기업에서 새로운 문화가 자리 잡는 일은 요원해 보인다.

조직 문화는 '사람'이 만든다. 기업에서 조직 구조를 바꾸고 조직 구성원의 마인드에 영향을 줄 수 있는 리더는 CEO밖에 없다. 스타트업은 창업가가 자신이 추구하는 조직 문화와 구조에 맞춰 사람들을 모을 수 있다. 하지만 전통 기업에서는 불가능하다. 즉, 전통 기업의 CEO가 더 어렵고 복잡한 문제를 풀어야 한다는 뜻이 된다.

디지털 전환은 탑-다운 방식으로 CEO로부터 시작되지만, 결국 구성원들의 바텀-업 없이는 성공하기가 어렵다. 조직의 참여를 끌어내기 위해서는 CEO가 디지털 전환에 대한 명확한 비전을 제시해야 한다. 비전이 CEO의 립 서비스로만 끝나서는 성공할 수 없다. 필요한 자원과 신뢰를 직접 현장에 전달하는 '헌신하는 오너십'이 핵심인 이유이다.

산업화 시대의 끝자락에 있는 CEO의 역할은 '효율적인 관리자'의 의무를 다하는 것으로 충분했다. 하지만 디지털 시대에서는 새롭게 비즈니스와 조직을 만드는 '창업가적 리더'의 역할을 CEO에게 요구한다.

2

CDO는 슈퍼맨이 아니라 파트너다

디지털 전환의 주도권은 현업 부서가 가져야 한다. CDO는 현업 부서의 실행을 지원하는 역할이다. CEO는 이 사실을 기억하고 디지털 전환의 미래를 현업에게 물어야 한다. 그래야 CDO의 역할이 살아난다.

디지털 전환을 위해 전통 기업에 CDO라는 직책이 생긴지도 10년이 넘었다. 그럼에도 디지털 전환은 여전히 어렵고 지지부진하다. 일단, 담당 임원이 생기면 다른 임원들은 디지털 전환은 나와 상관없는 일이라고 생각한다. 그리고 CEO도 이제부터는 CDO와 논의해서 결정하라면서 발을 뺀다. 이런 상황에서 CDO가 디지털 전환을 책임지는 것은 불가능하다. 알아서 해보라는 CEO와 연말 평가에만 목을 매는 다른 경영진(임원)과 함께 일하는 CDO는 한마디로 외로운 존재이다.

혼자서 디지털 전환을 끌고 갈 수 없다

CDO는 '비즈니스 통찰력과 디지털 전문 지식을 결합하여 CEO가 디지털 전환을 주도하도록 돕는 리더'이다. '디지털'이라는 키워드로 전사의 조직과 비즈니스를 조망해야 하는 역할을 한다. 수평적으로는 고객을 만나는 접점에서부터 오퍼레이션까지 가치 사슬 전체를 커버해야 하고 수직적으로는 사업 전략의 연계에서부터 조직 문화의 변화까지도 CEO를 도우며 책임져야 하는 자리다. 한마디로 CDO가 담당해야 할 전환의 스펙트럼은 넓기만 하다. 그래서 『Leading Digital』을 쓴 조지 웨스터먼이 말한 "CIO Chief Information Officer 플러스(역할 확장)"[11]만으로는 CDO의 역할을 설명할 수 없다. CDO는 "전략가, 고객 분석가, 제품 책임자, 기술 전문가 등 거의 모든 역할"[12]을 하는 자리이다.

전통 기업에서 외부 영입 인사든, 내부 발탁 인사든 누군가는 CDO의 모자를 쓴다. 하지만 모자를 쓴다고 해서 이름이 가지는 역할을 할 수 있는 것은 아니다. 디지털 기술의 이해를 바탕으로 회사의 비전과 전략을 이야기할 수 있어야 하고 유관 부서로 전환의 필요성을 알리고 협조도 구할 수 있어야 한다. 그리고 디지털 기술 조직을 관리해야 하고 현업 조직과 소통도 해야 한다. 나아가 그들이 주도적으로 디지털을 받아들일 수 있는 환경도 만들어야 한다. 하지만 이 정도의 전략적 지식과 커뮤니케이션 능력을 갖춘 '디지털 기술' 전문가는 드물다. 기술 회사의 엔지니어나 기술 영업 출신의 인물을 데려오는 것은 자칫 위험할 수 있다. 디지털 전환이 단순히 기술 도입의 문제만은 아니라고 믿는 CEO라면 CDO의 역할을 다시 고민해야 한다.

적임자를 찾았다 하더라도 CDO 혼자서 디지털 전환을 주도적으로 이끌어 갈 수는 없다. 전통 기업에서 완전히 분리된 디지털 기업을 만드는 것이 아니라면, 디지털 전환의 주체는 '디지털 전담' 부서가 아니라 비즈니스를 하는 '현업' 부서가 되어야 한다. 디지털 전환은 모든 부서, 모든 영역에서 통합적으로 일어나는 것이지, 어느 특정 부서가 전담하는 일은 아니다. "특정 인물로 하여금 기업의 디지털 전환을 주도하고 이끌도록 하는 것은 실패로 가는 지름길이 될 수 있다."[13]

20여년전 CRM이 처음 등장했을 때, 많은 전통 기업이 '고객 중심 기업'을 외치면서 '고객 관계 관리'를 위해 CRM 부서를 만들고 전사의 모든 '고객' 문제를 전담시키는 것이 유행이었다. 하지만 고객 중심 기업이 되기 위해서는 고객 관계를 CRM 부서에만 맡길 게 아니라 전사의 모든 부서가 책임져야 한다. 디지털 전환도 마찬가지다. '전담' 부서에 모든 것을 맡기고 현업은 현재의 비즈니스에만 신경 쓰는 잘못을 또다시 반복해서는 안 된다.

새로운 일을 하는 것은 조직 구성원 모두에게 낯설고 불편하다. 디지털 기술에 대한 이해가 부족한 경우라면 더더욱 그렇다. 낯설고 불편하고 어려운 일을 현업이 미루지 않고 먼저 하게 하는 것이 CEO의 실행력이다. 예산 배정, 인력 채용, 과제 협업에서 가장 우선하는 CEO의 아젠다로 디지털 전환을 설정해야 한다. 비즈니스를 쥐고 있는 곳에서 디지털 전환을 주도할 수 있어야 CDO의 역할이 살아난다.

CEO는 디지털 전환의 스폰서가 아니라 강력한 실행자이다. CEO의 비전을 실현하기 위한 수단으로 CDO가 있고 CDO를 뒷받침해주는 조직이 있다는 사실을 잊지 말자.

디지털을 영업하면 디지털 전환은 실패한다

디지털 전환에서 현업 조직과 CDO 조직의 관계는 머리를 깎아야 하는 사람(현업)과 가위를 든 미용사(CDO) 관계와 같다. 머리를 깎겠다는 사람이 없으면 아무리 솜씨 좋은 가위질이라도 쓸모가 없다. 그리고 깎는 동안은 가만히 있어야 한다. 깎기 싫은 사람을 억지로 자리에 앉히면 사고가 난다. 제 발로 의자에 앉아야 비로소 전환이 시작된다. 주도권은 현업에 있다. 현업이 이를 인정하지 않고 디지털 전환의 주도권(혹은 책임)은 CDO 조직에 있다고 주장하게 되면 일은 꼬이게 된다.

현업을 담당하고 있는 임원들은 항상 바쁘다. 일할 사람도 부족하다. 당장 눈앞에 보이는 KPI를 달성하기 위해 달려갈 수밖에 없다. 성과 평가에 큰 영향이 없는 디지털 전환에 신경을 쓰고 인력을 배치하고 그럴 여유가 없다. CEO가 경영 회의에서 디지털이 중요하다고 말하면 그냥 맞장구만 치면 끝이다. 그들이 회사의 미래를 위해 자발적으로 CDO에게 손을 내밀 거라고 기대하는 것은 너무 순진한 생각이다. 사업과 운영을 책임지는 현업 임원의 평가 지표에 디지털 전환이 있어야 한다. 그렇지 않고 CDO가 디지털 전환의 책임을 100% 짊어진다면, '전사적인' 디지털 전환은 말 그대로 립 서비스에 불과하다.

비즈니스와 고객을 잘 알고 있는 현업이 디지털 기술을 활용해서 혁신을 주도해야 한다. "미래에도 전환을 이어갈 수 있는 지속 가능한 운영 모델을 만드는 일"[14]은 현업의 오너십이 있어야 가능하다. 그렇지 않다면, 디지털 추진 부서에서 그리는 회사의 모습은 CEO에게 보고가 끝나는 순간 용도 폐기된다. 디지털 기술에 대한 이해가 부족한 경영진이라면(현업 부서의 임원/리더를 포함) '공상과학소설' 보듯 할 뿐이다. 현업 부서의 임원이 자신이 맡은 사업 분야에서 디지털 전환을 적극 고민하지 않으면 해결책이 없다. 이때 고민을 들어주고 해결책을 같이 찾는 파트너가 바로 CDO이고 디지털 추진 부서의 역할이다.

CDO 조직이 고민을 같이하자고 손을 내밀었는데, 현업 부서가 팔짱만 끼고 있다면 분명 그들의 보스가 '장기 성장' 보다 '단기 성과'를 더 중요하게 보기 때문이다. 보스가 '장기 성장'에 대한 비전을 가지고 CDO를 파트너로 인정할 때 실무자도 진도를 나갈 수 있다. 반복하는 말이지만, 현업 부서의 임원은 CDO를 파트너라고 인정해야 한다.

CDO를 현업의 파트너로 만드는 것이 CEO의 역할이다. CEO는 현업 임원에게 '당신이 맡은 비즈니스의 미래(디지털 전환)에 대해 어떻게 할 거냐'라고, '어떤 준비를 하고 있느냐'라고 물어야 한다. 현업 임원이 CDO를 찾아갈 때까지 집요하게 물어야 한다. 그렇지 않고 CDO가 디지털을 '영업'하는 순간 디지털 전환은 성공에서 멀어진다.

비즈니스 리더의 디지털 이해도가 걸림돌이다

전통 기업에서 CDO 조직은 지원 조직이라는 인식이 강하다. 문제는 서로 다른 조직 구조를 '지원'이라는 이름으로 구분 없이 사용하기 때문에 발생한다. 하나는 전문가 조직CoE이고, 다른 하나는 쉐어드 서비스 센터SSC이다. 전문가 조직은 말 그대로 기존 조직에는 없는 새로운 역량을 가진 전문가들이 현업을 지원하는 조직이다. 쉐어드 서비스 센터는 원래 각자 알아서 하던 공통 업무를 한곳에 모아서 지원하는 조직을 말한다. 디지털 전환을 지원하는 CDO 조직은 쉐어드 서비스 센터가 아니라 전문가 조직이다. 전문가 조직인 디지털 부서가 현업과 떨어져 섬처럼 고립된다면 전환의 동력은 떨어질 수밖에 없다.

대다수의 현업 임원들은 디지털 부서로부터 '지원' 받기를 원한다. 그들이 말하는 지원은 디지털 부서에서 디지털 과제를 잘 만들어서 자기 손에 쥐여 주는 것이다. 그쪽에서 알아서 했으면 하는 게, 자신들을 도와주는 지원이라고 생각한다. 직접 책임지고 관여해서 만들기보다는 필요하면 인력을 보내 줄 테니 알아서 해주라는 입장이 현업 부서의 생각이다. 잘 모르기도 하고 책임지기도 싫다는 뜻이다.

현업 임원의 낮은 디지털 이해도는 지원 조직을 이끄는 CDO가 풀어야 하는 또 다른 숙제다. 2~3년마다 보직이 바뀌는 현실에서 임원들은 담당 업무 파악에도 바쁘다. 이런 상황에서 '디지털'까지 공부하는 자발적인 노력을 기대하기는 어렵다. 하지만 이들이 자신의 디지털 이해도를 높이지 않으면 CDO는 고립될 수밖에 없다. 그래서 임원 후보자들의 디지털 교육이 중요하다. CDO의 파트너로 일할 수 있는 실력을 미리 갖추고 있어야 현업 조직을 맡았을 때 제대로 디지털 전환을 추진할 수 있다.

디지털과 비즈니스의 협업이 디지털 전환의 성공 요소이지만 둘 사이의 협업은 어렵다. 조직에서 협업이 중요해질 때는 나의 성과가 상대방의 성과에 달려 있을 때다. 상대의 도움과 지원 없이는 나의 KPI 달성이 어려운 평가 구조가 되어야 억지로라도 협업하게 된다. 전환의 리스크를 감수하는 대신 돌아오는 보상이 크다는 확신이 있어야 움직인다. 자기 비즈니스를 디지털로 전환하는 것이 성과 평가에 중요하다는 신호가 확실해야 한다. 절박한 무엇이 있어야 소통의 명분과 이유가 생긴다.

많은 전통 기업이 디지털 전환을 추진하면서 CDO를 둔다. 그 이유는 디지털 전환의 모자를 씌우고 책임을 지우기 위해서이다. 하지만 현업의 시선은 그냥 내 일을 방해하지만 않았으면 한다. 디지털 기술을 잘 모른다는 핑계로 CDO가 그냥 알아서 해주기만을 바란다. CDO의 역할은 CEO의 디지털 전환 비전을 구체화하고 실행을 지원하는 것이다. CEO는 디지털 전환의 미래를 CDO가 아니라 비즈니스 리더(현업 임원)에게 물어야 한다. 비즈니스 리더들의 디지털 이해도가 높아져야 CDO도 제 역할을 할 수 있다. 디지털 전환의 주도권은 디지털이 아니라 비즈니스가 쥐고 있다는 사실을 명심해야 한다.

3

레거시는 참을 수 없이 무겁다

전통 기업이 갖고 있는 레거시는 디지털 전환을 어렵게 맞드는 제약 조건이다. 사일로에 최적화된 프로세스, 세월만큼 쌓여 있는 시스템의 하드 코딩, 관료주의에 찌들어 실패가 두려운 조직의 레거시까지. 이 모든 걸 뚫어낼 때 디지털 전환도 빛을 볼 수 있다.

"우리의 비즈니스 프로세스와 구조가 시대에 뒤떨어지고 구식이라는 것은 놀라운 일이 아니다."[15] 비즈니스 프로세스 리엔지니어링BPR의 전도사 마이클 해머가 1990년에 한 말이다.

20세기에 태어나고 자란 전통 기업들은 시대에 뒤떨어진 낡은 프로세스와 구조를 가지고 30년 이상을 버티고 있다. 더 이상 새로울 것 없는 전략을 매년 수립하고 실행한다. 조직의 성장과 함께 프로세스와 시스템의 복잡성은 피할 수 없다. "기업의 규모가 클수록 위험에 관한 회피 문화가 발전하여 조직의 의사결정과 행동 속도를 늦출 수 있다."[16] 참을 수 없이 무거운 성장의 레거시는 디지털 전환이 짊어진 어려움의 무게와 맞먹는다.

'최적화'된 프로세스의 비효율

삼성생명에서 2017년 하반기에 수립한 마스터 플랜 과제 중 하나가 '디지털 채널 혁신'이었다. 설계사 중심의 오프라인 영업 문화가 강한 생명보험회사에서 홈페이지는 그동안 많은 관심을 받지 못했다. 지지부진하던 과제 추진은 2018년 새로 부임한 CEO가 디지털 채널의 중요성을 강조하면서 본격화되었다. 프로젝트의 목적은 디지털 채널에서 '사용자 경험'을 혁신하는 것이었다.

일을 하려면 예산이 필요하다. 경영지원 부서와 함께 예산 검토에 들어갔다. 약 1년 동안 프로젝트 범위와 예산의 적정성을 두고 수많은 회의가 진행되었다. 디지털 채널의 사용자 경험이 왜 중요한지를 예산 담당자에게 이해시키고, KPI를 책임지는 현업의 참여를 이끌어내기 위해 많은 시간과 노력을 들였다. 이처럼 전통 기업에서 추진하는 디지털 혁신은 기존의 관리 '프로세스'를 통과해야 실행이 가능했다.

사실 누구를 탓할 문제는 아니다. 예산 담당자와 현업 모두 각자가 맡은 업무를 열심히 한 결과일 뿐이었다. 예산 담당자 입장에서는 예산을 통제하는 것이 목표다. 현업은 KPI를 달성하는 것이 목표다. 기능적인 조직 구조 내에서 각자 자기 일에 최선을 다하는 것은 사일로 구조를 '최적화'하는 결과를 낳는다. 전문화를 위해 쌓아 올린 벽돌은 그대로 사일로의 벽이 된다. 결과적으로 기능 조직의 전문성은 확보되지만 고객으로부터는 점점 멀어진다. 각자 열심히 일했지만 사일로 밖에 있는 고객은 제대로 볼 수 없다.

프로젝트 예산 협의가 1년씩 걸린 또 다른 이유는 2018년 예산으로 사전에 반영되지 않아서다. 예비비가 있기는 했지만, 2019년 예산 계획에 편성하는 것이 경영지원 입장에서는 통제가 편하다. CFO 라인에서 '경영'을 '관리'하는 방법으로 사용되는 예산 편성 '프로세스'는 무려 100년의 역사를 갖고 있다. 1922년 맥킨지 컨설팅사의 창업주인 제임스 맥킨지가 시작이다. 그는 "중앙 집중화된 경영진 통제를 위한 기초"로서 예산을 통제하라고 제안했다.[17] 그러니 전통 기업은 100년이나 묵은 경영 기법으로 디지털 전환을 '통제'하고 있던 셈이었다. 『CFO의 새로운 역할』의 저자 제레미 호프는 이미 20년 전에 "예산 편성은 폐지되어야 한다"[18]라고 분명하게 말했다.

디지털 채널은 홈페이지 시절에는 없던 지표들로 KPI를 관리해야 했다. 그러다 보니 목표 설정 기준점이 없어 어느 정도의 목표치를 잡느냐가 애매했다. 당연히 경영지원 부서에서도 우리가 잡은 목표치를 쉽사리 합의해주지 않았다. 그리고 운영에 필요한 핵심적인 지표라도 과거 데이터와 비교할 수 없다면 신뢰할 수 없다고 해서 KPI로 인정하지도 않으려 했다. 많은 전통 기업이 KPI를 전략적 의사결정이 아니라 보고를 위한 수단으로 다룬다.[19] 게임을 변화시키고자 하는 것이 아니라 점수를 매기는 용도로 사용한다. 이들에게 디지털 과제의 성공 여부는 관심 밖이다. 이런 점 때문에 레거시 KPI에 익숙한 경영 관리가 디지털 전환의 발목을 잡는다고 말한다.

불어터진
스파게티 IT

프로젝트를 기획하면서 마이크로 서비스 아키텍처MSA[20]를 도입하자고 했다(하나의 애플리케이션을 독립적으로 배포할 수 있는 아키텍처로 업데이트, 테스트, 배포 등에 유리하다. 모놀리식 아키텍처와는 반대다). 아마존이나 넷플릭스처럼 서비스가 다양하고 복잡해서는 아니었다. 서비스를 분리함으로써 신규 서비스의 개발 속도를 높이고자 했다. 하지만 뚜껑을 열어보니 홈페이지를 처음 만들 때부터 시작된 애드-온 방식의(문제가 생기거나 서비스가 추가될 때마다 하나씩 더하는) 하드 코딩이 곳곳에 숨어 있었다.[21] 개발 히스토리를 전혀 모르는 개발자 입장에서는 장애가 어디서 터질지 몰라 불안했다. 결국 개발보다 테스트와 장애 대응에 더 시간을 썼다. 결과적으로 MSA 도입은 맛만 보고 끝났다. 프론트 엔드(고객이 보는 화면) 서비스와 연동된 백 엔드(데이터베이스와 서버) 시스템이 모놀리식 IT의 표본과 같아서였다.[22]

대부분의 전통 기업은 변경이 어렵고, 유지 비용이 많이 드는 모놀리식 IT 시스템을 가지고 있다. 이 방식에서는 하나의 코드 변경이 전체 시스템에 영향을 미칠 수가 있다. 그래서 개별 구성 요소를 독립적으로 확장하거나 변경하기 어렵다. 당연히 새로운 기술을 적용하는 것도 만만치 않다.

맥킨지 컨설팅의 디지털 전문가인 『초속도』의 저자들은 "더딘 백 엔드 프로세스와 그에 대응되는 프론트 엔드 프로세스를 IT 아키텍처 차원에서 분리할 수 없다면 좋은 애플리케이션을 신속하게 만들어내기 어렵다"[23]라고 말했다. 즉, 오래된 레거시 IT가 디지털 전환을 더욱 어렵게 만든다는 의미다.

우리나라 기업들은 통상 10~15년 주기로 IT 시스템 전체를 다시 구축하는 '차세대 프로젝트'를 한다. 차세대를 할 때 하드웨어의 업그레이드는 쉽지만 소프트웨어의 업데이트는 제한적이다. "15~20년 동안 축적된 데이터와 오랫동안 누적된 프로그래밍 언어로 작성된 수천 개의 맞춤 코드라인 그리고 수많은 우회로에 가로막힌 채 딱딱하게 굳어버린 거대한 괴물"[24]을 없애기는 쉽지 않다. 잘못 건드렸다가는 시스템 오픈 자체가 불가능할 수 있어서 웬만한 강심장을 가진 개발자가 아니고서는 손대지 않으려 한다. 그러다 보니 말은 차세대 시스템이지만 IT의 레거시는 계속해서 보존되고 계승되어 온 것이 전통 기업의 현실이다.

레거시가 강한 전통 기업에서 IT 부서의 협조 없이는 디지털 전환이 실패를 향할 수밖에 없다. 디지털 추진 부서와 IT 시스템을 유지 관리하는 부서의 파트너십이 중요한 이유도 이 때문이다. 그런데 문제는 두 조직의 목표가 상반된다는 것에 있다. 디지털 조직은 혁신적인 프로덕트의 개발이 목표지만, IT 부서는 시스템의 안정적인 운영이 목표이다. 그러다 보니 새로운 시도는 잠재적 장애 리스크로만 간주한다. "기존의 IT 부서가 디지털 전환 업무를 맡게 될 경우 성공의 가능성은 매우 낮아진다."[25] 왜냐면 장애를 피해야 하는 IT 시스템 관리 부서가 디지털 전환의 '실험'을 적극적으로 추진하기는 어렵기 때문이다.

실패가 두려운 테일러와 베버의 희생자들

산업화 시대를 만든 20세기의 지배적인 경영 모델은 테일러의 '과학적 관리법'과 막스 베버의 '관료제'에 뿌리를 두고 있다. 테일러가 1911년 고안한 '과학적인' 시스템이 산업화와 함께 공장의 생산성을 높이는 데 기여한 것은 사실이다. 그리고 막스 베버는 1921년 효율적인 조직을 위해 관료제를 주장했다. 베버에게 관료제는 가장 높은 수준의 효율성과 합리성으로 대규모의 조직을 관리할 수 있는 이상적인 제도였다. 그런데 문제는 100년이나 된 이 이론과 구조가 여전히 전통 기업의 지배적인 경영 방식이라 것에 있다.[26]

하향식 명령과 통제로 조직을 효율적으로 관리한다. 위에서 계획을 세우고 지시하면 아래에서는 계획대로 실천한다. 과학적으로 관리하기 위해 사람도 기계처럼 정해진 범위 내에서만 일해야 한다. 결과가 예상되지 않으면 실패로 간주한다. 관리자는 기업의 소유주를 위해서 일한다. 바로 테일러와 베버의 맹신자들이 100년 동안 만들어 놓은 전통 기업의 모습이다. 산업의 성장과 함께 관료제화 된 조직에서 새로운 시도는 금기시되고 실험은 실패와 동의어로 인식된다.

IT기업이 아닌 전통 기업에서 딥러닝 알고리즘을 이용한 챗봇 서비스를 직접 개발하는 일 같은 것은 분명 새로운 시도이다. 한 번도 경험해 보지 못한 일을 한다는 것은 당연히 실패의 가능성이 크다. 성공이 불확실한 모험은 환영받기 어렵고 시작을 위해서라면 최대한 불확실성을 없애야 한다. 실패할지도 모르는 과제에 투자를 승인하고 인력을 투입하는 '잘못'을 용납하지 못하는 것이다. 관료제화 된 조직은 새로운 시도가 리스크가 없다는 증거를 요구하고 처음 시작부터 실패하지 않도록 관리할 것을 주문한다. '효율성'의 잣대로 '안정적인' 운영이 지상 과제인 전통 기업에서 새로운 실험은 여전히 피해야 하는 리스크이다.

돌다리를 두들겨 보고 강을 건너는 사람은 위험을 계산하고 움직인다. 그런데 돌다리만 두들기다 보면 강을 건너기도 전에 순식간에 불어난 강물을 만날 수 있다. 디지털 기술의 발전 속도는 기업의 대응 속도를 추월한다. 알파고가 이세돌을 이긴 지 불과 6년 만에 오픈 AI가 개발한 챗GPT는 로스쿨의 테스트를 쉽게 통과했다. 챗GPT가 만든 AI의 갑작스러운 돌풍도 마찬가지이다. 강을 건너야 새로운 땅을 밟을 수 있다. 강을 건너지 못했다면 '안전'하다고는 할 수 있지만 새로운 기회는 영원히 강 건너 불구경일 수밖에 없다.

레거시의 무거움은 전통 기업이 디지털 전환에 실패하는 '근본 원인'이 아니라 '제약 조건'이다. 디지털 시대에는 산업화의 성장을 견인했던 프로세스가 더 이상 효율적으로 작동하지 않는다. 차세대 시스템에 숨겨져 있는 IT의 레거시는 빠르고 민첩한 디지털 개발을 어렵게 한다. 생산 공정의 효율성과 상명하복의 관료제가 만든 조직에 순응한 사람들은 실패의 두려움 때문에 아무런 시도도 하지 못한다. 대부분의 전통 기업은 레거시의 짐을 지고서 디지털 전환을 추진해야 한다. 뒤집어 말하면, 레거시라는 제약 조건 때문에라도 디지털 '전환'을 반드시 성공시켜야 한다. 이제는 디지털 시대의 새로운 레거시를 쌓아야 한다.

4

'디지털'이 '전환'의 아킬레스건이다

디지털을 하나도 모르는 리더가 탑-다운으로 디지털 전환을 주문할 수 없다. 스스로 미래를 그리지 못하는 상황에서 리더십 발휘는 더욱 어렵다. 디지털이 전환의 발목을 잡지 않으려면 리더부터 디지털을 공부해야 한다.

전통 기업은 디지털 전환을 위해 여러 과제를 추진하고 인력과 기술에 대한 투자도 지속해 왔다. 상당한 진전을 이뤘지만 여전히 필요한 변화 수준에는 미치지 못한다.

디지털 전환을 가속하기 위해서는 기술이 아니라 리더십이 문제라고 이구동성으로 말하지만, 변화를 위한 리더십 발휘는 어렵기만 하다. 전통 기업의 CEO는 디지털 기술이 비즈니스를 뒤흔드는 상황을 생전 처음 경험한다. 디지털을 알지 못하는 상황에서 디지털 전환을 아무리 강조해도 리더십 발휘에는 한계가 있을 수밖에 없다. 결국 '디지털' 때문에 디지털 전환이 어렵다.

'전환'의 변화 관리는 알아도 '디지털'의 미래는 모른다

전환 즉, 트랜스포메이션은 현재 상태에서 목표 상태로 '탈바꿈'하는 것이다. 여기에 '디지털'이 붙게 되면 아날로그에 익숙한 사회, 경제, 문화의 전반적인 행동 양식, 생산 양식, 정보 양식이 디지털 기술 변화에 적응하는 것을 말한다. 그래서 디지털 네이티브인 Z세대에게 디지털 전환은 이슈가 아니다. 하지만 디지털 이주민인 X세대와 M세대에게는 디지털 전환이 위협적인 이슈가 된다. 전통 기업도 마찬가지다. 기존에 익숙하게 작동하던 방식이 더 이상 효과적이지 않기 때문에 디지털 시대를 맞이한 전통 기업에는 디지털 전환이 이슈가 된다.

'전환'은 인류 역사에서 모든 리더가 직면한 오래되고 익숙한 과제이다. 우리 부족(조직, 국가)이 내일 살아남기 위해 오늘 무엇을 준비할 것인지, 무엇을 바꿔야 할지 제시하는 것이 리더의 역할이다. 관리자가 아닌 리더에게 '전환'의 문제는 피할 수 없는 숙명과 같다. 전환에 성공하기 위해서는 조직의 동참과 변화를 이끌어낼 수 있는 리더십이 절대적이다. 디지털 전환을 말할 때 리더십과 변화 관리를 중요하게 다루는 이유다.

『Leading Digital』에서 조지 웨스터먼은 변화 관리와 리더십을 상당한 지면을 할애해 설명하고 있다.[27] 『디지털 대전환의 조건』의 저자들은 "지금 디지털 전환을 시작해야 하는 이유"보다 그 이유를 "소통"하기 위한 CEO의 리더십을 더 중요하게 말한다. 하버드 경영대학의 석좌교수인 변화관리 전문가 존 코터 역시 2002년에 이미 "전환transform이란 새로운 기술, 주요한 전략적 이동, 프로세스 리엔지니어링, 인수 합병, 다른 종류의 사업 단위로 구조 조정, 혁신을 크게 개선하려는 시도와 문화적 변화의 수용을 의미한다"[28]라고 말했다. 전통 기업의 리더라면 적어도 20년 이상 다양한 종류의 '전환'을 경험했다. 하지만 전환의 변화 관리에 익숙한 리더들도 '디지털'로 상상하는 것에는 익숙하지 않다.

리더 입장에서는 전환 이후의 모습을 상상할 수 있어야 신념이 생기는데, 디지털로 만드는 목표 상태를 쉽게 상상할 수 없는 리더에게 확신은 멀기만 하다. 결과적으로 조직의 전환을 이끌기도 어렵다. 리더는 디지털의 미래가 어떤 모습인지 묻는 대신 미래가 어떤 모습이어야 하는지 묻는 것으로 시작해야 한다. 이 또한 디지털에 대한 지식과 이해 없이는 질문이 불가능하다. 제대로 묻기 위해서는 제대로 알아야 한다.

디지털 전환의 "바람직하지 못한 출발"

비즈니스 전환을 경험한 리더들은 존 코터의 '변화 관리 8단계'에 익숙하다. 존 코터는 변화 관리의 시작을 '변화의 시급함 조성하기'라고 했다. 하지만 많은 기업이 디지털 전환의 시급함을 '진정'으로 조성하는 노력을 게을리한다. 경영진이 모인 회의에서 추진 계획을 보고하고 CEO의 승인으로 시작하지만, 조직 구성원들과의 공감은 전혀 없이 말 그대로 '탑-다운'으로 내리기만 한다. "바람직하지 못한 출발"이다.[29] 디지털 전환을 가속시킨 것이 코로나 팬데믹이라는 우스갯소리는 출발부터가 이미 틀렸음을 의미한다.

1995년 3월 삼성전자 구미사업장에서는 불량으로 수거된 애니콜 휴대폰 15만 대가 불에 탔다. 금액으로 따지면 150억 원어치의 제품이 화형식을 당했다. '불량은 암'이라고 선언한 삼성의 이건희 회장이 내린 특단의 조치였다. 삼성전자의 현재를 만든 품질 경영은 오너의 '결기'와 변화의 '시급함'을 가지고 시작했다. 그런데 디지털 경영을 위한 디지털 전환은 CEO에게 보고한 보고서가 시급함의 전부이다. 사무실을 바꾸고 청바지를 입고 '님'을 부르는 정도가 특단의 조치이다.

품질 경영을 위해서는 불량품을 쌓아 놓고 화형식을 하면 됐다. 고객만족경영을 위해서는 고객의 화난 목소리를 녹음해서 사내 방송으로 들려주면 됐다. 그러면 어디에서 무엇을 잘못했는지가 신랄하게 드러나 담당 임원이나 담당자는 고개를 못 들고 얼굴이 붉어진다. 하지만 디지털 전환은 지금 당장 제대로 안 한다고 해서 고개를 숙이거나 얼굴이 붉어질 일이 없다. 당장 꺼야 하는 '발등의 불'이 아니라 언제 끝날지 모르는 다이어트 같은 '체질 개선'의 문제라 그렇다. 5년 뒤, 10년 뒤에 산업이 '파괴' 당할지 모른다고 겁을 줘도 눈 하나 꿈쩍 안 한다. 겁을 주는 사람이나 받는 사람이나 변화의 시급함은 찾아보기 힘들다. 오너의 충실한 관리 대리인으로서 재계약에 목을 매는 경영진도 크게 다르지 않다.

디지털 전환의 승패는 내일이 아니라 미래에 나타난다. 텅 빈 강당의 메아리 같은 구호나 홍보를 위한 마케팅 자료만으로는 시급성을 느끼기 어렵다. 기업의 오너, CEO, 경영진이 '애니콜 화형식' 같은 시급성을 진정으로 느낄 때 디지털 전환으로의 바람직한 출발이 가능하다.

'디지털'을 알아야 새로운 게임을 할 수 있다

조직의 변화를 강조하기 위해 "디지털 전환은 기술에 관한 것이 아니다"[30]라는 주장은 다소 오해의 소지가 있다. 디지털 전환이 어려운 이유는 '기술'이 전환에 묶여 있기 때문이다. 과거의 비즈니스 전환은 리더들이 자신이 잘 아는 업무 영역에서 기존의 인력들을 데리고 하면 됐다. 하지만 지금의 전환은 기술을 기반으로 하기 때문에 기존의 것과 다르다. 디지털이라는 잘 모르는 영역에서 의사 결정을 내려야 하는 부담이 있고, 필요한 기술을 기존 인력이 갖고 있지 않은 문제도 있다.

디지털 기술의 발전을 전통 기업의 리더가 따라가기 어렵다는 것은 당연하다. 리더는 정보가 부족하고 해석이 어려운 상황에서 의사결정의 부담을 가진다. 불확실성과 모호성에 직면할 수밖에 없다. 디지털 과제의 내용이 어려우면 스스로 공부하기보다 담당자의 능력을 의심하는 무리수를 두기도 한다. "권력은 배우지 않아도 먹고 살 수 있는 능력이다"[31]라는 말처럼 디지털을 배우지 않는 리더 아래에서는 새로운 이니셔티브가 절대 만들어지지 않는다.

인공지능, 3D 시뮬레이션, 가상현실과 증강현실 같은 디지털 기술은 기업의 필수 구성 요소가 되고 있다. 하지만 유행하는 디지털 도구 몇 가지가 디지털 전환의 성공을 약속하지는 않는다. 성공을 위해서는 디지털 기술 기업으로의 근본적인 토대가 마련되어야 한다. 그리고 기술에 대한 투자가 빛을 볼 수 있게 이를 잘 활용하는 전문가가 필요하다. 하지만 기술 인재에 대한 수요는 전방위적이다. 인재 수혈을 위해 네이버, 카카오 같은 디지털 기업과 경쟁해야 하는 것은 물론이고 전통 기업끼리도 경쟁해야 한다.

디지털 전환에서 기술은 필수 요소이다. 의사 결정의 불확실성을 줄이고 "디지털 기술 차이"를 뛰어넘기 위해서 CEO도 디지털 기술을 이해해야 한다. 기술이 작동하는 기본 원리와 핵심 용어 그리고 적용 사례 정도는 알아야 한다. 전문가 교육도 받고 세미나에도 참석하는 등 적극적인 학습 활동도 병행해야 한다.

세상에서 가장 바쁜 아마존, 구글, 애플, 테슬라의 CEO들도 디지털 기술 학습에 시간을 할애한다. 디지털 기업을 따라 디지털 전환을 해야 하는 전통 기업의 CEO들이 그들처럼 하지 않을 이유가 없다. 재무, 회계, 마케팅에 익숙한 것처럼 디지털에 대해서도 정확한 이해와 통찰을 가지고 있어야 한다. 새로운 게임에서 이기기 위해 게임의 규칙을 잘 알고 있어야 하는 것과 같다.

디지털 전환을 추진하는 전통 기업에서 '전환'이 어려운 이유는 바로 '디지털' 때문이다. 전환의 동력은 비전을 가지고 미래를 상상하는 적극적인 리더십이다. 리더들이 디지털 전환의 미래를 상상할 수 없다면 변화를 이끌 수도 없다. 그리고 '발등에 떨어진 불'이 아닌 이상 전환의 시급성을 찾기도 어렵다. 디지털 혁신의 기회를 확신하는 CEO가 시급성을 만들어야 한다. 그러기 위해서는 디지털 기술에 대한 이해와 통찰이 필요하다. CEO는 새로운 게임에서의 새로운 규칙을 알아야 한다. 그렇지 않다면 '디지털'이 '전환'의 아킬레스건만 될 뿐이다.

2장

디지털 전환에 대한 오해와 이해

5

개념을 잡아야 응용이 보인다

디지털 세상은 요지경이다. 디지타이제이션, 디지털라이제이션, 디지털 트랜스포메이션, 디지털 혁신, 디지털 파괴까지 비슷하지만 다른 개념어들이 난무한다. 특히 플랫폼은 다양한 변주로 더욱 해석을 어렵게 한다. 개념을 명확히 알아야 요지경 너머 진짜 디지털 세상이 보인다.

인간은 언어라는 렌즈를 통해 세상을 바라보고 이해한다. 개념화된 언어는 사물과 현상의 정확한 이해와 소통을 위해 꼭 필요하다. 『코젤렉의 개념사 사전』이라는 책에 따르면 "개념은 정치, 사회적인 의미 연관들로 꽉 차 있어서, 사용하면서도 계속해서 다의적으로 머무르는 단어"[32]라고 했다. 즉, 시대에 따라 의미가 달라질 수 있음을 뜻한다.

같은 시대라면 하나의 단어가 여러 의미를 가져서는 안 된다. 여러 가지 의미로 사용된다면 현상에 대한 이해와 소통에 방해를 준다. '디지털'로부터 파생되는 각종 개념도 아직 정립되지 않은 정의와 해석들 때문에 현장 소통을 어렵게 한다. 디지털 전환을 제대로 하기 위해서는 관련 개념부터 정확히 해 둘 필요가 있다.

'디지털화'의 서로 다른 세상

'디지털화'라고 번역되는 세 가지 용어가 있다. 디지타이제이션digitization, 디지털라이제이션digitalization, 디지털 트랜스포메이션digital transformation이다. 영어를 쓰는 사람도 혼란스러운데 번역을 하면서 한 단어로 통일하게 되면 혼동은 더욱 심해진다.[33] 그런데 이 용어의 차이를 구분하게 되면 정확한 개념 이해를 넘어 디지털 전략 수립에도 큰 도움을 얻는다.

IT 전문 리서치 그룹 가트너의 IT 용어집에 따르면 '디지타이제이션'은 아날로그 형태에서 디지털 형태로 변화하는 과정을 말한다.[34] 즉, 물리적인 것things을 소프트웨어적인 데이터data로 변환하는 것을 뜻한다. 아날로그의 목소리를 디지털 데이터로 변환한 디지털 음원이 디지타이제이션의 대표적인 예이다. 하지만 음원 파일이 '디지털화'의 1세대라고 해서 디지타이제이션이 끝나는 것은 아니다. '디지털 패션'에서는 3D 스캔으로 만든 디지털 패브릭과 부자재를 다루며 옷 샘플을 만든다. 화면으로 보는 물성이 실제와 구분을 하기 어려울 정도로 정교하다.[35] 이처럼 물적인 것things을 디지타이즈하는 새로운 기술은 지금도 계속해서 나오고 있다.

다음으로 '디지털라이제이션'은 프로세스를 디지털로 바꾸는 과정을 말한다. 케임브리지 사전에 따르면 프로세스란 “결과를 얻기 위해서 이루어지는 행위들의 연속”이다. ERP, CRM, SCM 같은 솔루션을 도입해서 업무 프로세스를 전산화하는 일이 디지털라이제이션의 대표적인 사례이다. 즉, 정보와 비즈니스 규칙을 데이터화하고 프로세스로 연결하는 과정을 거친다. 다시 패션 산업을 예로 들면, 패턴을 뜨고 재단하는 의류 샘플 제작의 수작업 프로세스가 소프트웨어의 개발로 디지털라이제이션이 가능해졌다. 이처럼 디지타이제이션과 디지털라이제이션의 차이를 이해하면 아날로그 산업의 디지털 혁신을 위한 공략 지점을 찾아내기가 쉽다.

마지막으로, 기술을 의미하는 ‘디지털’과 조직적 변화를 의미하는 ‘트랜스포메이션’의 합성인 ‘디지털 트랜스포메이션’을 알아보자. 디지털 기술은 복잡하고 트랜스포메이션(전환)의 목적도 다양하다. 그래서 저마다의 정의가 있다. 필자는 디지털 트랜스포메이션을 ‘디지털 혁신을 지속적으로 수행하기 위해 필요한 조직적 역량을 구축하는 전사적인 변화 과정’으로 정의한다. 트랜스포메이션은 조직의 변화이고 조직은 사람으로 구성된다. 그래서 디지털 트랜스포메이션은 한마디로 ‘피플(사람)의 디지털화’라고 할 수 있다.

디지털 ‘전환’은 디지털 ‘혁신’과 다르다

디지털 전환을 이야기할 때 같이 등장하는 용어가 디지털 혁신**digital innovation**과 디지털 파괴**digital disruption**

이다. 공통 단어인 '디지털'을 제거하고 나면 '전환' '혁신' '파괴'만 남는다. 디지털이 이슈가 되기전부터 이 개념들은 기업 경영에서 서로 다른 배경과 목적을 가지고서 각각의 자리에서 사용되었다. 여기에 디지털이 붙으면서 세 용어는 서로 밀접한 연관성을 갖게 되었다. 하지만 연관성이 크다고 해서 동의어처럼 사용하면 관점이 흐려진다.

먼저, 디지털 전환과 디지털 혁신을 혼돈하는 예를 살펴보자. ERP 패키지로 유명한 SAP의 웹사이트에서는 디지털 전환을 "고객 경험, 비즈니스 모델, 운영 등을 근본적으로 재구상 하는 활동"으로 정의했다.[36] 하지만 고객 경험, 비즈니스 모델, 운영의 '혁신'을 말하면서 디지털 '전환'이라고 정의하는 오류를 범하고 있다. 전환은 조직 역량의 문제이고, 혁신은 새로운 가치 창출의 문제이다. '전환'과 '혁신'을 명확히 구분하지 않으면 안 된다.

혁신은 "시장에서 새로운 고객 가치를 창출하고 제공하는 프로세스"이다.[37] 디지털 혁신도 마찬가지다. 고객 가치를 만드는 수단이 디지털 기술로 발전했을 뿐이다. 하지만 전통 기업이 가지고 있는 역량과 체계로는 디지털 혁신을 '지속적'으로 실행하기 어렵다. 디지털 전환 없이도 혁신은 가능하지만 성과를 계속 내기는 힘들다. 그래서 디지털 전환은 혁신이 아니라 혁신을 '지속적으로' 실행할 수 있는 조직이 되기 위한 변화로 보아야 한다.

이제 '디지털 파괴'와의 차이도 알아보자. 『대담한 디지털 시대』의 저자는 디지털 트랜스포메이션을 "기존 산업의 게임의 법칙을 디지털 기술을 활용하여 뒤집어엎는 과정으로 디지털 엔터프라이즈가 수행하는 역할"[38]이라고 정의했다. 디지털 전환을 '디지털 파괴'의 과정으로 이해하고 있음을 알 수 있다. 이 정의에 따르면 디지털 전환의 수행 주체는 '디지털 엔터프라이즈', 디지털 기업이 되어야 한다. 전통 기업이 해야 하는 디지털 전환의 자리는 어디에도 없다. 디지털 기업이 추진하는 혁신과 파괴를 전통 기업의 디지털 전환과 구분없이 사용하는 잘못을 범하고 있다. 또 다른 책 『디지털로 생각하라』에서는 미국 온라인 부동산 거래 1위 플랫폼 질로Zillow를 디지털 전환의 사례로 들고 있는데,[39] 질로는 디지털 전환이 아니라 디지털 파괴의 사례로 보아야 한다. 주택 거래의 모든 과정이 온라인으로 진행되는 '질로 오퍼스'라는 주택 전매 서비스와 빅데이터와 머신 러닝을 기반으로 주택 가격을 예측하는 '제스티메이트'는 기존 부동산 서비스의 혁신이고 디지털 파괴이지 디지털 전환은 아니다. 2006년 설립해서 2011년 상장한 질로는 프롭테크[40]의 선두 주자인 디지털 네이티브 기업이지 디지털 전환이 필요한 전통 기업은 아니다.

요약하면, 기존 산업을 뒤엎는 '파괴'는 '혁신'의 결과이고, '전환'은 혁신을 지속할 수 있는 역량을 갖추는 것을 말한다. 이 셋의 구분이 헷갈려서는 안 된다.

플랫폼 vs. 플랫폼 비즈니스 vs. 디지털 플랫폼 vs. 디지털 플랫폼 비즈니스

'플랫폼'이 여기저기 쓰이고 앞뒤로 다른 말이 붙으면서 의미가 복잡해졌다. 플랫폼은 기본적으로 두 개의 다른 이미지가 존재한다. 하나는 열차를 타기 위해 사람과 열차가 오고 가는 '플랫폼'이다. 수요와 공급이 만나는 '공간'을 의미한다. 또 다른 하나는 자동차의 핵심 구조물로서 '뼈대'라고 불리는 플랫폼이다. 자동차는 모델은 달라도 같은 플랫폼을 공유해서 쓰는 경우가 있다. 이처럼 플랫폼은 사용하는 맥락에 따라 시장도 되고 뼈대도 된다.

『플랫폼 레볼루션』의 저자들이 말하는 플랫폼은 "외부 생산자와 소비자가 상호 작용을 하면서 가치를 창출할 수 있게 해주는 것에 기반을 둔 비즈니스이다."[41] 『플랫폼 비즈니스의 미래』에서도 플랫폼은 "참여자들이 모여 가치를 교환할 수 있도록 만들어진 공간"을 말한다.[42] 둘 다 거래를 중개하는 '시장' 즉, 마켓을 의미한다.[43] 그런데 이렇게 보게 되면 동대문 시장도 플랫폼 비즈니스이고 신용카드 사업도 플랫폼 비즈니스이다. 시장에서는 시장의 양면two sides of market을 구성하는 파는 사람(공급)과 사는 사람(수요)이 많아야 장사가 잘된다. 이른바 "양면 시장의 네트워크 효과"[44] 이다.

플랫폼 앞에 디지털이 붙게 되면 어떻게 될까? 『플랫폼 비즈니스의 미래』에서는 디지털 플랫폼을 "디지털 비즈니스 모델을 구현하기 위해서 실제 개발한 소프트웨어"[45]라고 말했다. 디지털 비즈니스를 하는데 필요한 애플리케이션, 데이터, 알고리즘, 하드웨어로 구성된 디지털 '뼈대'로서의 플랫폼이다. 오프라인에서 수행하던 가치 사슬의 활동을 디지털로 수행하는 운영 시스템인 셈이다. 이상부 풀무원 그룹 전략경영원장은 같은 책에서 "전사의 가치 사슬을 지원하는 다섯 가지 플랫폼 구축을 목표로 한다"[46]라고 말했다. 이 말은 거래를 중개하는 플랫폼 비즈니스와 무관하게 기업 운영을 디지털로 전환하기 위해서 '디지털 플랫폼'을 구축할 수도 있다는 것을 의미한다.

정리해보면, 오프라인의 플랫폼 비즈니스(거래 중개)를 디지털 플랫폼에서 운영하는 것이 '디지털 플랫폼 비즈니스'이다. 예를 들어, 에어비앤비와 우버는 민박 알선과 자가용 영업이라는 오프라인 플랫폼 비즈니스를 디지털로 옮긴 디지털 플랫폼 비즈니스이다. 플랫폼 비즈니스의 특징인 네트워크 효과는 디지털 플랫폼을 만나면서 "수요 측면에서 규모의 경제"[47]를 실제로 달성한다. 기존의 오프라인 비즈니스에 디지털을 더해 비즈니스 혁신에 성공한 케이스다.

'디지털화'는 프로덕트(디지타이제이션), 프로세스(디지털라이제이션), 피플(디지털 트랜스포메이션)의 디지털화로 구분할 수 있다. 아날로그의 사물을 '디지타이제이션' 할 수 있으면 프로세스를 '디지털라이제이션' 하는 새로운 기회가 생긴다.

디지털 기술로 디지털화된 사물과 프로세스를 활용해 새로운 고객가치를 만드는 것이 '디지털 혁신'이다. 디지털 혁신을 지속할 수 있는 조직적 역량은 '디지털 트랜스포메이션'을 통해서 확보된다. 오프라인 플랫폼 비즈니스를 디지털 플랫폼화하면 '디지털 플랫폼 비즈니스'의 기회가 열린다. 에어비앤비는 디지털 플랫폼 비즈니스로 기존 숙박 산업을 뒤엎은 '디지털 파괴'의 산증인이다.

개념을 정확히 이해할 때, 전략 수립을 위한 올바른 관점이 만들어진다.

6

디지털 전환의 백가쟁명을 정리하다

디지털 전환을 둘러싼 여러 가지 '주장'들을 살펴보자. 디지털 전환은 총체적이고 전사적인 변화 과정이다. 단편적인 시각으로 봐서는 전체를 보기 어렵다. 디지털 세상의 전개는 단계적 진화가 아니라 동시다발적이다. 작게 시작하는 파일럿은 크게 생각하는 비전이 있을 때만 가치가 있다.

디지털 전환의 성공 가능성을 높이기 위해서는 처음부터 관점을 바로잡고 가야 한다. 하지만 올바른 관점을 위해 필요한 개념 즉, 명확하게 정의된 개념은 찾기가 어렵다. 이는 디지털 전환의 유행과 함께 여기저기 쏟아져 나온 자칭타칭 '전문가'들이 장님 코끼리 만지듯 갑론을박하면서 온갖 주장들을 쏟아냈기 때문이다. 잘못된 이해는 현장의 시행착오로 이어진다.

'전통 기업이 디지털 시대에 성장을 지속하기 위해서 어떻게 디지털 경제에 적응하고 진화할 것인가?' 질문은 하나지만 답은 여러 가지가 있을 수 있다. 우리 기업에 맞는 해답과 오답을 가려내야 좌초하지 않고 끝까지 항해할 수 있다.

퍼즐 한 조각으로 전체 그림을 이야기하지 못한다

"디지털 전환은 물질을 디지털로 바꾸는 것"[48]이라는 주장은 현장의 '전환'을 제대로 보지 못해서 나온 말이다. 디지타이제이션과 디지털 트랜스포메이션을 구분하지 못하면 음반이 CD가 되고 필름 카메라가 디지털 카메라가 되는 것을 두고서도 디지털 트랜스포메이션이라고 말한다.[49] 같은 용어를 가지고도 서로 다른 개념을 지칭하게 되면 정확한 해석이 어려워지고 '필드 매뉴얼'이 필요한 실무자에게 디지털 전환의 그림을 잘못 알려주게 된다.

프로세스 관점만으로 디지털 전환을 이해하면 프로세스 개선에만 집중하게 된다. 하지만 "아날로그 프로세스를 디지털화해 능률과 효율을 상승시키거나, 최신 기술을 활용해 기존의 디지털 시스템을 발전시키는 행위"[50]만이 디지털 전환의 전부는 아니다. 마찬가지로 "디지털 전환은 기존 비즈니스 프로세스를 개선하거나 새로운 비즈니스 프로세스를 추가하기 위해 필요한 디지털 기술 구현 프로세스"[51]라는 이해도 위험하다. 왜냐하면 디지털 솔루션 도입으로만 디지털 전환이 완성될 수 있다는 잘못된 인식을 주기 때문이다. 그래서 온-오프라인 프로세스를 연결하는 옴니채널 구현을 디지털 전환이라고 잘못 주장하는 경우도 있다.[52]

디지털 전환의 성공은 디지털이 아니라 '전환'에 달려 있다. 그렇지만 조직적인 변화의 당사자인 사람이 중요하다고 그것만이 전부는 아니다. 디지털 전환을 사람들의 '태도' 혹은 '습관' '새로운 사고방식을 수립하는 일'[53]로 보게 되면 디지털 기술의 중요성을 과소평가하는 것이 된다. 모든 비즈니스 트랜스포메이션은 전략의 실행이다. 디지털이란 커다란 파도에 휩쓸리지 않고 서핑을 멋지게 하려면 '사고방식'이나 '태도와 인식' 변화만으로는 불가능하다. 서핑을 할 수 있는 '기술'과 '역량'을 함께 갖추어야 바다에 빠지지 않고 파도를 계속 탈 수 있다.

제품과 서비스를 디지털화하는 것도 전통 기업이 해야 하는 디지털 전환은 아니다. 제품과 서비스는 고객이 구매하고 사용하는 최종 재화이다. 아날로그 형태의 제품과 서비스를 디지털로 바꾸는 것은 혁신만으로도 가능하다. 제품과 서비스를 디지털화하는 것을 두고 디지털 전환이라고 한다면,[54] 아마존과 네이버가 하는 디지털 혁신 모두가 디지털 전환이 되어 버린다.

디지털 전환은 단계적 발전인가?

디지털 전환을 단계적 발전이란 관점에서 이해하는 주장도 있다. 이는 디지털화의 세 가지 개념이 시간을 두고서 하나씩 발전했다고 보는 관점이다. 그런데 단계적 발전론에도 조금씩 다른 견해가 존재한다. 디지털 기술의 적용 범위에 따라 3단계로 발전되었다는 관점, 디지털 전환을 디지털 기술 발전의 역사에 따라 구분하는 관점, 10년 단위의 IT산업 발전 단계로 디지털 전환을 이해하는 관점이다.

먼저, 디지털 기술의 적용 범위에 따라 3단계로 발전해 왔다는 관점부터 살펴보자.[55] 1단계는 가장 기초적인 수준으로 디지타이제이션을 말한다. 2단계는 디지털 정보를 이용한 프로세스의 디지털라이제이션이다. 3단계는 디지털 기술을 이용해서 제품과 서비스, 비즈니스 모델을 새로 창출하는 단계이다. 디지털화가 디지타이제이션, 디지털라이제이션, 디지털 이노베이션의 단계로 발전해 왔다고 보는 입장이다.

다음은 디지털 기술의 진화 전체를 디지털 전환의 역사로 보는 관점이다. 『뉴노멀 디지털 트랜스포메이션』의 저자는 1930~1960년대를 "선구적인 디지털 전환"[56]의 시대로 보았다. 이렇게 말하면 이미 100년 전부터 디지털 전환이 존재했다고 오해할 수 있는데, 디지타이제이션과 디지털 전환을 구분하지 않아서 그렇다. 2010~2020년은 "디지털 전환이 표준"[57]인 시대라고 주장했다. 이번에는 혁신과 전환을 구분하지 않고 있다. 디지털 전환을 애플, 아마존 같은 디지털 기업의 혁신과 같다고 보기 때문에 "표준"이라고 말한 것이다.

마지막으로 디지털 인프라를 구축하는 1990년대 후반을 1단계, 디지털 비즈니스를 추진하는 2000년대를 2단계, 디지털 전환을 하는 2010년대를 3단계로 나누는 관점도 있다.[58] 이는 10년 단위로 구분한 IT산업의 발전 단계에 따라 전통 기업의 디지털화도 단계적으로 진행되었다는 주장이다.

'디지털화'의 세 가지 개념을 단계적 발전의 시각에서 구분하는 것은 실무적으로는 큰 의미가 없다. 100년 전에 있었던 디지타이제이션은 지금도 일어나고 있고 미래에도 발생할 것이다. 2023년 현재에도 디지털 인프라를 구축해야 하는 전통 기업은 수없이 많다. 디지털 전환의 시대에도 디지타이제이션과 디지털라이제이션의 단계는 단절되지 않고 지속된다. 우리 회사가 어느 단계에 있는지, 다른 회사보다 단계적으로 뒤처져 있는지 아닌지를 알기 위한 진단은 무의미하다. 중요한 것은 각자 총체적인 전환의 비전을 가지고 어떻게 추진하느냐 여부다.

디지털 전환은 작게 시작해서 크게 키울 수 없다

BCG 연구에 따르면 명확한 디지털 전환의 목표와 전략이 없는 경우 성공 가능성이 떨어진다고 한다. 당연한 말이지만 현장에서는 성과의 조급증 때문에 명확한 비전과 전략 없이 소규모 파일럿 프로젝트만 반복하는 잘못을 많이 한다. 왜냐하면, 소규모 파일럿이 성공하면 전사 수준으로 확장할 수 있다고 생각하기 때문이다. 하지만 비전과 전략이 없다면 파일럿은 파일럿일 뿐이다. 파일럿에 신경을 쓰다 보면 시간이 흘러도 디지털 전환의 수준을 높이지 못한 채 '파일럿의 연옥'에 빠질 수 있다. 결국 디지털 전환의 진정한 이점을 확대하지 못하고 만다.[59] 빠른 길로 가는 것처럼 보이지만 다른 길로 빠지는 꼴이 된다.

디지털 전환을 위해 3년을 1년씩 3단계로 나누어 실행하는 접근법[60]

도 유효하지 않다. 이는 자원이 충분할 때나 가능한 프로젝트 추진 방식이다. 전통 기업이 디지털 전환에 필요한 디지털 역량 확보를 1년 만에 끝내는 게 가능할까? IT 부서 내에 디지털 전환 전담 조직을 둔다고 역량이 생기진 않는다. 필요한 최소 인력을 채용하는데에도 1년 이상이 소요된다. 이런 상황에서 '가시적인 성과'를 위한 파일럿 프로젝트는 지옥 문을 여는 것과 같다. 그리고 이때는 외부 자원을 동원하지 않으면 진행이 어렵기 때문에 파일럿 규모를 최소화해야만 추진이 용이하다. 결국 투입은 최소화하지만 성과는 커야 하는 것이 파일럿의 운명이다.

방향성이 명확하지 않은 상태에서 시간과 인력을 투입해야 하는 파일럿을 현업에서는 원하지 않는다. 자기 비즈니스의 문제점을 드러내야 하는 과제를 디지털 전담 부서와 협업한다는 것은 결코 내키지 않는 일이다. 결국 크게 문제가 될 소지가 없는 영역만 골라 파일럿을 하게 될 가능성이 높고, 이렇게 진행된 파일럿 프로젝트는 성공을 하더라도 비즈니스 임팩트가 크지 않다.

디지털 기술을 적용해서 "작고 빠르게 할 수 있는 과제부터"[61] 추진하는 것은 가능하지만, 이것이 전사적 역량으로 전환되기는 어렵다. 대부분 파일럿의 성과가 '가시적'일 정도로 크지 않기 때문에 계획했던 전사 확산은 없던 일이 된다. 그리고 외부 기술을 이용해 만든 서비스가 대박을 터트렸다고 해서 내부적으로 디지털 역량이 확보되는 것도 아니다.

디지털 혁신을 지속할 수 있고, 확대 재생산이 가능할 때 조직의 역량으로 전환되었다고 말할 수 있다.

디지털 전환의 비전을 설정하고 명확한 목표를 합의하는 것이 가장 먼저다. 담대한 포부를 가지고 공격적인 자세로 시간을 투자해야 한다. 결국, 디지털 전환은 디지털 시대에 전통 기업이 어떻게 경쟁하고 성장할 것인가에 대한 해답이다. 아날로그 정보의 데이터화, 프로세스의 디지털화, 사람의 태도와 인식의 변화를 따로따로 강조해서는 해답이 될 수 없다.

전통 기업이 도전하는 디지털 전환은 기업의 총체적 변화이다. 디지털 전환의 시대가 왔다고 해서 디지타이제이션과 디지털라이제이션이 끝나는 것도 아니다. 디지털 전환을 100년 전부터 소환하는 것도 문제지만, 2010년대에 가두는 것도 문제이다. 전통 기업의 디지털 전환은 언제나 현재 진행형임을 기억하자. 그리고 파일럿 프로젝트만 해서는 전환의 규모를 키우기 어렵다는 것도 명심하자. 전통 기업의 디지털 트랜스포메이션은 총체적이고 전사적이어야 성공할 수 있다.

7

디지털 전환은 경영의 패러다임 시프트이다

수확 체증의 법칙, 네트워크 효과, 고객 가치 극대화, 일상적 혁신, 자율과 책임. 디지털 전환이 지향하는 디지털 경영의 키워드이다. 전통 기업의 디지털 전환은 비즈니스 모델 혁신이 아니라 경영 그 자체를 혁신하는 것이다.

디지털 전환에서 '전환'이 중요하다고 하지만 전환의 '실체'에 대해서는 다들 말을 아낀다. 실리콘 밸리의 빅테크 기업을 따라하지만 완성된 롤 모델인지는 여전히 모호하다. 구글, 아마존, 넷플릭스, 애플 같은 빅테크 기업의 성공은 단지 디지털 기술만으로 된 것은 아니다. 산업화 시대의 경영과는 완전히 다른 방식의 경영에 기초를 두고 있다. 전통 기업 입장에서 디지털 전환의 실체를 찾기 위해 주목해야 할 지점이다.

디지털 시대의 경영 혁신은 "디지털 플랫폼 모델" 같은 "창의적이고 선도적인 비즈니스 모델 혁신"[62]이 아니라 경영management 그 자체가 혁신되어야 한다. 아직까지도 많은 전통 기업이 디지털 시대가 요구하는 경영 패러다임의 시프트를 제대로 읽지 못한다. 새 술을 담으려면 새 부대가 필요하다.

모든 기업은 소프트웨어 기업이다

2025년이 되면 MIT 미디어 랩의 네그로폰테 교수가 『디지털이다』[63]을 발표한 지 30년이 된다. '원자'가 아닌 0과 1의 조합인 '비트'가 세상을 지배하는 디지털 사회의 도래를 예견한 지 벌써 한 세대가 지났다.

닷컴버블의 붕괴와 함께 시작한 21세기, 10년 만에 "소프트웨어가 세상을 먹고 있다"[64]는 얘기가 나오더니 이제는 "모든 기업은 소프트웨어 회사다"[65]라고 말할 정도다. 디지털 경제에서는 소프트웨어가 비즈니스의 중심에 있다는 뜻이다.

소프트웨어를 자원으로 해서 움직이는 디지털 경제에서는 경제 행동을 결정하는 기본 메커니즘이 '수확 체감'에서 '수확 체증'으로 이동한다.[66] 개발에는 많은 돈이 들지만 생산에는 거의 들지 않아 비즈니스가 커질수록 한계 비용은 줄어든다. 수확 체증이 작동하는 소트트웨어 비즈니스의 주요한 특징은 세 가지다. 1)제품 출시 전에는 시장 예측이 불가능하다는 것 2)제품이 수용되면 시장을 고정하는 능력이 있다는 것 그리고 3)시장을 고정한 승자는 막대한 이익을 누린다는 것이다.

수확 체감의 경제에서는 소비자의 사회적, 심리적 구매동기는 합리적 선택의 영역이 아니라 광고, 입소문, 후기 등에 좌우되는 비기능적 효용이었다. 수요와 공급의 법칙으로는 설명할 수 없는 이 같은 비기능적 효용은 시장의 실패를 설명하는 '네트워크 외부성Network Externality'으로 치부되었다. 하지만 디지털 경제에서는 오히려 '네트워크 효과Network Effect'로 내재화되면서 수확 체증의 경제로 이동하는 가장 핵심적인 이유가 되고 있다.[67]

개인의 수요와 시장의 수요가 상호 작용하는 네트워크 효과는 디지털 경제의 특징이다. 여기에 디지털 기술의 발전은 소비자들을 연결해 네트워크를 더욱 강화한다. 이때 소비자들 '사이'의 '긍정적인 피드백'은 매우 중요하다. 네트워크 상의 긍정적 피드백은 수요의 쏠림을 발생시키고, 수요의 쏠림은 시장을 고정하고 승자 독식을 만든다.

사업의 목적은 고객 가치 극대화이다

20세기를 관통하는 경영 화두는 '주주가치 극대화'이다. 1932년 기업의 소유와 경영을 분리하는 것이 현명하다는 주장에 따라 CEO란 직업이 탄생했다. 40년 후 전문 경영인들은 자신의 이익을 위해 주주 가치를 훼손한다는 비판을 주주가치 극대화로 잠재웠다.[68] 그러자 주주들은 CEO의 성과 보상을 주가와 연동시키는 것으로 화답했다.

CEO는 자신의 이익을 위해서 단기적인 주가 부양에 집중했다. 결과적으로 "사업의 유일한 목적은 고객을 창출하는 것"[69]이 아니라 "기업 이익의 증대"[70]로 굳어졌다. CEO들의 모임인 '비즈니스 라운드 테이블BRT'은 1997년 기업 사냥꾼들의 압력에 굴복해서 "기업의 최우선 목표는 기업 소유주에게 돌려줄 경제적 보상을 만드는 것이다"[71]라고 선언했다. 하지만 주주가치의 수호신이던 잭 웰치는 2009년 "주주가치는 결과이지 전략이 아니다"[72]라고 했다. 베스트바이를 파산에서 구한 위베르 졸리 전 CEO도 "수익이 꼭 필요하지만, 그것은 결과다, 그 자체가 목적이 아니다"[73]라고 했다. 1954년 사업의 유일한 목적은 고객을 창출하는 것이다, 라고 말한 드러커가 부활하는 지점이다.

제프 베조스가 아마존닷컴에서 처음으로 책을 팔기 시작한 것이 1995년이다. 그동안 아마존은 '비즈니스 생태계에서 매우 희귀한, 그야말로 괴물 같은 기업'으로 성장했다. 베조스는 지난 30년 동안 '고객 집착Customer Obsession'에 집착했다. 1997년 제프 베조스가 아마존 주주들에게 보낸 첫 번째 공개서한의 키워드는 '고객'이었다. 아마존의 혁신적인 무료 배송 서비스는 고객 집착의 결과물로 단기적인 재무 건전성을 희생해야 제공할 수 있는 혜택이었다. 베조스는 주주들에게 단기 배당 대신 '고객'을 돌려주었다. 베조스의 "고객 집착"은 더 이상 아마존만의 것은 아니다. 고객의 문제를 푸는 모든 디지털 기업의 '표준'이 되고 있다.

지구상에서 가장 크고 빠르게 성장하는 기업은 고객의 가치에 집중한다. 이들은 "고객의 미친 만족감"을 위해 "유난한 도전"을 한다.[74] 2015년 시작한 간편송금서비스 토스는 8년 만에 토스팀의 가치를 8.5

조로 키웠다. 토스의 사례는 기업이 주의를 기울여야 하는 것은 주주가 아니라 고객이라는 점을 분명하게 보여준다. 고객에 집착한 '고객 자본주의의 승리'이다.

혁신은 실리콘 밸리의 케이크이다

어느 디지털 기업의 한 임원은 이렇게 말했다. "전통 기업에서 혁신은 케이크 위에 얹는 체리입니다. 하지만 우리에게 혁신은 케이크 그 자체입니다."[75] 피터 드러커는 마케팅과 혁신을 "창업가적 기능"이라고 했다.[76] 마케팅은 시장을 만들고 혁신은 가치를 만든다. 혁신은 0에서 1을 만드는 창업가만이 할 수 있는 일이다.

아마존 창업가 베조스는 조직이 관료화되는 것을 참을 수 없었다. "Day 1"을 아마존의 문화로 만든 이유이다.[77] 지금도 아마존은 "하루도 빠짐없이 매일 '발명하고 단순화함으로써' 지속적으로 성장"[78]하는, 매일이 창업이고 혁신인 조직이다. 이처럼 실리콘 밸리의 혁신 문화는 단 한 순간도 멈추지 않는 '혁신의 일상화'이다.

디지털 시대에 '혁신'은 지속 가능한 성장의 핵심 문화이다. 하지만 전통 기업은 혁신을 이야기하면서도 혁신의 문화를 조직 역량으로 구축하는 것에 어려움을 표한다. 전통 기업은 창업가적 기능인 혁신을 지시와 통제로 '관리'한다. "야망결핍증후군 ADD Ambition Deficit Disease"[79]에 걸린 관리자에게 더 이상 창업가의 마인드는 기대하기 어렵다.

관료제에 빠진 기업이 가진 기술은 경영의 효율과 예측에 최적화되어 있다. 관료주의가 팽배하면 혁신은 줄어들 수밖에 없다. 자율과 책임을 원하는 직원은 혁신할 수 없는 조직에 매력을 느끼지 못하고 떠난다. 창업자가 관리자가 되는 순간 기업의 혁신은 '관리'의 품 안에 갇혀 숨이 막히고 만다. 회사를 위해 일하는 '아랫것'이라고 생각하는 사람에게 혁신은 아무런 의미가 없다. 이런 사람들을 데리고 혁신하려면 '지시와 통제'가 있을 수밖에 없다. 디지털 시대에도 20세기의 경영 패러다임이 건재한 이유이다.

창의성을 가지고 새로운 가치를 만드는 혁신 문화를 위해서라면 지시와 통제가 개입할 여지가 없어야 한다. 1998년 스티브 잡스는 한 인터뷰에서 이렇게 말했다. "혁신은 돈에 관한 것이 아닙니다. 당신이 가진 사람들에 관한 것입니다."[80] 실리콘 밸리의 혁신은 새로운 가치로 세상을 바꾸고 싶은 사람들이 만드는 것으로 혁신도 결국 사람의 문제이다.

노동하는 인간의 자율과 책임을 믿는다

20세기를 지나오면서 기업이 진화시킨 경영 DNA는 '지시와 통제'였다. 노동자의 생산성을 관리하는 기술은 수많은 기업의 성장과 성공을 가져왔다. 경쟁 속에서 살아남은 기업은 점점 비대해졌고 관료화되었다. 진짜 일real work을 하는 사람보다 일하는 사람을 관리manage하는 사람이 더 많아졌다.

통제와 감시를 자신의 역할이라고 생각하는 관리자는 노동하는 '인간'을 작업하는 '기계'처럼 생각하고 모든 것을 지시하고 통제했다. 그래야 자기 밥그릇을 지킬 수 있다고 믿었다. 이런 기업에게 지속적인 혁신과 전략적 적응성을 가지라는 것은 게리 하멜의 표현대로 네 발 달린 개에게 탱고 춤을 추라는 것과 같다.[81]

"규칙 없음"이 규칙인 넷플릭스는 2002년 한일 월드컵이 한창이던 해에 기업 공개를 했다. 이때의 주가는 1.21달러였다. 20년 정도가 지난 2021년, 주가는 연중 최고가로 690.31달러를 기록했다. 지난 20년 동안 급변하는 엔터테인먼트 사업 환경의 변화에 유연하게 대처해 온 결과였다.

직장인 익명 커뮤니티 앱 '블라인드'의 조사에 따르면 직원이 행복한 기업 1위에 넷플릭스가 올라 있다.[82] 주주가치를 600배로 올리는 일과 직원이 가장 행복한 조직을 만드는 일은 트레이드-오프 관계가 아님을 보여주는 결과이다. '지시와 통제'로는 상상할 수 없는 성과를 '자율과 책임'은 가능하게 했다. 넷플릭스의 리드 헤이스팅스가 "직원들에게 자유를 주면 회사 일을 자기 일처럼 여기게 되어 더욱더 책임 있게 행동한다"[83]라고 자신 있게 말하는 근거이다.

전통 기업은 경영의 실제를 디지털 시대의 패러다임에 맞게 전환해야 한다. 일하는 사람에게 더 많은 자율과 책임을 허락하는 '사람 중심'으로 일하는 방식을 바꿔야 한다. 이는 노동하는 인간에 대한 시선이 불신에서 신뢰의 패러다임으로 이동할 때 가능하다.

인간은 스스로 동기를 부여하고, 문제 해결 능력이 있고, 새로운 것을 학습하는 욕구가 있다. 경청과 존중, 공정한 대우는 모두가 바라는 바다. 직원은 더 이상 기업의 '인적 자원Human Resource'이 아니라 함께 팀을 이룬 '개인'으로 존중받아야 한다.

디지털 전환의 실체는 경영의 패러다임 시프트이다. 전통 기업에서 익숙했던 방식을 새로운 디지털 경영으로 모든 측면에서 탈바꿈하는 것을 말한다. '수확 체증의 법칙'과 '네트워크 효과'가 특징인 소프트웨어 비즈니스가 디지털 경영의 중심에 있다. 사업의 목적은 고객 가치 극대화이다. 고객에게 집착하는 것은 기업의 당연한 권리이다.

혁신은 조직의 문화가 되어야 한다. 혁신은 세상을 바꾸고 싶은 사람들이 만든다. '지시와 통제'의 문화는 더 이상 작동하지 않는다. '자율과 책임'이 가진 힘을 믿어야 상상하기 힘든 성장을 기대할 수 있다. 패러다임 시프트는 서로 다른 세상이 교차하는 지점에서 일어난다.

3장

성장의 비전으로 바라보는 디지털 전환

8

시대적 전환을 성장의 기회로 만들어라

전통 기업 중에서 디지털 전환에 성공한 '디지털 전통 기업'은 두 배 이상의 성과를 올렸다. 대표적인 기업이 나이키다. 나이키의 성공에는 디지털 전환을 성장의 기회로 보고 담대한 비전과 목표를 가지고 리더십을 발휘한 경영자의 역할이 있었다.

시대의 전환기에는 언제나 불확실성과 복잡성이 중심에 자리한다. 이런 경영 환경에서 살아남으려면 무엇을 할지, 성공하기 위해 어떻게 할지를 결정하는 것은 무척 어려운 일이다.

인터넷 세상이 열린 20년 전에도 시대의 불확실성과 경쟁의 복잡성은 기업의 운명을 갈랐다. 구글, 아마존, 애플, 넷플릭스 등은 시대의 전환을 성장의 기회로 만든 산 증인들이다. 반대로 새로운 게임의 규칙에 익숙하지 않은 전통 기업들은 점점 더 큰 불확실성을 마주하고 있다. 지금까지도 소프트웨어, 고객 가치, 혁신 문화, 사람 중심 조직이라는 패러다임 시프트를 머리로는 알지만 행동으로 옮기기는 여전히 어렵고 두렵다.

'위기의 대응'[84]이 아닌 '성장의 기회'로 디지털 전환을 바라보아야 전환의 두려움을 극복하고 기회를 잡을 수 있다.[85]

디지털 전통 기업이 등장하다

하버드 비즈니스 리뷰의 조사에 따르면 디지털 전환의 우선 순위가 변하고 있다.[86] 기업의 내부 프로세스를 디지털화하는 것보다 비즈니스의 가치 즉, 성장이 우선 되었다. 2021년 조사에서는 생산성과 효율성 향상이 디지털 전환의 목표라는 응답이 37%로 가장 높았다. 2022년에는 고객 만족 강화가 디지털 전환의 목표라는 대답이 34%로 가장 높았다. 기업들이 전환에 자신감을 갖고서 내부 프로세스의 효율성보다 비즈니스 가치 창출의 기초가 되는 고객 만족 강화를 1순위에 두고 있다는 뜻이다. '디지털 성장'이라는 새로운 시각으로 자신의 비즈니스를 바라보기 시작했다.

남들보다 일찍 디지털 전환을 성장의 기회로 인식한 전통 기업은 디지털 네이티브 기업과 어깨를 나란히 하는 경쟁을 하고 있다. 이런 전통 기업들은 디지털 기업이 가진 디지털 역량을 구축하고 혁신을 통해 가치를 창출하는 성장의 기회에 동참하고 있다. 바로 BCG가 말하는 "디지털 전통 기업 **Digital Incumbent**"[87]의 등장이다.

디지털 전환의 성공률을 30%로 볼 때, 디지털 전통 기업은 70%의 실패율을 뚫고 나온 기업으로 아무나 될 수 있는 것이 아니다. BCG

는 디지털 역량을 갖춘 전통 기업을 찾기 위해서 S&P[88] 1,200개 기업을 대상으로 조사했다. 조사 대상 중 6%를 차지하는 디지털 네이티브 기업은 평균보다 2.4배 이상의 총주주수익률TSR을 실현했다. 충분히 예상할 수 있는 수치다. 그런데 이 조사에서 주목할 점은 28%를 차지하는 디지털 전통 기업이 거둔 성과이다. 이들 또한 평균보다 1.5배의 총주주수익률을 보였다. 디지털 역량을 갖추지 못한 전통 기업의 총주주수익률은 당연히 이보다 낮다.

전통 기업의 입장에서 걱정해야 하는 것은 6%의 디지털 네이티브 기업이 아니라 28%나 되는 디지털 전통 기업의 등장이다. 전통적인 산업의 경계 내에서 디지털 역량을 갖춘 기업은 그렇지 않은 기업에 비해 성과 차이가 거의 두 배나 났다. 이는 디지털이 모든 걸 파괴할 거라는 위기의 시간 속에서 디지털 전환의 비전과 전략을 실행한 결과이다. 디지털 파괴는 '경계가 흐려진' 외부에서 오는 것이 아니라 산업의 경계 내에서 더 심하게 일어난다. 이들은 디지털 경쟁의 룰을 다시 쓰고 있다. 효율성 강화에서 성장으로 포지션을 이동한 디지털 전환은 "전략적 전환"으로 봐야 한다.[89]

나이키는 아직 배가 고프다

나이키는 2022년 회계연도에 전년 대비 5%의 매출 성장과 6%의 순익 성장을 달성했다. 코로나 팬데믹 시기에 시가 총액 200조가 넘는 회사가 달성하기는 쉽지 않은 수치였다. 이에 대해 CEO 존 도나휴는 직접 운영하는 디지털 비즈니스가 두 자릿수 성장을 기록하며 전체 성장을 견인했다고 말했다. 그런데 나이키의 2023년 2분기 실적은 더 놀랍다. 매출은 전년 대비 27% 증가했고, 나이키 다이렉트의 매출은 25%나 늘어났다. 2017년 중반부터 실행한 일련의 성장 전략들이 제대로 열매를 맺고 있다는 뜻이다. 나이키 성장 전략의 핵심은 '디지털'과 '고객 경험'이다.

잠시 그때로 돌아가 보자. 2017년 나이키는 "트리플 더블 2X"이라는 성장 전략을 발표한다.[90] 나이키 비즈니스의 핵심 영역을 '2X혁신' '2X스피드' '2X다이렉트'로 전환하는 것이 목표였다. 2024년에 환갑이 되는 기업이 기업 성능을 두 배로(2X) 키우겠다는 담대한 목표를 설정한 것이다. 트리플 더블은 조직 전체가 바라보는 북극성 역할을 했다. 트리플 더블 전략의 기본은 '나이키 소비자 경험 **NCX, Nike Consumer Experience**'이었다. 이를 위해 매출의 68%를 차지하는 3만 개의 리테일 파트너를 40개로 축소하는 결정을 내리고, 자신의 브랜드 메시지를 직접 고객에게 전달하기 시작했다.[91]

나이키가 조디악(2018), 셀렉트(2019) 데이터로그(2021) 같은 데이터 관련 기술 스타트업을 인수하고 투자한 이유는 고객 데이터를 제대로 분석해야 새로운 고객을 창출할 수 있다는 판단에 따른 것이었다.[92] 2020년에는 존 도나휴를 CEO로 영입하고 2022년까지 나이키 다이렉트의 비중을 50%까지 확대하겠다는 목표를 제시했다.[93] 존 도나휴는 글로벌 전략컨설팅사인 베인앤컴퍼니에서 20년 이상 일하고 이베이와 서비스나우의 CEO를 지냈기 때문에 디지털 전략과 플랫폼 그리고 기술에 대한 이해가 높다. 그는 현재 트리플 더블을 목표로 전환의 고삐를 바짝 당겨 경쟁사와의 격차를 벌리고 있다.

디지털 전환은 '성장의 경영자'를 기다린다

디지털 전통 기업의 경우 총주주수익율에서 매출 성장이 기여하는 비중은 22%에 불과하다.[94] 매출 성장이 76% 이상을 기여하는 디지털 네이티브 기업에 비하면 상당히 낮다. 그런 점에서 디지털 전통 기업은 디지털 역량은 갖추고 있지만 성장 엔진으로의 전환은 아직 완료 전이라고 봐야 한다. 이 말은 반대로 디지털이 가진 매출 성장의 기회가 아직 많다는 것을 의미한다.

기존 비즈니스의 생산성과 효율을 높이는 전환은 중요하지만 한계가 명확하다. 한계를 뚫기 위해서는 디지털 혁신으로 새로운 가치를 창출하는 게임의 규칙을 따라야 한다. 디지털 전통 기업에게 디지털 성장의 가능성은 충분히 열려있다.

나이키는 분명 디지털 전환에 성공한 '디지털 전통 기업'이다. 하지만 나이키의 전략은 따라하기가 쉬워 보이지 않는다. 디지털 전환을 '아마존의 위기'(전문 온라인 쇼핑몰)에 대한 대응으로만 본다면 나이키는 D2C **direct to customer** 플랫폼 구축만으로 충분했다. 하지만 CEO 존 도나휴는 "나이키는 디지털로 가능한 것의 표면을 긁고 있다고 진심으로 믿는다"[95]라며 디지털 전환으로 얻게 되는 기회는 이제 시작이라고 말했다. 나이키에게 디지털 전환은 위기의 대응 전략이 아니라 트리플 더블을 가능하게 하는 전략적 전환이었다.

어떤 CEO가 조직의 성능을 두 배 이상 높이는 것으로 성장 목표를 설정할 수 있을까? 그리고 고객 경험을 위해 매출의 68%를 차지하는 3만 개의 유통 파트너를 40개로 줄이는 결정을 할 수 있을까? 목표 달성을 2년 앞당겼다고 안주하는 대신 더 공격적으로 목표를 높이는 결정이 가능할까? 회사가 성장하고 있는데 미래를 위해서 더 적합한 외부 인물에게 자신의 자리를 내어주는 게 가능할까? 하지만 나이키의 CEO들은 그렇게 했다. 나이키의 리더들은 '생산성의 관리자'가 아니라 '성장의 경영자' 역할을 톡톡히 했다. 그들에게 시대의 전환은 두려움이 아니라 공격적 성장의 기회였다.

앞으로 10년 동안 생산성 증가의 3분의 2는 새로운 디지털 기술과 연관될 것으로 예상된다. 실리콘 밸리의 유명 벤처캐피털사인 와이콤비네이터YC의 CEO를 지낸 마이클 시벨은 EO 채널과의 인터뷰에서 이렇게 말했다. "YC의 핵심 명제 중 하나는 소프트웨어는 아직 초기 단계이고 세상에 적응하는 커브에 있다는 것입니다."[96] 마이클 시벨은 아마존이 약 1조 원에 인수한 실시간 게임 중계 플랫폼 '트위치'의 공동 창업자이기도 하다. 실리콘 밸리의 스타트업 사관학교 같은 YC의 수장인 그가 소프트웨어 비즈니스는 이제 시작이라고 말했다면, 디지털의 기회는 지나간 것이 아니라 앞으로 다가올 미래에 있다고 봐야 한다.

디지털 전환의 우선 순위가 비즈니스 가치 창출로 바뀌고 있다. 성장의 기회로 디지털 전환을 인식하고 투자한 기업들은 디지털 역량을 구축하는 데 성공했다. 디지털 전통 기업으로 불리는 그들은 디지털 역량이 부족한 다른 전통 기업보다 두 배 가까운 성과를 창출했다. 나이키는 디지털 전환에 성공한 대표적인 전통 기업으로 전환의 위기 속에서도 담대한 목표를 세우고 과감한 실행으로 '스스로를 파괴하는' 전략적 전환의 길을 걸었다(지금도 걷는 중이다). 소프트웨어는 아직 시대에 적응하는 중이다. 산업화의 끝자락과 디지털화의 시작이 중첩되는 지점에 우리는 서있다. 시대의 전환을 성장의 기회로 만들려는 기업에게는 '성장의 경영자'가 필요하다.

9

리더는 비전으로 앞장선다

디지털 전환은 리더부터 내려오는 탑-다운으로 시작된다. 리더는 비전을 제시하고 실질적인 행동으로 불확실한 미래를 향해 구성원들을 나아가게끔 해야하며 단호하게 말하고 움직여야 한다. 구성원이 리더의 진정성을 의심하지 않아야 한다.

잭 웰치는 "좋은 리더는 비전을 만들고, 그 비전을 명확하게 표현하고, 열정적으로 그 비전을 간직하며, 그것을 끈질기게 완성해 낸다"[97] 라고 했다. 그리고 '관리자'란 표현 대신 '비즈니스 리더'라고 말했다.

관리자는 사람들에게 무엇을 하라고 지시하는 사람이지만 리더는 사람들의 의욕을 북돋우고 동기를 이끌어내는 사람이다. 디지털 전환의 대상이자 주체인 조직 구성원을 움직이게 하는 것은 외부의 '지시'가 아니라 내부의 '동기'이다. 리더가 제시하는 '비전'에 공감할 때만 조직은 한 발 앞으로 나아갈 수 있다.

디지털 전환의 비전을 찾아라

전통 기업은 디지털 전환의 비전을 '전환 이후의 모습'에서 찾아야 한다. 전환의 여정이 끝난 후 조직이 어떻게 되어야 하는지 그려본다. 이를 구체화한 것이 디지털 전환의 비전이다. 비전은 건축물의 조감도 역할을 한다. 완성된 건물의 모습을 미리 그려보듯 전환 이후의 모습을 그려야 비전의 실체가 보인다.

모든 직장인이 '왜 일을 해야 하는가'라고 자문하듯 모든 CEO는 '왜 디지털 전환을 해야 하는가'를 스스로에게 물어야 한다. 이 질문에 대한 답이 바로 CEO의 비전이다. 비전은 명확하고 선명할 때 조직을 올바른 방향으로 인도한다. CEO 스스로가 생각했을 때 답이 선명하지 않다면, 디지털 전환은 필요 없거나 시기상조일 뿐이다. 비전이 명확해야 전환의 내적 동기가 만들어진다.

조직 구성원도 디지털 전환의 비전과 목적을 이해할 때 내적 동기가 만들어진다. 자신이 하는 일이 회사의 비전과 어떻게 관련되는지 명확히 알 때 전환의 성공률은 5.3배 더 높아진다.[98] 『변화의 기술』에서 존 코터는 비전의 중요성에 대해 다음과 같이 말했다. "올바른 방향이 아니라면 올바른 변화가 이루어지지 않는다는 건 분명하다. 그러므로 방향을 설정하는 것이 우선이다. 그다음에 '변화 관리'를 실행해야 한다."[99]

디지털 전환은 경영의 패러다임이 변하는 것이고 새로운 게임의 규칙에 적응해야 하는 전략적 전환이다. 당연히 영향이 클 수밖에 없다.

변화의 임팩트가 작다면 굳이 '전환'이라는 이름을 붙일 필요도 없다. 많은 기업이 전환의 영향을 줄여볼 심산으로 작게 시작하는 경우가 있는데, 이는 디지털 전환의 이니셔티브를 기회가 아닌 위기로 잘못 판단해서다. 작게 시작Start Small하는 것은 크게 생각Think Big할 때나 의미가 있다. 전략적 전환을 위한 담대한 비전이 없는 상태에서 작게 시작하는 것은 자원의 낭비일 뿐이다.

『두려움 없는 조직』의 저자 에이미 에드먼슨은 리더십이란 "위대한 일을 성공시키기 위해서 다른 사람들의 노력을 활용하는 능력"[100]이라고 했다. 디지털 전환의 리더십도 이와 다르지 않다. 사람들이 안전지대를 벗어나 위험을 감수하고, 목소리를 크게 내고, 동료들과 함께 하도록 하는 것이 중요하다. 이때 리더가 할 수 있는 일은 사람들에게 꿈을 심고 영감을 주며 동기를 이끌어내는 것이다.

리더가 비전을 제시하지 못한다면 일이 제대로 진행되지 않는다. 비전 없는 CEO는 경기장 밖에서 응원하는 치어리더 같은 불편한 느낌이 들 수밖에 없다.[101] 비전을 수립하는 것은 리더의 유일한 의무이자 특권이다.

리더는 비전으로 일한다

실리콘 밸리의 '바텀-업 컬처'에서도 "조직의 비전은 반드시 탑-다운으로 정해야 한다".[102] 메타에서 7년 동안 일한 디자이너의 말이다.

비전 수립은 리더의 특권이자 의무라고 했다. 비전 수립은 이미 잘 작동하는 비즈니스를 연구하는 것이 아니라 미래를 창조하고 새로운 아이디어를 테스트하는 것이다. 리더가 조직을 통해 성취하고자 하는 것이 바로 비전이다. 리더는 비전을 구체적이고 명확하게 선언할 수 있어야 한다.[103]

하지만 많은 전통 기업은 여전히 비전 수립의 문제를 '탑-다운'이 아닌 '바텀-업' 방식으로 진행한다. CEO는 자기 임기보다 먼 미래 비전 수립을 최고재무임원이나 최고전략임원에게 지시한다. 부서별로 뿌릴 "비전 수립 템플릿"을 만들고 부서별 담당자를 모아서 워크숍을 한다. 템플릿을 채우는 데에는 담당 임원의 '비전'보다 담당자의 '작문 실력'이 더 중요하다. 연말에 재계약해야 하는 임(시직)원 입장에서 5년 뒤의 일은 상상도 안 되고 궁금하지도 않다. 어쨌든 전 부서에서 취합한 템플릿의 과제를 털어서 비슷한 주제끼리 묶은 다음 '미래지향적'으로 보이는 제목을 단다. 무엇을 하겠다는 건지 잘 모르겠지만 듣고 보면 그럴싸한 비전 슬로건을 한 줄 올리는 것으로 CEO의 지시 사항은 끝이 난다. 아무도 왜 하는지 모르는 비전의 완성이다.

비전 수립을 위해 과제를 제출한 임원은 그 일이 자기 일은 아니라고 생각한다. 진척도가 중요하지, 과제의 내용과 효과는 별로 중요하지 않다. 2~3년에 한 번씩 새로운 CEO가 올 때마다 비전이 바뀌고 과제 관리 시스템이 리셋 되는 것이 현실인 만큼, 조직은 비에 젖은 낙엽처럼 바닥에 붙어서 꼼짝도 하지 않으려 한다. 오랫동안 '학습'한 조직의 모습이다. "이 또한 지나가리라!"

구성원들이 진정성 있게 받아들이지 않는 비전을 가지고 리더는 앞장설 수 없다. 링크드인의 성장을 11년 동안 이끈 제프 와이너는 리더에게는 세 가지가 필요하다고 했다.[104] 명확한 비전과 신념을 지켜내는 용기 그리고 이를 효과적으로 소통할 수 있는 능력이다. 남이 만들어준 비전으로는 신념도 없고 소통도 어렵다. 함께 앞으로 나아가고 싶은 리더는 조직의 비전을 직접 만들어야 한다.

디지털 전환은 경영의 패러다임 시프트라고 했다. 전통 기업의 직원들이 경험하지 못한 변화의 방향이다. 전환의 시대를 성장의 기회로 만들기 위해서는 대담한 기획이 필요하다. 조직은 리더의 비전을 보고 전환의 교차로를 건너는 용기를 발휘한다.

디지털 전환의 드럼 비트를 울려라

비전의 실행은 화려한 파워포인트나 회사 홈페이지를 넘어서야 한다. 디지털 전환이 디지털 전담부서의 일이 아니라 회사 전략의 초석이 되어야 한다는 뜻이다.

조직원들은 자기 일과 디지털 전환 사이의 연결고리를 만들 수 있어야 한다. 한마디로 디지털 전환의 비전을 향해 모든 사람이 최선을 다하고 헌신하는 환경이 필요하다. 하지만 하루아침에 뚝딱하고 만들어지지는 않는다. 인간은 언제나 익숙하고 편한 안전지대로 돌아가려는 본성이 있기 때문이다. 디지털 전환의 목적을 명확하게 인식하도록 끈질기게 소통하는 것이 중요하다.

CEO가 하는 모든 말과 행동은 시그널이다. 조직은 모든 감각을 동원해 시그널을 감지한다. 시그널은 암호와 같다. 그래서 여러 해석이 난무한다. 말과 행동이 일치하는지, 진정성은 있는지, 진짜 중요하게 생각하는 것은 무엇인지 등을 파악하려고 한다. 해석의 여지가 클수록 시그널은 잡음이 된다. 잡음이 되지 않으려면 리더의 말과 행동에 해석의 여지가 없어야 한다. CEO는 안전지대에 있으면서 사람들에게 안전지대를 벗어나라고 말할 수는 없다. 많은 전통 기업이 겪는 어려움 중 하나는 CEO의 변화 진정성에 대한 의심이다. 베스트 바이를 회생시키기 위해 현장의 말단 직원까지 찾아갔던 위베르 졸리처럼 진정성 있게 조직에 다가가야 한다.

밴드에서 드럼 비트는 백그라운드 음악이지만 모든 악기의 박자를 맞추는 중추적인 역할을 한다. "위대한 리더의 드럼비트는 사람들에게 따라오라고 강요하지 않는다. 같은 방향으로 나아가고 싶게끔 의욕을 북돋운다."[105] 말과 행동을 통해 비전과 신념을 전달하는 리더는 정확한 언어와 메시지로 끊임없이 반복해야 한다. 디지털 전환의 드럼 비트는 소프트웨어 비즈니스, 고객 자본주의, 혁신 주도 문화, 사람 중심 조직으로 이루어져 있다. 네 박자의 조화를 위한 드럼 비트는 리더의 신념만이 만든다.

디지털 기업으로 '전환'하고 싶은 CEO는 자신도 디지털 기업의 CEO처럼 변해야 한다는 사실을 가슴 깊이 새겨야 한다. 성공적인 디지털 기업의 리더는 "자신이 구상해온 미래를 새로운 기술을 이용하여 다른 사람들이 예상했던 것 보다 훨씬 더 빨리 창조"[106] 해내는 사람이다. 미래를 상상하는 통찰력, 새로운 기술을 알아보는 지식, 상상을 구현하는 실행력은 필수 요소다. 산발적인 디지털 프로젝트 기획, 실질 없는 MOU 체결, 형식적인 직원 참여로는 디지털 전환이 성공할 수 없다. 디지털 전환의 여정이 끝났을 때, 우리 회사의 모습은 어떤 모습으로 변해 있을지, 진지하게 다시 질문해야 한다.

전환의 임팩트를 '기회'가 아닌 '위기'로 보는 리더는 작게 시작한다. '스타트 스몰'은 크게 생각하고 시작할 때만 의미를 갖는다. 리더가 조직을 통해 성취하고자 하는 것이 비전이다. 그래서 비전은 본질적으로 탑-다운일 수밖에 없다. 비전이 조직을 움직이게 하려면 리더의 신념이 절대적이다. 리더가 보내는 시그널이 비전에 대한 진정성을 보여주지 않는다면 조직은 움직이지 않는다. 디지털 전환의 미래를 확신할 수 있어야 리더가 보내는 드럼 비트가 조직의 동기로 '전환'될 수 있다.

10

비전을 프로토타이핑하라

디지털 전환의 비전은 눈에 잡힐 듯 구체적으로 그려낼 때 힘을 발휘한다. 비전을 구체화하는 과정이 비전의 프로토타이핑이다. 왜, 무엇을, 어떻게, 누가라는 질문을 하며 구성원들과 함께 프로토타입을 만들어야 한다. 그 자체가 변화 관리의 시작이다.

디지털 시대는 민첩함Agility의 시대다. 기술의 발전 속도는 조직의 변화 속도를 언제나 앞지른다. 빠르게 적응하기 위해서는 올바른 변화의 물결에 올라탈 수 있는 방향 설정이 중요하다. 리더는 비전으로 앞장서야 한다고 했다. 하지만 디지털을 잘 모르는 CEO 입장에서 비전 수립은 만만한 일이 아니다.

디지털 전환 이후를 상상하는 것은 '고객만족경영'이나 '품질경영'보다 더 큰 상상력을 필요로 한다. 바꾸어 말하면 더 손에 잡히지 않는 것으로 이럴 때일수록 전환의 대상이자 주체인 조직 구성원들에게 '구체적으로 보여줘야' 한다. 비전을 보여주기 위해서는 리더의 머릿속 생각을 프로토타이핑 하는 것이 중요하다.

프로토타이핑으로 보여주다

프로토타이핑은 디자인에서 시제품을 만들기 전에 제품 아이디어를 형상화하는 과정을 말한다. 고객의 요구를 깊이 있게 이해하고 제품 디자인을 개선하기 위한 도구로, 머릿속에 있는 아이디어를 사람들이 경험하고 피드백할 수 있도록 인공물의 형태로 만드는 것을 말한다. 아이디어를 '볼 수' 있도록 만든 프로토타입은 사람들 사이의 피드백을 연결하는 고리 역할을 한다.

잘 알려진 것처럼 레오나르도 다 빈치는 프로토타이핑의 달인이었다.[107] 실물 제작 전 수백 장씩 스케치하며 발생할 수 있는 모든 문제를 파악하고자 했다. 다 빈치의 스케치는 다른 사람에게 자기 아이디어를 '보여주고' 후원을 받는 데 있어 매우 효과적인 수단이었다. 프로토타입을 만드는 과정이 이해관계자들 사이를 조정하고 결과물에 대한 신뢰를 구축하는 시간으로 작용했다.

프로토타이핑은 프로토타입 자체가 목적이 아니라 '보여주는 것'이 목적이다. 프로토타입을 보여줌으로써 더 많은 사람이 '머릿속의 아이디어'에 대해 이야기할 수 있으며 가설에 대한 검증과 구체적인 피드백이 가능하다.

디지털 전환의 비전도 눈에 '보여야' 한다. 비전은 단순히 선언문으로만 존재해서는 안 된다. 시합을 앞두고 외치는 구호와 같이 살아 있어야 한다. 하지만 전통 기업의 조직 구성원들은 '비전'이라는 말을 들으면 심장이 뛰는 것이 아니라 심드렁해진다. 대개는 비전이 모호하고 불분명하기 때문이다. 비전 실행의 당사자인 자신의 생각은 하나도 반영되지 않은 '그들만의 비전'에 대해 관심을 가지지 않는다. 그래서 '비전의 프로토타이핑'이 필요하다.

기업들은 비전을 만들고 변화의 목적에 공감하지 못하는 직원들을 움직이기 위해서 '변화 관리'를 한다. 존 코터도 비전 수립이 먼저고 변화 관리는 그다음이라고 했다. 그러나 진정한 변화 관리는 비전이 완성된 후가 아니라 비전이 완성되기 전부터 시작되어야 한다. 비전은 '변화 관리'가 아니라 '실행'이 따라올 때 성공할 수 있다. 변화 관리가 필요한 비전은 실패할 가능성이 높다. 비전의 프로토타이핑 즉, 비전을 만드는 과정을 변화 관리의 시작으로 보아야 한다.

불가능한 미래를 상상하라

산업화가 진행되는 동안에는 산업시대에 맞는 기업 형태가 일반화되었다. 디지털 시대에 맞는 기업 형태도 시간이 지나면 일반화된 모습으로 나타날 것이다. 아직 어떤 모습일지는 정해지지 않았다. 미래의 모습이고 상상력의 산물이다. 테일러의 '과학적 관리법'이 과거 100년을 지배했듯, 앞으로 100년은 디지털 시대에 맞는 새로운 경영의 패러다임이 기업을 지배할 것이다.

그나마 참고할 수 있는 것은 빅테크 기업이라고 부르는 구글, 아마존, 애플, 넷플릭스 같은 곳 뿐이다. 하지만 지금의 모습이 앞으로 다가올 새로운 경영의 '완전체'라고 보기는 어렵다. 어떤 변화가 일어날지는 아무도 모른다.

위대한 리더는 불가능한 미래를 상상한다.[108] 불가능하므로 리스크를 감수하는 자세가 필요하다. 현재의 궤도를 이탈할 정도로 조금은 무리한 상상을 하지 않고서는 아무 일도 일어나지 않는다. 넷플릭스, 아마존, 페이스북, 구글의 CEO와 경영진들이 불가능한 미래를 상상했기 때문에 지금의 '빅테크'가 세상에 존재할 수 있었다. 세상에 없던 무엇을 만들어 내는 것은 '관리형 CEO'가 할 수 있는 일이 아니다. 게임의 규칙을 안다고 해도 사업의 미래, 산업의 미래를 대담하게 상상하기는 어렵다.

대담한 상상력은 디지털 전환을 앞장서는 '성장의 경영자'에게 필요한 조건이다. 경영자 대부분은 과거를 상세하게 연구해서 미래를 예측함으로써 지금의 자리에까지 올라왔다. 과거를 알면 미래를 대비하는 데 별다른 문제가 없던 시대였다. 하지만 디지털 시대는 반복되는 역사가 아니라 상상의 힘으로 만들어가는 세상이다. "회사는 진로를 잘못 선택해서 실패하는 것이 아니라 더 나은 진로를 상상할 수 없어 실패한다"[109] 라는 말처럼 더 나은 진로를 상상해야 한다. 그것이 바로 성장의 비전이다.

성장의 경영자는 '크고 위험하고 담대한 목표**BHAG, Big Hairy Audacious Goals**'를 잡아야 한다. 케네디 대통령의 아폴로 계획처럼 아무도 도달하는 방법은 모르지만 사람들의 상상력을 사로잡을 수 있었던 목표처럼 말이다. 나이키의 CEO 존 도나휴는 2022년까지 나이키 다이렉트의 비중을 50%까지 확대하겠다는 목표를 달성하지 못했다. 목표에 미달하는 42%에 머물렀지만 실패라 부르지 않는다. 매출의 절반을 D2C 플랫폼으로 달성하겠다는 '크고 위험하고 담대한 목표'를 잡았기 때문이다.

비전 프로토타이핑의 네 가지 재료

디지털 전환의 미래를 상상하기 위해 네 가지 질문을 던져야 한다. 첫 번째 질문은 'Why'이다. "디지털 전환을 왜 해야 하는가?"라는 질문은 과거 30년 동안 기업의 생각과 행동을 지배해 온 '주주가치 극대화'의 패러다임을 버릴 수 있는가를 묻는 질문이기도 하다. '고객만족경영'이 아니라 고객에게 '집착'할 수 있는 권리를 찾아오는 일이 디지털 전환이다. 이는 단기적 성과를 희생하고 장기적 성장을 비전으로 삼을 때만 가능하다. 기업의 오너와 이사회가 고객 가치 극대화를 위한 '전환의 미션'을 주어야 CEO가 고객에게 집착할 수 있다.

상상을 위한 두 번째 질문은 'What'이다. "고객 가치 극대화를 위해 무엇을 할 것인가?" 답은 정해져 있다. 혁신뿐이다. 많은 기업이 위기를 혁신의 동인으로 잘못 이해한다. 혁신은 위기를 먹고 자라지 않는다. 혁신은 꿈을 먹고 자란다. '위기의 틀'에 갇혀 숨 막히는 사투를 벌이는 리더의 혁신과는 본질적으로 다르다. 새로운 가치를 만들 때만

'혁신'이 될 수 있다. 디지털 전환에서 혁신의 대상은 고객 경험, 운영 프로세스, 비즈니스 모델 세 가지이다. 고객 가치를 혁신할 기회는 이 세 가지 원천으로부터 비롯된다.

세 번째 질문은 'How'이다. "디지털 시대에 혁신으로 고객 가치를 극대화하기 위해서는 어떻게 해야 하는가?"의 문제이다. 전통 기업에게는 가장 낯선 질문이다. 수확 체감의 경제에서는 규모의 경제로 경쟁력을 유지했다. 하지만 디지털 시대의 비즈니스는 수확 체증의 법칙과 네트워크 효과가 적용되는 디지털 프로덕트로 경쟁한다. 산업화 시대의 핵심 경쟁력이 더 이상 '핵심'이 아니다. 디지털 프로덕트로 경쟁하기 위해서는 3D 역량 즉, 데이터Data, 디자인Design, 디벨로프먼트Development 역량이 필요하다. 디지털 경제의 가치를 만들 수 있는 3D 역량에 대한 근본적인 재구축을 고민해야 한다.[110]

마지막으로 상상해야 하는 것은 'Who'이다. "디지털 전환으로 만들고 싶은 조직의 사람과 일터의 모습은 어떠해야 하는가?" 산발적이고 이벤트성인 '실리콘 밸리 따라하기'는 껍데기는 가져왔지만 알맹이는 두고 온 것과 같다. 알맹이는 세상을 변화시키기 위해 모여든 자율과 책임에 익숙한 전문가들이 일하는 조직과 문화다. 평평한Flat 조직, 빠른Fast 조직, 재미Fun있는 조직이 만든 F3의 문화를 전통 기업에서 '조직화'하는 것이 필요하다. 연공서열이 중요한 전통 기업에서는 쉽게 풀기 어려운 문제이다. 그래서 보다 대담하고 위험한 상상을 해야 100년 된 조직 구조와 조직 문화를 바꿀 수 있다.

리더가 만드는 비전에는 조직구성원의 공감과 동의가 포함되어야 한다. '불가능한 미래'를 상상해야 하는 리더는 비전의 프로토타입을 갖고서 이해관계자들과 대화하고 피드백을 받아야 한다. 프로토타이핑이 변화 관리의 시작인 이유이다. 리더가 불가능한 미래를 상상해야 조직은 불가능한 목표를 도전으로 받아들인다. 디지털 전환의 미래를 상상하기 위해 성장의 경영자는 다음의 네 가지 질문을 스스로에게 던져야 한다. 왜 하는가? 무엇을 해야 하는가? 어떻게 할 것인가? 누구와 함께 할 것인가? 질문의 답으로 비전의 프로토타입을 구상하는 것은 리더가 가진 상상력과 통찰의 몫이다.

✦

지금까지 1부 전체를 통해서 디지털 전환을 좀 더 새로운 관점으로 바라보았다. 디지털 시대에도 성장을 원하는 전통 기업은 총체적이고 전사적인 디지털 전환을 새로운 경영 패러다임의 시프트로 인식해야 한다. 한 번도 가보지 않은 길을 가야하는 만큼 담대한 상상력을 갖고서 출발해야 한다.

CEO(리더)는 앞장서서 헌신적인 리더십을 보여야 한다. 비전을 가진 CEO가 직접 디지털 전환의 과정을 탑-다운으로 챙겨야 하고 직원들이 마음으로 공감할 수 있도록 직접 실천하고 행동하는 진정성을 보여야 한다.

'디지털 전환의 실체'가 무엇인지도 생각해보자. CEO가 아니더라도 디지털 시대의 리더가 되고자 하는 사람이라면 누구나 디지털 전환의 실체에 대해 진지하게 상상해 보는 것이 필요하다.

이어지는 2부에서는 디지털 전환의 실체를 그리기 위해 짚어야 하는 경영 전략과 가치 혁신에 대해 설명할 예정이다. 앞으로 어떻게 달라져야 하는지 꼼꼼히 살펴보고 하나씩 실천 방안도 모색해보자.

디지털 초격차 코드 나인

2부

절대 경쟁의 시대
: 가치 혁신으로 고객을 창출하라

디지털 전환의 이유는 새로운 가치 혁신 때문이다. 고객 경험, 운영 프로세스, 비즈니스 모델 각각에서 디지털로 가치 혁신에 성공해야 한다. 경쟁사와 경쟁하는 것이 아니라 고객의 문제를 푸는데 집착하는 절대 경쟁으로 전략의 방향을 수정해야 한다.

4장

고객과 함께 달리는 경쟁

11

절대 경쟁, 드러커의 결정적 한 마디를 기억하다

경쟁사를 대상으로 하는 파이 뺏기 경쟁에서 벗어나야 한다. 디지털 시대의 고객 가치 혁신은 타인(경쟁사)과의 경쟁이 아니라 나와의 경쟁이다. 바로 '절대 경쟁'이다. 전월 대비, 타사 대비가 아니라 고객 가치 창출에 무슨 기여를 했는지 고민해야 한다.

새해가 되면 CEO 신년사가 발표된다. 2023년 10대 그룹의 신년사에서 가장 많이 언급된 단어는 35번이나 나온 '고객'이다.[111] 최근에는 사용 빈도가 좀 줄긴 했지만 그럼에도 3년 연속 1위를 차지했다. CEO들도 디지털 시대에 '고객'의 중요성을 인식하고 있다는 뜻이다.

'주주가치 극대화'에서 '고객가치 극대화'로의 패러다임 시프트는 실리콘 밸리만의 전유물은 아니다. 세상에 존재하는 모든 사업에는 '고객'이 존재하며 고객 없이 가능한 사업은 없다. '고객을 위한 가치 창조'는 슬로건이 아니라 비즈니스의 근본이다.

사업의 목적은 고객을 창출하는 것이다

2차 세계 대전 이후 '자본주의의 황금시대'라고 불렸던 1950~60년대는 번영의 시대였으며 수요의 시대였다. OECD에 소속된 국가들의 연평균 GDP 성장률도 매해 4~5%를 웃돌았다. 미국의 실질소득은 매년 4.4%씩 올랐고 실업률은 낮았으며 중산층은 증가했다. 모두가 풍요를 즐겼다.

경제 성장이 한창이던 1954년, 피터 드러커는 "사업의 단 한 가지 타당한 목적은 고객을 창출하는 것"이라고 단언했다. 사업은 "싸게 사서 비싸게 파는 것"이 아니며 "이익의 극대화"는 사업의 본질이 아니라고 했다.[112] 드러커는 사업의 목적으로 '장사'와 '사업'을 구분했다. 하지만 사업이든 장사든 돈을 많이 버는 것이 중요하던 시절에 '고객'을 이야기하는 드러커의 말에 귀 기울이는 사람은 많지 않았다.

90년대 중반 '고객 관계 관리'와 '로열티 경영'이 새로운 경영 기법으로 유행했지만 '사업의 본질'을 이해하지 못한 장사꾼들은 드러커가 말한 고객을 찾지 않았다. 대부분 기업이 '고객 중심'을 내세웠지만 실제로는 고객의 문제보다는 기업의 생산성이나 이익을 더 중요하게 보았다. CRM에서 고객은 '고객 DB'로 전락했고, 로열티 경영은 '고객 만족 지수'로 변질되었다.

인터넷의 등장은 시장의 권력을 판매자에서 구매자로 이동시켰다. 판매자와 구매자 사이에 존재하던 정보의 불균형은 사라졌고 대량생산**Mass Production**을 위해 강제로 묶인 '하나의 고객'은 대량 맞춤**Mass**

Customization의 등장으로 '유니크한 존재'로 행동하게 되었다.[113] 시장의 무게 추가 생산자 중심에서 소비자 중심으로 움직이면서 "고객은 사업의 기초이자 사업을 계속 유지할 수 있도록 하는 존재"[114]로 인식되기 시작했다.

드러커가 강조하던 '고객'은 실리콘 밸리에서 더욱 살아났다. 1997년 열린 애플의 전 세계 개발자 컨퍼런스에서 스티브 잡스는 이렇게 말했다. "애플의 비전과 전략은 우리가 고객에게 어떤 놀라운 혜택을 줄 수 있는가로부터 시작합니다."[115] 아마존도 전 직원이 교육받는 16가지 리더십 원칙(16가지가 궁금한 독자는 주석을 참조하시기를)[116] 중 첫 번째인 고객 집착에서 "리더는 고객과 함께 시작하여 거꾸로 작업한다"라고 밝혔다.

이제 실리콘 밸리의 디지털 기업들은 고객의 문제를 풀기 위해 존재한다고 말해도 과언이 아닐 정도가 되었다. 새로운 고객을 창출하기 위해서는 고객이 갖고 있는 문제를 풀어야 한다는 것을 너무나도 잘 알고 있다. 모든 비즈니스의 시작은 고객이다.

시장점유율의 경쟁 상대는 고객이다

전통 기업은 실리콘 밸리를 추앙하지만 '고객'으로부터 시작하지는 않는다. '고객 중심 기업'을 비전으로 내걸었더라도 경쟁의 프레임은 언제나 경쟁사에 있다. 전략회의 보고서에도 '경쟁사 동향'과 '시장 점유율'은 있지만 고객은 찾기 힘들다. 월급 받는 직장인들끼리 서로 앞서거니 뒤서거니 '경쟁'하는 것처럼 보이는 것이 중요하지 고객 가치를 위해 '경쟁의 룰'을 파기하는 것은 금기시되고 있다.

경영진에게 시장점유율은 매우 중요하다. 동종 산업의 전체 매출에서 우리 회사가 차지하는 비율로 경쟁 상대를 특정할 수 있고 시장의 크기를 측정할 수 있다. 그리고 나의 성과를 비교할 수도 있다. 더욱이 인센티브와 직결되니 더더욱 신경을 쓰지 않을 수도 없다.

'창조적 파괴'가 어려운 '안정된' 산업 내에서 시장 점유율 경쟁은 시장 파이를 키우기보다 남의 파이를 뺏는 성장 방식에 불과하다. 위베르 졸리의 말처럼, "자기 업계에서 '최고' 또는 '1위'가 되려는 기업은 제로섬 게임을 해야하며, 그러다 자칫 내가 다 뺏기게 되면 패배자가 된다."[117]

넷플릭스는 DVD 우편 사업을 시작했을 때부터 비디오 대여 시장의 강자인 블록버스터를 경쟁자로 보지 않았다. 넷플릭스의 공동 창업자인 마크 랜돌프는 "우리는 경쟁과는 상관없이 일했다. 독보적인 일을 하고 있어서 어떤 의미에서는 보호를 받았다"라고 말했다.[118] 넷플릭스는 블록버스터와 경쟁한 것이 아니라 '영화를 빌려 보는 고객'과 경쟁을 했다. 만약 블록버스터와 경쟁했다면 시장점유율 경쟁에 함몰되었겠지만, 고객과 경쟁했기 때문에 혁신적인 서비스를 고민할 수 있었다. 결과적으로 시장점유율 1위의 골리앗(블록버스터)은 '고객'이란 돌을 던지는 다윗(넷플릭스)에게 무릎을 꿇었다.

제프 베조스의 상대도 경쟁사가 아니라 고객이다. 그는 "일반적으로 모든 기업은 경쟁사를 앞지를 방법을 고민하지만 우리는 오직 소비자에게 도움이 될 방법만 고민한다"[119]라고 말했다. 경쟁사의 동향에 촉각을 세우는 대신 고객 문제를 찾는 데 온 힘을 쏟는다는 뜻이다. 이처럼 디지털 시대의 경쟁은 '절대적'이다. 새로운 고객 창출을 위해 현재의 나와 경쟁하는 것이 바로 '절대 경쟁'이다.

'절대 경쟁'은 전월 대비, 전년 대비 0.1%라도 더 개선하기 위해 피와 땀을 쥐어짜는 것이 아니라 가치를 놓고 경쟁하는 것이다. 지금은 디지털 네이티브(고객)가 '가치'라고 생각하는 것을 놓고 비즈니스를 재정의하는 세상으로 바뀌었다. 한마디로 디지털 시대의 절대 경쟁은 새로운 가치 경쟁이다.

고객 창출은 혁신의 길이다

2023년은 태양의 서커스가 라스베거스에서 공연을 시작한 지 30년이 되는 해이다. 태양의 서커스는 거리 공연가 출신인 기 랄리베르테와 질 스테 쿼와가 1984년 캐나다 퀘벡의 베셍뽈에서 조직하면서 시작되었다. 우리나라에 널리 알려진 것은 2005년 출간된『블루오션 전략』에 소개되고 부터다.[120] '블루오션'을 창출한 첫 번째 '가치 혁신' 사례로 태양의 서커스가 책 맨 앞에 등장한다. 블루오션이란 '미개척 시장 공간'을 뜻하는 말로 '현재 존재하지 않는 모든 산업'을 말한다. 하지만 블루오션이라고 해서 언제나 새로운 산업의 창출만을 뜻하지는 않는다. 대부분의 블루오션은 태양의 서커스처럼 기존 산업을 재해석하여 새로운 가치를 만드는데에 더 주안점을 두고 있다.

블루오션 전략에 따르면 기업이 레드오션을 벗어나 블루오션으로 가기 위해서는 '가치'를 '혁신'해야 한다. '가치 혁신'이란 "경쟁자를 이기는 데 집중하는 대신 구매자와 회사를 위한 가치 도약을 이뤄 새로운 비경쟁 시장 공간을 창출함으로써 경쟁 자체에서 벗어나는 것"[121]을 말한다. 사실 말은 쉽지만, 경영 일선에서 실행으로 옮기는 것은 매우 어려운 일이다.

레드오션에 빠진 전통 기업의 경영자가 가치 혁신 프레임워크인 "전략 캔버스"[122]를 아무리 그려보아도 블루오션을 찾기란 쉬운 일이 아니다. 더군다나 시장점유율에 눈이 먼 경영자에게는 쉽게 드러나지 않고 언제나 숨어있다. 그래서 전통 기업에게 있어서 새로운 가치 창출은 기존의 가치를 쥐어짜는 것보다 훨씬 더 어렵다.

태양의 서커스는 기존의 서커스 시장을 '점유'하기 위한 경쟁에 뛰어들지 않았다. 대신 이전에는 존재하지 않았던 새로운 형태의 서커스를 탄생시켰다. 경쟁자를 만나는 '상대 경쟁'을 버리고, 새로운 고객과 만나는 '절대 경쟁'의 길을 떠난 것이다. 블루오션 전략의 초석인 '가치 혁신'은 거창한 '전략적 의도'를 가지고 출발한다기보다는 고객과 함께 시작한다. 가치 혁신의 기본이다.

다시 피터 드러커의 결정적 한마디로 돌아가 보자. 사업의 목적은 고객을 창출하는 것이다. 드러커는 "사업을 경영하는 것은 관료적이거나, 관리적이거나, 또는 규정을 만드는 일이 될 수 없다"[123]라고 말했다. 하지만 전통 기업의 경영자는 공룡처럼 덩치만 커서 '관료화된' 조직을 '관리'하기 위한 '규정'을 만드는 일을 '경영'이라고 안다. 그래서 전통 기업에서는 '가치 혁신'이 어렵다. 양적인 성장에만 관심 있는 '장사꾼'에게 혁신은 중요하지 않다. 하지만 질적으로 더 나은 성장을 추구하는 '사업가'에게는 혁신이 필수 과제이다.

가치를 혁신하는 일을 한 번도 해보지 않은 레드오션의 경영자들은 상대 경쟁에 빠질 수밖에 없다. 하지만 실리콘 밸리의 선구자들은 경쟁자와 경쟁하지 않는다. "사업의 목적은 고객을 창출하는 것이다"라는 드러커의 결정적 한마디는 50년 가까이 침묵의 시간을 보냈지만, 산업화 시대의 끝자락에서 디지털 시대의 선구자들을 만나 부활했다.

고객을 앞서기 위해(고객의 요구 사항을 앞서서 제안하는) 고객과 경쟁하고나 자신과 경쟁해야 한다. 디지털 시대의 경쟁은 '절대적'이다. 고객을 위해 새로운 가치를 창출하는 '가치'의 '혁신'만이 고객을 이길 수 있다. 지금은 '절대 경쟁'의 시대임을 잊지 말아야 한다.

12

혁신의 가치는 고객이 정한다

혁신의 아이콘 아마존도 고객을 위한 가치 혁신에서 멀어질 때가 있다. 혁신은 시장과 고객의 행동을 최초로 변화시킬 때 만들어진다. 혁신을 따라 하는 벤치마킹으로는 차별화의 가치를 만들 수 없다.

디지털에 대한 '위기 의식' 때문에 혁신을 추진해서는 안 된다. 혁신은 위기의 탈출구처럼 보이지만 위기 관리의 도구가 아니다. 시장과 고객을 위한 새로운 가치 창출로 보아야 한다. 혁신의 '새로움'과 '가치'에 대한 판단은 시장과 고객의 권리이다. 이를 인정하지 않는 혁신은 '가짜' 혁신이다. 혁신의 꼬리표를 달고서 기업의 이익과 대주주의 주머니만 바라봐서는 안 된다. 절대 경쟁에서의 혁신은 고객만 쳐다보는 것이다.

혁신의 아이콘도 가치 없이는 고객을 이길 수 없다

2023년 1월 4일 앤디 제시 아마존 CEO는 18,000명 이상의 직원을 해고할 것이라고 발표했다. 전체 아마존 직원의 약 6%에 해당하는 역대 최대 규모의 감원이었다. 그중 2,000명은 아마존에서 알렉사와 스마트 스피커를 만드는 '디바이스 앤 서비스 유닛' 소속이었다.

알렉사는 아마존에서 개발한 인공지능AI 기반의 음성 비서 서비스로 사용자의 음성 명령을 인식하여 음악 재생, 알람 설정, 날씨 예보, 정보 검색 같은 다양한 서비스를 제공한다. 제프 베조스가 애정한 '혁신적인' 서비스였지만, 2022년에 100억 달러 이상의 손실이 예상되면서 '비용 절감'의 대상이 되었다.

알렉사 이전에 아마존이 디바이스 시장에 뛰어들기 위해 야심 차게 준비한 파이어폰이 있었다. 파이어폰에 실패를 맛본 베조스가 절치부심하던 끝에 2014년 11월 세상에 내놓은 것이 알렉사가 내장된 스마트 스피커 에코였다. 알렉사와 에코는 2019년까지 1억 개가 넘게 팔렸다.[124] 2018년 연말에는 홍콩에서 보잉 747에 실어서 배송할 정도로 29달러짜리 '에코 닷' 스마트 스피커는 연일 매진이었다. 알렉사 AI를 개발한 수석개발자의 말처럼 알렉사는 "고객들이 삶에서 느끼는 불편을 제거"[125] 한 것처럼 보였다. 드디어 인간은 가장 자연스러운 소통 수단인 '음성'으로 디바이스를 제어하게 되었다.

아마존은 고객들이 음성으로 쇼핑하기를 원한다고 생각했다. 그래서 에코를 원가에 판매하는 결정을 내렸다. 디바이스로 돈을 버는 것이 아니라 고객의 쇼핑 습관을 알렉사 '플랫폼'에 락-인 시키는 효과를 노렸다. 애플의 iOS나 구글의 안드로이드처럼 모바일 운영체제가 없는 아마존에서 알렉사는 새로운 플랫폼으로 인식되었다. 제프 베조스가 알렉사의 기동어로 '아마존'을 고집한 것도 같은 맥락으로 이해된다(기동어**Wake-Up Word**란 음성인식 시스템에서 사용되는 특정한 명령어나 키워드로 "지니야" "시리야"같은 것이다).[126]

하지만 사람들은 쇼핑할 때 '알렉사'를 부르지 않았다. 조사에 따르면 알렉사를 보유한 사람 중 6%만이 음성으로 쇼핑했다. 식기세척기 세제 하나를 주문하려고 알렉사가 2분 동안 떠드는 제품 설명을 들어야 하는 것은 유쾌한 경험이 아니었다. 고객의 불편을 제거하려고 했던 '혁신'은 결과적으로 '가치 전달'에는 실패했다.

고객에게 집착하고 고객 목소리에 귀 기울이는 일에 능숙한 아마존이라 할지라도 혁신에 실패할 수 있다. 하지만 알렉사의 실패는 고객의 쇼핑 경험을 완벽하게 통합하겠다는 베조스의 비전과 비합리적 기대 사이에서 고객 가치가 실종된 결과였다. 베조스의 꿈에 가려 고객 경험에서 출발해서 거꾸로 일하는 '아마존 웨이'가 제대로 작동되지 않은 탓이기도 했다. 완벽하지 않은 음성 인식 기술을 가지고서 고객의 쇼핑 행동을 변화시키겠다는 베조스의 생각은 오만이었음을 스스로 증명한 꼴이 되었다.

처음 하면 혁신이고 따라 하면 노멀이다

토스의 간편송금 서비스는 2014년 3월 오픈 베타를 거쳐 2015년 2월 23일 정식으로 출시되었다. 지금은 모두가 당연한 것처럼 생각하지만 당시에는 온라인 송금의 '혁신'이었다. 그때까지만 해도 '금융기관'인 은행의 모바일 뱅킹에서 송금을 하기 위해서는 공인인증서와 보안카드가 필수였다. 게다가 총 8~9단계를 거쳐야 했다. 그런데 토스는 금액 입력, 계좌 번호나 전화번호 입력, 송금하기 버튼만 누르는 단 3단계만으로 송금을 끝냈다. 그리고 '1원 송금'을 보내 본인 계좌를 인증하는 방식은 토스의 첫 번째 특허였다.[127] 토스 간편송금 서비스는 출시 2년 만에 월 송금액 1조 원, 송금 누적액 10조 원을 돌파했다.

토스가 베타 서비스를 하던 2014년 11월, 뱅크월렛 포 카카오 서비스도 나왔다. 뱅크월렛은 금융결제원이 주도하고 시중은행들이 참여한 모바일 전자지갑 서비스였다. "토스를 포기하자"[128]라는 말이 나올 만큼 위협적으로 여겨지던 서비스였지만 2016년 12월 말 종료되고 말았다. 서비스 출시 때만 해도 48만 4천 명이던 신규 회원은 석 달 뒤에 4만 8천 명으로 줄었고, 출시 초기 25%이던 서비스 이용률은 가입자 10명 중 1명만이 사용할 정도로 외면을 받았다. '간편' 송금을 서비스한다면서 길고 복잡한 단계를 그대로 두는 용감함의 결과였다. 한마디로 고객을 위한 '가치'는 찾아보기 어려웠다.

"금융부터 혁신"하는 토스의 행보는 이제 대한민국 금융의 표준이 되고 있다. 특허를 가진 '1원 송금'과 은행 펌 뱅킹을[129] 이용한 송금 방식은 간편송금 서비스의 표준으로 자리 잡았다. 그리고 토스의 원-앱 전략은 시중 은행이 무분별하게 만든 '앱 지옥'에서 고객이 벗어나도록 도와주었다. 한 때 19개의 앱을 운영하던 KB국민은행도 지금은 'KB스타뱅킹'과 '리브' 앱 이렇게 두 개를 중심으로 통합 운영 중이다.

전통 기업의 관리자들이 선호하는 혁신의 방식은 따라 하는 것이다. 하지만 '토스처럼' 되는(따라 하는) 것은 혁신이 아니라 노멀일 뿐이다. 혁신이 가치 있는 이유는 시장과 고객의 행동을 최초로 바꿔서이다. 벤치마킹은 이미 변한 시장과 고객을 따라 내가 변해야 하는 이유를 찾는 것에 불과하다. 토스의 혁신은 금융에 대한 고객의 '서비스' 기대 수준을 높여 차별화란 경쟁 우위를 만들어 냈다. 하지만 이미 고객에게 '표준'이 된 서비스를 따라 하는 '모방적 혁신'은 혁신의 '위기 징후'로 밖에 보이지 않는다. 혁신은 언제나 새로워야 한다. 그래야 고객이 '새로운 가치'에 박수를 보낸다.

"파괴적 혁신"을 버리고 '창조적 혁신'을 하라

혁신을 이야기할 때 빠질 수 없는 것이 바로 "파괴적 혁신"이다.[130] 우리가 21세기에 목격한 전통 기업의 파괴는 '파괴적 혁신' 때문이라고 말하는 전문가도 많다. 그런데 이 말을 최초 쓴 원작자들은 '파괴적 혁신'이란 용어가 너무 광범위하게 남용되고 있다고 말한다.[131]

하버드대 경영대학의 크리스텐슨 교수가 만든 '고유 명사'인 파괴적 혁신은 "파괴적 기술"을 이해할 때만 가능하다.[132] 파괴적 기술은 급진적으로 새롭거나 어려운 고급 기술을 말하는 것이 아니라 성능은 좀 떨어지더라도 시장과 고객이 원하는 기술을 의미한다. 파괴적 기술이 파괴적인 이유는 성공한 기업들이 무시하거나 놓치고 있는 로-앤드 고객의 '니즈'를 파고들기 때문이다.

"전통적인 대기업이 플랫폼 하나를 만드는 것은 저가 시장에 진출하거나 품질이 낮은 제품을 출시한다는 의미에서 파괴적 혁신이라 할 수 있다"[133]라는 주장은 파괴적 혁신의 본질을 제대로 이해하지 못한 말이다. 파괴적 혁신은 "파괴적 기술"을 원하는 '고객층'이 존재할 때만 가능하다. 품질이 낮아서 사용하기 불편한 플랫폼을 원하는 고객은 없다. 그런 점에서 볼 때 오픈AI가 공개한 챗GPT는 '파괴적'인 영향력은 있지만 로-앤드 고객을 만족시키는 '파괴적 기술'이라고 보면은 안 된다. 챗GPT는 크리스텐슨 교수가 말한 '파괴적 혁신'이 아니라 생성 AI라는 새로운 시장을 만든 '가치 혁신'으로 봐야 한다.

세계에서 가장 혁신적인 디자인 회사 아이데오를 창업한 톰 켈리는 혁신은 세 가지 요소로 구성된다고 했다. 세상에 없던 새로움, 구현 가능성 그리고 가치의 존재이다. 이처럼 혁신은 변화를 가져오는 것이 아니라 새로운 가치를 만드는 일이다. 고객에게 더 이상 가치를 줄 수 없는 기업이나 산업의 도태(파괴)는 성장통의 자연스러운 증상이다.

파괴적 혁신이 유행이라고 해서 혁신이 반드시 '파괴적'일 필요는 없다. '창조적 파괴'라는 말을 쓴 조지프 슘페터도 파괴보다는 '창조'에 무게 중심을 두고 있다. 경제 성장은 파괴할 때가 아니라 창조할 때 가능하다. 전통 기업의 디지털 전환도 '파괴하는 혁신' 대신 '창조하는 혁신'을 목표로 해야 한다.[134] 디지털 시대의 창조적 혁신은 기존 산업의 '파괴'를 목표로 하지 않는다. 우월한 기술로 시장과 고객을 위한 새로운 가치 '창조'를 목표로 삼아야 한다.

고객의 가치 평가 방식이 완전히 변했다. 전통 기업은 고객이 원하는 가치를 재정의하고, 이를 제공할 수 있는 비즈니스 시스템을 만들어야 한다. 로-앤드 시장을 공략하는 '파괴적 혁신'이 아니라 세상에 없던 가치를 만드는 '창조적 혁신'으로 고객을 창출하고 성장을 이끌어야 한다.

실리콘밸리 혁신의 아이콘인 아마존도 고객을 이길 수는 없었다. 한 해에 100억 달러의 손해를 보면서 투자했지만, 고객이 '가치'를 인정하지 않은 혁신은 실패했다. 새로운 음성 플랫폼을 선점하고 싶은 베조스의 오만이 알렉사를 "영광스러운 시계 라디오"[135]로 만들었다.

혁신이 차별화의 원천이지만 '모방적 혁신'에는 차별화를 기대할 수 없다. '토스처럼' 되는 금융은 토스가 만든 가치 프레임을 벗어나기 어렵다. 디지털 시대에 '파괴적 혁신'은 더 이상 파괴적이지 않다. '파괴적 기술'은 디지털 혁신의 파트너가 될 수 없기 때문이다. 절대 경쟁에의 혁신은 '파괴'의 수사학에서 벗어나야 한다. 고객 가치를 창출하는 디지털 혁신은 '창조적 혁신'임을 분명하게 인식해야 한다.

13

고객 가치를 창출하는 단순한 전략이 이긴다

전략은 심플해야 실행하는 사람들이 제대로 이해할 수 있다. 절대 경쟁은 가치 경쟁이다. 가치는 기업이 구매자에게 제공하는 것에 대해 구매자가 지불하고자 하는 금액의 크기다. 절대 경쟁에서도 '차별화'와 '비용 리더십'이 유일한 경쟁 전략이다.

지난 수십 년 동안 전략은 점점 더 복잡하고 정교해져 왔다. 드러커가 말하는 사업의 목적은 분명한데, 목적 달성을 위한 '전략들'은 다양한 만큼이나 불분명하기도 했다. 전략은 실행을 전제로 하고, 전략의 실행은 사업의 명운을 걸고 해야 한다. 때가 되면 뽑아내는 경영 계획의 실행 과제들이 대신할 수 있는 것은 아니다.

사업은 고객 창출이 목적이고 고객이 인정하는 가치를 제공할 때 가능하다. 고객은 그때야 지갑을 연다. 기업이 제공할 수 있는 가치는 '비용'과 '차별화'의 범주를 벗어날 수 없다. 절대 경쟁의 지평에서는 고객만 바라보고 경쟁자와 '다르게' 존재할 수 있는 전략이 필요하다.

실행할 수 있는 전략은 단순하다

전략(戰略)은 말 그대로 싸움의 방법이다. 싸우는 방법이 다양하듯 수많은 전략이 존재하고 나름의 목적이 있다. '전사 전략' '사업 전략' '본원적 경쟁 전략' '디지털 혁신 전략' '차별화 전략' '비용 우위 전략' '고객 혁신 전략' '디지털 플랫폼 경쟁 전략' 등. 이런 전략들이 모여 하나의 "전략 피라미드"를 구성하기도 한다.[136]

전략 보고서는 수십 페이지의 복잡하고 세련된 내용을 담고 있지만 엘리베이터에서 만난 직원에게 "우리 회사의 전략이 뭔가요?"라고 물어보면 제대로 답하는 경우는 드물다. 우리가 세우는 '전략의 현실'이다. 이런 상태에서 전략을 실행한다는 것은 우연에 가깝다.

전략 수립은 언제나 예상할 수 없는 미래와 마주한다. 불편하고 불안할 수밖에 없다. 진짜 전략은 불확실성에 배팅하고 어려운 선택을 할 때 나온다. 선택한다는 것은 다른 가능성과 옵션을 포기하는 것을 뜻한다. 그런데 어렵게 선택한 전략이 실패한다면? 기업에게는 치명적일 수밖에 없다. 기업은 실패를 피하고자 '전략' 대신 '계획'을 세운다. 그래서 '경영 계획'은 전략이라 부를 수 없고[137] 경영 목표를 달성한다고 해도 기업의 포지션에는 아무런 변화가 일어나지 않는다. 기업들은 이를 잘 알고 있음에도 전략 대신 계획 세우기에만 바쁘다.

디지털 시대에는 속도가 중요해서 "전략을 빠르게, 자주 수립해야 한다"라고도 말한다.[138] 하지만 전략을 '실행'으로 옮기는 것은 그리 쉬운 일이 아니다. 마이클 포터의 말처럼 "전략은 기업 활동들 사이의 적합성Fit을 만드는 일"[139]로 전략의 실행은 핵심 경쟁력이나 핵심 성과지표 같은 경영 일부가 아니라 하나의 '총체'로 보아야 한다. 이처럼 실행은 언제나 간단치 않다.

전략의 실행은 기업의 모든 활동을 전략 목표를 향해 '정렬하는align 것'이 되어야 한다. 목표가 "빠르게 자주" 바뀌면 정렬은 흐트러질 수밖에 없다. 전략은 수시로 바뀌어서는 안 된다. 2001년 제프 베조스가 냅킨 뒷면에 그린 성장의 플라이휠은 20년 동안 아마존의 변하지 않는 사업 전략을 보여준다.

부서마다 작성하는 전략 보고서와 수백 개의 핵심 성과지표가 기업의 성장을 담보하지 않는다. 위베르 졸리는『하트 오브 비즈니스』에서 다음과 같이 말했다. "가장 중요한 게 무엇인지 명확히 하고 그것을 단순화하는 데서 에너지가 나온다. 그러나 복잡한 것은 혼란을 야기하고 큰 부담을 주며 타성에 젖게 만든다."[140]

복잡해서 실행할 수 없는 전략은 무용하다. 의외로 매일 열심히 하지만 자기가 무엇을 위해, 왜 그렇게 열심히 일하는지 아는 사람은 생각보다 드물다. 컨설턴트의 전략이 아니라면 전략은 단순해야 한다. 그래야 제대로 실행할 수 있다.

'가치'로 읽는 마이클 포터의 경쟁 전략

디지털 시대의 절대 경쟁에서도 마이클 포터의 경쟁 전략은 여전히 유용하다. "본원적 경쟁 전략은 구매자를 위해 가치를 창출하는 것이 목표"[141] 이기 때문이다. 진입 장벽을 세워 경쟁자로부터 자신을 보호하는 것이 전략의 핵심이 아니라 '가치 창출'이 핵심이다. 포터는 '가치'를 "기업이 구매자에게 제공하는 것에 대해 구매자가 지불하고자 하는 Willing To Pay 금액"[142]이라고 말했다.

기업의 고유한 가치를 제공하기 위해 경쟁자와 '다르게' 기업 활동의 '조합'을 의도적으로 선택하는 것이 경쟁 전략이다. 포터가 말하는 경쟁 전략은 경쟁자와 마주 보고 뒤엉키는 싸움이 아니라 경쟁자와 떨어지는 방법이다.[143]

기업이 선택할 수 있는 경쟁 전략은 두 가지가 본질적이다.[144] 차별화 Differentiation 와 비용 리더십 Cost Leadership 이다. 집중 Focus 은 가치의 문제가 아니라 시장 세그먼트의 문제이기 때문에 본질적이지 않다. 차별화는 고객이 가치를 인정하는 독특함 Uniqueness 으로 경쟁자와 구별되는 전략이다. 이때는 차별화에 들어간 비용을 상쇄할 만큼 가격을 높게 매길 수 있어야 의미가 있다. 비용 리더십은 업계에서 가장 낮은 원가로 고객에게 제품이나 서비스를 제공할 수 있을 때 가능한 전략이다. 포터가 '비용 리더십'이라고 한 이유는 명확하다. 기업이 가격 경쟁에서 이기기 위해서는 가장 낮은 가격을 제시할 수 있어야 하기 때문이다. 비용 리더십 전략에서는 "단 하나의 비용 리더"만이 존재한다.[145]

고객을 앞서기 위한 절대 경쟁에도 기업이 선택할 수 있는 경쟁 전략은 단 두 가지밖에 없다.[146] '차별화'와 '비용'이다.[147] 고객이 지갑을 여는 이유는 간단하다. 가격이 월등히 싸거나, 비싸도 품질이 감동할 만큼 뛰어나다고 인정하기 때문이다. '1,000원 숍'으로 출발해서 매출 2조 원을 넘긴 다이소의 경쟁 전략은 '비용'이다. 40만 원을 내고 여덟 명이 함께 세 시간 동안 영화를 보면서 즐길 수 있는 메가박스 더 부티크 프라이빗의 경쟁 전략은 '차별화'이다. 고객이 가치를 인정하는 것은 본질적으로 이 두 가지뿐이다. 단 두 개의 전략이지만 포터의 경쟁 전략은 40년이 지난 지금도 여전히 유용하다.

가치로 경쟁하는 전략은 심플하다

하버드 대학교 경영대학의 필릭스 오버홀즈-지 교수는 "전략은 개념적으로 심플하다"[148]라고 말했다. 전략의 목적은 단 하나, '가치를 창출하는 것'이기 때문이다. 가치냐 이익이냐를 이분법적으로 선택할 문제도 아니다. 가치를 생각하면 이익은 자연스럽게 따라온다. 그래서 가치에 기반을 둔 전략은 기본적으로 심플하다. "성공한 기업들은 고객이든 혹은 내부 고객인 임직원이든 또는 거래처 고객이든 이들을 위해 실질적인 가치를 창조한다."[149]

필릭스 오버홀즈-지 교수는 '가치'에 대한 생각을 "가치 막대 **Value Stick**" 라는 심플한 그래프(그림1)로 설명했다.[150] Willing-To-Pay **WTP**는 고객이 물건이나 서비스를 살 때 지불할 의향이 있는 최대치를 말한다. 고객의 '최대 지불 의사'이다. 마이클 포터가 『경쟁 우위』에서 말한 '가치'의 정의와 동일하다. 가치 막대의 맨 꼭대기에 위치한 WTP는 고객 관점을 대표하는 것으로 고객의 WTP가 클수록 가치 막대의 위쪽

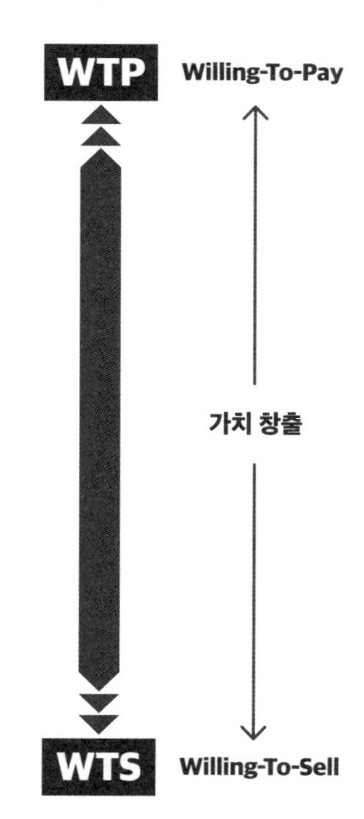

그림 1: 기업이 가치를 창출하는 방식

은 올라간다.

Willing-To-Sell WTS는 임직원과 공급자 입장의 '최저 판매 의사'이다. 직원 입장에서 설명하면 기대하는 임금의 최저치가 WTS가 된다. 일이 매력적이면 내려가고 회사 평판이 나쁘면 올라가는 식으로 작동한다. 공급자 입장에서는 제품이나 서비스를 공급할 수 있는 최저 가격이 WTS이다. 공급이 많아지거나 쉬워지면 WTS가 내려간다.

WTP와 WTS 사이의 차이 즉, 막대의 길이가 바로 기업이 창출하는 가치이다. 기업이 부가적으로 가치를 창출하는 방법은 오직 두 가지밖에 없다. WTP를 올리거나 WTS를 내리는 것. 그리고 고객에게는 가격을 매기고 직원이나 공급자에게는 비용을 부담해야 한다. 결국 기업이 창출한 가치는 3등분으로 나눠진다(그림2).[151]

WTP와 가격의 차이는 고객을 위한 가치이다. 가격이 고객의 WTP보다 낮으면 고객은 행복하고 감동한다. 아이폰 신제품을 사고 행복한 표정으로 애플 스토어를 나서는 고객을 생각하면 이해가 쉽다. 아이폰이 비싸다고 하지만 아이폰의 가격보다 고객의 WTP가 더 높다면 고객은 웃는다. WTS와 비용의 차이는 직원 만족이나 공급사 마진으로 돌아간다. 좋은 근무 환경과 복지는 비용을 발생시키지만 직원의 만족도를 높일 수 있다. 이처럼 고객이 부담하는 가격과 기업이 부담하는 비용 사이의 가치가 회사의 몫이다.

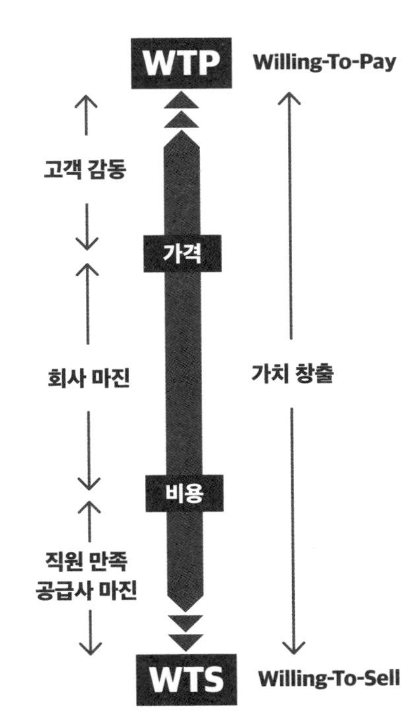

그림 2: 고객, 임직원, 공급자 사이의 가치 공유

고객의 WTP를 높이는 전략은 '차별화'라고 해석해도 무리가 없다. WTS를 낮추는 전략은 '비용 리더십'과 일맥상통한다. 하버드의 저명한 전략 이론가인 포터와 오버홀즈-지가 40년의 세월을 뛰어넘어 '가치'로 만난 셈이다.[152] WTP와 WTS가 이론적으로 심플하다고 해서 경쟁 전략의 레시피가 될 수는 없다. 전략적 상상력 즉, 어떻게 하면 WTP를 올리고 WTS를 낮출 수 있는가를 고민해야 한다. 언제나 이론은 심플하지만 실행은 어렵다. WTP를 어떻게 올릴지, WTS를 어떻게 낮출지에 대한 상상력이 필요하다. 절대 경쟁의 승패는 리더의 창의성과 통찰력에 달려 있다.

경쟁 전략은 '가치'를 창출하기 위해서 기업 활동들의 '적합성'을 만드는 일이다. 전략은 아마존의 플라이휠처럼 단순하고 명확해야 한다. 전략의 실패는 치명적이지만 실패를 피하려고 '계획'에만 집중하는 것은 더 치명적이다.

"빠르게 자주" 전략을 수립하면 활동들의 정렬이 흐트러진다. 실행할 수 없는 전략은 쓸 데가 없다. 가치 창출에는 '차별화 전략'과 '비용 리더십 전략' 두 가지가 있다. 고객의 최대 지불 의사WTP는 올리고 공급자의 최대 판매 의사WTS를 낮추는 전략의 실행은 이론만큼 간단하지 않다. 리더의 창조적 상상력이 발휘될 때 전략의 승리를 이끌 수 있다.

5장

코드 1 : 고객 경험 혁신
- 고객은 총체적 경험을 산다

14

고객 경험이 경영의 화두가 되다

'경험 경제'가 탄생한 지 25년 만에 '고객 경험'이 디지털 시대의 중요한 경영 화두가 되었다. 디지털 기술과 인공지능으로 점점 더 초개인화가 되며, 디지털화된 개인의 경험은 타인에게 영향을 미친다. 더군다나 고객 경험에는 산업의 경계도 없다.

기업 경영에서 '고객 경험'의 중요성은 오래전부터 제기되어 왔다. 하지만 측정할 수 있는 '고객 만족도'와 관리할 수 있는 '고객 서비스' 매뉴얼에 가려 '고객 경험'은 그동안 제대로 주목받지 못했다. 더욱이 제품과 서비스의 차별화 기회가 충분한 상황에서 경험의 가치는 추상적으로 보였다.

모바일 네트워크와 디지털 플랫폼 비즈니스의 발전은 고객의 구매 행동을 변화시켰다. 디지털로 연결된 세상에서는 타인의 경험이 나의 구매 행동을 결정한다. 고객의 경험 가치는 제품과 서비스에 내재한 본래의 기능적 가치 이상으로 중요해졌다. 고객의 최대 지불 의사WTP

를 올릴 수 있는 가치 혁신의 원천으로 '고객 경험'이 경영의 전면에 등장하기 시작했다.

고객 경험이 역주행하다

'고객 경험'이 드디어 '경영의 화두'가 되었다. 국내 대기업 총수들이 이구동성으로 고객 경험을 강조하기 시작했다. 제품과 서비스를 '차별화'하기 위한 새로운 돌파구로 고객 경험을 인식하기 시작한 것이다.[153] 삼성전자 무선 사업부는 25년 만에 부서명을 'MX Mobile eXperience 사업부'로 이름을 바꿨다. '경험'이 사업의 방향을 바꿀 정도로 중요해졌음을 뜻한다.

사실 고객 관계 관리CRM에서부터 고객 경험이 전략적으로 중요하다는 이야기는 많이 했다. 하지만 기업들은 그동안 고객 만족도나 고객 서비스 품질을 평가하는 데에만 신경을 썼지 고객 경험은 알지 못했다. 고객 경험은 '고객의 구매 여정Customer Journey' 전체에 걸쳐 기업과의 상호 작용 속에서 일어나는 경험의 총합을 말한다.[154]

고객의 구매 여정에서 중요한 이벤트를 '진실의 순간MOT'[155]이라고 한다. 스칸디나비아 항공을 회생시킨 사장 얀 칼슨이 1989년에 펴낸 책 제목이 바로 『MOT 진실의 순간 15초』[156]이다. 책은 제조업에 머물고 있던 '품질 관리'가 서비스업으로 확산되는 계기를 마련했고, MOT의 품질 관리가 경영에 막대한 영향을 미친다는 사실을 알려주었다.

고객의 구매 행동이 변하면서 MOT는 더 세밀하게 관리될 필요가 있다. 구글은 고객이 어떤 물건이나 서비스를 구매하기 전 검색하는 순간을 '제로MOT'라고 부른다. 고객 경험 컨설턴트인 브라이언 솔리스는 고객이 경험을 공유하는 궁극적인Ultimate 순간을 'UMOT'라고 했다.[157] 소비 환경과 구매 행동의 변화에 따라 '결정적Critical MOT'도 변할 수밖에 없다.

고객 경험을 제품과 서비스의 차별화 도구로만 이해하면 시대적 전환의 맥락을 놓칠 수 있다. 아마존의 제프 베조스는 "아마존닷컴의 특징 중 하나는 앤드-투-앤드 고객 경험에 대한 강박적인 관심"[158]이라고 했다. 단순히 제품, 서비스의 차별화 도구가 아니라 가치 혁신의 관점으로 고객 경험을 보았다. 인터넷 시대의 '고객 가치'가 어디에 있는지를 베조스는 일찍이 간파했다. 아마존이 이렇게 성장한 것은 '고객 경험이 가진 가치'의 성장 때문이었다.

고객 경험의 가치는 디지털 시대에 더욱 커지고 있다. 대량 맞춤화를 지나 초개인화를 지향하고 있기 때문이다. 고객 경험을 제품과 서비스의 차별화 '도구'가 아니라 가치 혁신의 '원천'으로 이해해야 성장의 기회가 열린다.

'고객'과 '경험'을 붙인 고객 경험의 경쟁자들

고객 경험CX이 유행하면서 많이 하는 질문 중 하나가 사용자 경험UX과 어떻게 구분되는가이다. 'UX'는 1993년 애플의 디자인 그룹에서 도널드 노먼이 처음 사용했다. 도널드 노먼이 만든 UX는 지금의 고객 경험CX과 크게 다르지 않았다. 하지만 인터넷이 등장하면서 웹사이트 디자이너를 UX 디자이너로 부르면서 UX의 의미는 매우 협소하고 제한적으로 사용되고 있다. 지금의 UX는 디지털 디바이스에 한정된 사용자 경험을 말한다. 그래서 UX/UI는 같이 붙어 다닌다. 반면 CX는 구매 여정 전체에서 접하는 모든 접점에서의 경험을 말한다. 고객 경험은 사용자 경험을 포함하고 있다.

고객 경험의 결과는 고객 만족 여부다. 경험해야 만족, 불만족을 평가할 수 있다. 품질의 시대에 탄생한 '고객 만족도 조사'는 제품과 서비스의 품질과 신뢰성에 대한 평가다. 하지만 고객은 제품과 서비스를 중심에 두고 구매 행위의 앞과 뒤를 포함한 전체 여정을 경험한다. 기업은 고객 만족 경영을 위해 고객의 소리VOC('기능'에 대한 불만)는 들었지만 '경험'이나 '감정'은 관심의 대상이 아니었다. '고객 만족'은 고객의 불만 해결에만 집중하는 '결과 중심적' 문제 해결이지만, '고객 경험'은 '과정 중심적'으로 고객이 기억할만한 경험을 디자인한다. 그래서 '고객 만족'은 고객 서비스CS 부서의 업무이지만, '고객 경험'은 비즈니스 전체의 미션이 된다.

고객 서비스CS를 고객 경험CX과 혼동하는 경우도 있다. CS는 두 가지 의미로 쓰인다. 하나는 서비스 센터의 '에프터 서비스'이다. 다른 하나는 고객 응대를 위한 'CS 매뉴얼'이라고 할 때의 CS이다. "좋은 고객 서비스는 고객의 나쁜 경험과 동의어"[159]라고 할 때는 첫 번째 CS를 뜻한다. 고객 경험의 사례로 많이 드는 싱가포르항공의 승무원 서비스는 두 번째 CS에 해당한다. 두 가지 모두 고객 경험의 여정을 구성하는 요소이다. CS와 CX의 구분은 문제 해결의 '능동성'에 있다. CS는 고객이 문제를 제기하기 전까지는 해결에 나서지 않는 소극적 관리지만, CX는 고객의 더 나은 경험을 위해 기업이 먼저 나서는 적극적 혁신이다.

『경험 경제』의 저자 조 파인은 제품과 서비스를 고객이 직접 경험하는 것은 마케팅의 역할을 하기 때문에 "경험은 마케팅이다"라고 말했다.[160] 삼성전자가 뉴욕 맨해튼에 체험형 매장 '삼성837'을 운영하는 이유도 같은 맥락이다. 물론 '경험 마케팅'과 경험의 이미지를 셀링하는 '마케팅 이벤트'는 구분되어야 한다. 코카콜라 라벨지에 "사랑해, 고마워"라고 쓴 마케팅 이벤트를 보고 "코카콜라는 고객에게 새로운 경험과 의미를 전달하는 새로운 시장을 만들어 낸 것이다"[161]라고 평가하는 것은 과하다. 이것을 두고 "혁신적인 고객 경험 설계"[162]라고 할 수도 없다. 혁신적인 고객 경험은 프로모션을 위한 마케팅 이벤트로는 '설계'될 수 없다.

디지털 시대 고객 경험 혁신이 화두인 이유

고객 경험이 디지털 혁신에서 중요한 화두가 되는 이유는 디지털 기술의 발전 때문이다. 인공지능과 가상현실 기술의 발달로 '개인화의 자동화'가 가능해졌기 때문이다. 한 사람 개인만을 위한 경험 제공이 '시스템적' 으로 가능해졌다.

스포티파이는 2023년 2월에 'DJ'라는 서비스를 출시했다.[163] '놀라울 정도로 사실적인 목소리'를 가진 AI DJ가 사용자의 취향에 맞춘 선곡과 함께 노래와 가수를 설명해 준다. 스포티파이의 개인화 기술과 챗GPT를 만든 오픈AI의 기술 그리고 다이나믹 AI 음성 플랫폼의 조합으로 탄생한 서비스이다. 디지털 기술의 발전은 고객 경험의 혁신 경쟁을 가속화하고 고객 '모두'에게 새로운 '경험 가치'를 제공한다.

디지털 시대 고객 경험의 가장 큰 특징은 개인의 경험을 타인과 '공유'한다는 것에 있다. 개인의 아주 작은 경험들이 공유의 네트워크를 통해 모이면 총체적인 경험의 인덱스가 된다. 포토그래픽 모자이크처럼 개별적인 경험도 의미가 있지만, 모자이크가 모여 기업 전체의 브랜드 경험이 될 때 더 큰 의미가 생긴다. '경험의 공유'는 개별 고객이 가진 경험이 모여서 모든 고객이 찾을 수 있는 경험의 색인을 만드는 데 기여한다. 디지털 고객의 여정에서는 나의 UMOT(경험을 공유하는 순간)가 타인의 ZMOT(구매 전 검색하는 순간)와 연결된다. 고객 경험이 디지털 네이티브에게 결정적인 이유이다.

디지털 시대 고객 경험의 또 다른 특징은 경험의 '소환'이다. 우리는 경험하는 모든 것을 기억할 수 없다. 경험은 기억될 때 가치가 있다. 디지털 시대의 이슈는 '순간적인' 기억이 글, 사진, 동영상으로 '저장'된다는 것에 있다. 심지어는 알고리즘의 작동으로 기억이 자동으로 소환되기까지도 한다. 삭제하지 않는 한 과거의 경험은 언제나 현재의 경험으로 되살아난다. 스탠퍼드 대학교 조나단 레바브 교수는 경험을 기억하면서 느끼는 효용을 "회고적 효용"이라 불렀다.[164] 한 번의 경험이 영원한 경험이 되는 세상이다.

디지털 시대의 고객 경험은 산업의 경계를 뛰어넘는다. 전통 기업이 겪는 어려움은 고객의 경험 비교 기준이 하나가 아니라는 점에 있다. 검색을 할 때는 구글과 비교하고, 상품 추천을 기대할 때는 넷플릭스나 스포티파이가 비교 기준이 된다. 그리고 상품을 결제할 때는 아마존처럼 쉽고 간편하기를 바란다. 대한민국의 전통 기업이 실리콘밸리에 있는 빅테크 기업들과 '고객 경험'을 경쟁해야 하는 처지가 된 것이다. 뒤따라가는 경험은 언제나 새롭지 않다. "베스트 고객 경험 4.0"을 추진 중인 메르세데스 벤츠가 '최고'의 기준을 자동차 산업을 벗어나 "모든 부문의 브랜드 중에서 최고"로 정한 까닭도 이 때문이다.

고객 경험은 고객의 구매 여정에서 발생하는 경험의 총합이다. 초개인화를 향한 고객 경험은 성장을 위한 가치 혁신의 원천이 된다. CX는 UX를 포함하고 고객 만족은 고객 경험의 결과로 나타난다. 고객 서비스는 소극적인 문제 해결이고 고객 경험은 적극적인 혁신의 대상이다. 경험의 이미지를 파는 마케팅 이벤트로는 경험의 가치를 혁신할 수 없다.

디지털 시대 고객 경험의 혁신 방향은 '개인화의 자동화'로 구체화된다. 디지털화된 경험은 '공유'되고 '소환'되는 특징이 있다. 삭제되지 않은 경험은 현재의 결정적 MOT에 계속해서 영향을 준다. 고객 경험의 경계는 산업의 경계와도 무관하다. CX혁신이 '경영 화두'로 부각되는 결정적인 이유이다.

15

고객의 시간이 혁신의 기회를 만든다

디지털 시대 고객 경험은 '경험 경제'의 시대를 의미한다. 경험 경제의 특징은 서비스에서 경험을 분리할 때 구체화 된다. 고객의 시간을 절약시켜주는 것은 서비스이지만, 고객이 계속 시간을 쓰고 싶은 것은 경험이다. 총체적 고객 경험 혁신은 이 둘 모두에서 의미 있는 기회를 찾아야 한다.

세계 경제 포럼에 따르면 밀레니얼 세대의 78%는 물건을 사는 대신 원하는 경험에 돈을 쓴다.[165] 2015년 창업한 트레바리는 책을 읽고 토론하는 '경험'을 오퍼링으로 파는 비즈니스이다. 한 번 모임에 5~10만 원 정도를 부담해야 하지만, 인기 있는 모임은 매번 '매진 임박'이다.

바야흐로 '경험 경제'의 시대이다. 20세기 말 '경험'이 경제적 가치를 가지는 '독립된 오퍼링'이라고 주장한 "경험 경제로의 초대"[166]는 옳은 방향이었다. 디지털 전환의 시대에 경험 경제의 실체를 살펴봄으로써 고객 경험의 새로운 혁신 기회를 찾아보자.

『경험 경제』에서 말하는 경험의 네 가지 특징

1998년 제임스 길모어와 조지프 파인이 출간한 『경험 경제』는 제품과 서비스로부터 '경험'의 가치를 발견한 역작이다.[167] 책에서 말하는 경험은 새로운 가치의 원천으로 서비스와 구분할 수 있는 경제재이다.[168] 조 파인은 경험의 특징을 이렇게 말했다. "경험은 재화를 지지대로 삼고 서비스를 일종의 무대로 삼아 개인적인 방식으로 사람들을 관여하도록 만들어 기억을 창조한다. 이 기억이 경험의 전형적인 특징이다."[169] 트레바리의 독서 모임을 예로 들면, 책(재화)이 지지대이고, 클럽장(서비스)이 무대 역할을 하고, 독후감과 토론은 참여자들이 관여하도록 경험을 디자인한다.

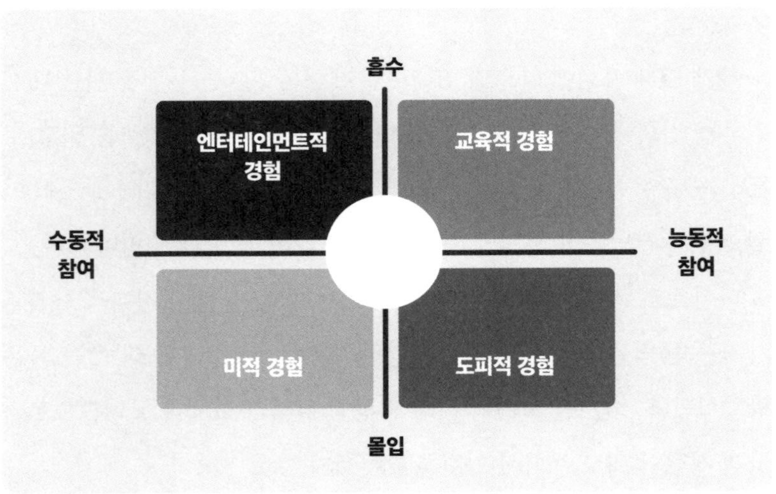

그림 3: 경험의 네 가지 영역

『경험 경제』에서는 "경험"을 네 가지 영역으로 나누고 있다. 그림 3에서 보듯 기준은 두 가지이다. 가로축은 고객의 참여Participation 수준을 나타낸다. '능동적 참여'는 고객 스스로 경험을 창출하는 데 주도적 역할을 한다. 반대로 '수동적 참여'는 경험 창출에 직접적인 영향을 주지는 않는다. 스키를 직접 타는 사람과 스키 시합을 구경하는 사람의 경험은 다르다. 세로축에는 고객과 경험의 연결Connection 수준을 나타내는 '흡수'와 '몰입'이 있다. 영화 《아바타2》를 아이맥스 3D 영화관에서 볼 때와 집에서 TV로 볼 때의 차이를 생각하면 된다.

'엔터테인먼트적 경험'은 사람들을 웃고 즐겁게 만드는 특징을 가지고 있다. '교육적 경험'은 학습과 개인적 성장에 중점을 두는 경험이다. 학습과 성장을 위해서는 개인의 능동적인 참여가 필요하다. '도피적 경험'은 몰입 수준이 높은 것이 특징이다. 현실과 다르게 경험할 수 있는 것을 찾아가는 특징을 갖고 있다. 시뮬레이션 게임이나 익스트림 스포츠의 특징이다. '미적 경험'은 경험 대상에 몰입은 하지만 참여는 수동적이다. 고흐 미술관에서 〈해바라기〉를 조용히 감상할 때의 경험이다. 주의할 것은 네 가지 경험이 서로 배타적이지 않고 함께 어울릴 때 최고의 경험이 제공된다는 점이다. 바로 가운데 원에 해당하는 것이 경험의 "스윗 스팟"이다.

경제적 가치는 맞춤화와 범용화의 상호 작용이다

『경험 경제』에서는 '경제적 가치의 발전 과정'을 맞춤화Customization와 범용화Commoditisation의 상호 작용으로 이해한다. 즉, 무엇이 '지배적인' 오퍼링이 되는가이다. '맞춤화'는 고객의 요구에 따라 제품이나 서비스를 개인화하는 것을 말한다. 그래서 맞춤화된 제품과 서비스는 높은 가격으로 판매된다. '범용화'는 제품이나 서비스의 가치가 대중화되어 언제든 대체할 수 있는 것을 말한다. 고객의 구매 결정이 가격에 좌우되면 제품과 서비스는 범용화된다. 이를 그림으로 그려보면 그림 4와 같다.

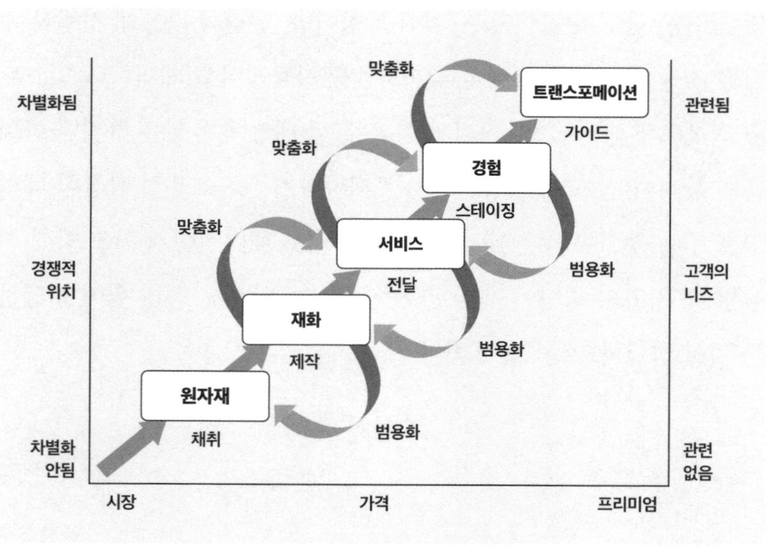

그림 4: 경제적 가치의 발전 과정

'경제적 가치의 발전 과정'은 가장 가치가 낮은 원자재Commodities에서 시작한다. 커피 원두 같은 농작물은 대체 가능하고 차별화가 크지 않기 때문에 가격이 구매에 결정적인 요소로 작용한다. 그래서 농업 경제의 오퍼링은 원자재이다. 농업 경제는 산업 혁명과 비교 우위의 법칙 덕분에 재화Goods가 오퍼링이 되는 산업 경제로 발전한다. 재화는 '유형'의 경제재이다. 재화가 개인에게 맞춤화되고서부터는 재화에서 분리된 서비스Services가 중요한 경제재로 발전한다. 돈을 받고 다른 사람의 일을 대신해 주는 무형의 '행위'가 독립된 오퍼링인 서비스 경제로 발전한 것이다. 서비스 경제 다음은 경험 경제다. 경험 경제의 오퍼링은 '서비스와 다른' 기억할 만한 이벤트이다. 경험의 가치는 개인의 '기억' 속에 남을 때 발생한다. 경험을 개인별로 맞춤화해 '인생을 바꾼' 경험이 될 때, 경험 오퍼링은 '트랜스포메이션(전환)'이라는 새로운 가치로 발전한다. 이 같은 '경제적 가치의 발전 과정'을 『경험 경제』에서는 다음과 같이 요약하고 있다. "원자재는 자연적이고 재화는 표준화되며 서비스는 맞춤화된다. 경험은 개인적Personal이고 전환은 개별적Individual이다."[170]

조 파인은 『경험 경제』에서 개인적인 것과 개별적인 것을 구분했다. 영화 보는 경험을 떠올리면 공급은 동일하지만 소비는 각자 '개인의 경험'이다. 하지만 헬스장에서 PT 강사와 함께 1:1 트레이닝을 하는 것은 공급과 소비가 딱 한 사람에게만 제공되는 '개별적 경험'이다. 택시 이용 서비스를 개인에게 맞춘 우버 앱은 세상에 없던 혁신적인 '경험'을 제공한다. 하지만 우버에 익숙해지면 첫 기억은 사라지고 만다. 결국 범용화되어 다른 차량 공유 서비스와 가격 비교를 당한다. 식당의 맞춤화된 서빙 서비스는 서빙 로봇의 등장으로 표준화된 재화로 범용화된다. 개인 트레이너와 함께 1:1 맞춤으로 PT를 받으면 '인생을 바꾸는(전환) 경험'이 가능하다. 하지만 인공지능을 이용한 홈트레이닝 앱은 개별적인 맞춤 PT를 개인적인 경험으로 범용화시켰다. 1회 5만 원인 PT가 월 5천 원으로 가능해진다. 인공지능의 시대에는 오퍼링의 맞춤화뿐만 아니라 범용화에서도 새로운 기회가 존재한다.

'잘 절약된 시간'과 '잘 사용된 시간'

경험 경제의 기여는 서비스에서 경험을 분리해서 별도의 독립적인 경제재로 인식했다는 점에 있다. 하지만 여전히 서비스와 경험의 차이를 구분하는 것은 어렵다. 무형의 행위인 '서비스'를 '경험'하는 경우가 많기 때문이다. 앞 장에서 고객 서비스CS와 고객 경험CX을 구분하는 것은 기업의 입장이다. '서비스 경제'와 '경험 경제'의 차이를 이해하기 위해서는 개인의 입장에서 봐야 한다. '돈을 내는 사람'이 두 가지 오퍼링을 구분할 때 경험은 '경험 경제'로 인정받을 수 있다. 이 차이를 정확히 인식해야 혁신의 기회도 찾을 수 있다.

'경험은 모든 것이다'라고 할 만큼 '경험'은 포괄적인 의미를 갖고 있다. 『경험 경제』에서 경험은 '서비스를 무대로, 재화를 소품으로 연출한 기억할 만한 이벤트'라고 했다. 그런데 경험을 서비스와 분리된 '독립된' 경제재라고 하면서 서비스를 무대로 한다니 혼란스럽다. 사실, 조 파인은 "고객 경험"이라는 말을 정말 싫어했다.[171] 사람들이 사용하는 '고객 경험'이 본인이 정의한 '경험'과 다르기 때문이다. 조 파인에게 "고객 경험"은 '경험'이 아니라 '서비스'의 성격을 가지고 있다.

조 파인의 설명에 따르면, 서비스와 경험을 구분하는 척도는 '시간'이다.[172] 현대 사회의 개인에게 가장 희소한 자원이 바로 시간이다. 서비스는 '잘 절약된 시간Time Well-Saved'이다. 고객의 시간을 잘 절약해줄 때 서비스의 가치는 빛난다. 고객은 서비스가 빠르고, 쉽고, 편리하기를 바란다. 콜 센터의 대기 시간은 짧아야 하고 뱅킹 앱의 UX는 쉽고 간편해야 한다. 반면 경험은 '잘 사용된 시간Time Well-Spent'이다. 고객이 시간을 잘 사용할 때 경험의 가치가 생긴다. 기억할 만하고, 개인적이며, 투자한 시간이 아깝지 않아야 한다. 그때 비로소 고객은 돈을 내고 경험을 산다. 임영웅의 콘서트는 앵콜이 길어질수록 그 가치는 올라간다. 그래서 서비스는 전달Delivery의 프로세스이지만 경험은 무대 연출Staging의 미학이다.

디지털 시대 총체적 고객 경험의 위상

'잘 절약된 시간'과 '잘 사용된 시간'이라는 개념은 고객의 요구와 선호를 이해하는 데 도움이 된다. 고객이 시간을 절약하는 '서비스'를 원하는지, 아니면 더 오래 머물고 싶은 '경험'을 원하는지 잘 구분해야 한다. 그런 다음 '잘 절약된 시간'과 '잘 사용된 시간'이라는 무형의 가치를 고객 여정 적재적소에 설계하는 것이 필요하다.

에버랜드에서 입장권과 별도로 판매하는 Q-패스는 고객의 시간을 절약해 주는 가치로 돈을 받는 '서비스 경제'이다. 아마존 익스프레스를 돈 내고 타는 순간 고객은 '경험'을 산다. 놀이기구는 소품이고, 서비스하는 크루들이 춤을 추고 랩을 하는 이벤트를 연출한다. 이때 고객은 입장료를 내고 경험을 사는 것이 된다.

'고객 경험'이란 단어를 싫어했던 조 파인도 고객 경험의 대세를 무시할 수는 없었다. 30년 동안 서비스와 경험을 구분하기 위해 노력했지만, 현재의 '고객 경험'은 서비스와 경험의 의미를 모두 포함하고 있다. 결국 조 파인도 "고객의 시간을 줄여주는 일도 하고, 고객이 시간을 쓰도록 하는 일도 해야 한다"[173]라고 한발 물러선 입장을 표했다.

디지털 시대의 고객 경험은 두 가지 요소를 다 충족시켜야 한다. 고객이 시간을 줄이고 싶은 곳에서는 시간을 줄이도록 설계하고, 머물고 싶은 곳에서는 머물 수 있도록 설계해야 한다. 고객 경험을 빠르고 쉽고 편리한 서비스로만 보면 경험 경제가 주는 성장의 기회를 놓치게 된다.

경험 경제 시대, 기업은 고객의 A-T-M을 두고 경쟁한다. 정보와 광고의 홍수 속에서 고객의 주목Attention을 끌기는 쉽지 않다. 시간Time은 누구에게나 24시간으로 한정되어 있다. 한 곳에 쓰면 다른 곳에서는 못 쓴다. 돈Money도 한정되어 있다. 경험 경제 시대의 혁신은 고객이 가진 희소한 가치인 A-T-M 획득을 목표로 한다. 그림 5에서 보듯

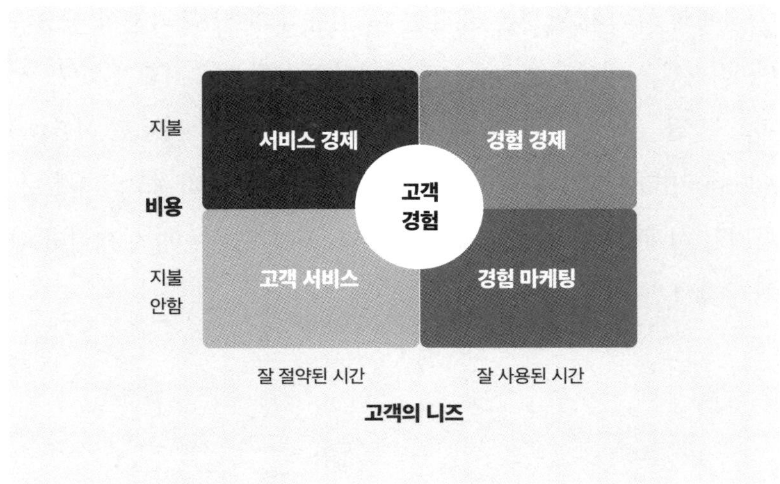

그림 5: 디지털 시대 고객 경험의 위상

고객의 니즈와 비용 지불 의사에 따라 기업이 제공하는 가치는 네 가지(서비스 경제, 경험 경제, 고객 서비스, 경험 마케팅)로 구분할 수 있다. 디지털 시대의 고객 경험은 이 네 가지를 모두 포함하는 '총체적 고객 경험'으로 이해해야 한다.

경험은 서비스와 구분되는 독립적인 경제적 오퍼링이다. 경험은 재화와 서비스 위에서 연출된 기억할 만한 이벤트이다. 고객의 참여와 연결 수준에 따라 경험은 네 가지로 구분된다. 엔터테인먼트적 경험, 교육적 경험, 도피적 경험, 그리고 미적 경험이다. 네 가지 영역의 스윗 스팟이 최고의 경험을 제공한다.

경제적 가치의 발전은 '맞춤화'와 '범용화'의 상호 작용이 중요하다. 디지털 시대에는 맞춤화뿐만 아니라 범용화에도 기회가 있다. '서비스'는 잘 절약된 시간Time Well-Saved이고, '경험'은 잘 사용된 시간Time Well-Spent이다. 경험 경제는 고객의 주목, 시간, 돈을 가지고 경쟁한다. 디지털 시대에는 고객 경험을 '총체적'으로 이해할 때 가치 혁신의 기회가 찾아온다.

16

총체적인 고객 경험을 디자인하라

기억에 남는 경험을 위해서는 '경험 디자인'이 중요하다. 출발은 고객 여정 지도에서 시작한다. 고객의 고통 포인트를 없애고, 와우 모멘트를 넣고, 참여를 유도한다. 고객 접점에서 '진정성'을 고객이 느낄 수 있어야 새로운 가치가 만들어진다.

디자인은 어떤 것에 '형태Form'를 부여하는 것이다. "목적성과 지향성을 가지고 계획적으로 개입하여 원하는 변화를 이끌어 내는 것"[174]이 디자인이다. 경험 디자인이란 기억할 만한 이벤트의 제공이라는 목적성을 가지고 고객의 여정에 개입하여 경험의 요소를 의도적으로 배치하는 것이다.

행동 경제학의 창시자 대니얼 카너먼에 따르면 인간은 평생 약 60억 개의 순간moments을 경험한다고 한다.[175] 기억하기 위해 경험하지만 대부분의 경험은 흔적도 없이 사라진다. 그래서 '고객 경험'의 중요성을 알아도 고객 경험을 디자인하는 것은 어렵다. 게다가 디자인의 역사는 길지만 경험 디자인의 역사는 짧기까지 하다.

고객 경험은 총체적 경험이다

경제적 가치의 변화와 함께 디자인도 발전해 왔다. 그림 6을 보게 되면 농업 경제에서는 디자인이 필요 없었다. 자연물은 그 자체로 형태를 가지고 있었다. 그러다 '유형의 물건'이 오퍼링이 되는 산업 경제의 등장과 함께 '산업 디자인'의 시대가 열렸다. 인공물의 경우 "형태는 기능을 따른다"[176]는 디자인 원칙이 적용되었다. 그다음인 서비스 경제에서는 '무형의 행위들'이 디자인 되

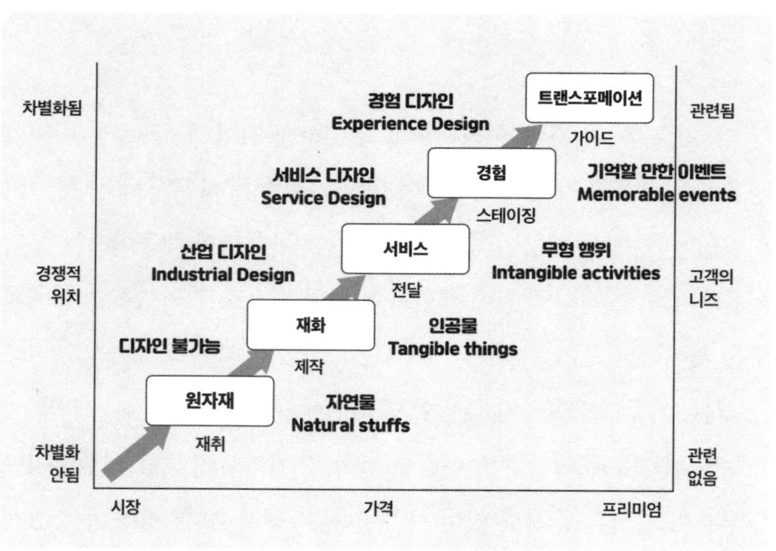

그림 6: 경제 오퍼링에 따른 디자인의 발전

었다. 디자인 대상이 프로세스와 일하는 방식으로 바뀌었다는 것을 의미한다. '서비스 디자인'에서 중요한 것은 공예적 아름다움이 아니라 서비스 전달 과정의 '문제 해결'이다. 이제 경험 디자인은 '기억할 만한 이벤트'를 디자인하게 된다. 조 파인은 이에 대해 '잘 절약된 시간'과 '잘 사용된 시간'으로 경험과 서비스를 구분했다. 하지만 여전히 많은 디자이너에게 이 둘 사이의 경계는 모호하고 어렵다. 좀 더 자세히 살펴보자.

'경험의 무대'인 서비스는 고객 접점 **Touch-points** 에서 행해진다. 서비스는 무형의 행위들로 재화와 다른 특징을 가진다. '서비스 디자인'이란 말을 처음 만든 린 쇼스택도 "서비스는 영향력이 있지만 형태 **Form** 가 없다는 점에서 특이하다. 서비스는 재화와 달리 쌓아 두거나 보관할 수 없다. 생산과 동시에 소비되는 것이 특징이다"[177]라고 말했다. 무형의 서비스를 디자인하는 이유는 서비스의 체계를 표준화하기 위해서이다. 제품 디자인은 제품의 생산을 위해 형태를 확정하는 것이고, 서비스 디자인은 일관된 서비스를 제공하기 위해 '보이지 않는' 형태를 확정하는 것이다. 이처럼 '형태'의 표준화가 생산의 전제 조건이다.

경험 디자인은 인간이 평생 경험하는 60억 개의 순간 중에서 기억에 남는 순간을 디자인하는 것이 목표이다. 경험에 몰입하고 참여하는 '순간의 중첩'이 잊을 수 없는 이벤트가 된다.[178] 이는 서비스를 통해 전달받는 수동적 경험과는 다른 경험으로 디자인된 경험은 동일해도 기억은 '개인적'이다. 같은 영화를 봐도 나중에 하는 이야기가 서로 다른 것과 같다. 대니얼 카너먼에 따르면 뇌에서 "경험하는 주체"와 "기억하는 주체"는 다르다고 했다.[179] 기억에 남는 이벤트는 기억하는 주체가 '경험'을 이야기할 때 발생한다. 따라서 경험 디자인은 경험의 무대인 제품과 서비스의 수준을 뛰어넘을 수 없다.

카네기멜런대학교 디자인 대학 학장을 지낸 리처드 뷰캐넌은 "형태는 세 가지 요소를 지닌다"라고 말했다.[180] 기능에 대한 '논리적 구조'와 제품의 목소리가 되는 '캐릭터' 그리고 제품이 가진 '감정적 요소' 이렇게 세 가지이다. 경험 디자인도 이 세 가지 요소를 포함한다.

기업을 일종의 형태로 보면 좀 더 이해가 쉽다. 제품을 통해 캐릭터를 경험하고, 서비스를 통해 회사가 일하는 방식 즉, 논리적 구조를 경험한다. 이 과정에서 회사에 대한 감정적 요소를 갖게 된다. 같은 맥락에서 토스의 간편송금 서비스 이용은 단순히 디지털 프로덕트를 경험하는 것이 아니라 간편송금 뒤에 있는 '토스 팀'을 경험하는 것이라 할 수 있다. 결국 고객이 돈을 주고 사는 것은 '총체적인 고객 경험'이다.

고객 여정 지도에서 출발하라

총체적인 고객 경험을 디자인하기 위한 첫걸음은 고객의 경험 여정을 그려 보는 것이다. '고객 여정 지도CJM, Customer Journey Map'는 서비스 디자인과 함께 등장한 도구이다.[181] 모든 접점에서 발생하는 고객과의 상호 작용을 시각적으로 표현한 것으로 고객 경험에 대한 통찰을 찾아내고 혁신의 기회를 발견하는데 결정적인 역할을 한다. 한눈에 보이는 고객 여정 지도는 고객 경험에 대해 공통된 인식을 하는데 필수적인 수단으로도 쓰인다.

고객이 실제로 경험하는 상황을 완전히 이해하기 위해서는 고객 여정의 모든 상호 작용 지점을 지도로 나타내는 것이 반드시 필요하다.[182] 유레일 패스를 판매하는 레일 유럽은 디자인 컨설팅사 어댑티브 패스와 함께 고객 경험 지도를 만들었다. 2,500여 명을 대상으로 설문조사를 하고 레일 유럽 고객을 직접 만나고 작성했다.[183] CX 워크샵에서 A4용지 한 장에 대충 그린 지도로 고객 경험을 혁신하기는 불가능하다. 고객 경험을 디자인하는 일은 섬세하고, 복잡하고, 일정한 프로세스를 거쳐야 한다. 마이크로 MOT의 시대에 고객 경험을 디자인하고 실행하는 것은 스위스 시계처럼 정밀함이 요구되는 작업이다.

잘 만든 고객 여정 지도는 잘 짜인 각본과 같다. 터치 포인트별로 어떤 경험과 상호 작용할지 디자인하고 직원은 배우로 행동한다. 드라마에 클라이맥스가 있듯 고객의 경험에도 절정**Peak**의 순간이 필요하다. 그렇다고 디자인하는 모든 순간이 절정의 경험일 필요는 없다. 놓치지 말아야 할 포인트는 마지막**End** 순간이다. 마무리를 어떻게 하는가에 따라 고객의 기억이 좌우된다. 기업들은 시작에 공을 들이지만, 고객이 기억하는 것은 마지막 순간이다. 대니얼 카너먼은 인지적으로 마지막 순간의 경험이 전체를 기억하는데 가장 큰 영향을 미친다고 했다.[184] 웰컴 기프트 보다 땡큐 키프트가 기억에 더 남는 이유다.

고객 경험을 혁신하는 기회는 3단계로 구분된다. 1단계는 고객의 페인(pain, 고통) 포인트를 제거하는 디자인이다. 고객 여정의 시작부터 마지막까지 모든 단계에 걸쳐 고객이 고통받는 지점의 문제를 해결하는 것을 디자인의 목표로 삼아야 한다. 2단계로는 고객이 예상하지 못한 와우 모멘트를 디자인하는 것이 필요하다. "좋은 고객 경험의 핵심은 결국 기대치를 잘 관리하는 것"이 아니라 고객의 기대를 뛰어넘는 것이다.[185] 마지막 3단계는 고객 참여를 유도하는 수준의 디자인이다. 생산된 서비스를 공급받는 '클라이언트'가 아니라 경험의 '게스트'가 되는 단계를 말한다. 참여의 가치가 높을수록 경험의 기억도 이야깃거리가 된다.

고객 경험 디자인의 완성은 진정성이 결정한다

'공간 혁신'으로 주목을 받은 더현대 서울의 설계에는 내로라하는 글로벌 디자인 회사 아홉 곳이 참여했다. 디자인 도면은 디테일의 '끝판왕'이라 할 정도로 세세한 부분까지 표시되어 있다. 공간 디자인에 공을 들이는 이유는 새로운 '경험'을 고객에게 제공하기 위해서이다. 하지만 고객은 눈에 보이는 공간만 경험하지 않는다. 고객이 기업을 경험하는 대부분의 여정은 눈에 보이지 않는 행위들로 이루어져 있다. 그래서 고객 여정 설계에는 상당한 투자와 관심이 필요하다. 고객 여정 지도 없이 고객 경험이 경영의 화두라고 떠든다면 진정성을 의심할 수밖에 없다.

'고객 중심 경영'을 외치지만 고객 여정에는 관심이 없다면 고객이 어디에서 어떤 경험을 하든 알고 싶어하는 CEO가 없다는 것을 뜻한다. 고객 경험은 개인화되고 차별화될 때 효과가 있기 때문에 한 번에 디자인하기 어렵다. 프로젝트 한 번으로 끝나는 문제가 아니라는 뜻이다. 관객의 반응에 따라 각본을 수정하듯 고객 여정 지도도 끊임없이 수정되어야 한다. 어려운 문제지만 이를 제대로 해내는 기업이라면 엄청난 경쟁력을 확보하게 된다. 현재 이런 곳은 소수의 선도적인 기업들뿐이다.

경험 디자인의 결과는 고객과 상호 작용하는 '접점의 역량'에 달려있다. 경험을 디자인하는 사람과 경험을 연기하는 사람은 다르다. 고객이 올라가는 무대는 디자인 숍이 아니라 현장이다. 경험을 디자인하는 사람은 두 명의 배우(고객과 직원)가 무대 위에 있음을 잊지 말아야 한다. 연극은 미리 써둔 각본대로 대사를 주고받지만, 경험의 무대에는 각본이 없다. 고객은 각본 없이 대사를 치고 직원은 애드립으로 이를 받는다. 한마디로 경험 무대의 완성은 직원들에게 달려있다. 고객을 만나는 모든 직원들은 경험 연출의 의도를 정확하게 파악해야 하고, 고객의 기대치를 성공적으로 수행할 수 있는 역량도 갖추어야 한다. 자신의 역할이 고객 경험 혁신에 어떻게 기여할지 분명히 알고 있어야 제대로 연기도 할 수 있다.

『경험 경제』의 저자 조 파인은 21세기 소비자의 새로운 감성은 '진정성'이라고 했다.[186] 디지털 시대에 소비자들은 자신이 제공받는 오퍼링이 얼마나 '진짜' 같은지를 보고서 구매 여부를 결정한다. 고객 경험도 이와 다르지 않다. 디자인된 경험과 고객 사이에 '감정적 떨림'이 없다면 진정성이 담겼다고 볼 수 없다. 기억에 남는 경험을 디자인하기 위해서는 고객을 진정으로 이해해야 한다. 디지털 전환을 책임지는 리더는 기업의 존재 가치가 고객 경험의 혁신에 있다는 것을 알고 이를 명확하게 전 직원에게 커뮤니케이션해야 한다. 고객 경험은 고객을 사랑하고 존중하는 회사의 총체적인 시스템에서 비롯되는 결과물임을 잊어서는 안 된다.

경제적 오퍼링의 '형태'를 디자인하는 것은 이제 '경험'을 혁신의 대상으로 삼아야 한다. 서비스 디자인은 표준화가 목표이고 경험 디자인은 개인화가 목표이다. 경험 디자인은 제품과 서비스의 수준을 뛰어넘을 수 없다. 고객은 제품, 서비스, 경험이란 오퍼링을 통해 기업을 총체적으로 경험한다. 그리고 기업의 '총체적 경험'을 산다.

고객 경험의 디자인은 고객 여정 지도에서 시작된다. 지도는 계속 업데이트되어야 한다. '고객 경험'이란 화두가 진정성 있으려면 사업의 근본인 '고객'의 여정이 궁금해야 한다. 경험의 완성은 접점의 역량에 달려 있다. 진정성 있는 고객 경험의 현장을 만드는 것이 디지털 시대의 가치 창출 방식이다.

6장

코드 2 : 운영 혁신
- 디지털 오퍼레이션은 소프트하다

17

운영 혁신은 프로세스, 피플, 테크놀로지의 혁신이다

고객 경험의 혁신을 위해서는 오프레이션(운영)의 혁신이 동반되어야 한다. 디지털 오프레이션의 핵심 중 하나는 사람이 하던 결정을 알고리즘이 대신하는 AI 팩토리이다. 오픈 소스 형태로 제공되는 AI 알고리즘은 전통 기업들도 큰 투자 없이 운영 혁신을 할 수 있도록 도와준다.

'총체적인 고객 경험'을 혁신하기 위해서는 기본적으로 고객이 원하는 제품과 서비스를 제공할 수 있어야 한다. 제품과 서비스의 수준이 경험의 수준을 결정한다. 차별화 전략은 프리미엄 가격이 차별화의 비용을 감당할 수 있을 때 의미가 있다. 비용이 많이 들면 차별화를 경쟁 전략으로 선택하기 어렵다. 전략이 아무리 훌륭해도 운영이 받쳐주지 못하면 무용지물이다. 기업의 운영은 전략의 실행이다. 운영이 탁월한 기업은 '가치 막대'의 WTP(고객 최대 지불 의사)와 WTS(공급자 최대 판매 의사) 모두를 벌릴 수 있다. 한마디로 기업 가치 창출의 또 다른 원천이 바로 '운영 혁신Operation Innovation'이다.[187]

제조 오퍼레이션의 혁신은 '프로세스'의 통제에 있다

하버드대 경영대학의 마르코 이안시티 교수는 '호환할 수 있는 부품들'로 물건을 생산하는 '모듈 생산 시스템'의 등장으로 미국식 제조 방식의 토대가 구축되었다고 말했다. 이 방식은 20세기 시작과 함께 성장해서 1950년대와 60년대에 절정을 이룬다. 오늘날 우리가 아는 물류, 공급망, 조립 라인 같은 개념들이 모두 이때 도입되었다. 이때의 오퍼레이션은 제조업의 전유물이었다.

자동차왕 헨리 포드가 컨베이어 벨트를 도입한 것은 1913년이다. 컨베이어 벨트로 움직이는 조립 라인은 대량 생산을 가능하게 한 자동차 생산의 '혁신' 그 자체였다. 움직이는 조립 라인 덕에 포드는 모델 T 자동차를 90분에 한 대씩 조립할 수 있게 되었다. 생산성을 위해 작업 프로세스를 표준화한 것은 '과학적 관리법'의 핵심이었다. 테일러는 노동자들이 '정확하게 똑같은 방식'으로 일하는 것을 두고 생산성을 높이는 방법으로 보았다. 노동하는 인간도 '기계'처럼 신뢰할 수 있어야 한다고 생각했다. 교육받지 못한 노동자들의 작업을 표준화하는 과학적 관리법은 '포드주의'라 부르는 대량 생산의 '운영 모델'이 되었다.

1950~60년대는 대량 생산으로 미국식 제조 시스템이 정점을 이룬 시기인 동시에 일본에서 '품질 관리'가 꽃 핀 시기이기도 하다. 1950년 일본 과학 기술자 연합JUSE의 초청을 받은 에드워드 데밍 박사는 제조업체 경영자들을 대상으로 '통계적 공정관리SPC' 기법을 강연했다.[188] 일본 제조업의 품질 경영이 시작되는 순간으로 데밍 박사는 '품질 관

리'와 '지속적인 개선'을 강조했다. 이는 제조 공정의 혁신을 한 번 더 가져왔다. 데밍의 '통계적' 품질 관리는 데이터 분석을 기초로 했다. 그래서 직원의 교육과 참여가 중요했다. 교육은 직원들의 자발적인 QC Quality Circle[189]활동으로 이어졌다. 더 이상 현장의 작업자는 매뉴얼 대로만 일하는 '기계'가 아니었다.

1980~90년대 미국에서는 린 제조[190] 방식이 제조업의 새로운 운영 모델로 등장했다. 린 제조 방식은 일본의 토요타 자동차가 개발한 '토요타 생산 시스템TPS'의 미국 버전이었다. TPS의 핵심은 재고를 최소화하는 '적시Just-In-Time 생산'과 사람을 통한 자동화를 뜻하는 '지도카(自働化)'였다.[191] 지도카의 도구 중 하나로 '안돈 코드Andon Cord'[192]가 있는데, 현장 작업자가 문제를 발견하면 언제든 생산 라인을 중지시킬 수 있는 것을 말한다. 포드시스템을 연구한 토요타는 데밍의 품질 경영 철학을 수용하고, 생산 프로세스에 작업자에 대한 '신뢰'도 함께 심었다. 포드의 컨베이어 벨트에서는 조립 라인의 '부속품'에 불과했던 근로자가 데밍과 토요타에 의해서는 프로세스를 콘트롤하는 '인간'으로 회복되었다.

비즈니스 프로세스의 혁신은 '인간'에 대한 낙관주의이다

마이클 해머 교수는 비즈니스 프로세스 리엔지니어링BPR의 원칙 중 하나로 "의사결정은 작업이 이루어지는 곳에서 해야 한다"라고 말했다.[193] 작업자의 '자기 관리'와 '자기 통제'를 강조한 것으로 BPR의 원칙을 따르게 되면 "피라미드형 관리 계층은 압축되고 조직은 평평해질 수 있다"라고 보았다.[194] 마이클 해머는 BPR을 통해 '프로세스의 자동화'만이 아니라 정보화 시대에 맞는 '운영 모델의 재설계'도 고민했다. 생산 프로세스의 작업자가 인간으로 회복된 것처럼 비즈니스 프로세스의 작업자도 스스로 결정할 수 있는 존재로 인식했다.

스티브 잡스는 소프트웨어가 담긴 '박스'[195]를 제조하는 것은 포드의 조립 라인과 달라야 한다고 생각했다. 1985년 애플에서 쫓겨난 스티브 잡스는 새로운 방식으로 컴퓨터 제조를 상상하고, 애플에서 데리고 온 5명의 '배신자들'[196]과 함께 대학용 워크스테이션을 만드는 넥스트NeXT를 창업했다. 이들은 컴퓨터 생산은 제품의 설계, 개발, 제조가 한 곳에서 이루어지는 창의적인 프로세스로 만들어져야 한다고 생각했다. 일터는 '기업'이 아니라 '커뮤니티'이고 일하는 사람은 '직원'이 아니라 커뮤니티의 '멤버'라고 생각했다.[197] 스티브 잡스가 꿈꾼 넥스트의 운영 모델은 토요타의 품질경영에서 한 발 더 나아간 것이었다.[198]

"일하는 사람들은 똑똑하다. 그들은 장기판의 졸이 아니다."[199] 스티브 잡스의 '낙관적인 인간주의'는 품질 경영에 뿌리를 두고 있다. 누구나 프로세스 상에서 문제를 발견하면 라인을 스톱시키고 개선할 수 있다. '그냥 해오던 대로' 일하는 것과는 근본적으로 달랐다. 작업하는 사람이 스스로 질문할 수 있다는 생각은 급진적인 변화였다. 스티브 잡스는 이를 두고 '싱글 시프트'라고 말했다. '품질'과 일하는 '사람'에 대한 스티브 잡스의 생각에 영감을 준 '단 한 번의 이동'이었다. 스티브 잡스는 자신을 두고 "재능 있는 사람들을 모아서 함께 무엇인가를 만드는 일"을 가장 잘하는 사람이라고 했다.[200] 결과적으로 스티브 잡스의 '싱글 시프트'는 실리콘 밸리의 일하는 방식을 낳았다.

스티브 잡스가 1995년에 읽은 품질 경영의 핵심은 "허락을 요청하지 않아도 되는 허락the permission to not have to ask permission"이었다. 마이클 해머와 마찬가지로 스티브 잡스도 프로세스를 개선하는 권한은 '작업을 수행하는 사람'에게 부여되어야 한다고 믿었다. 이런 철학은 계층 조직을 평평하게 하고, 의사결정의 권한을 프로세스와 가장 가까운 곳으로 분산했다.

애플로 다시 복귀한 스티브 잡스는 넥스트에서 꿈꾸던 '(재능 있는) 인간에 대한 낙관주의'를 애플의 기업 문화로 만들었다. 결과적으로 보면, 정보화 시대에 맞는 운영 모델을 염원했던 마이클 해머의 철학은 스티브 잡스의 애플과 만나 실리콘 밸리의 '인간 중심 운영 모델'로 꽃을 피운 것이다.

디지털 오퍼레이션의 혁신은 '테크놀로지'에 달려있다

전 세계 13억 명 이상이 사용하는 알리페이로 유명한 앤트 그룹의 운영 모델은 디지털 코어에 기반을 두고 있다. 100% 디지털 오퍼레이션을 하는 앤트에는 대출 승인이나 재무 자문 같은 업무를 처리하는 직원이 없다. 금융 사기를 적발하는 것도 알고리즘이 한다. 담당자가 운영하는 프로세스 대신 소프트웨어의 알고리즘이 오퍼레이션의 가치를 높인다. 소프트웨어의 디자인과 배포가 기업의 오퍼레이팅 환경 전체를 구성한다. 대신 관리자와 엔지니어는 AI와 알고리즘을 작동시키는 소프트웨어를 디자인한다. 사람이 알고리즘을 만들고, 알고리즘은 사람을 대신해 판단하는 방식이다. 이러한 디지털 운영 모델의 핵심 중 하나가 'AI 팩토리'[201]이다.

그림 7 AI 팩토리는 기존 오퍼레이션의 병목이었던 인간의 의사결정을 AI와 알고리즘이 대체하는 의사결정 공장이다. AI 팩토리는 다양하고도 중요한 결정을 인간 대신 내릴 수 있다. 예를 들어, 구글이나 페이스북에서는 정보 비즈니스를 관리한다. 아마존의 물류창고에서

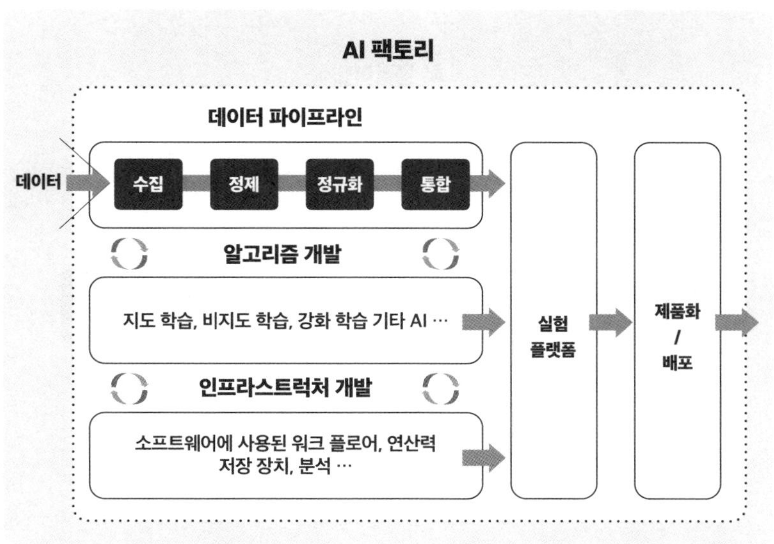

그림 7: AI 팩토리

는 로봇이 상품 배송을 담당한다. 이처럼 AI 팩토리는 프로세스와 운영의 의사결정을 알고리즘이 자동으로 처리한다. 소프트웨어가 기업 운영의 핵심을 구성하게 된 것이다.

AI로 작동되는 디지털 운영 모델은 말 그대로 기계(머신)가 학습(러닝)하는 오퍼레이션으로 데이터가 쌓일수록 성능이 좋아진다. 더 많은 데이터는 모델의 성능을 높이고, 이는 다시 더 좋은 서비스로 연결된다. 서비스가 좋아지면 시스템 사용이 증가하고 자연스레 데이터는 더 많이 쌓이게 된다(그림 8).

AI 알고리즘은 대부분 오픈 소스로 존재하기 때문에 전통 기업 입장에서는 알고리즘 개발에 엄청난 돈을 투자할 필요가 없다. 데이터

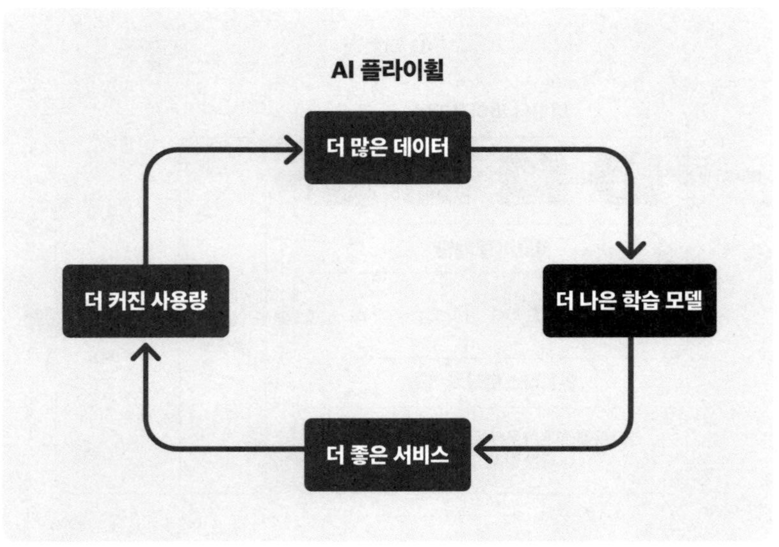

그림 8: AI 플라이휠

만 있다면 오픈 소스 알고리즘을 가져다 모델 학습에만 집중하면 된다. 그림 8의 AI 플라이휠이 작동하기 시작하면 프로세스의 최적화가 지속적으로 일어난다.

앞으로는 데이터 분석, 로봇자동화, 인공지능AI, 사물 인터넷IoT, 클라우드 컴퓨팅, 디지털 트윈, 3D 프린팅 등의 기술 발전이 디지털 운영 모델의 미래를 결정한다. 여기에 비즈니스 생태계를 연결하는 "디지털 네트워크를 형성하고 제어할 수 있는 능력"[202]이 디지털 운영의 경쟁력이 된다. 고객과 기업, 비즈니스와 비즈니스, 이들 사이에 흐르는 데이터를 모아 새로운 가치를 만드는 기업이 경쟁 우위를 가지게 된다.

기업 운영의 성능은 프로세스-피플-테크놀로지의 역량 조합에 달려 있다. 20세기 제조업의 운영은 프로세스의 '표준화'로 혁신의 가치를 창출했다. 일본 제조업의 탁월한 '운영 효과'는 프로세스의 통제권을 '인간'에게 돌려준 품질 경영 덕분이었다. 낙관적인 인간주의로의 '싱글 시프트'는 실리콘 밸리의 일하는 방식으로 발전했다.

디지털 시대에 적합한 운영 모델은 소프트웨어 알고리즘으로 오퍼레이션을 자동화하여 가치를 혁신한다. 인간의 의사결정 단계를 AI 알고리즘이 대신하는 'AI 팩토리'는 디지털 운영 모델의 핵심이다. 디지털 기술의 발전과 함께 네트워크의 형성과 제어가 운영 모델의 경쟁력을 결정한다.

18

인간이 만드는 AI 오퍼레이션의 현장을 가다

AI 기술의 발전은 지능형 자동화를 확대하고 자율 운영의 시대를 열고 있다. 단순 반복하는 대량의 수작업은 RPA로 자동화하고, 힘들고 위험한 작업은 로봇으로 자동화한다. 디지털 트윈은 시뮬레이션으로 데이터를 생성하고, AI기술로 운영을 극한까지 최적화한다.

하버드 비즈니스 리뷰의 조사에 따르면 프로세스 자동화를 위해 돈을 쓰겠다는 기업은 50%, 인공지능AI과 기계 학습ML에 투자하겠다는 기업은 44%에 달한다.[203] 오퍼레이션 자동화는 인간의 '노동'을 기계가 대신하는 자동화 수준을 넘어선다. 인공지능과 머신러닝 알고리즘 그리고 로보틱 프로세스 자동화RPA, Robotic Process Automation, 사물 인터넷IoT과 3D 모델링 등의 기술은 오퍼레이션의 '지능'도 함께 발전시키고 있다.

AI 오퍼레이션은 프로세스 운영에 인간의 개입을 최소화하는 것이 주된 목표이고, 궁극적으로는 지능을 가진 '자율 운영AO'의 시대로 나아가고자 한다.

인공지능을 단 하이퍼 오토메이션

RPA는 반복적이고 규칙적인 수작업을 자동화하는 것으로 가장 직접적이고 빠르게 비즈니스 효과를 발휘하는 디지털 기술이다. 소프트웨어로 개발된 RPA 봇은 시스템 로그인, 데이터 입력, 이메일 전송과 같은 사람의 작업을 대신한다. 더 복잡한 업무를 자동화하는 요구와 AI 기술은 RPA를 자연스럽게 '지능형'으로 발전시키고 있다.

지능형 RPA의 핵심은 광학문자인식OCR과 자연어 처리NLP기술 접목에 있다. OCR은 컴퓨터 비전 기술을 이용해 이미지 문서를 데이터로 변환하는 기술이다. NLP는 AI 알고리즘으로 자연어를 이해할 수 있도록 처리하는 기술을 말한다. 이 둘은 마치 RPA 봇에 눈과 머리를 달아 주는 역할을 한다.

미국의 통신 기업 AT&T는 2015년 RPA 여정을 시작한 후 6년 동안 3,000개 이상의 봇을 구현했다. 3,000개 봇의 92%는 40시간의 교육을 받은 2,000명 이상의 현업 직원들이 개발을 주도했다.[204] 20명 정도로 구성된 '자동화 COECenter of Excellence'는 현업 전문가들이 자기 업무를 자동화하도록 교육했다. 이들이 조직 전체로 RPA 지식을 전파한 것이 성공의 비결이었다. 결과적으로 매년 28만 시간 이상의 매뉴얼 작업을 RPA 봇이 처리했으며 투자 대비 20배의 성과를 실현했다.

삼성생명은 2018년 5월을 시작으로 솔루션 검증과 파일럿 프로젝트를 거쳐 그해 10월에 업계 최초로 RPA를 도입했다. 2022년 9월 기

준으로 152개 과제가 자동화되었으며, 16만 시간의 절감 효과를 가져왔다.[205]

단순하지만 주기적으로 반복되는 대량의 수작업 업무들은 어느 기업에서나 존재한다. 수작업 업무는 자동화가 답이다. 빠르게 발전하는 AI 기술을 운영 혁신의 도구로 사용할 수 있는 기본적인 출발선이 지능형 RPA 이다.

챗GPT 같은 생성 AI의 발전은 개발 전문가가 아니어도 지능형 RPA 봇을 개발하도록 도와주고 있다. 챗GPT의 프롬프트에 요구 사항을 입력하고 코드 작성을 요구하면 일상 언어로도 자동화 워크플로를 생성할 수 있다. 그리고 앞으로는 멀티 모달Multi Modal AI[206]와 결합한 RPA도 개발되어 사람의 판단이 필요한 업무까지도 자동화가 가능하다. 예를 들어 사고 차량의 파손 부위 사진과 사고 상황을 텍스트로 보내면 보상 범위에 대한 안내를 자동으로 받을 수 있다. 이처럼 지능형 RPA는 AI의 발전과 함께 복잡한 업무를 더욱 간단하게 자동화하도록 돕는다.

아마존 주문 처리 센터의 로봇 오퍼레이션

아마존닷컴 운영에서 가장 큰 비용을 차지하는 것이 창고 운영과 배송에 드는 비용이다.[207] 하지만 배송은 아마존 고객의 구매 여정에서 가장 중요한 MOT 이다. 매일 1,300만 개의 배송 패키지를 처리하는 아마존의 주문 처리 센터는 세상에서 가장 자동화된 곳이다.[208] 로봇을 사용하는 아마존 주문 처리 센터의 효율은 세계 최고 수준으로 재고는 평균 50% 더 많이 수용하면서 운영비는 20%나 절감할 수 있다. 로봇 자동화 솔루션은 아마존의 경쟁 우위 요소 중 하나다. 운영을 최적화하여 비용을 낮추고, 배송의 속도와 정확성을 개선하여 차별화된 서비스를 제공한다. 가치 막대에서 WTP와 WTS 양쪽 모두를 늘리는 운영 혁신이다.

2012년 아마존이 '키바 시스템'을 인수하고부터 로봇 자동화를 추진해온 이유는 비용 절감도 있지만 아마존의 창고 노동자가 입는 부상 비율 때문이었다. 아마존 노동자는 미국 전체 창고 노동자의 3분의 1에 불과하지만 2021년 기준 미국 창고 산업에서 발생한 부상의 절반을 차지한다.[209] 2021년 한 해에만 직원 3만 4,000명 이상이 창고에서 일하다 중상을 입었다.

아마존의 1차 목표는 주문 처리 센터에서 포장 카트 이동을 자동화하여 사람이 직접 무거운 카트를 옮길 필요를 없게 만드는 것으로 로봇 자동화의 목적은 운영의 효율성과 더불어 일하는 작업자의 안전 개선도 포함한다. 주문 처리 센터 직원의 WTS를 낮추는 것이다.

로봇은 아마존 주문 처리 센터 여러 곳에서 프로세스 자동화를 담당한다. 재고 이동은 로봇 키바와 프로테우스가 센서, 카메라, 머신러닝 알고리즘을 조합하여 창고를 탐색하고, 선반을 들어 올리고, 포장 스테이션으로 물품을 운반한다. 배송 패키지는 로봇이 알아서 작업자에게 가져온다. 컴퓨터 비전과 AI를 사용하여 상품을 픽킹 하는 로봇은 로빈이고, 카트에 패키지를 분류하는 로봇은 카디널이다. 컨테이너 물품을 처리하는 로봇 스패로는 상품 픽킹과 패키지 분류 모두를 할 수 있다. 스패로는 다루는 물품에 따라 로봇 팔이 사용하는 힘과 가속 수준을 변경할 수 있기 때문에 '모든 물품'을 취급할 수 있다.

제프 베조스는 2013년 주주 서한에서 "우리의 목표는 주문 처리 센터의 설계, 시설 배치, 기술 및 운영을 반복적으로 개선해 각 신규 주문 처리 센터 시설이 이전보다 더 나아지도록 하는 것이다"라고 말했다. 2000년대 초반에는 주문을 접수하고 트럭에 실을 때까지 18시간이 걸렸지만 지금은 2시간이면 충분하다. 최첨단의 로봇 자동화 기술을 도입함으로써 아마존은 이커머스 업계에서 효율성, 정확성, 속도, 안전에 대한 새로운 표준을 만들고 있다. 주문 처리 센터의 운영을 끊임없이 자동화함으로써 가치 막대의 간격을 벌리는 '가치 혁신'을 실행하고 있다.

디지털 트윈으로 운영 최적화의 극한을 가다

'디지털 트윈Digital Twin'은 실제 물리적 자산 또는 시스템과 동기화된 가상적 재현Virtual Representation을 말한다. 가장 쉬운 사례는 자동차의 커넥티드 서비스를 들 수 있다. 자동차의 상태를 커넥티드 서비스 앱으로 확인할 수 있고 시동을 걸거나 문을 잠글 수도 있다. 디지털 트윈은 '물리적 개체'와 쌍둥이 같은 '가상 재현'을 디지털로 구현하고 두 객체 사이를 '데이터'로 연결한다. 물리적 개체의 동작 및 성능을 시뮬레이션하고 오퍼레이션 최적화를 위해 디지털 트윈을 활용한다.

2023년 3월 21일 BMW는 자동차 제조 업체 최초로 완전 가상 공장 Virtual Factory을 공식적으로 오픈하는 데모를 선보였다.[210] 2025년 가동 예정인 헝가리 데브레첸 전기차 공장과 똑같은 디지털 트윈을 구축한 것이다. 헨리 포드가 컨베이어 벨트를 도입한 지 110년 만이다. 이 덕분에 BMW는 수십억 달러 규모의 공장 건설 프로젝트를 완전히 가상으로 계획할 수 있게 되었다. 디지털 트윈으로 실시간 시뮬레이션을 하며 공장의 레이아웃, 로봇 공학 및 물류 시스템을 최적화하고, 복잡하게 움직이는 로봇을 시뮬레이션해서 가장 효율적인 프로세스를 찾는다. 생산 프로세스에서 부품 하나를 바꿀 때 다른 부품에 어떤 영향을 미치는 지도 사전에 확인한다. 진짜 공장의 오퍼레이션을 실행하기 전에 가상으로 최적화를 할 수 있게 된 것이다.

밀라노 네델코비치 BMW그룹 생산 담당 임원은 디지털 트윈을 활용한 가상 공장 구축의 의미를 이렇게 말한다. "직원, 로봇, 건물 및 조립 부품을 포함한 전체 공장 모델의 모든 요소를 시뮬레이션하여 가상 공장 계획, 자율 로봇, 예측 유지보수 및 빅데이터 분석과 같은 광범위한 AI 기반 사용 사례를 지원할 수 있습니다."[211] 디지털 트윈을 이용한 시뮬레이션은 제조에 더 많은 AI를 사용하려는 BMW 계획의 일부이다.

기계 학습용 데이터를 수집하기 위해 실제로 기계를 수백만 사이클 작동시키는 것은 불가능하다. 공장 라인에서 직접 데이터를 수집하는 것은 돈도 많이 들고 위험하다. 하지만 물리적 개체의 가상 재현인 디지털 트윈은 기계 학습을 위한 데이터를 생성한다.

'아마존 로보틱스'는 자율이동로봇AMR인 프로테우스 개발에 디지털 트윈을 활용했다. 디지털 트윈이 생성한 이미지 합성 데이터 세트를 학습해 자율 이동을 위한 인식표인 마커 감지 성공률을 88.6%에서 98%로 향상시켰다.[212] 디지털 트윈을 이용한 시뮬레이션, 새로 생성된 데이터의 학습, 머신 러닝을 통한 모델의 성능 향상이라는 사이클은 AI 기술의 발전과 함께 디지털 오퍼레이션을 극한까지 최적화하고 있다.

업무 담당자는 개발을 몰라도 자신의 업무를 RPA로 자동화할 수 있다. AI의 발전과 함께 지능형으로 발전한 RPA는 보다 복잡하고 어려운 프로세스도 자동화하는 하이퍼 오토메이션으로 진화중이다.

지난 20년 동안 로봇으로 자동화된 아마존의 주문 처리센터는 아마존의 경쟁 우위 요소이다. 근무 환경은 개선하면서 비용은 낮추고, 빠르고 정확한 배송 경험으로 고객 만족을 높이고 있다.

BMW가 업계 최초로 구축한 버추얼 팩토리는 자동차 제조방식의 디지털 혁신이다. 디지털 트윈을 통한 시뮬레이션과 데이터의 생성은 인공지능의 활용을 더욱 가속하고 있다. 실제와 가상이 연결된 디지털 트윈 기술은 AI 기술과 더불어 디지털 오퍼레이션의 혁신 기회를 계속 높여가고 있다.

19

디지털 운영의 삼박자를 맞추는 것이 혁신이다

고객 중심의 민첩한 조직을 위해서는 하이브리드 매트릭스 조직이 필요하다. 먼저 기능 조직과 프로젝트 조직으로 구분한 후, 프로젝트 조직을 모듈화된 교차 기능 팀의 네트워크를 가진 매트릭스 조직으로 구성한다. 교차 기능 팀의 모듈화는 프로덕트와 서비스가 기준이 된다.

마이클 포터는 『경쟁 우위』에서 이렇게 말했다. "가치 사슬은 독립적인 행위들의 집합이 아니라 하나의 시스템이다.(…) 경쟁 우위는 기업이 수행하는 개별적인 행위 그 자체에서 생기는 것처럼 행위들의 결합Linkages에서 만들어진다."[213] 결합을 '최적화'하여 결합을 위한 '조정Coordination'이 최소화될 때 오퍼레이션의 가치를 혁신할 수 있다.

플랫폼화 된 디지털 운영 모델에서 결합의 최적화와 조정은 데이터와 알고리즘이 담당한다. 따라서 전통 기업이 운영을 혁신하려면 가치 사슬의 결합을 최적화하는 디지털 '재구성Reconfiguration'이 필요하다. 이는 디지털 오퍼레이션에 적합하도록 조직 구조와 조직 운영 그리고 시스템 아키텍처의 삼박자를 갖추는 것을 말한다.

하이브리드의 매트릭스 조직 구조를 설계하라

"구조는 전략을 따른다." 1962년 미국의 경영학자 알프레드 챈들러가 한 유명한 말이다. 기업의 전략에 따라 조직 구조도 달라야 한다는 의미이다. 하지만 60년이 지난 지금 기업의 조직 구조는 새로운 전략을 따라가기가 힘들다. 산업화 시대의 기업은 조직을 프로세스란 이름으로 체계화하고 기능적으로 전문화시켰다. 지난 60년 동안 이렇게 굳어진 조직 구조는 더 이상 전략의 변화를 따를 만큼 유연하지 못하다. 오히려 전략이 조직 구조의 논리를 따라야 하는 실정이다. 디지털 전환을 경영 패러다임의 시프트로 인식하는 기업은 조직 구조에 대한 새로운 고민이 필요하다. 조직 구조의 변화 없이는 새로운 전략의 실행은 불가능하다.

전통 기업의 조직도는 대부분 유사한 모양을 하고 있다. CEO를 정점으로 인사, 재무, 생산, 영업, 마케팅, 고객 서비스를 담당하는 조직으로 구분되어 있다. 기능적으로 공통인 행위들을 한곳에 모아 '효율적'으로 일하는 전문화된 기능 조직이다.

문제는 '고객'에 대한 오너십이 불분명해질 때 발생한다. 고객의 문제를 하나의 기능으로만 해결하기는 불가능하다. 기능들을 가로지르는 '결합'을 필요로 한다. '조정' 메커니즘을 피할 수 없다. 그런데 기능 조직이 사일로가 될수록 조정 비용은 커지고 고객을 위한 혁신은 어려워진다. 조정을 위해 만든 절차와 규정은 사일로의 경계를 더욱 단단하게 만든다.

전통 기업은 협업에 필요한 '조정 비용'을 최소화하는 구조를 다시 디자인해야 한다. 조직 구조는 기본적으로 기능 조직, 프로젝트 조직, 매트릭스 조직 이렇게 세 가지 유형이 있다. 가장 먼저, 동일한 업무가 반복Repeat되는 기능과 새로운 실험을 반복Iteration하는 기능을 구분해야 한다. 이는 기업을 크게 '기능 조직'과 '프로젝트 조직'으로 구성하는 '하이브리드' 형태를 말한다. 토론토대학교 로트먼경영대학의 학장을 지낸 경영학자 로저 마틴이 역설적이라고 한 것처럼 "절반은 회계기업처럼 기능하고 나머지 절반은 디자인숍과 같이 협력하는 구조"를

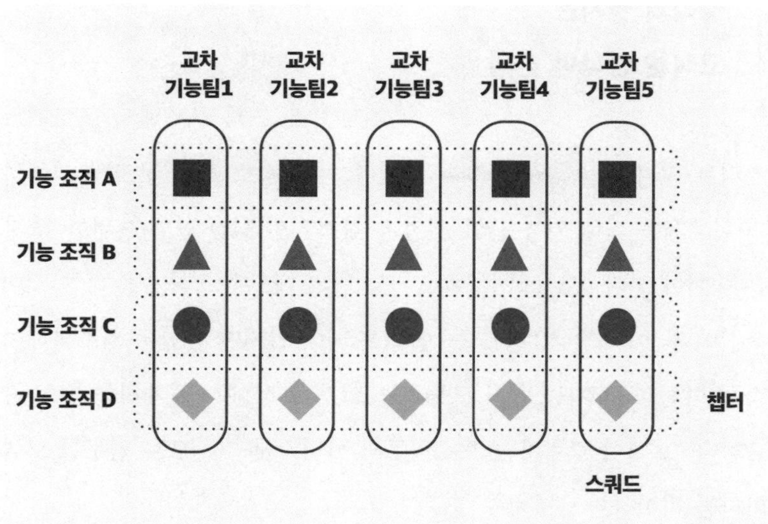

그림 9: 매트릭스 조직 구조

말한다.[214] 그 다음으로 프로젝트 조직을 '매트릭스 조직' 구조로 디자인한다. 매트릭스 조직은 기능 조직과 프로젝트 조직이 교차된 구조를 띤다. 이때는 조직 간의 의존성을 줄여야 조정 비용을 낮출 수 있다.

애자일 조직으로 유명한 스포티파이의 스쿼드와 챕터 형태가 전형적인 매트릭스 조직 구조이다.[215] 그림 9의 '스쿼드'는 프로젝트 조직으로 '고객'과 '시장'의 비즈니스를 지향한다. 기능 조직인 '챕터'는 '기술'과 '학습'을 지향한다. 단순히 조직도 모양을 바꾼다고 새로운 조직 구조가 작동하는 것은 아니다. 스포티파이의 스쿼드와 챕터는 그냥 복사해서 구현할 수 없다. 매트릭스 조직의 성공은 프로젝트 조직과 기능 조직 간의 거버넌스(운영/통치 방식)를 효과적으로 운영할 때 가능하다.

조직의 엣지는 고객을 만나야 한다

매트릭스 조직 구조에서 프로젝트 조직은 교차 기능cross-functional 팀이다. 매트릭스 조직 구조가 성공하기 위해서는 팀내 기능 간의 '결합'은 강하지만 팀간 협업을 위한 '조정'은 줄여야 한다. '모듈화된 교차 기능 팀의 네트워크'를 구성하는 것이 핵심이다. 이때의 네트워크는 연결은 되어 있지만 간섭은 최소화해야 작동된다. 교차 기능 팀의 모듈화는 '고객 관점'에서 설계하는 것이 중요하다. 고객이 경험하는 프로덕트와 서비스를 기준으로 업무를 모듈화하는 것이다.

교차 기능 팀은 목적 중심의 단일팀이다. 모든 초기 스타트업은 목적 중심의 단일팀이다. 기획자, 개발자, 디자이너, 데이터 분석가 이렇게 4명이 한 팀이 되어 하나의 디지털 서비스 개발에 전력투구한다. 아마존은 이것을 '싱글 스레드 리더십'이라고 부른다. 싱글 스레드 리더십이란 "여러 가지 책임을 동시에 부여하지 않고 오직 하나의 주요 목표에만 집중한다. 그리고 해당 목표의 달성만 전담하는 분리 가능한 자율 팀을 이끌도록"[216]한다는 의미이다. 아마존이 10명의 회사에서 150만 명 규모로 성장하면서도 조직이 관료화되지 않고 민첩함과 혁신 문화를 유지한 비결에는 이 같은 이유가 자리하고 있다.

토스의 조직에도 '사일로'와 '챕터'가 있다. 사일로는 스포티파이의 스쿼드와 같은 프로젝트 조직을 말한다. 프로덕트 오너, 프로덕트 디자이너, 개발자, 프로덕트 분석가 등 8~9명의 메이커가 하나의 사일로에 속한다.[217] 필요하면 사일로에는 메이커뿐만 아니라 영업과 마케팅을 담당하는 사업 개발**BD** 인력도 포함된다. 하나의 디지털 서비스를 만들고 이를 운영하는 데 필요한 전문가들이 모인 교차기능 팀이다. 토스의 사일로는 송금, 인증, 결제 사일로처럼 '프로덕트'를 중심으로 구분되어 있다. 토스팀의 엣지에는 고객이 경험하는 프로덕트와 서비스를 중심으로 모듈화된 교차 기능 팀이 자리하고 있는 셈이다.

조직 간 업무 조율에 많은 시간이 필요하게 되면, 고객의 문제를 해결하는 일에는 시간을 덜 쓰게 된다. 직원이 12,000명이 넘는 피델리티 퍼스널 인베스트먼트의 사장이었던 캐서린 머피는 "디지털 회사처럼 한 번에 하나의 고객 목표를 달성하는 소규모 통합팀 구성"[218]으로 조직 운영의 해답을 찾았다. 2016년 파일럿으로 100명이 10명씩 소규모 통합팀으로 나눠 한 번에 하나의 목표를 책임지도록 했다. 이후 고객 대응 리드타임은 75%까지 줄어들었다. 이에 캐서린 머피는 회사 전체를 10개 도메인, 60개 트라이브, 250개 스쿼드로 다시 조직했다. 전통 기업도 CEO의 비전에 따라 새로운 조직 구조로 전환할 수 있음을 보여주는 사례이다.

조직 구조에 맞춘 시스템 아키텍처를 디자인하라

"시스템을 설계하는 조직은 그 조직의 커뮤니케이션 구조를 모방한 구조의 디자인을 하게 된다."[219] 조직의 구조와 커뮤니케이션 방식에 따라 개발하려는 시스템의 아키텍처가 영향을 받는다는 '콘웨이의 법칙Conway's law'이다.

멜빈 콘웨이 박사의 통찰력을 인정한다면 조직 구조의 변화와 함께 시스템 아키텍처도 바뀌어야 한다. 전통 기업이 기존의 모놀리식 아키텍처를 유지한 체 모듈화된 교차 기능 팀으로 전환하기는 어렵다. 아마존이 "투 피자 팀"[220]과 "싱글 스레드 리더십"을 운영할 수 있는 이유도 시스템 아키텍처가 이를 지원했기 때문이다. 전통 기업의 IT도 조직 구조의 변화에 맞게 유연한 소프트웨어 아키텍처가 필요하다.

매트릭스 조직의 핵심인 모듈화된 교차기능 팀의 장점은 자율성과 분권화된 의사결정이다. 서비스의 자율성과 분권화를 지원하도록 발전된 소프트웨어 아키텍처가 마이크로서비스 아키텍처MSA이다. 미국의 저명한 소프트웨어 개발자 마틴 파울러는 마이크로서비스를 "작은 서비스 묶음을 하나의 단일 애플리케이션으로 개발하는 방식"[221]이라고 정의했다. 비즈니스 기능을 중심으로 개발되는 각 마이크로서비스는 특정 기능을 담당하며 독립적으로 개발, 배포 및 확장할 수 있다는 의미이다. 아마존은 10년 전부터 서비스 지향 아키텍처**SOA, Service-Oriented Architecture**를 도입하고 이커머스 플랫폼을 서비스 모듈로 개발해 왔다. 마이크로서비스가 갑자기 등장한 것은 아니다.

시장과 고객의 변화에 대응하기 위해서는 서비스 간의 '기술 의존성'을 최대한 줄여야 빠른 개발과 테스트, 배포가 가능하다. 미국의 금융그룹 캐피털 원도 같은 이유로 마이크로서비스 아키텍처를 도입했다. 하지만 전통 기업의 모놀리식 IT를 마이크로서비스로 마이그레이션 하는 것은 "엄청난 여정"이다.[222] 그래서 전통 기업은 최소한의 운영 준비를 하고 점진적이고 반복적으로 접근해야 한다.

전통 기업이 아마존처럼 모듈형 서비스 아키텍처를 구축하는 것은 불가능해 보일 수도 있다. 하지만 운영 혁신을 단순히 기술 도입의 문제가 아니라 가치 혁신의 눈으로 바라본다면 못할 일도 아니다. 정보화 시대에서 구축한 시스템은 조직도의 경계를 넘어서지 못한다. 시스템도 조직의 자원이기 때문이다. 협업이 중요하지만 경계선 너머의 협업은 원천적으로 어렵다. 시스템도 일의 구성을 기준으로 새롭게 아키텍처링 해야 한다. 명심해야 점은 조직 구조와 일하는 방식의 변화가 없는 상태에서는 마이크로서비스를 도입한다고 해도 효과를 보기 어렵다는 사실이다. 이는 콘웨이 법칙을 거꾸로 이해한 것과 다름없다.[223]

오퍼레이션은 가치 사슬을 '재구성'하는데 가치 혁신의 기회가 있다. 디지털 시대에 적합한 운영 모델은 조직 구조, 조직 운영, 그리고 시스템 아키텍처의 삼박자가 맞아야 한다.

60년 전에 기획된 지금의 기능형 조직 구조를 버리고 '하이브리드형 매트릭스' 조직 구조로 전환할 필요가 있다. 매트릭스 조직 구조의 핵심은 모듈화된 교차 기능 팀의 네트워크이다. 팀 내의 기능적 결합은 강화하고 팀 간의 의사결정 의존성(협업의 필요성)은 줄이는 것이다.

조직 구조의 변화에 맞춰 시스템도 마이크로서비스 아키텍처로 전환해야 한다. 조직 의존성과 함께 기술 의존성도 줄여야 한다. 모듈의 결합은 최적화하고 조정은 최소화하는 것이 디지털 운영 모델의 혁신 방향이다.

7장

코드 3 : 비즈니스 모델 혁신
- 비즈니스는 문제와 고객을 찾는다

20

비즈니스 모델 캔버스 대신 고객을 만나야 한다

성공해서 하나의 모델로 굳어진 비즈니스를 혁신하는 것은 어렵다. 고객의 문제에서부터 새롭게 시작해야 한다. 비즈니스 혁신은 모델의 정교함보다 실행하는 체력이 더 중요하다. MVP(최소기능제품)를 만들고 적어도 2년 동안은 고객을 직접 만나야 한다.

비즈니스의 목적은 고객을 창출하는 것이다. 비즈니스의 혁신은 '새로운 고객'을 위해 '새로운 가치'를 창출할 때 가능하다. 디지털 기술의 발전과 고객의 소비 행태 변화는 전통 기업에게도 비즈니스 혁신의 기회를 제공한다. 혁신의 난이도는 높지만 성공만 한다면 과실은 매우 크다. 하지만 비즈니스 혁신은 언제나 성공보다 실패 확률이 높다. 성공한 비즈니스 모델을 벤치마킹한다고 해서 새로운 비즈니스를 디자인하고 실행할 수 있는 것은 아니다. 비즈니스 혁신은 고객의 문제를 해결하려는 '절실함'을 가지고 끝까지 실행할 때 가능하다.

'모델'이 아니라 '비즈니스'를 혁신해야 한다

디지털 시대의 절대 경쟁을 위해 고객 경험 혁신, 운영 혁신에 대해 얘기를 했다. 두 가지 모두 기존의 비즈니스 체계를 가진채 하는 혁신이다. 그런데 더욱 근본적이고 급진적인 가치 혁신은 기존의 비즈니스 체계 자체를 아예 새롭게 하는 '비즈니스 모델 혁신BMI, Business Model Innovation'이다.

비즈니스 체계의 '로직'을 '추상적으로 재현'한 것이 비즈니스 모델이다.[224] 『비즈니스 모델의 탄생』에서 알렉산더 오스터왈더는 비즈니스 모델을 "하나의 조직이 어떻게 가치를 포착하고 창조하고 전파하는지, 그 방법을 논리적으로 설명한 것"[225]으로 정의했다. 한마디로 '기업의 돈 버는 논리'가 비즈니스 모델이다. 그런데 문제는 같은 사업이라도 사람마다 논리가 달라 비즈니스 모델에 대한 논의가 어렵다는 데 있다. 오스터왈더가 2011년 "비즈니스 모델 캔버스(9개의 빌딩 블록으로 구성된다. 자세한 내용은 주석 참조.)"[226]를 디자인한 이유가 이 때문이다.

비즈니스 모델 디자인은 '프로세스'를 디자인하는 것이 아니라 '로직'을 디자인한다. 비즈니스 모델 캔버스는 비즈니스의 로직을 눈으로 보고 이야기할 수 있게 도와준다. 제품 디자인에서 프로토타이핑을 위해 여러 가지 도구가 필요하듯, 비즈니스 모델을 디자인할 때 필요한 프로토타이핑 도구 같은 역할을 캔버스가 한다. 마치 『블루오션 전략』의 전략 캔버스처럼 비즈니스를 구조화할 수 있는 틀을 제공한다. 이를 이용하면 누구나 비즈니스 모델에 대해 공통의 언어로 이야기할 수 있다.

'비즈니스 모델'이라는 말이 유행하면서 비즈니스 모델 혁신도 덩달아 남발되는 경향이 있다.[227] 제품 혁신이나 서비스 혁신을 비즈니스 모델 혁신과 혼동하는 일도 많다. '비즈니스 모델 혁신'은 기업의 돈 버는 로직에 대한 '근본적인' 챌린지가 있을 때나 쓸 수 있는 말이다. 항공기 엔진에 센서를 부착하고 데이터 기반의 서비스를 한다고 해서 롤스로이스가 "엔진 제조업에서 데이터 기반의 서비스업으로 비즈니스 모델을 전환한 것"[228]은 아니다. 롤스로이스는 엔진 제조 비즈니스를 관두지 않았다. 스타벅스의 사이렌 오더를 가지고서 "스타벅스는 디지털 전환을 통해 비즈니스 모델 혁신"[229]을 했다고 말하기도 어렵다. 스타벅스는 여전히 '커피를 마시는 경험'을 파는 회사다.

비즈니스 모델 혁신은 비즈니스 모델의 수십 가지 패턴을 복제하는 것이 아니라, 비즈니스 메커니즘을 이해할 때 진짜 시작된다. '모델'은 말 그대로 실제가 아니라 어떤 시스템이나 현상을 추상화하여 단순화한 것이다. 우리가 혁신해야 하는 것은 비즈니스 '모델'이 아니라 비즈니스 '그 자체'임을 잊어서는 안 된다. 이미 성공한 비즈니스를 캔버스의 틀에 맞춰 분석한다고 비즈니스를 혁신하기는 어렵다. 캔버스로 비즈니스 '모델'을 공부할 수는 있어도 새로운 비즈니스를 '실행'하는 것은 차원이 다른 문제이다.

비즈니스 모델 혁신의 '어려운 진실'

모든 비즈니스는 성장의 라이프 사이클을 따른다. 클레이튼 크리스텐슨 교수는 이것을 "비즈니스 모델 여정의 3단계"[230]라고 불렀다. 비즈니스의 시작은 고객의 문제를 찾는 '시장 창출Creation'의 단계에서 출발한다. 이때의 혁신은 고객을 위한 가치 제안이 중심이다. 비즈니스가 성장하면 고객의 수요를 맞추기 위해 운영 프로세스를 정립하는 단계로 넘어간다. 이때부터는 비즈니스 모델을 유지하고 규모를 키우는 방향으로 혁신을 진행하는 '유지하는 혁신Sustaining Innovation'이 중요하다. 사업 규모가 커지면 경쟁력을 유지하기 위해 자연스럽게 '효율성Efficiency'의 단계로 접어든다. 마침내 성공한 비즈니스는 '모델'처럼 체계화되고 비용과 효율의 목소리는 커진다.

고객 경험 혁신이나 운영 혁신과 비교했을 때 비즈니스 모델 혁신이 더 어렵다. 이는 혁신을 추진하는 사람의 잘못이 아니라 비즈니스 모델 혁신이 가진 '혁신의 본질' 때문에 그렇다. 비즈니스 모델의 운명은 성공하면 시장에서 멀어지게 되어 있다. '비즈니스 모델이 잘 작동한다'라는 의미는 효율적인 관리가 '자리 잡았다'는 뜻이다. 그래서 비즈니스 모델을 혁신한다는 것은 효율성의 단계로 접어든 '성공한' 비즈니스를 혁신해야 하는 일로, 당연히 강력한 저항을 만나게 된다. 이처럼 단단히 체계화된 비즈니스를 해체해야 하는 것이 비즈니스 모델 혁신이다. 전통 기업 입장에서는 감내하기 쉽지 않은 '어려운 진실'이고 모험이다.

비즈니스 모델을 혁신한다는 것은 "어떤 방식으로든 업계나 시장의 판도를 바꾸는 새로운 것"[231]이어야 한다. 단순히 우리 회사에서 처음 한다는 이유로 비즈니스 모델 혁신이라고 말할 수는 없다. 오래된 규칙과 규범, 그리고 평가 항목이 존재하는 상황을 무시하고 새로운 것을 만드는 것이다. 하지만 효율성의 단계에 있는 기업은 신사업도 효율성의 척도로 관리하려는 것이 일반적이다. 많은 대기업에서 신사업이 제대로 되지 않는 이유가 여기에 있다. 고객의 문제에 집중하기보다 운영의 효율성을 따지며 KPI를 관리한다. 결과적으로 신사업이지만 '시장을 만드는 혁신Market-creating Innovation'은 시도할 엄두조차 내지 못한다.

디지털 전환의 시대는 전통 기업에게 비즈니스 혁신의 전례 없는 기회를 제공한다. 단단하게 체계화된 기존의 비즈니스 모델을 '디지털'의 시각으로 다시 상상해야 한다. 하지만 익숙하다는 이유로 효율적인 비즈니스 모델을 캔버스로 분석하고 고쳐보려는 시도는 시간과 돈을 낭비하는 일에 불과하다. 비즈니스 모델의 수명을 좀 더 연장할 수는 있어도 디지털 시대에 맞는 '새로운 것'을 만들지는 못한다. 성장할 수 있는 새로운 모델을 만들기 위해서는 클레이튼 크리스텐슨 교수가 말한 비즈니스 모델 여정의 3단계 중 1단계인 '시장 창출'부터 다시 시작해야 한다. 그러려면 고객의 문제를 디지털의 시각으로 새롭게 물어보는 작업이 필요하다.

비즈니스는 결국 고객이다

비즈니스 모델 혁신은 새로운 고객 가치를 창출하려는 노력의 결과를 구체화하는 것이다. 새로운 비즈니스는 다른 사람이 찾아내지 못한 문제를 발견할 때 의미가 있다. 새로운 시장 기회를 찾으려면 회사가 가진 현재의 능력보다 고객이 '해결해야 할 일JTBD, Jobs-To-Be Done'에 초점을 맞춰야 한다. 즉, 내가 풀어야 하는 문제를 찾는 것이 우선이지, 내가 가지고 있는 역량이 무엇인지는 고려 대상이 아니다. 문제는 고객이 가지고 있다. 마이클 시벨은 "문제를 모르면 당신이 문제를 풀었는지 어떤지를 알 수 없다. (…) 두 문장으로 문제를 정의할 수 없다면 당신은 문제를 모르는 것이다"[232]라고 말했다.

어렵사리 비즈니스 모델을 디자인했다고 해서 문제를 푼 것도 아니다. 끝까지 실행을 해봐야 안다. 마이클 시벨은 문제를 제대로 풀기 위해서는 최소 2년은 버텨야 한다고 말했다. 2년 동안 씨름할 수 있는 비즈니스 체력을 갖추는 것이 중요하다. '모델'은 모방이 가능하지만 모델 안에 숨어 있는 체력은 쉽게 따라하기가 어렵다.

카카오엔터테인먼트가 5,000억 원에 인수한 웹소설 플랫폼 '래디쉬'의 창업자 이승윤은 이렇게 말한다. "래디쉬의 비즈니스 모델은 (…) 사실 베낄 수 있는 모델이구요. 베낄 수 없는 건 현재 팀의 케미스트리, 실행력, 실행 속도 같은 부분은 베낄 수 없다고 생각했어요."[233] 이처럼 비즈니스 모델 혁신은 '모델'이 아니라 '실행'이 성공을 좌우한다.

고객이 해결해야 하는 문제의 해답은 창업자의 머릿속에서 나오지 않는다. 사용자가 프로덕트를 어떻게 사용하는지를 봐야 해답을 찾을 수 있다. 최소기능제품**MVP, Minimum Viable Product**의 역할이 중요한 이유가 이 때문이다. 해답을 찾기 위해서는 목표 고객 집단의 가장자리에 있는 극단적인 성향의 '광신자' 수준인 팬들을 만나야 한다.[234] 저스틴tv의 창업자들도 새로운 비즈니스 모델의 열쇠를 가장자리에서 찾았다. 라이브 스트리밍 플랫폼을 24시간 일주일 내내 접속하는 '이상한' 사람들을 만나지 않았다면, 아마존이 1조 가까이 주고 인수한 트위치는 탄생하지 않았다.[235]

성공한 비즈니스도 처음에는 사용자가 한 명도 없던 시기가 있었다. 비즈니스 성공 여부를 확신할 수 없는 시기에 가장 중요하게 해야 할 일은 고객을 직접 만나는 일이다. 미국의 음식배달 앱 도어대시의 창업자들은 초기에 주문이 들어오면 직접 배달을 했다. 배달 과정이 얼마나 어려운지 경험해보고 주문한 고객을 직접 만나 피드백을 듣기도 했다. 사용 고객이 2천만 명이 넘는 지금도 창업자들은 가끔 배달을 하면서 직접 고객을 만난다. 이처럼 비즈니스를 판단하기 위해서는 창업자가 고객과 직면하는 일선에 있어야 한다. 다시 한번 강조하지만, 비즈니스는 고객 그 자체이고 고객만이 문제의 열쇠를 쥐고 있다.

비즈니스 모델은 기업이 돈 버는 로직을 추상적으로 재현한 것으로 '비즈니스 모델 캔버스'는 비즈니스 모델에 대한 공통의 언어 도구 역할을 한다. 9개의 빌딩 블록으로 '모델화'하는 작업은 비즈니스의 로직을 해석하는 데 도움을 준다.

성공한 비즈니스는 이미 효율성의 단계에 접어들었다. 비즈니스 모델 혁신의 외면할 수 없는 진실은 효율성이 지배하는 단계에 있는 비즈니스를 혁신하는 것은 본질적으로 어렵다는 것이다.

비즈니스 모델 혁신은 고객의 문제를 찾는 것에서 출발해야 한다. 문제의 해답은 가장자리의 극단적인 사용자들로부터 찾을 수 있다. 비즈니스 모델 혁신은 디자인이 아니라 실행이 핵심이다. 실행의 초기에는 고객을 직접 만나야 한다. 비즈니스는 '모델'이 아니라 '고객'이기 때문이다.

21

플랫폼 "레볼루션"은 혁명이 아니다

비즈니스 모델 혁신을 위해 '플랫폼'을 많이 언급한다. 플랫폼은 디지털 마켓의 또 다른 말이다. 따라서 플랫폼 비즈니스의 혁신은 유통에 국한된다. 한계비용 제로는 디지털 재화의 특징이고, 네트워크 효과는 시장의 특징이다. 플랫폼 시프트는 전통 기업의 가치 사슬이 디지털 플랫폼에서 작동하는 것을 말한다.

디지털 시대의 비즈니스는 '플랫폼'이 지배할 것이라는 주장이 여전히 강력하다. 2016년에 출간된 『플랫폼 레볼루션』은 플랫폼 비즈니스 모델의 논의를 깊이 있게 하도록 도와준 책이다.[236] 하지만 뛰어난 통찰과 함께 의도적인 과장도 많았다. 국내에 소개되면서는 책의 내용이 비판 없이 수용되고 확대 재생산되면서 플랫폼이 마치 비즈니스의 '혁명'을 불러일으킬 것처럼 생각되었다.

책 제목처럼 플랫폼은 진짜 혁명인가? 모든 산업은 플랫폼 비즈니스 모델로 대체될 것인가? 전통 기업의 미래는 '디지털 플랫폼 모델'의 성공 여부에 달려 있다는 것이 맞는 주장인가? 이제는 플랫폼을 둘러싼 여러 주장에 대해 근본적인 질문을 던져야 할 때다.

플랫폼이 세상을 지배한다는 주장들

『플랫폼 레볼루션』의 저자들은 "점점 더 많은 기업들이 파이프라인 구조에서 플랫폼 구조로 전환" 중이며 "플랫폼이 동일한 시장에 진입하면 플랫폼이 항상 승리한다"라고 주장했다.[237] 그리고 국내에서도 이런 주장을 확대 재생산하는 일이 많았다.

『디지털 비즈니스의 미래』에서 저자들은 "가치사슬 모델만 가지고 있는 전통 기업은 모두 사라지게 될 것이다"[238]라고 주장했다. 『디지털로 생각하라』의 저자들은 한술 더 떠서 "대형 제조 시설을 기반으로 '규모의 경제'를 추구하던 기존 기업들은 '한계비용 제로'를 실현하는 디지털 플랫폼에 잡아먹히고 있다"[239]라고도 했다. 여기에 "플랫폼이 디지털 혁명을 주도한다"라는 주장까지 접하고 나면 플랫폼은 더 이상 비즈니스 모델 중 하나가 아니며 '플랫폼 세계의 새로운 전략'을 배우지 않으면 비즈니스 세계에서 완전히 떠나야 할 것 같은 생각이 든다.

『플랫폼 레볼루션』의 저자들은 플랫폼이 "생산자와 소비자를 연결하여 이들이 서로 가치를 교환할 수 있게 해 준다"[240]라고 했다. 이들이 말하는 "플랫폼"은 수요와 공급을 매칭시키고 재화의 교환을 통해 새로운 가치를 만드는 '시장' 그 이상도 이하도 아니다. 그래서 『플랫폼 레볼루션』에서는 플랫폼을 두고 '네트워크 마켓'으로 표현하기도 했다(영문판 부제에 "네트워크 마켓"이라고 되어 있다).[241] 토론토대학교 로트먼경영대학의 학장을 지낸 경영학자 로저 마틴도 플랫폼 비즈니스 모델은 새로울 것이 없다고 했다.[242] 그는 플랫폼 비즈니스 모델(마켓)이 '디지털' 플랫폼 비즈니스 모델(디지털 마켓)로 바뀐 것뿐이라고 말했다.

미국의 시가 총액 상위 10개 회사 중 5개가 플랫폼 기업이라고 해서 '플랫폼 혁명'이 일어나는 것은 아니다. 플랫폼 비즈니스가 핵심인 기업은 구글, 아마존, 메타 3개 회사뿐이다. 애플은 디바이스 '제조'가 핵심이고, MS는 소프트웨어 '개발'이 핵심이다. "핸드폰 시장에서 9개 기업이 과점하다가 애플이 스마트폰을 들고 등장하자 노키아를 포함한 9개 기업이 쌓은 진입 장벽은 하루아침에 무너졌다"[243]라는 주장도 플랫폼의 승리를 의미하지는 않는다. 애플의 승리는 아이폰이라는 혁신적인 제품을 '제조'했기 때문에 가능했지 플랫폼 때문만은 아니었다. 아마존이 '파괴한' 비즈니스는 책을 유통하는 서점이지 책을 만드는 출판사는 아니었다. 다시 강조하지만 "플랫폼 레볼루션"은 거래가 일어나는 시장, 즉 유통으로 한정해서 보는 게 맞다.

한계비용 제로의 함정

디지털 마켓이 오프라인과 다른 특징은 한계비용 제로의 성장이 가능하다는 점이다. 2021년 넷플릭스가 만든 《오징어 게임》의 제작비는 253억 원으로 알려졌다.[244] 작품 공개 23일 만에 2분 이상 시청한 사람이 1억 3천 200만 명, 그중 66%인

8,700만 명은 23일 이내 9회 전편을 감상했다. 영화 제작비를 전편 감상자로 나누면 시청자당 생산 비용은 291원에 불과하다. 궁극적으로 오징어 게임의 한계비용은 제로에 가깝다. 이런 일이 가능한 이유는 넷플릭스의 비즈니스 모델이 영화의 생산과 배급을 '디지털'로 스트리밍 하는 디지털 플랫폼 비즈니스 모델이기 때문이다.

플랫폼이 데이터와 소프트웨어로 개발되었다고 해서 한계비용 제로의 효과를 당연히 누리는 것은 아니다. 플랫폼을 통해 거래되는 재화가 '정보재'일 때만 한계비용 제로의 성장을 기대할 수 있다. 정보재는 물리적 재화가 아니라 디지타이제이션 된 것으로 '디지털 데이터'의 특성[245]을 갖고 있다(비경합성, 즉시성, 한계비용 제로로 자세한 내용은 주석 참조). 넷플릭스가 한계비용 제로의 효과를 누리는 이유는 가입자가 소비하는 재화가 '영화' 이전에 본질적으로 '디지털 데이터'이기 때문이다. 즉, 한계비용 제로는 '디지털 플랫폼 모델의 특성'이 아니라 데이터화된 '디지털 재화의 특성'이다. "디지털 플랫폼 모델"을 만든다고 해서 한계비용 제로의 성장이 당연한 것은 아니다.

"디지털 플랫폼 모델"에서 물리적 재화를 거래한다면 한계비용 제로를 달성하기는 힘들다. 같은 디지털 플랫폼 비즈니스 모델이라도 디지털 콘텐츠를 스트리밍하는 넷플릭스는 한계비용 제로가 가능하지만 우버나 에어비앤비는 불가능하다. 디지털 콘텐츠는 복제 생산비용이 거의 0원에 가깝지만 자가용 택시나 호스트의 주택은 복제 자체가 불가능한 물리적 재화이다. 쿠팡이나 마켓컬리도 '디지털 마켓'이지만 한계비용 제로의 성장은 불가능하다. 거래하는 재화가 정보재가 아니기 때문이다. 직매입을 하고 로켓배송과 샛별배송으로 경쟁하기 때문에 매출이 늘면 비용도 같이 증가하는 구조를 갖는다. '디지털 마켓'이긴 하지만 규모의 경제로 경쟁하는 비즈니스 모델이다.

디지털 마켓의 네트워크는 '제로 커넥션'이다

『플랫폼 레볼루션』에서는 '네트워크 효과'를 플랫폼 비즈니스 경쟁력의 원천이라고 했다.[246] 네트워크 효과란 사용자가 늘어날수록 제품과 서비스의 가치가 증가하는 현상을 말한다. 플랫폼 비즈니스에서 말하는 네트워크 효과는 '시장'의 특성이다. 시장은 본질적으로 양면이다. 물건을 사는 사람과 파는 사람이 함께 거래하는 곳이다. 플랫폼 비즈니스의 양면도 소비자와 공급자 네트워크로 구성된다. 네트워크 효과는 상대방 네트워크의 양과 질에 달려 있다. 양면 네트워크가 확장되기 위해서는 소비자와 공급자가 동일한 비율로 성장해야 한다.[247] 물건을 찾는 손님과 물건을 파는 상점의 규모가 엇비슷하게 맞아야 시장이 만들어지고 활성화 된다.

디지털 플랫폼 비즈니스의 네트워크 효과는 '연결'을 기준으로 다음 세 가지로 구분할 수 있다. 첫 번째, '제로 커넥션'의 네트워크 효과이다. 디지털 마켓처럼 단순히 구매자와 판매자가 많아서 생기는 네트워크 효과이다. 쿠팡을 사용하는 이유는 싸고 빠르기 때문이지 친구가 쿠팡을 사용해서가 아니다. 수요와 공급 양쪽에서 규모의 경제를 실현되어야 한다는 의미다. 두 번째는 '싱글 커넥션'의 네트워크 효과이다. 유튜브처럼 '구독'과 '좋아요'가 콘텐츠 제공자와 소비자를 연결하고, 연결이 수익의 원천이 된다. 마지막 세 번째는 '더블 커넥션'의 네트워크 효과이다. 링크드인이나 페이스북 같은 SNS에서 사용자간 1촌 연결이 만드는 네트워크 효과이다. SNS에 한 번 연결되면 빠져나가기가 쉽지 않은 이유이다.

디지털 마켓이 만드는 제로 커넥션의 네트워크 효과는 네트워크의 '연결'이 아니라 네트워크의 '규모'에 달려있다. '더블 커넥션'을 가진 SNS 비즈니스의 네트워크 효과로 착각하면 안 된다. 카카오톡은 메신저 시장을 단기간에 장악했다. 더블 커넥션의 네트워크 효과 덕분에 처음부터 사용자가 사용자를 모으는 구조였다. 이때 고객 획득 비용 CAC, Customer Acquisition Cost은 제로에 가깝다. 하지만 네트워크의 커넥션이 제로인 '플랫폼' 즉, '디지털 마켓'의 네트워크는 규모의 경제를 실현하는 임계치를 넘을 때까지 덩치를 키워야 '효과'가 나타난다. 고객 획득 비용이 클 수밖에 없다. 그리고 돈으로 만든 네트워크는 고객을 묶어 두는Lock-In 효과가 없다는 것도 문제다. 유통 업계에서 유독 유료 멤버십 경쟁이 치열한 이유도 이때문이다.[248]

플랫폼은 파이프라인을 대체할 수 없다

『플랫폼 레볼루션』에서 말하는 "파이프라인"은 "기업들이 전반적으로 채택하고 있는 전통적인 시스템"을 뜻한다.[249] 파이프라인은 "가치의 창출과 이동이 단계적으로 일어나며 (…) 한쪽 끝에는 생산자가, 반대편 끝에는 소비자가 있다" 그리고 간결하고 단선적 형태를 하고 있기 때문에 "선형적 가치 사슬Linear Value Chain"이라고도 부른다. 복잡한 말 같지만 파이프라인을 마이클 포터의 가치 사슬이 적용되는 전통적인 제조업으로 보면 이해가 쉽다.

『플랫폼 레볼루션』의 저자들은 플랫폼 비즈니스의 우위를 강조하기 위해 비교 대상으로 '파이프라인'이라고 이름 붙인 '제조업'을 가지고 왔다. 그리고 비즈니스 모델을 "파이프라인에서 플랫폼으로 시프트" 하지 않으면 경쟁에서 이기기 어렵다고 주장했다. 하지만 파이프라인은 제조업이고 플랫폼은 유통업이다. 제조업과 유통업은 비즈니스 모델 자체가 다르다. 파이프라인 비즈니스는 '가치 생산'에 집중하는 모델이고, 플랫폼 비즈니스는 '가치 교환'에 집중하는 모델이다. 생산이 있어야 교환할 수 있다는 걸 생각하면, 논리적으로 파이프라인과 플랫폼은 대체 관계가 성립될 수 없다. '플랫폼' 즉, '디지털 마켓'이 대체할 수 있는 것은 오프라인 마켓이 유일하다.

『플랫폼 비즈니스의 미래』의 저자들은 "가치 사슬 모델"과 비교해서 "디지털 플랫폼 모델"이 "새로운 가치 창출 모델"이라고 주장했다.[250] 『플랫폼 레볼루션』에서 파이프라인을 뜻하는 '선형적 가치 사슬'을 이 책에서는 "선형적 가치 창출 모델"이라고 했다. 파이프라인 대신 가치 사슬 모델이라고 다른 용어를 사용하지만, 플랫폼과 파이프라인을 비교하는 『플랫폼 레볼루션』의 잘못을 반복하고 있는 셈이다. 더구나 '가치 사슬'은 산업 분석을 위한 프레임워크이고 '디지털 플랫폼 모델'은 비즈니스 모델의 여러 종류 중 하나일 뿐이다. 두 가지를 비교하는 것은 사과와 오렌지를 비교하는 것과 같다.

『플랫폼 비즈니스의 모든 것』의 저자인 MIT 슬론 경영대학의 마이클 쿠수마노 교수는 "플랫폼은 제품과 서비스를 생산하는 대부분의 전통적인 기업들을 대체할 수 없을 것이다"[251]라고 말했다. "플랫폼 레볼루션"은 유통 혁명이지 제조 혁명이 될 수는 없다는 의미다. 기업이 디지털로 전환한다고 해서 모든 기업이 유통 기업이 되는 것은 아니라는 뜻이기도 하다.

플랫폼 비즈니스는 파이프라인 비즈니스를 대체하지 못한다. 네트워크 효과와 한계비용 제로가 만드는 '지수적 성장'(급격한 성장)의 유혹은 플랫폼 비즈니스 모델의 설명으로만 유효하다. 현실적으로 "디지털 플랫폼 모델"을 만든 모든 기업이 네트워크 효과와 한계비용 제로를 실현하기는 어렵다. '플랫폼 시프트'[252]는 파이프라인 비즈니스가 디지털 플랫폼 비즈니스로 대체되는 것이 아니라, 파이프라인의 가치 사슬을 디지털 플랫폼으로 전환하는 시프트로 이해해야 한다(오퍼레이션 자체가 디지털로 전환되는 것으로).

'플랫폼'은 디지털 마켓의 또 다른 말이다. 그래서 '플랫폼 레볼루션'은 '시장 혁명' 정도로만 제한해서 봐야 한다. 아마존이 파괴한 것은 서점이지 출판사가 아니다. 한계비용 제로는 "디지털 플랫폼 모델"의 특징이 아니라 디지털 플랫폼에서 거래되는 '정보재'가 가지는 특성이다.

디지털 마켓의 네트워크 효과는 네트워크의 '연결'이 아니라 네트워크의 '규모'가 결정한다. '제로 커넥션'의 네트워크는 높은 고객 획득 비용을 지불해야 규모의 경제를 달성할 수 있다. 다시 말해, '디지털 플랫폼 모델'을 구축한다고 해서 한계비용 제로와 네트워크 효과가 당연히 보장되는 것은 아니다.

유통이 제조를 대체할 수 없듯이 플랫폼은 파이프라인을 대체할 수 없다. 전통적인 파이프라인의 '플랫폼 시프트'는 가치 사슬을 '디지털 플랫폼'으로 전환하는 것이다.

22

플랫폼 비즈니스의 유혹은 달콤 살벌하다

전통 기업은 플랫폼 비즈니스의 속성을 정확히 알고 사업을 시작해야 한다. 기존 고객을 갖고 있다고 해서 성공한다는 보장은 없다. 가치 제안이 명확해야 한다. 임팩트가 큰 고객의 문제를 완전히 해결할 수 있을 때 시작해야 한다.

플랫폼이 파이프라인을 대체할 수는 없다고 했다. 그렇지만 파이프라인 주인의 고민은 깊어만 갈 수밖에 없다. 디지털 플랫폼으로의 전환이 기존 비즈니스의 디지털 경쟁력을 강화할 수는 있지만 신규 비즈니스의 기회를 제공하는 것은 아니기 때문이다. 그래서 플랫폼 기업의 '지수적' 성장을 목격한 경영자가 새로운 플랫폼 비즈니스를 주문하는 것은 어찌 보면 당연하다.

"전통 기업은 디지털 서비스 플랫폼을 통해서 데이터를 확보하고, 일정 규모의 사용자들이 확보되면 디지털 비즈니스 플랫폼을 만들어 신규 사업으로 진입할 수 있다."[253] 많은 경영자들 귀에 솔깃한 조언이다. 하지만 디지털 서비스 플랫폼에서 일정 규모의 사용자를 확보한다 하더라도 플랫폼 비즈니스를 위한 네트워크 효과를 만들기는 쉽지 않다는 것이 문제이다. 성장을 고민하는 경영자라면 플랫폼 구축보다 디지털 플랫폼 비즈니스의 속성부터 잘 알아야 한다.

플랫폼 같지만,
플랫폼이 아닌 플랫폼의 운명

'모니모'는 삼성그룹 금융계열사 4곳의 서비스를 하나의 앱으로 합친 '금융 통합 플랫폼'이다. 4개 사의 고객을 합치면 약 2,300만 명이 넘는다.[254] '삼성금융네트웍스'라는 통합 브랜드 아래로 전체 고객을 묶을 수 있는 '플랫폼'만 구축한다면 큰 성공을 거둘 거라 생각했다. 400억 원 가까이 투자하고 2022년 출시 4개월 만에 500만 다운로드를 달성했다. 하지만 출시 1년이 지난 2023년 3월, 현재 기준 월간 활성 이용자 수MAU는 통합 고객의 10분의 1 수준인 260만 명 수준에 불과하다. 그동안 모니모는 '젤리 챌린지'라는 현금성 리워드로 고객 방문을 유도하면서 체리피커들에게 앱테크 플랫폼으로 인식되고 있다. 왜 그렇게 되었을까? 원인은 고객이 모니모를 사용해야 하는 이유가 모호했기 때문이다.

은행이 배달 앱을 출시하면 '혁신금융서비스'가 된다? 신한은행이 비금융 신사업으로 추진하고 있는 배달 앱 '땡겨요' 이야기이다.[255] 신한은행의 통합 앱 '쏠'의 가입자는 1,400만 명, MAU는 1,000만 명이 넘는다.[256] 땡겨요는 쏠 가입자를 기반으로 플랫폼 비즈니스를 전개 중이지만 현실적으로는 역부족이다. 2022년 10월 기준 땡겨요의 MAU는 57만 명에 불과하다. 배달 앱 1위인 배달의민족은 1,993만 명이고 2위 요기요는 667만 명이다. 배달앱 시장은 빅 3가 97% 이상의 점유율로 시장을 장악하고 있다. 이런 상황에서 4강 안착은 아무런 의미가 없다. '커넥션 제로'인 디지털 마켓의 경쟁력은 결국 네트워크의 '규모'가 좌우한다. 앱 개발에만 140억 원을 투자하고, 계속해서 광고와 마케팅 비용을 쓰고 있지만, '혁신금융서비스' 땡겨요의 성장 한계는 예견된 결말처럼 보인다.[257]

『플랫폼 비즈니스의 모든 것』의 저자 마이클 쿠수마노 교수는 플랫폼 비즈니스를 '네트워크 효과' 여부로 구분했다. 많은 전통 기업들이 '플랫폼'이라고 이름 붙이고 시도한 플랫폼은 결과적으로 네트워크 효과를 창출하지 못했기 때문에 디지털 비즈니스를 위한 플랫폼이 아니었다. 플랫폼을 구축한다고 했지만 네트워크 효과가 만들어지지 않는다면 디지털 플랫폼 비즈니스가 될 수 없다. 네트워크 효과가 발생해야 플랫폼으로 '기능'할 수 있다.

우아한 형제들의 핵심 사업은 배달의민족이다. 회사의 모든 역량을 앱 하나에 집중한다. 하지만 땡겨요 앱은 행장이 관심을 갖고서 챙기는 비은행 신규 사업의 하나일 뿐이다. 이런 상황에서 은행과의 '시너지'에 의지해야 하는 플랫폼은 살아남기가 힘들다. 디지털 플랫폼 비즈니스는 승자 독식의 속성을 가지고 있기 때문이다. 신한은행이 소상공인과의 '상생'을 목적으로 한다는 명분이 있는 한, 땡겨요는 신규 비즈니스가 아니라 '혁신금융서비스'라는 마케팅에 동원되는 것일 뿐이다.

결과적으로 보았을 때, 삼성금융네트웍스와 신한은행은 기존 비즈니스의 강력한 고객 기반을 믿고 "디지털 플랫폼 모델"을 추진했다. 하지만 디지털 '서비스'를 잘하는 것과 디지털 '플랫폼 비즈니스'를 잘하는 것은 다른 일이다. 디지털 서비스를 이용하는 고객을 디지털 플랫폼 비즈니스로 이동시키려면 '가치 제안'이 명확해야 한다. 서비스가 아니라 비즈니스로서 차별화된 가치 제안이 있어야 한다. 그렇지 않으면 돈은 계속 드는데 성과는 없고, 그렇다고 비즈니스를 접을 수도 없는 '계륵' 같은 신세를 면하기가 어렵다.

디지털 플랫폼 비즈니스의 게이트 키퍼

디지털 플랫폼 비즈니스는 "지속적으로 높은 가치를 만들어 내는 단, 하나의 핵심 상호 작용"[258]에서 출발해야 성공을 거둘 수 있다. 플랫폼을 이야기하면 언제나 이슈가 되는 '킬러 콘텐츠' 혹은 '킬러 서비스'의 문제이다. 토스의 '간편송금' 카카오의 '메신저' 페이코의 '간편결제' 같은 것이 '핵심 상호 작용'이다. 하지만 플랫폼 비즈니스를 주창한 모니모나 땡겨요에서는 '킬러'를 발견하기가 어렵다.

모니모를 처음 기획할 당시에도 '핵심 상호 작용이 무엇인가'를 두고 이견이 분분했다. 토스 같은 슈퍼 앱이 아닌 통합 앱으로서의 한계와 자기 회사 콘텐츠를 전면에 내세우고 싶어하는 이해관계까지 얽혀

'킬러'를 찾는 문제는 쉽사리 풀리지 않았다.

데이터와 소프트웨어로 '디지털 플랫폼 모델'을 아무리 잘 만들어도 플랫폼 비즈니스의 승패는 결국 디지털 프로덕트에서 결정된다.[259] 기존 서비스의 고객 기반만 믿고 앱 개발에만 돈을 쓴다면 출발부터가 잘못된 것이다. 플랫폼 비즈니스는 거래를 중개하는 사업이다. 플랫폼 비즈니스의 기회는 수요와 공급의 매칭이 '불균형'을 이루는 곳에서 발생한다. 수요와 공급의 불균형을 중재Arbitrage하는 것이 중개Intermediary의 기능이다. 인터넷과 디지털 기술은 중재를 위한 정보 처리 비용을 급격히 낮추는 역할을 한다. 지역적으로 그리고 제한적으로만 작동하던 오프라인의 중개는 이제 아무런 제약 없이 온라인에서 일어날 수 있다. 이때 오프라인의 '중개 기능'을 디지털 플랫폼 한 곳으로 모아야 비즈니스가 된다. 그리고 선발주자가 수요와 공급의 불균형을 해소하고 나면 승자독식의 효과가 발휘된다. 배달의민족을 이용하는 고객이 땡겨요를 땡길 이유는 할인 쿠폰 말고는 없는 것과 같다.

플랫폼 비즈니스의 경쟁력은 '네트워크 효과'이다. 아무도 모르는 비즈니스에서 네트워크 효과를 만들어내야 성공의 길로 들어선다. 양면 시장의 네트워크를 작동시키기 위해서는 닭과 달걀의 문제를 해결해야 한다.[260] 공급자와 사용자 중 누가 우선이고, 언제까지 돈을 뿌리며 네트워크를 키워야 하는지를 결정해야 한다. 하지만 전통 기업들은 이를 너무 쉽게 생각한다. 스타트업에 비하면 풍부한 자금력과 브랜드 파워를 갖고 있다고 믿기 때문이다. 영업 채널의 실적 목표로 앱 가입을 밀어붙이고, 하루가 멀다 하게 쿠폰을 남발한다고 플랫폼의 가치가 높아지지는 않는다. 플랫폼의 '본질적인 가치'를 참여자들이 인정해야 네트워크 문제도 풀 수 있다.

트래픽만 받쳐주면 플랫폼이 될 수 있다는 생각도 위험하다. 자칫 네트워크 효과의 본질을 놓칠 수 있어서다. 네트워크 효과는 트래픽이 아니라 '긍정적인' 피드백 루프가 핵심이다. 고객 트래픽을 돈으로 사야 하는 비즈니스라면 플랫폼 비즈니스로 지속하기 어렵다.[261] 경쟁 플랫폼으로의 이전 비용Switching Cost이 낮다면 이 또한 네트워크 효과를 만들기 어렵다. 네트워크 효과가 제대로 작동한다면 신규 고객 획득 비용이 줄고, 기존 고객의 유지 비용이 줄고, 고객별 생애 가치가 증가해야 한다. 한 번 입소문을 탄 식당은 전단지를 뿌리고 할인 쿠폰을 남발하지 않는 것과 같다.

디지털 플랫폼 비즈니스의 네 가지 성공 요인

디지털 플랫폼 비즈니스가 성공하기 위한 첫 번째 요인은 고객의 문제를 제대로 찾는 것이다. 비즈니스 임팩트가 큰 문제는 고객의 문제가 발생하는 빈도Frequency와 강도Intensity에서 비롯된다.[262] 디지털 플랫폼 비즈니스가 성공하기 위해서는 이 두 가지가 충족되는 것이 중요하다. 사용 빈도는 고객의 문제가 얼마나 자주 발생하는가를 뜻한다. 마이클 시벨이 말한 것처럼 매일 사용하는 프로덕트라면 고객 핸드폰의 첫 화면에 설치되어 있어야 한다. 사용 강도는 고객의 문제가 얼마나 심각한가이다. 문제가 심각하면 사용하기 어려워도 어쨌든 사용하게 되어 있다. 하지만 이러한 고객 문제의 빈도와 강도가 충분하지 않는데도 디지털 플랫폼 비즈니스를 시작하는 기업이 많다. 결국 '젤리' 같은 미끼로 '사용성'을 키우는 수밖에 없다. 나쁜 고객이 만드는 숫자를 즐기기 시작하면 비즈니스의 성공은 요원해진다.

두 번째 성공 요인은 고객의 문제를 완전히 해결할 수 있을 때 비즈니스화해야 한다는 것이다.[263] 베이비 시터를 매칭하는 플랫폼 비즈니스는 언뜻 보기에 우버의 비즈니스 모델과 유사하다. 결정적 차이는 서비스 공급에 있다. 우버가 요구하는 수준의 운전 실력을 갖춘 자가용 운전자는 많다. 그래서 비즈니스 규모가 커지더라도 공급이 원활하다. 반면 베이비 시터에 아기를 맡기고자 하는 부모의 요구 수준은 매우 높고 다양하다. 이에 걸맞은 베이비 시터의 공급은 쉽지 않다. 공급이 제때 되지 않으면 고객의 원성만 사게 된다. 그래서 디지털 플랫폼 비즈니스는 '완전하게 해결할 수 있는 문제인가'를 생각하고 시작해야 한다. 그렇지 않다면 비즈니스를 시작할 수는 있어도 키우겠다는 생각을 해서는 안 된다.

세 번째 성공 요인은 "작은 시장을 독점"하는 것이다.[264] 이는 페이팔 마피아의 한 사람인 피터 틸의 조언이다. 시장의 독점은 사회적으로는 악이지만 기업 입장에서는 최고의 선이다. 페이팔도 서비스 초기에는 이베이의 파워셀러 2만 명 정도를 '독점'하는 데 집중했다. 페이스북도 하버드 대학생들을 대상으로 10일 안에 점유율을 0%에서 70%까지로 끌어 올렸다. 그런데 업계 1, 2위를 다투는 전통 기업 입장에서는 '작은 시장'을 독점하는 비즈니스가 성에 차지 않는다. 그렇지만 이는 디지털 플랫폼 비즈니스의 속성을 이해하지 못해서 그렇다. 경쟁은 실패자들이나 하는 것이다. 가치 혁신을 통한 '절대 경쟁'이 디지털 경제의 경쟁 전략임을 인식해야 한다.

마지막 네 번째 성공 요인은 플랫폼에서 거래되는 상품과 서비스가 좋아야 한다는 것이다. MIT 경영대학의 쿠수마노 교수는 "'나쁜' 비즈니스를 플랫폼화한다 하더라도 '좋은' 비즈니스를 만들 수 없다"[265]라고 했다. 플랫폼이 아무리 좋아도 거래되는 재화가 경쟁력이 없다면 성공할 수 없다는 뜻이다. 그리고 플랫폼의 지수적 성장을 기대한다면 거래되는 재화는 디지털 재화digital goods가 되어야 한다. 물리적 재화를 디지털 플랫폼에서 거래하는 비즈니스는 수익 창출이 어렵다. 플랫폼이 커질수록 비용도 증가하고 손실도 증가한다. 지수적 성장의 기회는 새로운 기술로 물리적 재화를 디지타이제이션 할 수 있는 비즈니스에서 발견해야 한다.

디지털 플랫폼을 구축한다고 해서 네트워크 효과가 무조건 일어나지는 않는다. 기존에 고객 기반을 아무리 크게 갖고 있어도 디지털 플랫폼 비즈니스의 성공과는 별개의 문제다.

디지털 플랫폼 비즈니스의 메커니즘은 단 하나의 핵심 상호 작용을 가지고서 긍정적인 피드백 루프를 가진 네트워크 효과를 만드는 것이다. 고객이 비즈니스의 본질적인 가치를 인정할 때만 가능하다. 그리고 고객에게 자주 발생하는 심각한 문제를 풀어야만 성공할 수 있다.

고객의 문제 대신 사용성에만 집착하면 체리피커 같은 나쁜 고객만 모여든다.

디지털 플랫폼 비즈니스는 고객의 문제를 완전히 풀 수 있을 때 즉, 수요에 대한 공급 문제를 해결할 수 있을 때 시작해야 한다. 그리고 초기에는 빠르게 '작은 시장을 독점'하는 것이 중요하다. 나쁜 비즈니스를 플랫폼으로 만든다고 좋은 비즈니스가 되지는 않는다.

✦

지금까지 2부에서는 디지털 전환으로의 패러다임 시프트에 필요한 전략에 대해 살펴보았다. 바로 '절대 경쟁'을 위한 가치 혁신이다.

절대 경쟁이란 경쟁사와 시장 뺏기 경쟁을 말하는 것이 아니라 고객만 바라보고 고객의 문제와 경쟁하는 것을 말한다. 디지털 시대의 고객 경험은 이전보다 훨씬 쉽게 타인에게 영향을 줄 수 있다. 바로 고객 경험 혁신이 경영 화두인 이유이다.

전통 기업은 상세한 고객 여정 지도를 가지고 총체적인 고객 경험을 디자인해야 한다. 그리고 고객 경험 혁신을 뒷받침하는 운영 모델을 디지털로 혁신하기 위해서는 AI 팩토리의 도입과 함께 조직 구조를 기능 조직에서 하이브리드 매트릭스 조직으로 바꾸어야 한다.

전통 기업의 눈에는 플랫폼이 디지털로 전환하는 만능 키처럼 보인다. 하지만 그럴수록 플랫폼이 무엇이고, 성공하기 위해서 무엇이 필요한지 정확히 이해해야 한다. 플랫폼 비즈니스를 새롭게 한다면, 고객에게 임팩트가 큰 문제를 찾고 완전하게 해결함으로써 네트워크 효과를 만드는 것이 중요하다. 신사업이든 운영 혁신이든 고객이 가치를 인정할 때 혁신의 의미가 있다.

이어지는 3부에서는 디지털 혁신을 지속할 수 있는 디지털 역량이 무엇이고, 어떻게 확보해야 하는지 알아보자.

디지털 초격차 코드나인

3부

경쟁 우위의 디지털 원천

: 개발, 디자인, 데이터 역량을 확보하라

디지털 혁신은 디지털 프로덕트를 만들 때 가능하다.
디지털 프로덕트를 만드는 기술적 역량이 바로 디지털 역량이다.
디지털 프로덕트의 경쟁 우위를 지속하기 위해서는
디지털 역량이 내재화 될 필요가 있다.

8장

디지털 시대의 경쟁 우위와 핵심 역량

23

지속 가능해야 경쟁 우위가 된다

디지털 시대에도 경쟁 우위는 '차별화'와 '비용 우위' 두 가지뿐이다. 변하는 것은 경쟁 우위의 원천이다. 전통 기업은 경쟁 우위의 새로운 원천을 디지털 프로덕트에서 찾아야 한다. 경쟁 우위의 원천이 변하면 경쟁 전략을 실행할 역량도 함께 변해야 한다.

디지털 전환의 시대, 기업을 둘러싼 경영 환경은 불확실하고 변화의 속도는 너무 빠르다. 경쟁 우위를 유지하기도 점점 어려워지고 있다. 그렇지만 아무도 따라올 수 없는 경쟁 우위를 확보하고 지속하는 것이 경쟁 전략의 목적이다.

디지털 기업은 전통 기업과 다른 방식으로 경쟁 우위를 지속한다. 전통 기업 입장에서도 새로운 방식을 찾아야 한다. 그 전에 먼저 '경쟁 우위'를 둘러싼 이슈부터 점검해보자.

"경쟁 우위의 종말"은 오지 않는다

『경쟁우위의 종말』은 컬럼비아 경영대학의 리타 권터 맥그라스 교수가 2013년 출간한 책이다.[266] 그녀는 빠르게 변하는 21세기의 비즈니스 환경에서는 더 이상 경쟁 우위가 "지속 가능sustainable"하지 않다는 주장을 펼쳤다.[267] 하나의 지속 가능한 경쟁 우위를 유지하기 위해 기업이 노력하는 것은 더 이상 효과적이지 않다는 말이다. 따라서 급변하는 경쟁 환경에 맞도록 여러 개의 "일시적 경쟁 우위transient competitive advantage"[268]를 포트폴리오처럼 확보하고 관리해야 한다고 주장했다. 또한 경쟁 우위는 지속 가능하지 않기 때문에 이미 "소진된 기회로부터 빠져나오는 과정disengagement이 비즈니스에 핵심"이라고도 말했다.[269]

디지털 시대의 '경쟁 우위를 다시 생각하는'『컴피티션 시프트』[270]의 저자 램 차란도 경쟁 우위 종말론의 지지자이다. 그는 "어떤 경쟁 우위도 영원불변하지 않다. 따라서 하루가 다르게 새로이 습득해야' 한다"[271]라고 말했다. 맥그라스 교수와 동일한 입장이다. 그리고 디지털 기업의 경쟁 우위를 찾기 위한 램 차란의 연구는 '새롭게 습득해야' 하는 경쟁 우위의 '규칙'으로 다음의 여섯 가지를 제시했다.[272] 바로 고객 경험, 데이터, 생태계, 수익 구조, 소셜 엔진, 디지털 리더이다. 하지만 램 차란의 주장이 맥그라스 교수와 다른 점은 여섯 가지 경쟁 우위의 '규칙'이 신속하게 세우고 빠르게 폐기하는 '일시적 경쟁 우위'의 포트폴리오가 아니라는 것에 있다. 램 차란은 "경쟁 우위의 새로운 원천이 등장"[273]할 때까지 계속해서 지속하는 것이 중요하다고 했다.

'경쟁 우위 종말론'을 따르는 국내 입장도 있다. 『애자일 컴퍼니』의 저자는 "기업은 과거처럼 하나의 경쟁 우위에만 집중해서는 안 되고 일시적이면서도 다수의 경쟁 우위를 동시에 개발해야 한다"[274]라고 말했다. 『디지털 리더십』의 저자들도 "전통 산업의 경계가 허물어지고 기존의 경쟁 우위와 핵심 역량의 가치가 빠르게 사라지고 있다"[275]라고 주장했다. 이런 내용을 보게 되면 '지속 가능한 경쟁 우위'는 더 이상 설 자리가 없어 보인다.

하지만 세상이 빨리 변하기 때문에 '경쟁 우위가 더 이상 지속 가능하지 않다'는 주장은 틀렸다. 이는 마이클 포터가 말하는 '경쟁 우위'와 '경쟁 우위의 원천'을 명확히 구분하지 않아서 생긴 결과다. 로저 마틴이 반박하듯 기업이 추구해야 하는 "경쟁 우위는 단 두 가지 근본적인 형태"[276] 밖에 없다. '비용 우위Cost Advantage'와 '차별화Differentiation'. 따라서 '경쟁 우위의 포트폴리오'라는 말 자체가 성립하지 않는다. 고객이 인정하는 가치의 본질은 가격과 품질을 벗어날 수 없다. 기업은 여러 가지 방법을 통해서 경쟁 우위를 획득해야 하고, 그 '원천'은 다양할 수 있다. 따라서 경영 환경의 변화에 따라 바뀌는 것은 '경쟁 우위의 원천'이지 '경쟁 우위' 그 자체는 아니다.

경쟁 우위의 지속 가능성은 다이나믹하다

경쟁 전략은 가치사슬을 구성하는

활동들 사이에서 총체적인 적합성을 찾는 일이다. 경쟁 전략의 실행으로 획득하는 것이 경쟁 우위다. 맥그라스 교수는 "1년도 안 돼 사라지는 경쟁 우위가 허다한데, 장기 전략을 수립하기 위해 몇 달씩 허비할 필요가 없다"[277]라고 했다. 그런데 1년도 안 돼서 사라지는 경쟁 우위를 과연 경쟁 우위라고 말할 수 있을까? 기업의 경쟁 전략과 경쟁 우위는 '손쉽게 세우고 빠르게 폐기하는' 전술이나 이니셔티브가 아니다.

고객이 상품이나 서비스를 사는 이유는 명확하다. 품질에 비해 싸거나, 비싼 돈값을 하거나 둘 중 하나뿐이다. 나머지는 모두 부차적이다. 서비스가 아무리 좋아도 맛없고 비싼 식당에 줄 서는 고객은 없다. 성공한 식당은 밥값을 올리지 않고도 음식 맛을 유지하기 위해 온갖 노력을 다한다. 확보한 경쟁 우위를 지속하기 위한 전략의 실행이다. 기업도 다르지 않다. 경쟁 우위를 한 번 확보했다고 해서 아무런 노력 없이 지속할 수는 없다. '지속 가능하다'의 의미가 '비즈니스의 현실에 안주한다'는 것을 뜻하지는 않기 때문이다. 오히려 그 반대이다.

기업이 경쟁 우위를 확보하고 나서 아무것도 하지 않는다면 '경쟁 우위의 종말'은 당연하다. 그렇지 않은 기업이라면 경쟁 우위를 지속하기 위해서 가치사슬의 활동들을 끊임없이 재구성reconfiguration해야 한다. 마이클 포터도 "지속적인 비용 우위는 하나의 활동이 아니라 다수의 활동으로부터 발생하며, 가치사슬을 자주 재구성하는 일reconfigurating은 비용 우위를 만드는 데 주요한 역할을 한다"[278]라고 말했다. 『경쟁우위의 종말』에서 맥그라스 교수가 새로운 행동 지침 중 하나라고 주장한 기업 활동의 '지속적인 재구성'과 마이클 포터가 말한 '가치사슬의 재구성'이 크게 다르지 않음을 알 수 있다. 다시 강조하지만, 경쟁 전략은 기업이 경쟁 우위를 지속하기 위해서 가치사슬을 끊임없이 재구성하는 다이나믹한 의사결정이다.

경쟁 우위가 유지될 때만 평균 이상의 성과를 낳을 수 있다. 지속 가능하지 않은 비용 우위나 차별화는 경쟁력이 없다. 가치사슬의 여러 가치 활동들이 상호 작용을 하고 서로 강화를 하면서 낮은 비용이나 차별화를 '지속 가능하게' 만드는 것이 경쟁 전략이다.

다이나믹한 경쟁 전략을 실행하기 위해서는 필요한 역량을 갖추고 있어야 한다. 『비즈니스 모델의 탄생』의 저자 오스터왈더는 "역량이란 반복적인 패턴을 실행할 수 있는 능력"[279]이라고 정의했다. 한마디로 기업은 가치 제안을 반복적으로 제공할 수 있는 역량의 집합이다. 경쟁 우위의 원천이 변한다는 것은 경쟁 전략을 실행하는 역량도 함께 변한다는 것을 의미한다.

경쟁 우위의 원천이 변하는 것이다

디지털 시대의 경쟁 우위 창출 방식은 과거와 다르다. 1980년대 제조 기업이 가진 경쟁 우위의 원천과 2020년대 디지털 기업이 가진 경쟁 우위의 원천은 다르다. 20세기에 유효했던 경쟁 우위 창출 방식은 더 이상 효과적으로 작동하지 않는다. 예를 들면, 마이클 포터의 가치사슬에서 기술 개발은 '지원 활동Support Activity'으로 구분된다. 많은 전통 기업에서 IT가 지원 부서로 인식되는 것도 같은 맥락이다. 하지만 디지털 기업에서 IT는 지원 활동이 아니라 '주요 활동Primary Activity'이다. 전통 기업은 이 같은 새로운 경쟁 우위의 원천을 잘 이해해야 한다.

디지털 전환을 시작하면서 전통 기업은 다음과 같은 질문을 스스로에게 던져야 한다. '디지털 시대의 고객에게 차별화와 비용 우위의 가치를 제공할 수 있는 근본적인 원천은 무엇인가?' '새로운 경쟁 우위의 원천에서 경쟁력을 확보할 수 있는 핵심 기술과 방법은 무엇인가?'

전통 기업이 경쟁 우위의 새로운 원천을 찾으려면 기존의 전략 자산을 재검토하는 것부터 시작해야 한다. 디지털 전환의 관점에서 경쟁 우위의 지속성과 핵심 경쟁력의 유지 가능성을 점검하고, 가치사슬과 관련된 활동들을 분석하고 디지털 경쟁력 여부를 확인해야 한다.

구글은 웹 검색에서 시작해 지도, 모바일 운영체제, 홈 오토메이션, 자율주행 자동차, 음성인식으로 사업을 다각화해 왔다. 『플랫폼 레볼루션』의 저자들은 이를 두고 구글이 플랫폼 기업이기 때문에 가능하다고 말했지만, 구글의 행보는 플랫폼 기업이기 때문이 아니라 디지털 기술 기업이기 때문에 가능했다. 즉, 디지털 프로덕트를 만드는 데이터, 디자인, 그리고 소프트웨어와 알고리즘 개발이 구글의 경쟁 우위를 만드는 핵심 역량이다.

정리하면, 디지털 기업의 경쟁 우위는 디지털 프로덕트를 디자인하고, 개발하고, 마케팅하고, 서비스하고, 지원하는 별개의 여러가지 활동으로부터 창출된다. 이들이 펼치는 가치사슬의 활동들은 디지털 프로덕트를 기반으로 움직인다. 결국 전통 기업이 찾아야 하는 경쟁 우위의 새로운 원천은 디지털 기업처럼 디지털 프로덕트를 만드는 여러 활동이다.

경쟁 우위의 원천이 변하면 필요한 역량도 변해야 한다. 기업의 모든 역량은 경쟁 우위를 확보하기 위해 존재한다. 빠르게 변하는 디지털 시대에 전통 기업이 확보해야 할 것은 '일시적 경쟁 우위'가 아니라, 새로운 '경쟁 우위의 원천'을 활용하는 데 필요한 핵심 역량이다.

빠르게 변하는 디지털 시대에도 '지속 가능한 경쟁 우위'는 경쟁 전략의 목적이다. 기업이 추구해야 하는 경쟁 우위는 '비용 우위'와 '차별화' 둘 뿐이다. 경영 환경 변화와 기술 발전에 따라 변하는 것은 '경쟁 우위의 원천'이지 '경쟁 우위' 그 자체는 아니다.

경쟁 우위를 확보하고 지속 가능하게 만드는 것이 경쟁 전략이다. 디지털 시대 경쟁 우위의 새로운 원천은 디지털 프로덕트를 만드는 활동에 기반한다. 전통 기업의 급선무는 경쟁 전략을 실행할 수 있는 필요 역량을 확보하는 것이다.

24

디지털 경제에서는 디지털 프로덕트로 경쟁한다

디지털 프로덕트는 계속해서 업데이트되는 '불완전한' 제품이다. 디지털 프로덕트를 잘 만들기 위해서는 PO(프로덕트 오너)의 역할이 중요하다. 기술과 사업을 알며 커뮤니케이션 능력과 리더십도 갖추고 있는 창업가이자 사업가이다.

전통 기업의 디지털 전환은 디지털 시대에 요구되는 조직 역량을 구축하는 것이 목표다. 고객 경험 혁신, 운영 혁신, 비즈니스 모델 혁신을 지속적으로 실행하는 역량을 갖춘 조직이 디지털 전환을 성공리에 완수한 기업의 모습이다.

산업 경제에서는 프로덕트(제품)를 제조하는 역량으로 경쟁 우위가 실현되었다. 하지만 비즈니스 중심에 소프트웨어가 있는 디지털 경제에서의 경쟁 우위는 디지털 프로덕트가 결정한다. 전통 기업이 디지털 프로덕트의 특성을 알아야 하는 이유이다.

디지털 프로덕트의 세상이 되다

아침에 눈을 뜨면 스포티파이가 추천하는 음악을 선택하고 홈 피트니스 앱을 보면서 운동을 한다. 문 앞에는 어젯밤에 마켓컬리로 주문한 식재료가 배달되어 있다. 출근하면서는 어제 점심 밥값을 친구에게 토스 앱으로 송금한다. 업무 중 잠시 쉬는 시간에는 알림으로 정보를 얻은 어느 지방 은행의 특판 상품을 스마트폰으로 가입한다. 약속 장소까지 가는 길은 네이버 지도를 보고 가장 빠른 방법을 선택한다. 잠 자기 전 침대에 누워서는 카카오 헤어로 주말 미용실 예약을 끝낸다.

디지털 시대는 디지털 프로덕트의 세상이라고 해도 과언이 아니다. 글로벌 IT 리서치 회사인 가트너에 따르면 "프로덕트는 고객 세그먼트에게 제공하는 가치 있는 비즈니스 기능의 모음이다."[280] 소프트웨어, 하드웨어, 시설 및 서비스의 조합으로 프로덕트가 구성될 수 있음을 뜻한다. '디지털' 프로덕트는 우리가 그동안 익히 경험한 물리적 형태의 '제품'에 속하지 않는 '무형'의 제품이다. 디지털 프로덕트를 고객이 경험하기 시작한 것은 불과 20년밖에 되지 않는다. 그래서 산업 경제에서 성장한 전통 기업의 관리자에게 '디지털 프로덕트'란 용어는 낯설고 생소하다.

소프트웨어로 만드는 디지털 프로덕트는 공장에서 대량 생산되는 제품과는 다른 성질을 갖고 있다. '수확 체증의 법칙'으로 소프트웨어 경제를 설명한 브라이언 아서 교수의 생각을 빌리면 "지식을 제품으로 깎고 다듬어서"[281] 만드는 것이 디지털 프로덕트이다. 프로덕트를 만드는 재료가 작업자의 '지식'이다. 디지털 프로덕트는 '생산' 공정이 아니라 '개발' 프로세스가 중요하다. 개발자의 능력에 따라서 프로덕트의 품질이 결정되기 때문에 제품 생산과 달리 공정 관리가 표준화되기 어렵다.

이런 성질을 가진 디지털 프로덕트는 물리적 제품과 구분되는 고유의 다섯 가지 특징을 가지고 있다. 첫 번째로 '무형'이다. 디지털 프로덕트는 만지거나 잡을 수 없는 '데이터'로 존재한다. 두 번째는 '확장성'이다. 물리적 제품보다 복제 및 전달 비용이 최소화되기 때문에 쉽게 더 많은 고객을 만날 수 있다. 세 번째는 '즉시성'이다. 디지털 프로덕트는 전자적으로 전송되기 때문에 구매와 동시에 바로 사용할 수 있다. 네 번째는 '개인화'이다. 디지털 프로덕트는 비즈니스 기능의 연결이 유연하므로 개별 사용자의 선호나 요구 사항을 반영하기 쉽다. 마지막 다섯 번째는 '데이터 수집'이다. 디지털 프로덕트를 사용하는 고객은 자연스럽게 행동 데이터를 남긴다. 이처럼 물리적 제품과 구별되는 특징을 기억해야 디지털 프로덕트를 제대로 이해할 수 있다.

디지털 프로덕트의 사고방식은 다르다

품질에 대한 사고방식도 디지털 프로덕트에서는 근본적으로 다르다. MIT 미디어랩의 부학장을 역임한 세계적인 디자이너 존 마에다는 "기계는 불완전하다"[282]라고 했다. 출시하고 버전을 업데이트하는 방식인 디지털 프로덕트를 완성된 자동차처럼 보면 안 된다는 의미이다. 그러면서 디지털 프로덕트를 만드는 사람은 "완벽한 '마지막' 버전으로 제품을 만들어 내는 데에는 전혀 관심이 없다"[283]라고 했다. 물리적 제품은 한 번 출시하면 단종될 때까지 제품 업데이트가 불가능하다(완전한 제품을 출시해야 한다). 하지만 디지털 프로덕트는 프로그램의 버그를 수정하거나 새로운 기능을 추가하는 버전 업으로 업데이트가 언제든지 가능하다. 이 말은 역설적으로 '디지털 프로덕트는 언제나 불완전한 제품이다'라는 의미가 된다.

성과 모니터링에 대한 사고방식도 다르다. 업데이트라는 특징을 가진 디지털 프로덕트 입장에서는 퍼포먼스 모니터링이 필수이다. 성과를 모니터링 할 수 있는 측정 지표를 제품 스펙으로 처음부터 개발해야 한다. 디자인 단계에서부터 데이터 수집 계획을 세우고 수집한 데이터를 가공해서 프로덕트 개발에 피드백할 수 있는 사이클이 필요하다. 최고의 제품으로 계속 업데이트하기 위해서 프로덕트의 모든 변화를 측정하고 지속적으로 보완하는 것이 필수이다.

고객 중심의 사고방식도 물리적 제품과 다르다. 디지털 프로덕트는 제품 중심이 곧 고객 중심이다. 개발의 핵심은 사용자 경험UX 디자인으로 프로덕트 출시 이후 즉각적이고 객관적으로 고객 반응을 실시간으로 확인할 수 있다. 이용자 수를 늘리고 고객 서비스를 처리하는 것도 프로덕트를 통해서 가능하다. 결과적으로 디지털 프로덕트를 잘 만든다는 것은 고객을 잘 이해하는 것과 같다. 프로덕트 조직이 바로 고객을 만나는 조직이기 때문에 제품 중심 조직이 고객 중심으로 '전환'하는 문제 따위는 애초부터 발생하지 않는다.

디지털 프로덕트는 그 자체가 비즈니스가 되기도 한다. 레브잇은 '모바일 팀 구매 서비스'를 제공하는 이커머스 스타트업으로 2021년 9월 서비스를 론칭하고 1년 9개월 만에 MAU 260만, 월 거래액 400억 원을 달성했다.[284] "한국에서 가장 빨리 크고 있는 이커머스 회사"[285]인 레브잇이 만든 디지털 프로덕트가 모바일 이커머스 플랫폼 올웨이즈이다. '모바일 팀 구매를 통한 최저 가격 제공'이라는 가치 제안을 검증하는 것도 올웨이즈 플랫폼이다. 18명의 '문제 해결사'들이 올웨이즈를 개발하는 것은 레브잇이 가진 비즈니스 문제를 푸는 것과 같다. 디지털 프로덕트 개발과 비즈니스 운영이 동전의 양면인 셈이다.

디지털 프로덕트의 오너를 찾아라

전통 기업이 디지털 프로덕트로 경쟁하려면 프로덕트 오너PO의 역할을 재인식해야 한다. 쿠팡의 프로덕트 오너 출신인 쿠팡플레이 대표 김성한은 PO를 이렇게 정의한다. "프로덕트 오너는 말 그대로 하나의 프로덕트에 대한 책임을 지고 기획, 분석, 디자인, 개발, 테스트, 출시, 운영까지 주도하는 사람이다."[286] 그는 프로덕트 라이프 사이클 전체를 책임지는 사람을 PO로 정의했다.

프로덕트 오너는 '미니 CEO'라고도 불린다. 토스팀 최초의 프로덕트 오너인 이승건 리더는 PO를 이렇게 말한다. "자신이 선택한 제품의 모든 것을 결정합니다. 제품 전략뿐 아니라 마케팅, 채용, 코칭, 사업 개발, 우선 순위, 법률적 문제 해결 등 모든 것이요."[287] PO의 역할을 비즈니스 운영 관점에서 바라보고 있음을 뜻한다. 수직적 위계 질서와 기능적 조직 구조를 가진 전통 기업에서는 상상하기 힘든 역할이다. 디지털 프로덕트의 오너는 더 이상 전통적인 '제품 관리자'가 아니라 창업가이자 사업가에 가깝다.

경쟁 우위를 추구하는 전통 기업이 디지털 전환을 경영의 패러다임 시프트로 인식한다면 PO의 역할은 더더욱 중요하다. 소프트웨어 비즈니스, 고객 가치 극대화, 혁신의 문화, 인간 중심의 자율과 책임이라는 네 가지 시프트의 방향이 하나로 모인 곳이 PO라는 자리이다. 디지털 프로덕트라는 하나의 목표를 향해 서로 다른 기술을 가진 전문가들이 함께 몰입할 수 있게 하는 것이 PO의 역할이어서 기술도 알아야 하고 비즈니스도 알아야 한다. 그리고 팀을 리딩할 수 있는 리더십도 있어야 한다. 디지털 프로덕트에 대한 비전을 명확하게 제시하고 팀 내부뿐만 아니라 외부의 이해관계자들과의 커뮤니케이션도 원활해야 한다. 그런데 이런 PO를 '네카라쿠배당토'(우리나라 대표 디지털 기업 7곳)[288]에서는 쉽게 찾을 수 있을지 몰라도 전통 기업 내부에서는 찾기가 어렵다. 디지털 프로덕트로 경쟁한다는 말은 결국 PO로 경쟁한다는 것과 같은 뜻이다. 전통 기업이 반드시 넘어야 할 높고 험한 산이다.

디지털 프로덕트는 고객에게 가치 있는 비즈니스 기능을 디지털 형태로 모은 것이다. 디지털 프로덕트의 재료는 작업자의 '지식'이다. 생산 공정이 아니라 '개발 프로세스'가 중요한 이유이다.

디지털 프로덕트는 불완전한 상태로 고객을 만난다. 지속적인 업데이트가 프로덕트의 특징이다. 성과를 측정하는 지표는 프로덕트의 스펙으로 처음부터 개발해야 한다. 그리고 디지털 프로덕트에서는 제품 중심이 곧 고객 중심이다. 디지털 프로덕트를 개발하는 조직이 고객을 만나는 조직이기 때문이다.

디지털 프로덕트가 비즈니스가 되는 세상에서 프로덕트 오너는 프로덕트의 성장을 책임지는 사업가이자 창업가이다. 디지털 시대에 프로덕트 경쟁은 결국 프로덕트 오너의 경쟁이다.

25

3D는 하우스 안에서 키워야 잘 자란다

경쟁 우위를 만드는 디지털 역량은 PO가 디지털 프로덕트를 개발하는 데 필요한 3D(개발, 디자인, 데이터) 역량을 말한다. 전통 기업은 디지털 전환을 통해 3D 역량을 내재화해야 한다. 그래야 전략 실행이 용이하고 경쟁 우위의 지속 가능성도 커진다.

디지털 시대의 경쟁은 디지털 프로덕트가 핵심이고 경쟁 우위의 새로운 원천 역시 디지털 프로덕트에서 찾아야 한다. 그러려면 디지털 혁신을 지속할 수 있는 역량은 무엇이고 어떻게 확보하는지 아는 것이 중요하다. '지속 가능한 경쟁 우위'의 문제는 결국 경쟁 우위의 원천을 지속할 수 있는가의 문제와 다르지 않다.

디지털 기술 역량을 확보하는 것은 '지속 가능한 경쟁 우위'라는 측면에서 매우 중요하다. 미래 비즈니스 선점을 위해서도 필요한 과제이다. 하지만 단순히 CEO의 선언이나 주문으로 한순간에 되는 것은 아니다. 전통 기업이 확보해야 하는 디지털 역량은 무엇이며 어떻게 확보할 수 있는지 알아보자.

디지털 프로덕트를 개발할 수 있는 역량이 필요하다

모두가 '디지털 역량 강화'가 중요하다고 하지만 정작 필요한 디지털 역량이 무엇인지에 대해서는 명확하지 않다.[289] 심지어 디지털 역량을 디지털 리터러시와 혼동하는 경우도 있다. 하지만 역량capability과 문해력literacy은 전혀 다르다. 디지털 혁신을 실행할 수 있는 것은 디지털 역량이지 문해력 차원의 문제는 아니다. 마찬가지로 리더십 역량은 변화 관리에 필요한 역량이지 전략 실행을 위한 디지털 역량은 아니다.

『플랫폼 비즈니스의 미래』에서는 조직의 "디지털 역량을 측정"하는 도구를 제시했다.[290] 디지털 전환의 성숙도를 측정함으로써 기업에 필요한 역량을 파악할 수 있다고 했다. 디지털 전환의 성숙도 평가는 다섯 개의 디지털 전환 구성 요소와 네 단계의 디지털 성숙도로 구성된다. 전환 구성 요소 다섯 가지는 프로세스, IT/디지털 플랫폼, 조직/평가 체계, 역량과 조직 문화, 지능 체계이다. 디지털 성숙도의 네 단계는 업무 단계, 통합 단계, 연결 단계, 지능 단계이다. 그런데 이것만 봐서는 '디지털 역량'이 무엇인지 알 수 없다.

"여러분은 고객 경험, 운영 프로세스, 비즈니스 모델이란 세 가지 디지털 역량을 통해서 여러분의 회사를 차별화할 수 있습니다."[291] 『Leading Digital』의 저자들이 말하는 '디지털 역량'이다. 하지만 고객 경험, 운영 프로세스, 비즈니스 모델은 고객 가치를 창출하기 위한 혁신의 대상이지 디지털 역량은 아니다. 저자들도 책에 앞서 발표한 보고서에 이 세 가지를 디지털 역량이 아니라 디지털 전환의 주요 대상 영역key area이라고 밝혔다.[292] 대신 디지털 역량을 데이터, 솔루션, 분석, 비즈니스-IT 통합이라고 설명했다. 디지털 혁신의 대상과 디지털 역량을 헷갈려 한다는 뜻이다.

역량이란 활동들의 반복적인 패턴을 실행할 수 있는 능력이라고 했다. 고객 경험, 운영 프로세스, 비즈니스 모델을 디지털로 혁신하는 활동을 반복적으로 할 수 있는 것이 '디지털 역량'이다. 디지털 혁신은 디지털 프로덕트를 통해서 고객에게 가치를 전달한다. '디지털 혁신을 위한 역량'은 '디지털 프로덕트를 개발할 수 있는 역량'이다. 디지털 프로덕트로 경쟁하려는 전통 기업에게 디지털 기술 DNA로 무장하는 것은 선택의 여지가 없는 일이다.

디지털 역량 트리오 3D: 개발,디자인, 데이터

프로덕트 오너PO가 디지털 프로덕트를 개발하려면 기본적으로 세 가지 역량이 필요하다. 개발Development, 디자인Design, 데이터Data이다. 이를 '3D 역량'이라고 하자. 대다수 테크 기업들은 이 세 가지 역량을 기본으로 프로덕트 팀을 구성한다.

에어비앤비의 프로덕트 팀도 프로덕트 매니저, 엔지니어, 디자이너, 데이터 사이언티스트로 구성된다.[293] 소프트웨어 경제와 빅데이터의 유행으로 많은 기업이 소프트웨어 개발과 데이터 분석을 핵심적인 스킬로 인식하고 있다. 여기에 더해 디지털 프로덕트의 중요한 가치가 사용자 경험이란 점을 생각하면 UX 디자인의 중요성도 무시할 수 없다. 정리하면 개발, 디자인, 데이터 역량이 핵심적인 디지털 역량이다.

전통 기업 입장에서는 가장 부족한 것이 '개발 역량'이다. 하지만 가장 구축하기 어려운 역량이기도 하다. 디지털 프로덕트의 경쟁력은 기획에서 나오는데, 좋은 기획을 빠르게 구현하는 개발 역량이 뒷받침되어야 기획의 경쟁력이 산다. 곧 개발의 속도가 비즈니스의 속도이다. 개발에는 다양한 스킬의 개발자가 필요하다. 웹사이트를 만드는 프론트 엔드 개발자, 서버를 구축하는 백 엔드 개발자, 클라우드 서비스를 이용해 서비스를 운영하는 클라우드 개발자, 모바일 애플리케이션을 만드는 안드로이드/iOS 개발자 등이 있어야 한다.

디지털 혁신을 지속하기 위해서는 '디자인 역량'도 중요하다.[294] 카네기멜런대학교 디자인대학 학장을 지낸 리처드 뷰캐넌에 따르면 "혁신은 디자인에서 발생하는 새로운 아이디어의 발견에서 비롯되며, 디자인은 프로세스이자 활동"[295]이라고 했다. 전통 기업 입장에서는 지속적인 혁신을 위한 방법으로 디자인 프로세스를 이용할 수 있다. 디자인은 고객 관점에서 문제를 해결하고 개발과 접목되는 구체적인 방법이다. 더욱이 고객 경험의 가치가 중요해지면서 디지털 프로덕트를 디자인하는 역량의 중요성은 점점 커지고 있다.

3D 역량 중 마지막인 '데이터 역량'은 전통 기업 입장에서는 가장

만만해 보인다. 전통 기업 IT의 역사는 데이터 관리의 역사라고 해도 틀리지 않다. 그만큼 다양한 데이터 관리 노하우를 갖고 있다. 하지만 기존의 데이터 관리 역량만으로는 디지털 프로덕트를 만들 수 없다. 분석 데이터 역시도 ERP, CRM, SCM 같은 오퍼레이션 데이터만 있는 것이 아니라 프로덕트를 사용하는 고객으로부터 얻어지는 사용자 데이터도 있다. 최근에는 AI 기술의 발전으로 데이터의 중요성은 더욱 부각되고 있다. 앞으로는 디지털 프로덕트가 스스로 학습하고 판단하는 수준으로 발전할 것이다. 디지털 프로덕트는 데이터 프로덕트라고 해도 틀리지 않다.[296]

3D 역량은 내재화해야 지속 가능하다

그동안 IT 운영을 아웃소싱하고 필요한 애플리케이션은 외주 개발사가 프로젝트로 개발하는 것이 전통 기업의 관행이었다. 비용을 줄이고 책임을 물을 수 있다는 장점 때문에 아웃소싱은 전략적 선택으로 인식되었다.

비즈니스의 속도가 문제 되지 않을 때는 아웃소싱도 효과적일 수 있다. 그러나 디지털 시대라면 이야기가 다르다. 『초속도』의 저자들은 "기술과 데이터는 모든 디지털 사업의 중심이다. 이제 이러한 핵심 자산 관리를 더 이상 아웃소싱으로 넘겨서는 안 된다"[297]라고 했다. 맞는 말이다. 디지털 프로덕트로 지속적인 경쟁 우위를 만들고 싶다면 3D 역량을 내재화하는 일을 필수적으로 해야 한다.

싱가포르 은행 DBS는 디지털 전환에 성공한 사례로 자주 언급되는 곳이다. DBS는 전통적인 은행이 디지털화를 추구하는 것을 넘어 기술 회사가 은행 비즈니스를 한다는 담대한 비전을 실천 중이다.[298] 디지털 기술 기업을 지향하는 DBS는 IT 조직의 내재화에 많은 노력을 기울였다. 2014년에 85%에 달하던 아웃소싱 비중을 2019년 15%로 낮추는 대신 내재화 비중은 85%까지 늘렸다.[299] 2016년 45명에 불과했던 인력 채용은 2017년 658명으로 까지 늘였다. 결과적으로 DBS가 직접 채용한 개발자들은 지속적인 통합과 배포를 통해 애플리케이션 개발 속도를 이전보다 10배 빠르게 만들었다. 소프트웨어 개발이 경쟁 우위 확보의 새로운 원천이라는 점을 경영진들이 분명하게 인식한 결과였다.

데이터 분석으로 유명한 미국의 금융그룹 캐피털 원은 디자인 역량 확보에 진심이다. 디지털 프로덕트의 고객 경험 혁신을 위해 2011년에 캐피털 원 랩스를 별도로 출범시켰고, 스탠퍼드 디스쿨 강사 출신과 디자인 컨설턴트들을 적극 끌어들여 디자인 씽킹을 제품 개발에 적용했다.[300] 이보다 더 적극적인 행보는 샌프란시스코 기반의 UX 디자인 컨설팅 회사 어댑티브 패스를 2014년에 인수한 것이다. 이로써 캐피털 원은 단숨에 450명 이상의 디자이너 그룹을 보유한 금융 회사가 되었다. 어댑티브 패스를 "캐피털 원의 경험 디자인 문제에 집중"하도록 함으로써 캐피털 원은 다른 금융회사는 따라올 수 없는 디자인 역량을 내재화했다.[301]

디지털 프로덕트를 잘 만들기 위해서는 프로덕트에 대한 이해가 가장 중요하다. 개발자들 사이에는 "개밥을 직접 먹어봐야 한다"[302] 라는 말이 있다. 프로덕트를 만드는 사람이 직접 사용해 봐야 프로덕트를 잘 만들 수 있다는 뜻으로, 프로덕트 개발에 참여하는 모든 사람이 사용자가 되어야 한다는 뜻이다. 하지만 프로덕트 개발을 아웃소싱하게 되면 개밥을 직접 먹어 볼 기회가 없다. 결과적으로 개발 프로젝트에 참여한 어느 누구도 프로덕트에 대한 오너십을 가지지 못하게 된다. 프로젝트가 끝나면 다른 프로젝트를 찾아 떠나는 아웃소싱 개발자에게서 프로덕트 오너십을 기대할 수는 없다. 3D 역량의 내재화 없이 디지털 프로덕트를 개발할 수는 있지만 경쟁 우위를 지속하기는 어렵다.

전통 기업이 디지털 전환을 통해 확보해야 하는 디지털 역량은 다음 세 가지가 핵심이다. 디지털 프로덕트를 개발하는 데 필요한 개발 역량, 디자인 역량, 데이터 역량이다. 좋은 기획을 빠르게 구현할 수 있는 개발 역량은 디지털 프로덕트의 경쟁력을 좌우한다. 디자인 역량은 고객 경험의 중요성이 높아지면서 더욱 중요해지고 있다. 인공지능의 발전으로 데이터 역량 없이는 디지털 프로덕트를 만들 수 없는 환경으로 변하고 있다.

세 가지 디지털 핵심 역량은 자체적으로 빌드업 해야 한다. 지속 가능한 경쟁 우위를 위해서는 경쟁 우위의 원천 또한 지속성이 있어야 한다. 게임의 룰이 변하면 선수를 교체해야 이길 수 있다.

9장

코드 4 : 데이터 역량 - AI 시대의 연료

26

데이터 리터러시에 대한 '리터러시'가 문제이다

데이터 리터러시는 보고서 작성을 위한 스토리텔링이나 어설픈 통계 교육이 아니다. 에어비앤비는 '데이터 유니버시티'를 만들어 전 직원을 '시티즌 데이터 사이언티스트' 수준으로 교육했다. 일하는 사람이 데이터로 의사결정을 직접 할 수 있을 때 데이터 리터러시가 데이터 역량이 된다.

데이터의 중요성이 커진다는 얘기는 더 이상 설명이 필요 없다. 기업의 데이터 기반 의사결정 스킬이 낮다는 조사도 새로울 게 없다. 데이터의 중요성은 커지는데 이를 기반으로 하는 의사결정이 어렵다면 분명 뭐가 잘못돼도 단단히 잘못된 것이다.

'데이터 중심 문화'를 원하는 기업에게 '데이터 리터러시'의 유행은 강력한 처방처럼 다가온다. "데이터 리터러시 문화가 자리 잡은 데이터 기반 조직으로 거듭나면, 모든 조직 구성원이 데이터를 바탕으로 더 나은 의사결정을 할 수 있습니다"[303] 라는 마케팅 문구는 무척 솔깃하다. 하지만 유행하는 '데이터 리터러시'에 대한 문해력(리터러시)을 제대로 키워야 데이터 역량 확보의 첫 단추를 제대로 끼울 수 있다.

데이터 리터러시는 '결정'에 대한 문해력이다

데이터 리터러시의 '대부'라고 불리는 조단 말로우는 2019년 TED 강연에서 데이터 리터러시를 이렇게 정의했다. "데이터 리터러시란 데이터를 읽고, 작업하고, 분석하고, 논쟁할 수 있는 능력이다."[304] 데이터를 '읽는'다는 것은 데이터의 의미를 이해한다는 뜻이다. 데이터로 '작업'한다는 것은 데이터 사이언티스트가 되라는 뜻이 아니다. 데이터를 '분석'한다는 것은 데이터에 숨어 있는 '왜'를 찾고, 질문하는 것이 불편하지 않고 편하다는 것을 의미한다. 데이터로 '논쟁'한다는 것은 제시된 정보를 의심하고, 나의 입장을 데이터로 지지한다는 것을 말한다. 이처럼 데이터로 의사결정을 하는데 필요한 전반적인 능력이 데이터 리터러시이다.

데이터 리터러시를 데이터 시각화나 스토리텔링 정도로만 이해하면 데이터 역량과는 멀어진다. 그런 점에서 볼 때 데이터 리터러시를 "데이터를 기반으로 상대를 설득하는 것이 주업인 사람"이 "메시지의 극대화를 위해 데이터를 표현하는 역량"으로 이해해서도 안 된다.[305] 그리고 "냉철한 판단과 강력한 설득의 기술"은 컨설턴트의 보고서 작성 때나 필요한 것으로 데이터 리터러시가 설득을 위한 메시지의 스토리텔링으로 포장되는 것도 피해야 한다.[306]

데이터 리터러시의 유행과 함께 "데이터 분석을 전문가의 영역에서 보통 직장인의 교양으로 확대하는 일"[307]도 많다. 이 경우 대부분은 "보통 직장인의 교양"이 어설픈 통계학 정도에 그친다. 1,000개 점포 중에서 회장이 방문할 영업 점포 5개를 선정하기 위해 K-평균 군집분석을 하는 것이 우리가 기대하는 데이터 리터러시의 모습은 아니다(영업 점포 방문 목적을 명확하게 하면 간단히 해결될 일이다).[308] 스토리텔링 기법도 아니지만 몇 가지 통계분석 기법을 학습하는 것도 아니다.

데이터 리터러시는 데이터가 아니라 '분석'에 대한 문해력이다. 분석에 대한 이해에는 두 가지가 필요하다. 분석 도구에 대한 이해와 분석하는 사고력에 대한 이해이다. 사진을 찍기 위해서 카메라의 작동 '원리'를 알 필요는 없지만 작동 '방법'은 알아야 한다. 분석 도구는 복잡한 분석을 점점 더 간단한 방법으로 쉽게 하도록 도와준다. 하지만 분석하는 사고력이 갖춰지지 않으면 어떤 분석도 제대로 할 수 없다. 분석적 사고력은 비즈니스 도메인의 문제를 현상 파악, 문제 정의, 원인 가설 수립, 가설 검증의 단계로 사고하는 것을 말한다.

데이터 리터러시는 분석 전문가의 말을 이해하고 비판하기 위해 필요한 것이 아니다. 의사결정을 스스로 내릴 수 있는 수준의 데이터 분석 전문성이 확보될 때 데이터 리터러시가 데이터 역량이 된다.

에어비앤비의 데이터 유니버시티

에어비앤비의 데이터 사이언스팀은 2010년 1명으로 출발해서 2017년에는 100명으로까지 늘었다. 그렇지만 에어비앤비 조직 전체가 데이터에 기반해 의사결정을 하는 데에는 한계가 있었다. 처음에는 직원들 스스로 비판적으로 생각하고 데이터를 이해할 수 있는 능력이 있다고 믿고 분석 도구 제공에 주력했다. 하지만 기대와 달리 2016년 3분기 기준, 한 주에 한 번이라도 데이터 플랫폼을 이용하는 직원은 30%에 불과했다. 페이스북이나 드롭박스의 직원들보다도 데이터 플랫폼 이용 비율이 낮았다. 왜 그랬을까? 도구도 있고 권한도 있지만 활용이 저조했던 것은 '교육 부족' 때문이었다.

에어비앤비는 조직의 데이터 리터러시 강화를 위해 다음의 세 가지가 필요하다고 보았다. 데이터를 수집하고 분석하는 '도구', 데이터와 도구 모두에 액세스할 수 있는 '능력과 권한', 도구 및 데이터 작업 방법에 대한 '교육'으로, 이를 정리하면 분석도구Tool, 권한/능력Access/Ability, 교육Education의 순서로 준비되어야 함을 뜻한다. 이중에서는 교육이 가장 어렵다. 에어비앤비가 55명의 자원봉사자를 두고 '데이터 유니버시티'[309]를 개설한 것도 이 때문이다. 데이터 유니버시티는 에어비앤비의 전 조직원을 업무와 팀에 따라서 데이터 분석 교육을 하는 프로그램으로 '시티즌 데이터 사이언티스트 CDS(데이터 분석 전문가까지는 아니지만, 데이터를 이용해 비즈니스 결과를 개선하려는 사람)'[310] 양성을 목적으로 한다.

데이터 유니버시티는 세 가지 난이도로 구분되는 20개 이상의 커리큘럼을 운영했다. 실제 전체 직원의 8분의 1정도가 교육을 마치자 데이터 플랫폼의 주간 이용자 규모는 30%에서 45%까지 증가했다. 에어비앤비는 데이터 유니버시티의 성공에 힘입어 '데이터 유 인텐시브'

코스까지 개발했다. 팀 전체가 2~3일간 일정을 비우고 데이터 유니버시티에만 집중하는 심화 교육 프로그램으로 직원들이 의사결정을 할 때 데이터에 기반해 할 수 있도록 지원하겠다는 의지의 표명이었다. 결과적으로 프로그램을 수료한 팀은 데이터 사이언스 팀으로의 분석 지원 요청을 50%나 줄였다.

정리해보면, 데이터 유니버시티 프로그램은 다른 데이터 리터러시 교육과 차별되는 몇 가지 성공 요소를 가지고 있다. 첫째는 교육 코스가 전 직원을 대상으로 한다. 데이터 리터러시 교육이라고 입문 과정만 있는 것이 아니라 파이썬, 머신러닝 같은 심화 과정까지도 제공한 점이다. 둘째는 에어비앤비에 맞춤화된 커리큘럼 개발이다. 자신의 업무와 밀접한 사례와 데이터는 현장에서 바로 적용할 수 있어 교육 효과를 높일 수 있다. 마지막은 대면 수업으로 통상의 온라인 강좌로 해결할 수 없는 질의 응답과 상호 작용이 교육의 몰입도를 높인다는 점이다. 외부 교육 기관이 만든 온라인 입문 강좌를 수료하도록 하는 전통 기업의 데이터 리터러시 교육과는 차원이 다른 접근이다.

데이터 리터러시는 자율적 의사결정을 위해 필요하다

'데이터 중심 조직'이나 '데이터에 기반한 의사결정 조직'이란 말은 20년 전 BI**Business Intelligence**/DW**Data Warehosue**가 도입되던 시절부터 듣던 소리이다. 데이터가 중요한 디지털 시대에 '데이터 기반 의사결정'은 실리콘 밸리의 대표적인 일하는 문화로 부각되고 있지만, 디지털 전환을 준비하는 전통 기업은 여전히 적용의 어려움을 갖고 있다. 부서마다 '통계 담당'을 한 명씩 둔다고 의사결정 방식이 데이터에 기반하는 것도 아니고, 데이터 분석 전담 조직을 만들어도 크게 달라지지 않는다. 이렇게 된 데에는 전통 기업의 많은 현업들이 데이터가 없어도 일하는데 아무런 불편을 느끼지 못해서 그렇다. 그래서 우리 조직에 과연 데이터 기반 의사결정이 필요한지부터 냉정하게 따져볼 필요가 있다. 실리콘 밸리의 디지털 기업이 한다고 해서 누구나 해야 하는 것은 아니다.

데이터 리터러시를 유행이 아니라 조직의 데이터 역량으로 구축하기 위해서는 그 필요성이 절실해야 한다. 디지털 태생의 기업처럼 모든 것이 데이터로 출발해서 데이터로 끝나는 기업에서는 필요성이 명확하다. 데이터와 친하지 않으면 일을 할 수 없다. 전통 기업에서도 데이터가 없으면 일을 못 하는 환경이 되어야 필요성이 절실해진다. 가장 직접적인 필요는 결국 리더의 질문에서 나온다. 리더들이 파이썬 코딩이나 SQL 쿼리문을 배운다고 질문을 제대로 할 수 있는 것이 아니다. 데이터 분석이 필요한 의사결정의 포인트를 물을 수 있어야 한다.

디지털 전환이 요구하는 데이터 리터러시는 '의사결정의 자율성'이 전제되어야 한다. 보고 라인을 타고 올라가서 사번이 가장 빠른 윗사람이 의사결정을 하는 문화에서는 데이터 리터러시가 무용지물이다. 실리콘 밸리에 자리 잡은 '데이터 기반의 의사결정'은 의사결정의 '자율성'과 함께 조직의 문화가 되었다.

데이터 리터러시는 수평적 조직에서 신속한 의사결정을 위해 팀에게 자율성을 주고 싶은 조직의 과제이다. 따라서 데이터 리터러시가 의사결정 과정과 동떨어져서는 안 된다. 하지만 데이터 리터러시를 위해 전통 기업의 모든 조직이 한꺼번에 데이터 기반의 의사결정을 할 수는 없다. 현실적으로 가능한 방법은 데이터로 의사결정이 용이한 비즈니스부터 시작하는 것이다. 디지털 채널이나 디지털 비즈니스를 운영하고 있다면 그것이 가장 우선적인 대상이 된다. 이는 데이터에 기반한 '자율적'인 의사결정을 실험해 보는 것으로 디지털 프로덕트로 경쟁하는 전환 이후를 준비하는 것과 같다. 윗사람이 분석 보고서를 찾지 않고 데이터로 의사결정을 공유할 때 데이터 리터러시는 데이터 역량으로 전환될 수 있다.

데이터 리터러시는 결정에 대한 문해력이다. 디지털 전환이 요구하는 데이터 리터러시는 스토리텔링도 아니고 어설픈 통계학도 아니다. 데이터에 기반한 의사결정을 위해 데이터 리터러시가 필요하다. 보통 직장인의 교양 정도로는 조직의 역량이 될 수 없다.

자기 업무의 의사결정을 스스로 할 수 있는 분석 전문성을 갖추는 것이 중요하다. 에어비앤비가 데이터 유니버시티에서 전 직원을 '시티즌 데이터 사이언티스트'로 교육하는 이유이다. 디지털 전환의 비전이 없는 전통 기업에서는 데이터 리터러시가 문제되지 않는다. 자율적인 의사결정 조직을 지향할 때 데이터 리터러시가 데이터 역량이 될 수 있다. 데이터 리터러시는 "노동하는 인간의 자율과 책임을 믿는" 기업의 과제이다.

27

데이터 사이언티스트, 제대로 알아야 제대로 쓴다

인공지능과 머신러닝이 디지털 비즈니스의 중심이 되면서 데이터 사이언티스트의 중요성은 커졌다. 데이터 분석가와는 다르게 '진짜 데이터 사이언티스트'는 데이터로 문제를 해결하는 데이터 프로덕트를 만드는 사람이다.

데이터 사이언티스트가 "21세기에 가장 섹시한 직업"[311]이 된 지 10년이 흘렀다. 머신러닝과 인공지능이 디지털 프로덕트 개발에 중요해지면서 데이터 사이언티스트에 대한 수요는 더욱 커지고 있다. 그래서 데이터를 다루는 여러 종류의 일을 하는 사람들이 스스로를 '데이터 사이언티스트'라고 부른다. 데이터 사이언티스트가 어떤 일을 하는지 제대로 모르면 적합한 사람을 채용하기가 어렵다. 데이터로 일하는 사람의 적재적소를 찾는 것이 바로 데이터 역량 확보의 지름길이다.

데이터 사이언티스트는 데이터로 프로덕트를 만드는 사람

"데이터 사이언티스트가 뜬 근본적인 이유는 사람들이 그것이 무엇을 의미하는지 제대로 모르기 때문이다. 그리고 바로 그것이 힘이다."[312] 오바마 정부에서 처음으로 백악관 수석 데이터 사이언티스트로 근무했던 디제이 파틸 박사의 말이다. 파틸 박사는 '데이터 사이언티스트'란 말을 처음으로 만든 사람이다. 링크드인의 데이터 팀에서 일하고 있을 때 자기처럼 일하는 사람을 설명할 수 있는 직함을 찾다가 데이터 사이언티스트를 떠올렸다. 학부 전공은 수학이고, 박사 전공은 응용 수학이다. 국방성에서는 소셜 네트워크 분석을 연구했고 이베이, 페이팔, 스카이프, 링크드인에서 근무했다.

데이터 사이언티스트는 이름처럼 교육 수준이 높다. 어느 조사에 따르면 88%는 석사학위를 가지고 있고 46%는 박사학위를 가지고 있다고 한다.[313] 데이터 사이언티스트에게 요구되는 깊이 있는 지식을 개발하려면 높은 수준의 교육 과정이 필요하다. 전공 분포를 보면 수학 및 통계 전공이 32%이고, 컴퓨터 과학이 19%, 엔지니어링 전공이 16% 순으로 많다. 문과생이 데이터 사이언티스트가 될 수는 있어도 쉬운 길은 아니다.

전통적으로 '데이터 분석가'라고 불리던 사람들도 데이터 사이언티스트란 타이틀을 열망하고 있다. 너도나도 데이터 사이언티스트라고 하는 것이 현실이다. 상황이 이렇다 보니 온갖 종류의 데이터 사이언티스트가 존재한다. 역할을 제대로 구별하지 못하면, 적합한 인력을 뽑을 수도 없고 일을 제대로 시킬 수도 없다.

파틸 박사는 진짜 데이터 사이언티스를 다음과 같이 한마디로 구분했다. "우리는 물건을 만들기 위해to build things 데이터를 새로운 방식으로 사용합니다."[314] 이 말은 데이터 사이언티스트는 데이터를 가지고 문제 해결을 위한 프로덕트를 만드는 사람이라는 뜻이다. 따라서 "데이터 사이언티스트의 역할은 (…) 제품과 서비스를 직접 만드는 것이 아니기 때문에 (…) 사람들에게 도움이 되는 분석을 해야만 한다"[315]라는 말은 파틸 박사가 의미하는 진짜 데이터 사이언티스트의 역할을 제대로 모르고 하는 말이다.

데이터 사이언티스트는 데이터 분석가와 다르다

데이터 사이언티스트란 이름을 가지고 있지만, 주된 일은 데이터를 분석하고 통계적 모델을 만들고 인사이트를 뽑아 보고서를 작성하는 사람도 있다.[316] 20년 전 분석 CRM이 각광받던 시절에는 이런 일을 하는 통계학 전공자들을 두고 '데이터 마이너'라고 불렀다. 하는 일은 변하지 않았는데 모자의 이름표만 데이터 사이언티스트로 바꿔 달고 있는 셈이다. 이를 두고 업무 수준의 우열을 가리자는 것은 아니다. 문제는 진짜 데이터 사이언티스트를 데려다가 데이터 마이너의 일을 시키면 소 잡는 칼로 닭 잡는 격이 된다는 것이다.

데이터 사이언티스트가 된 문과생에게 "인문학적 소양"은 꼭 필요할지 모른다.[317] 하지만 진짜 데이터 사이언티스트에게 필요한 것은 알고리즘에 대한 이해이다. 문과생이 데이터 사이언티스트가 되고 싶다면 빡세게 알고리즘 공부를 하고 코딩 실력을 쌓아야 한다. 분석 결과를 "사람들이 받아들일 수 있는 얘기로 전달"하는 경험은 데이터 분석가에게는 중요하지만 진짜 데이터 사이언티스트에게는 크게 필요치 않은 일이다.

필자가 컴퓨터공학 박사 출신의 데이터 사이언티스트들과 일을 할 때 스토리텔링 기술이 문제가 된 적은 없었다. 데이터 사이언티스가 하는 일은 문제 해결을 위해 가장 적합한 알고리즘을 테스트하고, 데이터로 모델을 학습시켜 예측 정확도가 가장 높은 모델을 찾는 일이다. 따라서 스토리로 의미를 설명해야 하는 분석가와 달리 사이언티스트에게는 모델의 정확도가 바로 설명이다.

"데이터 사이언티스트는 한마디로 데이터를 잘 다루는 사람이다"[318]라는 말은 맞기도 하고 틀리기도 한다. 데이터 사이언티스트가 데이터를 잘 다루는 것은 맞지만 데이터를 잘 다룬다고 모두가 데이터 사이언티스트가 되는 것은 아니다. 한술 더 떠서 데이터 사이언티스트를 "데이터를 다각적으로 분석해 조직과 기업에 방향을 제시하는 기획자이자 전략가이다"[319]라고 하면 데이터 사이언티스트는 줄행랑을 치고 만다. 기업의 방향을 제시하는 기획과 전략은 비즈니스 도메인에 대한 지식과 전문성 없이는 수행하기가 어렵다. 그래서 구인을 위한 직무기술서 설명에 '기획자이자 전략가'인 데이터 사이언티스트

를 구한다고 하면 진짜 데이터 사이언티스트는 지원하지 않는다

진짜 데이터 사이언티스트가 일하는 방식

데이터 사이언티스트는 '물건을 만들기 위해 데이터를 새로운 방식으로 사용'하는 사람이라고 했다. 토스의 데이터 사이언티스트가 일하는 사례를 보면 좀 더 이해가 쉽다.[320]

토스의 데이터 사이언티스트가 만든 '물건'은 고객 데이터 플랫폼 CDP이다. 토스에서 데이터 사이언스팀은 고유한 제품을 개발하고 서비스하는 프로덕트 팀인 사일로와 긴밀하게 협업한다. 기존에는 각 사일로를 만나 니즈를 발굴하고 모델로 해결해 주는 컨설턴트 같은 역할을 했다. 그러다 어떻게 비즈니스에 더 많은 기여할 수 있을까 고민하다 CDP를 만들었다. 개별 사일로(프로덕트 팀)의 문제를 풀기보다 공통의 니즈를 풀 수 있는 '데이터 프로덕트'를 만든 것이다. 2개월 만에 고객 데이터 플랫폼의 최소기능제품MVP을 개발하고 피드백을 받았다. 사일로들이 공통적으로 하는 고민은 두 가지였다. 고객 전환율 예측과 결제 예측이었다. 토스의 사일로들은 TUBA Toss User Behavior Analyzer라는 시스템을 이용해서 타겟 유저를 쿼리로 추출하고 푸시 메시지를 발송하는 CRM 마케팅을 실행 중이었다. 하지만 새롭게 개발된 CDP에서는 고객 전환율 같은 예측은 별도의 쿼리 없이도 쉽게 할 수가 있었다.

토스의 데이터 사이언티스트는 여러 가지 실험을 통해 최적의 알고리즘을 연구하고 선택했다. 테이블 형태로 기록되어 있는 수많은 고객 행동 데이터에서 필요한 것만 골라 새로운 데이터 마트(분석 목적에 맞춰 별도로 가공한)[321]도 만들었다. 예측 모델에 대한 백 테스트 결과와 푸시 메시지의 효과 분석을 통해 서비스 담당 팀들은 데이터 사이언티스가 제시한 모델을 신뢰했다. 결과적으로 토스의 데이터 사이언티스트는 CDP라는 데이터 프로덕트를 개발함으로써 사일로의 비즈니스 성과에 기여했다. 이처럼 진짜 데이터 사이언티스트는 비즈니스 문제를 데이터 프로덕트로 해결하는 사람이다.

데이터 사이언티스트의 바른 길 찾기

전통 기업은 데이터 역량의 확보를 위해 어떤 종류의 전문가가 필요한지 정확하게 인식해야 한다. 디지털 프로덕트로 경쟁하려는 담대함을 가진 전통 기업이라면 데이터 사이언티스트의 확보는 필수다. 특히 AI 기술을 경쟁 우위의 새로운 원천으로 인식한다면 데이터 사이언티스트는 핵심 역량에 속한다.

많은 전통 기업이 데이터 사이언티스트의 역할을 정확하게 이해하지 못해 역량 확보에 어려움을 겪는다. 전담 조직을 만들고 사람 몇 명 뽑는다고 해결될 문제는 아니다. 데이터 사이언티스트가 전문가로 일할 수 있는 환경을 만들어 주어야 한다. 그러려면 가장 먼저 '무슨 일을 할 것인지'부터 정해야 한다.

데이터 사이언티스트가 풀어야 하는 문제는 명확해야 한다. 필자가 보험사에 근무할 때 AI 개발을 기획하면서 내부적으로 정한 과제는 두 가지였다. 보험금 심사 자동화를 위한 OCR(광학 문자 인식) 엔진 개발과 챗봇 서비스를 위한 NLU(자연어 이해) 엔진 개발이었다. 이렇게 풀어야 하는 문제를 먼저 정한 다음 관련 기술과 경험을 가진 인력을 채용하는 것이 순서다.

데이터 사이언티스트가 일할 때 쓰는 연장 마련도 중요하다. 다양한 알고리즘을 테스트하고 학습할 수 있도록 GPU(고사양의 컴퓨팅 자원)가 탑재된 개발 환경도 필요하다. 인원이 늘어나면 클라우드 기반의 머신 러닝 개발 플랫폼을 구축하는 것이 효과적이다. 그리고 과제별로 최소 2명 이상의 인원이 배정되어야 한다. 많은 데이터 사이언티스트의 불만 중 하나가 함께 머리를 맞대고 문제를 풀 인재가 없다는 것이다.[322]

데이터 사이언티스트와 데이터 분석가는 다른 일을 하는 사람이다. 데이터 분석만 할 줄 아는 데이터 사이언티스트는 디지털 프로덕트를 개발하기 어렵다. 다시 말해 데이터 역량 확보에 도움이 되지 않는다. 그렇다고 전통 기업이 컴퓨터 공학을 전공한 박사급 인력만 뽑을 수도 없다. 다행인 것은 새로운 알고리즘 개발이 목표가 아니라면 실험과 논문을 잘쓰는 박사급은 그렇게 많이 필요치 않다. 일반 기업에서 데이터 사이언티스트가 하는 일은 학습 데이터를 만들고, 공개된 알고리즘을 가져다가 데이터로 학습시키고, 비즈니스 문제를 해결하는 모델을 개발하는 정도다. 사이언스라기보다는 엔지니어링에 가까운 일이 더 많다. 박사냐 아니냐의 문제가 아니라 데이터 프로덕트를 만들 수 있느냐 없느냐의 문제로 접근해야 한다.

전통 기업에서 디지털 프로덕트의 개발 역량을 키우기 위해서는 '진짜' 데이터 사이언티스트가 필요하다는 점을 잊지 말아야 한다. 기업에서 일하는 데이터 사이언티스트는 비즈니스 문제를 데이터 프로덕트로 해결하는 사람이다. 데이터 프로덕트를 만들기 위해 데이터를 새로운 방식으로 이용하는 사람이 데이터 사이언티스트다. 데이터 분석가의 일을 하면서 데이터 사이언티스트라고 명찰을 다는 경우가 많은데, 이들을 진짜 데이터 사이언티스트와 혼동하면 안된다.

누구나 데이터 사이언티스트가 될 수 있지만 아무나 될 수 있는 것도 아니다. 알고리즘에 대한 깊은 이해와 프로그래밍 실력이 있어야 훌륭한 데이터 프로덕트를 개발할 수 있다. 디지털 프로덕트로 경쟁하겠다는 전통 기업은 진짜 데이터 사이언티스트의 확보가 데이터 역량으로 직결된다는 사실을 알아야 한다.

28

AI의 시대가 시작되었다

디지털 전환의 여정에서 AI의 활용은 필수적이다. AI 알고리즘은 오픈 소스를 이용하면 되므로 데이터를 일정 정도 가진 전통 기업이라면 자신의 산업에 맞는 AI 경쟁력을 키울 수 있다. 존 디어의 성공이 좋은 본보기이다.

챗GPT가 몰고 온 생성 AI의 열풍이 뜨겁다. 글로벌 시장분석 업체인 마켓 리서치 퓨처MRF는 챗GPT와 같은 대화형 AI 시장이 2030년에는 약 325억 달러(42조 5천억 원)에 달할 것으로 예측했다.[323]

2016년 구글의 알파고가 이세돌 9단을 이겼을 때 사람들은 인공지능의 실체에 충격을 받았다. 2023년에는 챗GPT의 성능에 열광 중이다. 2012년 알렉스넷[324]이 딥러닝을 세상에 알린 지 불과 10년 만에 AI는 인간처럼 '생각하는 기계'에 성큼 다가섰다.

앞으로 10년은 AI를 비즈니스에 이용하는 기업과 그렇지 못하는 기업을 구별하는 시간이 될 것이며, AI를 활용하는 역량을 경쟁 우위의 원천으로 구축한 기업만이 살아남을 수 있을 것이다.

모두의 삶 속에 들어온 챗GPT의 열풍

챗GPT에서 GPT는 오픈AI(개발사)가 개발한 언어 모델의 이름으로 "Generative Pre-trained Transformer"의 약자다. 트랜스포머Transformer라는 알고리즘으로 미리 훈련Pre-trained해서 새로운 것을 생성Generative하는 인공지능 모델을 말한다. GPT-3의 파라미터는 1,750억 개이기 때문에 거대언어모델Large Language Model로 분류된다. 오픈AI가 GPT-3.5 모델을 이용해서 2022년 11월 30일 챗봇 서비스를 내놓은 것이 바로 '챗GPT'이다. 챗GPT는 역사상 가장 빠르게 성장하는 소비자 애플리케이션이 되었다. 월간 활성 이용자 수 1억 명을 돌파하는 데 두 달밖에 걸리지 않았다. 틱톡은 9개월, 인스타그램은 2년 6개월이 지나서야 1억 명의 사용자를 확보한 것에 비하면 엄청나게 빠른 속도이다.

챗GPT가 쏘아 올린 생성 AI의 신호탄은 인공지능의 발전과 활용을 더욱 가속화하고 있다. 세계적인 투자은행인 모건 스탠리는 자산관리 어드바이저들의 역량을 향상시키는 데 GPT를 이용하고 있다.[325] 수십만 페이지에 달하는 지식과 인사이트가 담긴 자산관리 콘텐츠 라이브러리를 검색하는 내부용 챗봇을 GPT-4로 구축하는 프로젝트를 하고 있다. 모건 스탠리의 분석, 데이터 및 혁신 책임자인 제프 맥밀런은 "자산 관리 분야에서 가장 지식이 풍부한 사람의 지식을 즉시 얻을 수 있게 되었다"라고 평가했다. 모건 스탠리는 GPT-4를 학습시키기 위해 매일 200명 이상의 직원이 시스템에 질문하고, 돌아오는 답변에 피드백하는 과정을 반복하고 있다. 일하는 양식도 AI와 함께 변하고 있다.

AI 스타트업 업스테이지는 챗GPT를 카카오톡과 연동해서 AskUp(아숙업) 서비스를 출시했다. 아숙업은 출시 25일 만에 채널친구 50만 명을 돌파할 정도로 사용자의 반응이 뜨겁다.[326] 자체 개발한 광학문자인식**OCR** 기술을 접목하긴 했지만, 기본적으로 오픈AI의 기술과 카카오톡을 결합한 서비스다. 주목할 지점은 서비스 개발의 속도와 유연성이다. AI 기술에 대한 전문적인 이해와 개발 능력이 있어야 빠른 서비스 런칭이 가능함을 보여준다. 국내 대표 AI 스타트업이지만 오픈AI가 개발한 모델 사용을 주저하지 않는다. AI의 가치는 기술과 상상력이 만나 인간이 활용할 수 있는 서비스가 될 때 생긴다고 믿기 때문이다.

마이크로소프트의 공동 창업자 빌 게이츠는 GPT-4가 공개된 후 자신의 블로그에 "AI 시대가 시작되었다"[327]라는 제목으로 다음과 같은 글을 썼다. "AI의 발전은 마이크로프로세서, 개인용 컴퓨터, 인터넷, 휴대전화의 탄생만큼이나 근본적인 변화이다. (…) 모든 산업이 이를 중심으로 재편될 것이다. 기업은 이를 얼마나 잘 활용하느냐에 따라 차별화될 것이다."

GPU로 유명한 엔비디아의 CEO 젠슨 황도 "생성형 AI가 모든 산업을 재창조할 것"[328]으로 말했다. 게임 엔진 제조사 유니티의 마크 위튼

부사장은 "디지털 휴먼의 표정을 만드는 데 그동안 6명의 아티스트가 4~5개월 작업했다면 생성형 AI는 단 몇 분 만에 할 수 있다"[329]라고 했다. 인간의 생산성을 AI가 결정하는 시대로 나아가고 있다.

산업에 특화된 AI 개발 여정, 존 디어의 성공

존 디어는 1837년 강철 쟁기로 농업 기계화의 문을 연 세계 1위의 농기계 전문 회사다. 185년이 지난 2022년, 존 디어는 세계 최대 규모의 IT 가전 전시회인 CES에서 완전 자율주행 트랙터 '8R'을 선보였다.[330] 6쌍의 스테레오 카메라로 이미지를 찍어 딥 뉴럴 네트워크에 전송하고, AI는 100밀리 세컨드의 속도로 각 픽셀을 분류해 장애물 여부를 판단하고 트랙터가 앞으로 나아갈지 멈출지를 결정한다. 경로와 좌표를 주면 트랙터 스스로 밭으로 가는 길도 찾는다. 게다가 특별한 지시 없이도 장애물을 피하면서 땅을 갈거나 씨를 뿌릴 수도 있다. 이제 농부는 밭이 아니라 사무실에서 스마트폰으로 명령을 내리고 트랙터를 작동할 수 있다.

2013년 존 디어는 '팜 포워드Farm Forward' 비전 캠페인을 공개했다. '자율 농장'을 구축하기 위해 모든 기계에 AI 기술을 적용하는 것을 목표로 삼았다. 존 디어는 산업에 특화된 AI 기술의 성패는 데이터에 있다는 점을 명확히 인식했다. 신기술 담당 이사인 줄리앙 산체스는 이렇게 말했다. "실제 AI 솔루션을 구현하는 것은 대부분 데이터 게임입니다. 데이터를 어떻게 수집합니까? 데이터를 어떻게 전송합니까? 데이터를 어떻게 학습합니까? 데이터를 어떻게 배포합니까?"[331] 한마디로 산업 현장의 AI 경쟁은 데이터 경쟁이 되고 있다.

AI 기술을 이용한 정밀 표적 제초제 분사 기계인 씨앤스프레이 얼티메이트에도 데이터가 핵심이다.[332] 이 농기계를 이용하면 AI의 컴퓨터 비전과 기계 학습 알고리즘을 사용하여 밭에서 잡초만 골라낼 수 있다. 36미터 길이의 붐(분무기를 설치하는 트랙)에 36대의 카메라가 설치되어 초당 약 196제곱미터 이상을 한 번에 스캔한다. 1초에 12억 픽셀의 이미지를 보게 되는 셈이다. 카메라는 잡초를 감지하도록 학습된 머신 러닝 모델로 그래픽 프로세서에 고해상도 이미지를 제공한다. 눈 깜짝할 사이에 10만 개의 식물을 보고 제초제 분사 여부를 결정한다. 이 정도의 정밀도를 쌓기 위해서는 엄청난 학습 데이터가 필요하다. 카메라와 센서가 달린 농기계가 더 많이 팔릴수록 AI 솔루션은 더 많은 데이터를 수집할 수 있다. 이것이 존 디어의 AI 경쟁력이다.

사람이 직접 잡초와 작물을 구분하면서 제초제를 뿌리면 1분에 22평방 피트를 작업할 수 있다. 하지만 씨앤스프레이는 1초에 2,200 평방 피트를 작업한다. 같은 면적을 사람이 하려면 6천 명이 필요한데, 기계 하나가 이를 대체한다. 생산성 향상뿐만 아니라 제초제 사용을 77%나 감소시키는 효과도 있다. 존 디어의 CEO 존 메이는 2030년까지 옥수수와 대두 생산을 완전히 자동화하는 목표를 갖고 있다. 그리고 AI가 장착된 농기계의 구독 수익을 1% 미만에서 10%까지 늘리는 것을 목표로 하고 있다.[333]

존 디어처럼 산업의 특성에 맞는 AI 기술을 확보해야 경쟁 우위의 새로운 원천이 된다. 지금은 오픈AI의 챗GPT-4 터보 처럼 누구나 초거대언어모델을 활용해서 멀티모달 AI 서비스를 개발할 수 있는 시대에 접어들었다. 이런 환경에서 전통 기업의 AI 경쟁력은 비즈니스에 특화된 양질의 학습 데이터와 함께 AI 기술을 비즈니스에 접목하는 창의적인 상상력에 달려 있다.

전통 기업의 현실적인 AI 역량 확보 방안

AI의 발전은 알고리즘의 발전사와 같다. 하루가 다르게 더 나은 성능의 알고리즘이 탄생한다. 다행인 것은 AI 커뮤니티의 암묵적 합의가 알고리즘을 공개하는 오픈 소스 전통을 지키고 있다는 점이다. 그래서 전통 기업은 AI 알고리즘을 '개발'하는 것이 아니라 가져다가 '이용'만 하면 된다.

딥러닝의 4대 천왕[334] 중 한 명인 앤드류 응 교수는 "딥러닝이 부상하면서 AI는 데이터에 더 많이 의존하기 때문에 알고리즘은 더 단순해지고 있다"[335]라고 했다. 알고리즘이 단순해지고 데이터가 중요해지면 전통 기업 입장에서도 AI 개발에 도전할 수 있다. 필자가 보험사에 근무할 당시(2016년) AI 개발의 시작을 위해 '모두를 위한 딥러닝'[336]을 매일 아침 팀원들과 같이 공부했다. 모두를 위한 딥러닝은 업스테이지의 김성훈 대표가 홍콩과기대 재직시 만든 유튜브 동영상으로 당시 딥러닝 알고리즘의 기초를 공부할 수 있는 최고의 교재였다.

AI 솔루션을 개발하는데 알고리즘보다 더 중요한 것은 학습 데이터이다. 앤드류 응 교수도 인공지능이 '모델'에서 '데이터'로 중심이 옮겨 가고 있다고 말한다.[337] 모델 개발을 위한 코드는 기본적으로 깃허브GitHub에서 다운로드한 오픈 소스가 해결해 준다. AI 프로덕트를 개발할 때도 학습 데이터 준비에 대부분의 시간과 자원이 소요된다. 데이터만 충분하다면 모델의 성능을 높이는 작업은 상대적으로 쉽다. 필자가 딥OCR 엔진을 개발할 때도 보험금 청구 서류의 학습 데이터 세트를 만드는 것이 모델 개발의 관건이었다.

AI 프로덕트에서 AI 모델이 차지하는 부분은 10~20% 정도에 불과하다. 나머지는 시스템 통합이고 엔지니어링이다. 전통 기업의 AI 개발은 AI 모델 학습과 함께 기존 시스템과의 통합을 염두에 둔 솔루션 아키텍처가 필요하다. 특히 AI 프로덕트는 다른 시스템처럼 한 번 구축하면 끝나는 것이 아니다. 계속해서 학습시켜야 성능이 유지될 수 있다. AI는 학습한 데이터의 범위 내에서만 성능이 보장된다. 새로운 학습 데이터의 생성과 학습 사이클이 솔루션 아키텍처에 통합 구현되어야 제 성능을 발휘할 수 있다. 챗GPT같이 API를 공개하는 AI 모델을 가져다 프로덕트를 만들 때도 마찬가지다. AI 모델을 튜닝하고 학습시키는 데에는 데이터 사이언티스트가 필요하지만, 데이터 파이프라인을 관리하는 데에는 데이터 엔지니어의 역할이 중요하다.

전통기업 입장에서 알고리즘은 오픈 소스이고, 학습 데이터도 돈과 시간을 들이면 만들 수 있다. 시스템 통합이나 엔지니어링은 기존 IT 인력들이 담당할 수도 있다. 그렇지만 알고리즘을 가져다 우리 데이터로 모델을 학습시킬 사람이 없다. 가장 좋은 방법은 좋은 시니어를 채용하는 것이다. 좋은 데이터 사이언티스트는 데이터가 많고 비즈니스 임팩트가 큰 문제를 풀고 싶어 한다. 삼고초려를 해서라도 모셔와야 한다. 풀어야할 문제만 명확히 제시하고 그다음은 그들이 하고 싶은 것을 하도록 그냥 두면 된다. 주니어를 키우는 것도 그들의 역할이다. 전통 기업이 AI 역량을 확보하는 것은 단기 프로젝트가 아니라 장기간 투자가 필요한 여정이다.

챗GPT는 인공지능을 모두의 삶 속으로 끌고 들어왔다. 바야흐로 인공지능의 시대가 시작되었다. 모든 산업은 인공지능을 중심으로 재편될 것이다. 기업 역시도 인공지능을 활용하는 기업과 그렇지 못하는 기업으로 구분될 것이다. AI 기술과 상상력의 결합은 새로운 고객 가치를 만들어 낸다. 인간의 생산성은 이제 인공지능이 결정하게 된다.

기업들은 자기 비즈니스에 특화된 AI 기술 확보가 중요하다. 인공지능의 알고리즘은 단순해지고 좋은 학습 데이터의 가치는 더욱 커진다. 전통 기업이 AI 역량을 확보할 수 있는 이유이다. 삼고초려를 해서라도 좋은 시니어를 데리고 와서 AI 역량을 구축할 긴 여정을 준비해야 한다.

10장

코드 5 : 디자인 역량
- 혁신의 시작과 끝

29

모두가 디자인하는 세상이 오다

디지털 프로덕트를 만드는 디자인은 사용자 경험을 혁신하는 도구이다. '생각'을 '형태'로 만드는 시각화와 유형화의 기술이다. 조직의 디자인 역량은 외형적이고 미적인 디자인을 넘어설 때 만들어진다.

'디자인'이란 단어는 '혁신'이나 '전략'만큼이나 사람들의 입에 쉽게 오르내린다. 너무나 익숙해 잘 알고 있다고 생각하는 사람은 많지만 제대로 이해하는 사람은 드물다. 마케팅의 거장 필립 코틀러 교수는 지속 가능한 경쟁 우위의 전략 도구로 디자인을 활용하지 못하는 것은 경영진의 낮은 디자인 리터러시 때문이라고 지적하기도 했다.[338]

디지털 기업에서 디자인 역량은 '혁신'의 원천이다. 디자인은 더 이상 제품을 '디자인'하는 디자이너의 손에 갇혀 있지 않다. 혁신의 도구로서 역할을 다시 정립하고 있다. 혁신하는 문화를 바라는 기업은 디자인 역량 확보에 힘을 쏟아야 한다.

'디자이너'로부터 해방된 디자인

많은 사람이 디자인이란 전문 훈련을 받은 디자이너가 '물건을 예뻐 보이게 하는 것'으로 이해한다. 좀 더 고상하게는 독일 바우하우스의 전통에 따라 '산업 공예품에 현대 예술의 감성'을 불어넣는 일이라 생각한다. 하지만 1978년 노벨 경제학상을 받은 허버트 사이먼은 1969년에 출간한 『인공적인 것의 과학』[339]에서 '디자인'을 '디자이너'로부터 해방시켰다. 그는 "기존의 상황을 더 바람직한 상황으로 바꾸기 위한 일련의 행동을 고안해 내는 사람이라면 누구든 디자인을 한다"[340]라고 말했다. 디자인은 디자이너 고유의 것이 아니라 '모든 전문적 직업 트레이닝의 핵심'이라 할 수 있다. 하지만 50년 이상이 지난 지금, 여전히 디자인에 대한 일반인의 인식은 크게 바뀌지 않았다. 디자인이라는 단어로 사람들이 떠올리는 첫인상은 '시각적visual'이다. 하지만 허버트 사이먼이 50년 전에 해방시킨 디자인은 시각적이지 않고 '인지적cognitive'이다.[341] 디자인을 '스타일을 다듬는 일'로 보지 않았다. "디자인이 제시한 해결책을 소비자들에게 보여주는 방식"[342]인 스타일링이 디자인을 대신할 수는 없다.

디자이너로부터 해방된 '디자인'은 스타일링 이전에 문제의 핵심을 파악하고 본질적인 해결책을 개발하는 일을 말한다. 디자인이 가진 '문제 해결 능력'을 강조한 것으로 디자인이 '포스터와 토스터'(시각 디자인과 산업 디자인)디자인을 넘어서 프로세스, 시스템, 조직으로 확산 될 수 있음을 보여준다. 허버트 사이먼이 말했듯이, "디자인은 목표를 달성하기 위해 인공물을 고안하면서 그것이 어떻게 되어야 하는지**how things ought to be** 고민"하는 것이라고 봐야 한다.[343]

자연과학과 다르게 디자이너의 '가치'가 개입되는 것이 인공물의 디자인이다. 디자인이 혁신과 동의어처럼 사용될 수 있는 이유이다. 혁신은 고객을 위해 새로운 가치를 창출하는 것으로 디자인 역시 새로운 가치를 창출하기 위해서는 기존의 상태가 '어떻게 되어야 하는지' 고민해야 한다. 세계에서 가장 혁신적인 디자인 회사 아이데오의 대표 톰 켈리가 말하는 "혁신의 10가지 얼굴"은 디자이너가 가져야 하는 10가지 페르소나라고 해도 틀리지 않다(10가지 전체를 확인하려면 주석 참조).[344] 디자인의 다른 면이 혁신의 얼굴을 하고 있기 때문이다.

디자인은 혁신하는 사람에게 중요한 도구이다. 에어비앤비의 공동 창립자 조 게비아는 로드아일랜드 디자인 학교**RISD**를 졸업했다. 그는 에어비앤비를 만드는데 RISD의 교육이 많은 도움이 되었다고 다음과 같이 말했다. "현재 존재하지 않는 무언가를 계속 만들어야 하는 과제를 해야 했고 그것이 에어비앤비를 만들기 위한 최선의 준비였다."[345] 단순히 새로운 것을 만드는 훈련이 아니라 '어떻게 되어야 하는가?'란 '가치의 문제'를 해결하는 과정의 훈련이었다. 이처럼 디자이너로부터 해방된 디자인은 새로운 가치를 만드는 혁신가의 도구가 된다.

혁신의 도구가 되는 디자인의 네 가지 특징

첫 번째로 디자인은 '형태**Form**'를 가

지고 있다. 즉, 문제를 해결하는 방식이 형태를 통해서 이루어진다. 비즈니스와 가장 구별되는 차이점이다. '기존의 상황과 다른 더 바람직한 상황'에 대한 생각을 현실로 만들고 눈으로 보게 한다. 제품에만 형태가 있는 것이 아니라 프로세스에도 있고 서비스에도 있다. 디자인이 혁신의 도구로 유용한 것도 '생각'을 '형태'로 만드는 시각화, 유형화의 기술 때문이다.

두 번째, 디자인은 분석적 사고가 아니라 "정보에 근거한 직관 Informed Intuition"[346]으로 문제를 해결한다. 분석적 사고는 논리적 추론과 계량적 검증에 익숙하다. 정보에 근거한 직관적 사고는 가능성에 대한 리서치와 창조적 직감을 통해 문제를 해결한다. 전통 기업들은 "'가능성이 있는 세계'에 대해 사고하는 논리"가 약하다.[347] 조직이 가장 잘 알고 있는 방식으로 닦고, 조이고, 기름칠하는데 익숙하다. 그래서 산업화의 끝자락에 있는 전통 기업은 직관보다는 분석에 치중한다. 로저 마틴의 말대로 "직관보다는 분석을, 독창성보다는 숙련을 중시하는 조직은 새로운 것을 만들어내지 못할 것이다".[348]

세 번째, 디자인은 실험과 실패를 통해서 해답을 찾는다. 세상에 없던 혁신을 눈앞에 보이도록 하는 것이 디자인이다. 그래서 혁신하는 조직은 디자인하는 조직이다. 전통 기업은 새로운 사고를 시도하지 않고 검증된 프로세스를 기계적으로 반복하는 방식으로 일한다. 크리스텐스 교수가 말한 '효율성의 단계'에 접어들었기 때문이다. 독창성이 필요 없는 반복repeat은 기계적인 숙련인 반면, 디자인의 반복 iteration은 새로운 독창성이다. 똑같은 방식이 아니라 새로운 방식으로 다시 시도하는 것이 디자인이 일하는 방식이다. 즉, 실패를 통해서 가능성을 확인한다.

네 번째, 디자인은 '공감Empathy'으로 문제를 해결한다. 디자인이 가진 문제 해결 능력은 문제에 대한 '공감'에서 시작한다. 공감은 '더 바람직한 상황'을 디자인하기 위해서 기존의 상황을 주의 깊게 '관찰'하는 것에서부터 출발한다. 톰 켈리는 혁신의 10가지 얼굴(주석 344번 참조) 중에서 하나만 선택해야 한다면 '문화인류학자'를 선택한다고 했다. '문화인류학자'는 언제나 '초심'으로 인간의 행위를 '관찰'한다. 처음부터 문제를 잘못 인식하면 문제가 해결되어도 아무런 도움을 얻지 못한다. 관찰을 통해 진정으로 문제에 공감할 때 해결을 위한 문제의 원인 파악이 제대로 된다.

혁신하는 디자인 역량이 차별화의 원천이다

전통 기업은 디지털 전환을 성장의 기회로 보아야 한다. 성장은 과거의 분석이 아니라 새로운 것을 만들 때 가능하다. 디지털 프로덕트로 경쟁하는 디지털 시대에는 오직 '디자인'만이 새로운 '형태'를 만들 수 있다. 혁신의 가치는 고객이 결정하고 고객의 가치는 디자인이 만든다. 즉, 혁신은 디자인의 결과물이다.

기업이 혁신을 지속하는 방법은 가치사슬의 '디자인 역량'을 확보하고 잃지 않는 것이다. 그런 점에서 보면, 디자인 역량은 더 이상 '디자이너'의 역량이 아니다. 팀 브라운이 지적했듯 "디자인은 단지 디자이너들의 손에만 맡겨지기에는 너무나 중요한 것이 되었다."[349] 혁신을 위한 기업의 활동activity으로 '디자인 역량'이 차별화의 원천이라 해도 이의를 제기할 사람은 없다.[350]

경쟁 우위는 지속 가능해야 한다. 애플이 혁신을 지속하는 배경에는 '혁신하는 문화'가 내부에 있기 때문이다. 문화는 행동 양식의 집합이다. '효율적 혁신'에 익숙한 전통 기업의 입장에서는 '창조적으로 혁신'하는 문화가 낯설다. 앞에서 얘기한 혁신의 도구가 되는 디자인의 네 가지 특징을 실천할 수 있어야 한다.

혁신하는 문화는 모두가 '디자이너처럼' 일할 때 가능하다. 미팅하면서 자유롭게 말할 수 있고 마음대로 움직일 수 있어야 한다. 새로운 시도가 실패하더라도 이를 인정해야 한다. 간단해 보이지만 전통 기업의 '전통'에서는 실천이 어렵다.

디자인을 혁신과 함께 떠올리는 이유는 오랫동안 디자인이 신제품 개발에서 중요한 역할을 했기 때문이다. 제품 디자인의 역사가 깊은 제조업에서도 '디자인 역량'의 확보는 당면 과제이다. 디지털 시대, 경험 경제의 시대에는 보이지 않고 만질 수 없는 '고객 경험'의 혁신이 중요하다. 혁신은 "모든 과정과 서비스, 상호 작용, 여가 생활은 물론 세상과 소통하고 협력하는 방식에 적용되는 중요한 도구"[351]가 되었다. 그래서 혁신하는 디자인은 '물건을 예쁘게 보이게 만드는 일'이 아니라 '더 바람직한 상황을 만드는 일'이다.

디자인에 대한 '조직적 이해'가 디자인 역량 확보의 출발점이 되어야 한다. 디자인을 디자이너 그룹이 하는 '그들만의 리그'로 고립시키는 순간, 기업의 디자인 역량은 '디자이너의 역량'을 넘어설 수 없다. 디자이너가 비즈니스를 이해하듯 비즈니스도 디자인을 알아야 한다. 디자인 역량이 디자이너만의 특권이 아닐 때 조직의 역량이 된다. "가장 상업적으로 성공한 조직은 디자인 기술이 디자이너만의 특권이 아닌 조직이다."[352]

디지털 시대의 문제는 새롭다. 게임의 룰도 다르고 고객의 행동도 다르다. 디지털 시대에 살아남는 기업은 고객의 문제를 먼저 풀어주는 기업이다. 디자인 프로세스가 모두의 일하는 방식으로 스며들어야 한다. 모두가 디자인하는 세상이다.

허버트 사이먼이 50년 전에 해방시킨 디자인은 '기존의 상황을 더 바람직한 상황으로 바꾸기 위해 일련의 행동을 고안'하는 일이다. 디자인이 혁신의 도구가 되는 이유이다.

디자인은 형태를 통해서 바람직한 상황을 보여준다. 분석적 사고 대신 '정보에 근거한 직관'으로 새로운 해결책을 제시한다. 독창성으로 새로운 시도를 반복하는 '실험과 실패'의 과정에서 문제를 해결한다. 디자인은 문제에 대해 주의 깊게 '관찰'하고 '공감'을 통해 문제의 원인을 찾는다. 디지털 시대 차별화 전략은 기업의 '디자인 역량'에 좌우된다. 혁신하는 조직은 모두가 디자이너처럼 일하는 조직이다.

30

디자인 씽킹을 마스터해야 디자인 사고를 할 수 있다

디자인 역량을 확보하는 방법으로 '디자인 씽킹'을 조직에 적용해야 한다. 디자인 씽킹은 '공감 - 문제 정의 - 아이디어 도출 - 프로토타이핑 - 테스트'의 5단계 절차를 따른다. 하지만 이를 도식적으로만 적용해서는 안 된다. 디자이너가 갖고 있는 '디자인 사고'를 익히는 것이 중요하다.

'디자인 씽킹(이 책에서는 디자이너의 문제해결 방식은 '디자인 사고'로, '디자인 사고'를 교육할 목적으로 개발된 방법론은 "디자인 씽킹"으로 구분한다)'[353]의 인기가 예전만 못하다. 디자인 씽킹을 유행시킨 아이데오는 여전히 혁신적인데, 디자인 씽킹을 배운 기업들은 혁신이 어렵다. 시들해진 이유를 디자인 씽킹이 가진 방법론의 한계에서 찾는 시각도 있다.[354] 하지만 디자이너의 사고방식은 디자인의 역사만큼이나 오랫동안 검증을 받았다. 그런 점에서 보면, 방법론의 문제가 아니라 적용의 문제라고 봐야 한다.

디자인 역량이 경쟁 우위의 원천이라고 했다. 디자인 씽킹은 전통 기업이 디자인 역량을 확보하기 위한 수단이다. '혁신 극장'에 상영할 새로운 영화가 아니라 '혁신하는 조직'을 위해 디자인 씽킹을 다시 생각해보자.

디자인 씽킹은 '디자인 사고'의 비전문가 버전이다

디자인의 '문제 해결 능력'을 체계적으로 접근한 사람은 하버드 대학교 건축 및 도시 디자인과 피터 로우 교수가 최초이다. 1987년 출간한 『디자인 사고』[355]를 보게 되면, 건축가와 도시 계획가가 사용하는 사고 과정과 방법론을 여러 사례와 함께 연구하고서 "현장에서 일어나는 디자이너의 의사결정 프로세스"에 관심을 갖게 되었다고 한다. 그는 디자이너들이 어떻게 일하는지를 관찰함으로써 "디자인 사고의 일반화된 형상**a generalized portrait of design thinking**"을 찾고자 했다. 디자인하면서 부딪치는 문제를 해결하는 절차를 '일반화'하고 이를 '디자인 사고'라고 했다.[356]

지난 30년 동안 창의성이나 문제 해결 방법을 이야기할 때마다 '디자인 사고'는 늘 등장했다. '디자인 사고'가 일반인의 '문제 해결 도구'로 차용된 결정적인 이유는 도식화된 프로세스의 심플함 때문이었다. 영국 디자인 위원회의 '더블 다이아몬드'는 '발견 - 정의 - 개발 - 전달'의 4단계이다. 아이데오의 '디자인 씽킹'은 '공감 - 문제 정의 - 아이디어 도출 - 프로토타이핑 - 테스트'의 5단계이다. 창의성에 목말라하며 혁신의 프로세스를 찾고 있던 기업에게 잘 정리된 '디자인 씽킹'은 도입이 간단하고 효과가 큰 도구처럼 보였다.[357]

하지만 디자인 씽킹은 "혁신을 위한 통합된 프레임워크"[358]라는 찬사와 함께 "실패한 실험"[359]이라는 비판도 받는다. 아이데오의 CEO 팀 브라운은 '디자인 사고'를 "디자이너들이 수십 년의 세월에 걸쳐 습득한 그들만의 전문 역량이다"[360]라고 했다. 그런 관점에서 보면, 모두가 디자인하는 세상에서 '디자인 씽킹'은 '디자인 사고'의 비디자이너 버전으로 일반인의 창의적인 문제 해결 능력을 키우기 위해 '도식화'된 방법론이다.

디자이너의 전문 역량인 디자인 사고를 워크숍에서 포스트잇 붙이기로 학습하기는 어렵다. 디자인 씽킹 워크숍을 2박 3일 한다고 조직에 '디자인 사고'가 갑자기 생기는 것도 아니다. 우리가 디자인 씽킹을 배워야 하는 이유는 두 가지이다. 첫째 이유는 '디자이너처럼' 생각하고 문제를 해결하기 위해서이다. 분석이 아니라 '디자인'하는 방법을 배움으로써 새로운 가치를 만들어 내는 혁신의 마인드를 배울 수 있다. 하지만 새로운 행동양식의 습득은 실패의 두려움을 동반한다. 이때 디자인 씽킹을 가이드로 삼게 되면 심리적 안전판 역할을 한다. 두 번째 이유는 디자인을 이해하고 디자이너와 효과적으로 '협업'하기 위해서이다. 디지털 프로덕트로 경쟁하는 시대에 디자이너와의 협업은 필수적이다. 비즈니스가 디자인을 이해해야 효과적인 소통이 가능하기 때문이다. 데이터 리터러시 만큼 디자인 리터러시도 중요하다.

'디자인 씽킹'을 마스터해야 '디자인 사고'가 일하는 방식이 된다

디자인 사고의 원조는 아니지만 디자인 씽킹을 유행시킨 팀 브라운은 디자인 씽킹을 이렇게 정의했다. "디자인 씽킹은 디자이너의 툴킷을 활용하여 사람의 요구, 기술 가능성, 비즈니스 성공을 위한 요구 사항을 통합하는 인간 중심의 혁신 접근 방식이다."[361] 팀 브라운은 디자인 씽킹이 유행하게 된 이유에 대해 "구체적 단계를 명시하고 보장된 결과를 낼 수 있는 확고한 방법론"[362]으로 사람들이 받아들였기 때문이라고 했다.

많은 기업이 아이데오의 '디자인 씽킹'을 배운다. 하지만 "인간 중심의 혁신"은 여전히 어렵다. 이유는 간단하다. "(디자인) 프로세스를 성공적으로 실행하는 데 필요한 기술"[363]인 "디자이너의 툴킷"[364]을 제대로 알고 시작한 것이 아니기 때문이다. 전통 기업들은 그동안 디자인 씽킹을 도입하면서 팀 브라운이 강조한 두 가지를 간과했다. 디자이너의 툴 킷을 활용한다는 것과 "디자인 씽킹으로 정말 중대한 변화를 가져오게 하려면 '완전한 숙달'의 경지"[365]가 필요하다는 것을 놓쳤다. 이 두 가지는 아이데오가 디자인 씽킹 접근법에 따라 석 달 만에 P&G에서 대박 제품을 디자인할 수 있었던 이유이기도 하다.

아이데오는 "재능이 있고, 낙천적이며, 협동심이 강한 디자인 씽커들"[366]이 완전하게 숙달한 툴 킷을 갖고서 프로젝트를 하는 곳이다. 팀 브라운도 '디자인 사고'가 지속적인 경쟁 우위를 창출하기 위해서는 해당 기업이 "그 기술의 마스터"가 되어야 한다고 했다.[367] 그래서 기업 내부에 디자이너가 있다면 디자이너부터 디자인 씽킹을 '마스터'하는 것이 필요하다. 하지만 전통 기업의 많은 디자이너들은 '디자인'이 가진 '창의적 문제 해결 능력'을 상실한 지 오래다. 현업의 주문을 디자인 툴로 만들어주기에 바빴다. 오랫동안 기계적으로 작업해온 디자이너에게 '디자인 씽킹'은 마스터해야 하는 새로운 도전 과제이다.

디자인 씽킹을 내부에 도입할 때 또 한 가지 중요한 것은 반드시 '지속적'으로 업무에 적용할 수 있는 환경과 조건을 만들어 놓고 시작해야 한다는 것이다. "디자인 씽킹 워크숍" 같은 일회성 임직원 교육이 아니라 디자인 사고를 디지털 시대의 '일하는 방식'으로 체화하는 것이 중요하다.

디자인 씽킹이 일하는 방식은 '협업'이다. 협업은 하나의 문제를 서로 다른 역량을 모아서 푸는 것을 말한다. 비즈니스가 디자인을 이해해야 하는 것처럼 디자인도 비즈니스를 이해해야 생산적인 협업이 가능하다. 디자인 씽킹의 첫 번째 단계인 공감과 관찰은 고객뿐만이 아니라 비즈니스에도 해당이 된다.

디지털 프로덕트는 고객이 경험하는 서비스와 비즈니스 그 자체이다. 비즈니스의 맥락을 이해해야 고객의 문제를 제대로 정의하고 실천 가능한 해결책을 고안할 수 있다. 디자이너의 문제 해결은 비즈니스를 구체적으로 이해하는 것에서 출발한다. 디자인 씽킹은 디자인과 비즈니스가 협업하는 기회와 공간을 만드는 방식이다.

'디자인 사고'를 원하는 조직부터 '디자인 씽킹'을 마스터해야 한다

전통 기업은 조직 구조가 위계적이고 부서 간 의사소통이 자유롭지 않은 특징을 갖고 있다. 이런 특징 때문에 디자인 씽킹을 전사적으로 적용하기는 어렵다. 현실적으로도 모든 직원들이 디자이너처럼 생각하고 행동하는 것은 바람직하지 않다. 대신 '혁신'을 업무로 하는 조직(고객을 위해 디지털 프로덕트를 만드는 조직)에서의 필요 도구로 이해하는 것이 좋다. 즉, 전사 조직 모두를 '교육' 시키는 대신 업무에 필요한 조직을 디자인 씽킹의 '마스터'로 만드는 것이 디자인 역량 확보에 효과적이다. 그리고 디자인 씽킹 전문가와 함께 일상적인 업무를 해결하면서 디자인 사고로 '일하는 방식'을 몸으로 습득하는 것이 필요하다.

"디자인의 중요성과 조직을 변모시키는 힘이란, 설명을 통해 알 수 있는 것이 아니라 경험해봐야만 아는 것"이라고 로저 마틴은 말했다.[368] 그런데 경험의 수준이 피상적이면 '디자인 사고'는 무용지물이 된다. 많은 전통 기업에서 "디자인 씽킹"이 실패한 이유도 이 때문이다. 그래서 P&G에서 디자인 담당 임원을 지낸 클라우디아 코치카는 "디자인을 원하지 않는 분야에 디자인을 강요할 수는 없다"라고 했다. 디자인 사고를 원하는 조직에서 디자인 씽킹을 경험해야 그 가치가 인정될 수 있다. 디지털 프로덕트로 혁신해야 하는 조직부터 마스터시키는 것이 효과적이다.

디자인 씽킹을 경험하기 위해서는 모두가 한 공간에서 서로 마주

보면서 같이 일하는 것이 중요하다. 일렬로 줄을 맞추고 파티션으로 구획된 사무실에서는 창의성이 숨 쉬기 어렵다. 스탠포드 디 스쿨에 있는 가구들에는 바퀴가 모두 달려 있는데, 필요에 따라 공간의 사물을 재배치하는 경험을 통해 생각을 둘러싼 환경이 변화될 수 있음을 몸으로 배우도록 한 조치이다. 형식이 내용을 결정하듯 공간이 사고를 지배한다. 인간의 니즈를 충족시키기 위해 환경을 변화시키는 것이 디자인 사고의 출발이다.

전통 기업의 디지털 씽킹 도입은 TQM의 품질분임조QC 운동과 유사한 방식이 필요하다.[369] 20세기 산업화 시대에 QC가 생산 현장의 일하는 방식을 바꾼 것처럼 디지털 시대에는 디자인 씽킹으로 사무 현장의 일하는 방식을 바꾸는 것이다. QC는 품질관리 방법론을 공부하고 자기가 맡은 생산 공정에 적용해서 개선점을 찾았다. 디자인 씽킹도 마찬가지다. 디자인 프로세스와 툴 킷을 배우고 업무에 적용해서 혁신의 가치를 직접 만들어야 한다. 주의할 점은 QC는 여러 명이 분업하고, 디자인 씽킹은 여러 명이 협업한다는 점이다.

고객의 문제 해결을 위해 협업하는 조직을 구성해야 디자인 씽킹을 지속할 수 있다. 매트릭스 조직의 교차기능 팀이 디자인 씽킹으로 문제 해결을 지속할 때 디자인 사고는 체화될 수 있다.

'디자인 사고'는 디자이너들의 문제 해결 절차를 일반화한 것이다. '디자인 씽킹'은 디자인 사고를 비디자이너가 활용할 수 있도록 하나의 프로세스로 도식화한 것이다. 전통 기업이 디자인 씽킹을 배우는 이유는 두 가지이다. 하나는 디자이너처럼 문제를 해결하기 위해서이고, 다른 하나는 디자인을 이해하고 협업하기 위해서이다.

디자인 씽킹의 기술을 마스터해야 차별화의 경쟁 우위를 확보하고 이를 지속할 수 있다. 디자인 씽킹은 혁신을 업무로 하는 조직에게 우선적으로 필요한 도구이다. 디자인 씽킹으로 일하는 교차기능 팀을 위한 공간은 협업과 창의성이 숨 쉴 수 있어야 한다. 디자인 씽킹은 디지털 전환의 도구이고, 디자인 사고는 디지털 혁신의 도구이다.

31

디자인도 시스템이 경쟁력이다

디자인은 기획과 개발의 접점 역할을 한다. 디자인에 필요한 여러 요소를 라이브러리 형태로 구성한 '디자인 시스템'은 사용자 경험의 일관성과 개발의 생산성, 두 마리 토끼를 동시에 잡을 수 있는 도구 역할을 한다.

디지털 프로덕트 개발은 기본적으로 '기획 - 디자인 - 개발'의 과정을 거친다. 기획을 디자인하고 프로토타입으로 만들어 테스트하는 과정을 반복iteration[370]해야 좋은 프로덕트를 만들 수 있다. 각자가 하는 일이 달라서 프로덕트 개발을 보는 관점도 다르다. 좋은 기획과 빠른 개발은 디지털 프로덕트로 경쟁하는 기업의 핵심 경쟁력이다.

디자인은 기획과 개발을 연결하는 접점이다. 그래서 프로덕트 디자이너는 이상과 현실의 조정자이자 통역가 역할을 하면서 창의성과 생산성이라는 두 마리 토끼를 잡아야 하는 어려움에 처해 있다. 이때 디자인 역량을 '증강'시키는 또 다른 도구가 바로 '디자인 시스템'이다.

디지털 프로덕트 디자인은 '협업'해야 한다

2022년 9월 15일 어도비는 웹 기반 협업 디자인 플랫폼인 피그마를 200억 달러에 인수한다고 발표했다가 결국 포기했다. 포토샵으로 유명한 어도비가 피그마를 인수하기로 결정했던 이유는 모두가 디자인하는 세상에서 디자인은 더 이상 디자이너 혼자만의 일은 아니라는 판단 때문이다. 2012년 창업한 피그마의 비전은 한마디로 '협업'에 있다. "모든 사람이 디자인에 접근할 수 있도록 만드는 것"이 그들의 비전이다.[371] 클라우드 기반의 피그마는 프로덕트 팀이 작업한 결과물을 실시간으로 공유하면서 협업에 편리하도록 만든 디자인 소프트웨어이다.

협업의 생산성은 소통에 좌우된다. 상호 합의된 커뮤니케이션 규칙이 있어야 오해가 발생하지 않는다. 바로 '디자인 시스템'이 하는 역할이다. 디자인 시스템은 작업하는 모두가 '일관성' 있는 디자인을 만들기 위해 일련의 '규칙'에 따라 작업에 필요한 '요소'를 한곳에 모아 두는 것을 말한다. 디자인 시스템을 사용하는 목적은 프로덕트를 만드는 과정에 일정한 규칙을 세워 팀원들 사이에서 협업의 생산성을 올리기 위해서다. 고객에게 일관성 있는 사용자 경험을 제공하고 디자이너와 개발자의 업무 생산성은 높이는 도구가 디자인 시스템이다.

디자인 시스템은 기본적으로 세 가지 요소로 구성되어 있다.[372] UI 패턴 라이브러리는 디자인 시스템에서 사용하는 버튼, 아이콘 같은 컴포넌트들을 모아 놓은 것이다. 스타일 가이드는 디자인 시스템에서 사용하는 색상, 폰트, 크기 등의 스타일에 대한 가이드라인을 제공한다. 디자인 원칙은 디자인 시스템에서 사용하는 가이드라인, 원칙, 접근성 가이드 등의 문서를 말한다.

디자인 시스템이 부각되는 이유는 디자인 방식이 페이지 단위에서 컴포넌트 단위로 발전했기 때문이다.[373] 디자이너들이 페이지별로 각자 디자인하다 보면 사용자 인터페이스UI가 일관적이지 않고 개발 코드의 재사용도 어려운 경우가 많다. 이는 생산성을 낮출 뿐만 아니라 사용자 경험도 해치게 된다. 구글도 2014년 '머티리얼 디자인'[374]이란 이름으로 디자인 시스템을 오픈했다. 안드로이드 운영체제 기반의 프로덕트 개발에 일관성을 장려하기 위해서이다.

현재 많은 기업이 디자인 시스템 도입에 적극적으로 나서고 있다. 2022년 디자인 툴 서베이에 따르면 디자인 시스템을 소프트웨어로 관리한다고 응답한 비중이 약 71%를 차지하고 있다.[375] 디자인 시스템이 반드시 '시스템'일 필요는 없지만 시스템일 때 더욱 진가를 발휘한다는 증거이다.

'시스템' 없는 디자인 시스템의 한계

2016년 6월 삼성생명에서 디지털 혁신팀을 만들 때부터 CX Lab을 부서로 신설하고 고객 경험 혁신을 고민했다. 하지만 디지털 채널 운영을 이관받았을 때는 웹 디자이너 2명, 웹 퍼블리셔 1명이 디자인 역량의 전부였다. 디지털 채널의 사용자 경험을 혁신하기 위해서는 디자인 역량의 확보가 시급했다. 가전 회사, 이커머스 회사, 스타트업에서 일하던 디자이너를 채용했다. 그런데 각자의 디자인 방식이 달랐다. 디자이너가 2명일 때도 각자 따로 디자인하기 때문에 일관성을 유지하기 어려웠는데, 사람이 늘어나니 문제는 더 심각해졌다. 기존의 디자인 가이드라인이 있었지만 인쇄물 중심의 브랜드 관리를 위한 목적으로 개발된 것이었다. 결국 디지털 채널을 위한 디자인 시스템이 필요했다.

디자인 시스템이 없어도 디자이너는 디자인을 한다. 하지만 일관된 사용자 경험과 빠른 개발이 요구되는 상황에서 디자인 시스템 없이 작업하는 것은 자칫 문제를 키우는 일이 된다. 디자인 일관성을 유지하기 어렵고 개발 생산성도 떨어진다. 하나의 UI컴포넌트를 각자 맡은 페이지마다 다르게 디자인하면 사용자 경험을 해치는 것은 물론이고 기존 코드를 재활용할 수도 없다. 매번 새로 개발하는 일이 발생한다. 디자이너의 의도를 개발자가 '해석'해야 하고, 매번 합의해야 진도를 나갈 수 있다. 일하는 시간보다 회의하는 시간이 더 많아지고 결국은 낮은 생산성으로 창의성의 시간을 갉아먹는다.

디지털 채널의 전면 개편을 기획하면서 디자인 시스템 개발도 병행했다. 그렇지만, 개발 초기에 여러 난관에 부딪혔다. 맨 처음에는 브랜드팀이 디지털 채널을 위한 독자적인 디자인 가이드라인을 인정할 수 없다고 했다. "전사 브랜드 가이드라인"에 따라 오프라인에서 사용하는 인쇄물 디자인 가이드를 디지털 채널에도 동일하게 준수하라고 했다. 결국 디지털 채널의 사용자 경험이 인쇄물과 다르다는 점을 인정하고서야 별도의 가이드라인을 허용했다. 마지막에는 정보보안팀이 퍼블릭 클라우드를 문제 삼았다. 디자인 가이드라인은 회사의 노하우가 담긴 고유한 문서라 퍼블릭 클라우드에 구축할 수 없다고 했다. 마찬가지로 디자인 가이드를 외주 개발사나 디자인 회사와 공유해야 하는 이유를 설득한 끝에야 오픈을 승인받을 수 있었다.

우여곡절 끝에 디자인 시스템이라고 구축했지만, 디자인 가이드 웹사이트에 가까웠다. 디자인 툴 없이 파워포인트로 디자인하는 환경에서 디자인 '시스템'은 종이 문서의 웹 버전이면 충분했다. 재사용할 수 있는 UI 컴포넌트나 코드는 꿈도 꿀 수 없었다. 생산성 향상은 포기하고 일관성이라도 잡아 보려는 시도였다.

오래전 이야기지만 많은 전통 기업의 디자이너들이 지금도 겪는 상황이다. 디자인 시스템은 디자인 툴과 연계된 개발이 중요하다. 재활용할 수 있는 UI 컴포넌트의 라이브러리를 유지, 관리하는 것이 디자인 시스템의 생명줄이다. 피그마가 디자인 시스템 관리 소프트웨어로 1등인 이유이다. 디자인의 창의성과 사용자 경험의 일관성이 조화롭게 수용될 때 디지털 프로덕트 개발의 생산성은 높아진다.

진짜 디자인 시스템: 토스 디자인 시스템 TDS

토스에는 디자인플랫폼 팀이 있다. '메이커'라고 불리는 디자이너와 개발자들이 사용하는 토스 디자인 시스템TDS을 개발하고 운영하는 부서이다. 기존의 TDS에서는 메이커들이 다양한 툴을 사용해서 디자인했다. 결국 디자인보다 디자인 툴의 비효율을 처리하는데 더 많은 시간을 할애했다.[376] 토스는 이 문제를 해결하고자 2020년 9월 디자이너가 쓰는 모든 툴을 '프레이머'로 바꾸기로 했다.[377] 프레이머는 프로토타입 제작에 강점이 있는 노코드 기반의 디자인 툴이다. 프레이머에서 디자인하면 버튼이 눌리고 텍스트가 타이핑되고 로더가 돌아간다. 개발이 끝나야 확인할 수 있었던 디자인을 디자이너가 바로 확인할 수 있게 된 것이다.

토스의 모든 UI컴포넌트는 TDS에서 일관된 디자인으로 통일되어 관리된다. '토스 리소스 센터'라는 그래픽 자산 관리 플랫폼에는 모든 그래픽이 탑재되어 있다.[378] 디자이너가 그래픽 컴포넌트에 무엇을 입력하든 원하는 토스의 그래픽 자산이 나온다. 그래픽 디자이너가 현존하는 그래픽에 3,000개가 넘는 태그를 붙여 놓았기 때문에 가능한 일이다. 디자이너는 툴 밖으로 나가지 않고서도 원하는 그래픽을 고를 수 있다. 전용 서체를 개발하면서는 총 157개의 기호를 디자인해서 텍스트를 치면 원하는 기호도 즉시 불러올 수 있도록 했다.[379] 디자이너가 반복적으로 수행하는 일을 최대한 자동화해서 메이커의 생산성을 극대화하는 시스템을 구축했다.

토스가 속해있는 금융 산업은 용어가 무척 어렵다. 고객 중심이 아니라 전형적인 업무 중심의 용어를 쓴다. 토스의 제품 전략 중 하나인 '캐주얼 컨셉'은 "전문적인 금융 용어와 개념을 이해하는 수고를 사용자에게 지우지 않고, 친숙하고 이해하기 쉬운 개념으로 전달"[380] 하는 것이다. 하지만 캐주얼 컨셉을 알아도 이를 디자인으로 소화하기는 쉽지 않다. 왜냐하면 금융에 대한 디자이너들의 경험이 제각각이기 때문이다. '송금을 완료했어요'와 '돈 보냈어요'는 완전히 다른 표현이다. 금융 회사의 디지털 프로덕트 개발에서 UX라이팅이 특히 중요한 것도 이 때문이다. UX라이터(글쓰기를 통해 사용자 경험을 다루는 사용성 전문가이자 언어 디자이너 역할)[381]가 가이드라인을 만들고 교육을 해도 디자이너가 가이드를 모두 기억하고 지키기는 어렵다. 가이드라인을 찾는 시간이 오히려 생산성을 떨어뜨리기도 한다.

토스의 UX라이터는 가이드라인을 시스템으로 만들었다. '토스 보이스 톤 메이커'이다.[382] UX라이터가 정의한 텍스트 입력규칙 8,000개를 스프레드시트에 넣어 DB화하고 프레이머와 연동했다. 디자이너가 '계좌를 개설했어요'라고 입력해도 자동으로 '계좌를 만들었어요'라고 수정이 된다. 복잡하고 어려운 금융 용어를 가이드라인에 맞게 자동으로 변경해준다. 새로운 규칙은 구글 스프레드시트에 추가하면 별도의 배포 과정 없이도 자동으로 반영된다.

TDS에서는 사용자 경험과 디자인 생산성이 트레이드 오프 관계가 아니다. 메이커들은 사용자에게는 '미친 만족감'을 주면서도 개발은 쉽고 빠르게 할 수 있다. 이러한 토스의 디자인 역량에는 TDS가 중심에 자리잡고 있다.

디지털 프로덕트 디자인은 디자이너 혼자의 일이 아니다. 프로토타이핑과 테스트를 반복하면서 피드백을 반영해야 좋은 프로덕트를 만들 수 있다. 협업하는 디자인 프로세스를 위한 도구가 디자인 시스템이다.

디자인 툴과 연동되지 않은 디자인 시스템의 한계는 명확하다. 일관성을 위한 가이드는 되지만 생산성에는 도움이 되지 않는다. 사용자 경험의 일관성과 디자인의 생산성을 모두 만족하는 디자인 시스템을 구축해야 한다. 토스가 만든 TDS가 좋은 사례이다. 반복적인 디자인 프로세스의 자동화는 창의적인 디자인을 할 수 있는 시간을 늘려준다. 토스가 '미친 만족감'을 향해 달릴 수 있는 이유이다.

11장

코드 6 : 개발 역량
- 디지털 성장의 엔진

32

K-워터폴의 폭포수에서 벗어나라

SI 프로젝트 방식으로 디지털 프로덕트를 개발하려는 생각은 애당초 하지 말자. 소프트웨어 개발은 시공이 아니라 디자인이고 자율성과 창의성이 요구되는 프로세스이다. 디지털 프로덕트는 주인 의식을 가진 내부 개발자들이 만들 때 의미 있는 작품이 나온다.

국내 IT 서비스 산업은 지난 30년 동안 괄목할 정도로 성장했다. 솔루션 패키지를 구축하는 시스템 통합SI 서비스가 그 중심에 있다. 산업이 성장하면서 IT 서비스 시장 고유의 비즈니스 생태계도 고착되었다. 특히 IT 서비스 회사들이 만든 한국형 폭포수Waterfall 개발 방식은 아웃소싱 개발 프로젝트의 표준이 되었다.

디지털 시대의 경쟁은 디지털 프로덕트로 한다고 했다. 디지털 프로덕트의 개발은 SI프로젝트 개발과는 다른 특징을 가지고 있다. 이 차이를 파악해야 디지털 전환이 요구하는 개발 역량에 대한 이해를 정확히 할 수 있다.

갑을병정이 만든 IT 아웃소싱의 생태계

글로벌 IT 시장 조사 기관인 IDC에 따르면 국내 IT 서비스 시장 규모는 2022년에 약 9조 7,856억 원, 2026년에 10조 7,914억 원까지 성장할 것으로 전망된다.[383] IT 서비스 시장의 생태계를 구성하는 '갑을병정'이 함께 만든 결과이다. 기업(갑)이 프로젝트를 발주하면 계약한 IT 서비스 회사(을)는 사업 관리를 주로 한다. 그리고 실제 투입되는 개발 인력은 하도급 회사(병이나 정)의 인력과 프리랜서 개발자로 이뤄진다. 많을 경우 전체 투입 인력의 80%를 병과 정이 채우기도 한다.[384] 수주 경쟁이 벌어지면 비용 압박으로 병과 정의 비중은 더 커질 수밖에 없는 구조가 국내 SI서비스 시장이다.

IT에서 통상 '솔루션'이라고 할 때는 어떤 특정한 목적을 수행하기 위해 개발한 소프트웨어를 말한다. ERP 솔루션, SCM 솔루션, CRM 솔루션 등이 대표적이다. 솔루션을 '개발'하게 되면 고객의 요구 사항을 반영하는 커스터마이징이 가능하다. 이와 반대로 '패키지'란 불특정 다수를 상대로 개발한 소프트웨어 제품으로 커스터마이징 없이 기성 제품을 그대로 사용하는 것이 원칙이다.

국내 IT 역사에서 시스템 통합SI 프로젝트는 삼성전자가 전사적 자원관리ERP를 위해 SAP R/3 패키지를 도입한 것이 본격적인 시작이다. 1994년에 마스터플랜을 세우고 1995년부터 SAP ERP 구축을 했고 1996년 이후 ERP를 본격적으로 가동했다.

90년대 중반 ERP 솔루션으로 글로벌 회사의 패키지를 도입한 이유는 단 하나였다. 전사적 자원관리를 위한 전체 '비즈니스 로직'을 자체적으로 설계할 수 없었기 때문이다. 그때는 프로세스 혁신을 말했지만 글로벌 패키지의 비즈니스 로직을 벤치마킹하는 것이 '혁신'이던 시절이었다. ERP를 먼저 도입한 '글로벌 선진사'의 프로세스를 패키지로 도입해 빠르게 구축하고 회사에 적용하는 것이 경쟁력이었다. 하지만 그 당시 패키지는 기업의 요구 사항에 비해 개발이 부실하거나 변경이 필요한 모듈이 많았다. SAP ERP 패키지가 커스터마이징이 가능한 CBO**Customer Bolt-On**를 허용한 이유도 이 때문이었다. '패키지' 라이선스를 구매했지만 모듈 '솔루션'을 추가로 '개발'해야 하는 것이 국내 SI 프로젝트의 첫 모습이었다.

삼성전자 ERP 구축은 삼성SDS가 맡았다. 1985년 삼성 계열사들의 전산실을 통합해서 만든 IT 서비스 회사가 삼성SDS이다. 현재는 국내 대부분의 대기업 그룹사들이 삼성을 따라 IT 서비스를 자회사로 두고 있다. 그러다 보니 전통 기업의 IT 부서가 하는 일은 패키지 구축 프로젝트나 솔루션 개발 프로젝트의 '기획과 관리'가 대부분이다.

IT 시스템의 운영뿐만 아니라 구축과 개발도 아웃소싱으로 해결했다. 전통 기업에서는 비즈니스를 지원하는 IT 부서를 두고 기업의 '비용 센터**cost center**'로 분류한다. 한마디로 IT는 아웃소싱을 통해 돈을 주고 '서비스'받는 것이란 인식이 폭넓게 자리 잡고 있다.

K-워터폴의 현실

우리나라 IT 서비스 회사의 개발 프로젝트는 폭포수Waterfall 방식의 개발 방법과 고정비Fixed Price 계약 조건으로 진행되는 것이 일반적이다. 예측형Predictive 개발 방법으로도 불리는 폭포수 방식은 프로젝트 단계가 순차적으로 진행된다. 통상적으로 '요구 사항 정의 - 논리/물리 설계 - 개발 - 테스트 - 배포'의 과정을 따른다. 앞 단계에서 완료된 산출물이 다음 단계로 '폭포수처럼' 떨어진다. 고정비 계약은 프로젝트 기간과 투입인력 산정에 따라 비용을 사전에 확정하는 방식이다. 투입 인력의 단가는 고정되지만 투입 규모는 정하지 않고 계약하는 시간 & 자재Time & Material 계약 방식도 있지만 국내에서는 거의 쓰이지 않는다.

미국의 저명한 소프트웨어 개발자 마틴 파울러는 "개발 범위가 확정되어 있고, 개발 비용이 고정된 계약일 경우에는 예측형 개발 방법론이 맞다"[385]라고 했다. 워터폴의 핵심은 '개발 범위의 확정'에 있다. 기업용 솔루션의 사용자는 직원들이다. 업무 프로세스의 주인이 정해져 있다는 뜻으로 이때 의식 있는 주인들은 요구 사항도 명확하다. 그렇지만 대한민국의 을병정은 갑의 '변덕'이 두렵다. '요구 사항 변경 관리'가 프로젝트 관리의 주요 항목인 이유이다. 원칙적으로 확정된 요구 사항은 변경 관리 절차를 통해서만 변경할 수 있다. 하지만 K-워터폴 방식에서는 변덕 심한 갑의 요구 사항을 잘 관리해야 한다. 프로젝트 성공의 첩경이 되기 때문이다.

K-워터폴로 진행되는 프로젝트의 성공은 '계획을 얼마나 잘 지켰

나'로 평가된다. 계약서에 적힌 대로 정시On-time에 계약된 비용On-cost으로 시스템을 오픈해야 성공이다. 고객사의 요구 사항 변경을 최소화해도 개발의 생산성을 예측할 수 없으면 온 타임, 온 코스트는 불가능하다. 개발자는 사람이고 사람마다 개발 생산성은 다르다. 투입 전에 기술 등급을 책정하지만 같이 일해보지 않고서는 실제 개발 실력을 알기는 어렵다. 개발 품질 예측도 어렵다. 소프트웨어라는 것은 개발이 끝나 사용해 보기 전까지는 알 수 없는 물건이다. 개발은 했지만 돌아가지 않는 '깡통'을 만들어 놓고 다른 프로젝트로 숨어버리는 개발자도 많다.

국내 SI프로젝트의 "다단계 하도급"[386]은 일종의 생태계이다. 현행 하도급법 아래에서 다단계 하도급은 소프트웨어 개발의 생산성과 품질에 결코 좋은 영향을 주지 못한다. 갑은 을의 하도급 업체인 병정의 개발자에게 업무 지시를 직접 할 수도 없다. 불법파견의 리스크 때문에 하도급 업체의 관리자 또는 현장 대리인을 통해서만 가능하다(같은 층에 있다 하더라도 업무 공간이 분리되어야 한다).

요구 사항 변경이 많고 설계가 확정되지 않은 상태에서는 소통이 개발 업무의 절반이나 마찬가지이다. 불필요한 커뮤니케이션과 불명확한 업무 지시는 개발의 생산성을 떨어뜨린다. 갑을병정과 법이 함께 만든 합작품이 K-워터폴의 가려진 현실이다.

디지털 프로덕트 개발은 아웃소싱할 수 없다

디지털 프로덕트의 개발과 SI프로젝트의 개발은 다르다. 디지털 프로덕트 개발은 디지털 혁신의 실현이다. 혁신은 기존에 없던 가치를 창출해야 한다. 비즈니스 로직부터 만들어야 한다. 디지털 프로덕트의 사용자는 고객이다. 고객의 니즈를 정확히 파악하기 힘든데 비즈니스 로직이 확정적일 수는 없다. '개발 범위의 확정'이 본질적으로 불가능한 소프트웨어가 디지털 프로덕트이다. 실리콘 밸리에서 최소기능제품MVP을 최대한 빨리 만드는 이유도 이 때문이다. 어떤 요구 사항도 고객이 사용하기 전까지는 명확하지 않다. 요구 사항을 '확정'하고 개발하는 것이 아니라 '개발'을 통해서 요구 사항을 확정해 나간다고 봐야 한다. 건축은 설계와 시공이 분리되어 있다. 설계는 예측이 어렵지만 시공은 예측이 쉽다. 전문적이고 창의적인 건축사가 '기획 설계 - 계획 설계 - 중간 설계 - 실시 설계'를 거치며 설계를 완성한다. 시공사는 설계 도면과 시방서에 기준해서 상세한 시공 계획을 세운다. 전체 건축 비용 중 설계 비용은 10% 미만이고 공사 비용은 90% 이상을 차지한다. 하지만 소프트웨어 개발은 그 반대이다. 소프트웨어 '생산'을 위한 비용은 제로에 가깝다.

마틴 파울러는 "소프트웨어에서의 모든 노력은 디자인이다"[387]라고 말한다. 디지털 프로덕트의 개발은 건축의 시공이 아니라 설계(디자인) 행위와 같다. 디자인은 계획을 세우기가 어렵고 창의적이고 재능 있는 사람을 필요로 한다.

디지털 프로덕트 개발이 디자인이라면 K-워터폴이 전제하는 '예측 가능성(확정된 개발 범위)'은 기대하기 어렵다. 고객의 반응이 중요한 업무에서는 계획대로 개발이 될 가능성이 낮을 수밖에 없다. 그렇다고 계획이 필요 없다는 말은 아니다. 예측력이 높은 계획이 아니라 "적응력이 높은 계획을 개발해야 한다".[388]

디지털 프로덕트 개발에서 계획은 테스트해 볼 수 있는 가설과 같다. 가설을 검증하는 과정을 반복하는 것이 '디자인으로서 개발'이다.[389] 그래서 디지털 프로덕트의 개발은 프로젝트의 예측 가능성 보다 최종결과물의 '가치'를 따진다.

디지털 프로덕트 개발의 특징을 정리하면 세 가지이다. 첫 번째, 개발 범위의 확정이 어렵다. 고객의 요구 사항이 불확실하고 변동이 심하다. 두 번째, 소프트웨어 개발은 시공이 아니라 디자인이다. 창의적인 개발자가 필요하다. 세 번째, 디지털 프로덕트 개발은 예측 가능성보다 최종 가치가 더 중요하다. 프로젝트 일정을 맞추는 것이 중요하다고 해서 돌아가지도 않는 깡통을 개발할 수는 없다.

이런 특징을 가진 디지털 프로덕트 개발은 책임감 있고 동기부여가 되어 있는 개발자가 있을 때나 가능하다. K-워터폴의 다단계 하도급 방식으로는 좋은 디지털 프로덕트를 기대하기 힘들다. 디지털 전환을 추진하는 전통 기업이 개발 역량의 내재화가 필연적인 이유이다.

1995년 삼성전자의 ERP 구축으로 국내 SI프로젝트의 역사가 시작되었다. 대기업 계열 IT 서비스 회사는 IT시스템의 운영뿐만 아니라 개발도 아웃소싱 한다. 생태계를 구성하는 갑을병정이 만든 K-워터폴 개발 방식은 업계의 표준처럼 자리 잡고 있다. 하지만 디지털 프로덕트의 개발은 SI 개발과 다르다. 요구 사항을 확정할 수 없고, 창의적인 개발자가 필요하며, 최종 결과물인 디지털 프로덕트의 가치가 중요하다.

"다단계 하도급" 인력으로 작동하는 K-워터폴 방식으로는 좋은 프로덕트의 개발이 어렵다. 개발 아웃소싱은 디지털 전환의 발목을 잡는다. 전통 기업은 K-워터폴의 폭포수를 벗어나야 개발 역량의 전환을 기대할 수 있다.

33

프로젝트가 아니라 프로덕트를 관리해야 한다

경쟁력 있는 디지털 프로덕트를 개발하기 위해서는 반드시 오너십을 가진 팀이 있어야 한다. 이는 IT 조직뿐만 아니라 현업 부서에도 요구되는 개편이다. 프로덕트 중심의 조직 운영이 될 때 애자일 기반의 개발도 가능하다.

디지털 전환은 가치사슬의 활동을 디지털 시대에 적합하도록 '재구성'해서 기업 활동의 중심에 디지털 기술을 두고 지속적인 경쟁 우위를 만들 수 있는 역량을 확보하는 것이다. 소프트웨어 경제가 게임의 룰인 세상에서 디지털 프로덕트 개발 없이는 비즈니스를 키우기가 어렵다. 그래서 개발 역량을 갖고 있느냐 여부가 기업 경쟁력의 결정적 역할을 한다. 이런 관점에서 전통 기업의 IT 조직을 '재구성'해야 한다.

IT서비스를 아웃소싱하고 프로젝트를 관리하는 역량만으로는 경쟁 우위를 만들기 어렵다. 디지털 프로덕트로 경쟁할 수 있는 조직적 역량으로 전환해야 성장 엔진을 얻을 수 있다.

25명의 '미니 CEO'를 가진 JP모건 체이스

JP모건 체이스는 세계에서 가장 오래된 은행이자 시가 총액 기준으로 미국 최대 은행이다. 최고정보책임자CIO 산하의 조직 규모는 5만 명이고 연간 예산은 120억 달러에 달한다. JP모건 체이스는 IT 조직이 스타트업처럼 민첩하게 움직일 수 있기를 원했다. 기존의 IT 프로젝트팀으로는 고객의 요구에 신속하게 대응해서 솔루션을 구축하기 어렵다고 판단했다. JP모건 체이스가 IT 조직을 프로덕트와 동기화해서 운영하는 '프로덕트 운영 모델'로 전환한 이유이다.[390] 공룡같이 거대한 조직이 '민첩함'이라는 불가능해 보이는 목표를 세운 것이다.

현재 JP모건 체이스는 프로덕트 중심 조직을 위해 12,000명으로 구성된 IT 조직을 완전히 개편 중이다. 테크놀로지, 데이터, 디자인 리더와 함께 솔루션을 신속하게 구축하기 위한 변화이다. 프로덕트 라인에 따라 IT 조직을 나누는 것은 스타트업에서는 흔하지만 전통 금융회사에서는 일반적이지 않다. JP모건 체이스의 전환은 고객이 사용하는 프로덕트에서부터 시작한다. 고객에서 출발해 거꾸로 프로덕트 팀을 구성하는 방식이다. 먼저 25개의 프로덕트 라인을 구분하고, 각각 '미니 CEO'를 임명했다. "고객 경험을 위해 비즈니스와 기술을 융합하는 새로운 종류의 기술자" 역할을 한다. JP모건 체이스의 IT 조직 전환 방식은 아마존의 "거꾸로 일하기Working Backwards"(보도 자료나 FAQ 등을 기획서나 제안서보다 먼저 작성해보며 고객 관점으로 생각해보는 방식)를 닮았다.

전환을 주도하고 있는 글로벌 테크놀로지 프로덕트 책임자인 모니카 판팔리야에 따르면 프로덕트 운영 모델의 전환은 다섯 가지 빌딩 블록 중심으로 진행된다. 첫 번째, 프로덕트와 디자인 그리고 엔지니어링 기술을 강화한다. 두 번째, 기술 개발에 대한 애자일 접근 방식을 도입한다. 세 번째, 제품을 중심으로 예산을 재편성한다. 네 번째, 테크놀로지 도구를 회사 전체에서 공동으로 사용한다. 다섯 번째, 기술팀이 프로덕트 관리에 더 능숙하고 "성숙"하도록 숙련한다. 판팔리야는 이같은 전환의 여정을 2년에서 3년 정도로 예상하고 있다.

프로덕트 운영모델 전환으로 JP모건 체이스가 기대하는 것은 네 가지이다. 첫 번째, 프로덕트 개발 수명 주기의 단축으로 고객에게 더 많은 가치를 자주 제공한다. 두 번째, 프로덕트 중심의 교차 기능팀 구성으로 인력 이동 없이 프로덕트에 초점을 맞추고 일한다. 일하는 사람의 프로덕트 오너십을 중요하게 보기 때문이다. 세 번째, 프로덕트 디자인과 개발팀 사이의 협업 강화로 고객 경험을 중점에 두고 더 빠르게 프로덕트를 제공한다. 네 번째, 조직 전체로 전환 이니셔티브를 확장하는 것으로 프로덕트 운영 모델은 고객 중심 사고와 애자일 조직 문화를 동반한다.

디지털 프로덕트의 주인을 찾아야 한다

가트너에 따르면 조사한 조직의 55% 이상이 프로젝트 기반의 IT 서비스 제공에서 프로덕트 중심 IT

서비스로 전환하고 있다고 했다.[391] 전통 기업의 IT 부서가 익숙한 폭포수 방식의 프로젝트 관리로는 디지털 혁신이 불가능하다. 그렇게 해서는 디지털 프로덕트에 새로운 기능을 '지속적'으로 통합하고 제공할 수 없다. 디스커버 파이낸셜 서비스의 CIO인 아미르 아루니는 "IT에서 일하는 방식이 시대에 뒤떨어졌다"라고 말하며 디지털 프로덕트로 경쟁하기 위해서는 자신이 만든 것을 자신이 책임지고 주인 의식을 가질 때 성공도 가까워진다고 했다.[392]

'주인 의식'에 있어서 프로젝트 팀과 프로덕트 팀은 완전히 다를 수밖에 없다. 프로젝트 팀은 프로젝트가 끝나면 해체되는 임시 조직이지만, 프로덕트 팀은 프로덕트와 운명을 같이 하는 정규 조직이다. 프로젝트팀과 외부의 개발 조직(을병정)은 서로 다른 목표를 가지고 있다. 갑은 을에게 최대한 자신의 요구를 반영시키는 것이 목표인 반면, 을병정은 납기를 맞추고 검수 받고 떠나는 것이 지상 과제이다. 반면에 프로덕트 팀은 프로덕트의 성공이라는 공동의 목표를 갖고 있다. 프로젝트 팀의 개발 품질은 현업의 테스트가 결정하지만 프로덕트 팀의 개발 품질은 개발자의 자존심이 결정한다. 성공한 프로덕트 팀에게 프로덕트는 자식이나 마찬가지이기 때문이다.

IT 조직이 주인 의식을 가진 프로덕트 팀으로 전환하는 것은 말 그대로 '담대한' 결정이다. 실행이 그만큼 어렵기 때문이다. 여기에는 세 가지 장벽이 있다. 첫 번째는 프로덕트 팀의 구성이다. 프로덕트 팀은 개발, 디자인, 데이터 기술을 가진 교차 기능 팀이다. 갑을병정의 생태계에 익숙한 전통 기업 내에서는 이런 기술을 가진 사람을 찾기가 힘들다.[393] 두 번째는 프로덕트 오너십의 결정이다. 기능적으로 사일로화되어 있는 전통 기업에서 프로덕트의 앤드투앤드 소유권을 결정하기는 쉽지 않다. 세 번째는 좋은 프로덕트 오너를 찾는 일이다. 미니 CEO 역할은 전통적인 관리자로는 채울 수 없는 자리라서 사내에서는 적임자를 구하기가 쉽지 않다.

『초속도』의 저자들은 "기업은 기술 리뉴얼 방식을[394] 아웃소싱할 수 없다. (…) 필요한 관련 역량을 사내에 갖추고 있어야 한다"[395]라고 말했다. 아웃소싱 대신 기존 IT 인력의 기술 교육을 강화하고 경력직 전문가를 추가로 채용해야 한다. 그리고 JP모건 체이스처럼 "거꾸로 일하기"로 프로덕트 오너십 이슈를 풀어야 한다. 이때는 고객이 "해결해야 하는 일JTBD"을 기준으로 삼으면 된다.

프로덕트 중심의 운영 모델은 IT 조직만 전환한다고 해서 완성되지는 않는다. 현업 조직도 프로덕트 중심으로 운영을 맞춰야 한다. 프로덕트 오너PO라는 직무 자체가 생소한 전통 기업이라면 PO의 역할부터 이해한 다음, PO를 경험한 전문가를 시장에서 찾아야 한다.

프로덕트 운영 모델이 개발 역량 확보의 핵심이다

디지털 경제에서 소프트웨어는 기업의 역량, 경쟁력, 혁신, 품질 및 민첩성의 궁극적인 원천이다. 이 말은 디지털 전환이 단순히 비즈니스에 필요한 소프트웨어를 사는 것 이상임을 의미한다. 소프트웨어를 비즈니스의 중심, 가치 사슬의 중심에 두는 것이 디지털 전환이다.

소프트웨어와 비즈니스는 더 이상 구분할 수도 없다. 소프트웨어 개발의 속도가 비즈니스의 속도이고, 개발의 품질이 서비스의 품질이다. 고객은 소프트웨어로 만든 디지털 프로덕트를 통해 디지털 혁신을 경험한다. 프로젝트 관리가 아니라 '프로덕트 관리'가 IT 조직의 변화 방향이 되어야 한다.

프로덕트 중심의 IT 조직이 성공하는 것은 프로덕트 '오너십'에 달려있다. 디지털 프로덕트는 시작과 끝이 있는 프로젝트가 아니다. 그래서 프로덕트를 만든 사람들이 소유하고 지속적으로 개발하고 유지관리하는 것이 중요하다. 끊임없이 고객의 반응에 민첩하게 대응하는 의식을 가진 사람이 '주인'이다. 당연히 을병정에게 주인 의식을 강요할 수 없다. 수십 년 동안 아웃소싱(을병정)에 의지했던 개발 역량을 내재화하지 않으면 프로덕트 운영모델은 시도조차 불가능하다. 그렇기 때문에 K-워터폴의 프로젝트 관리에 익숙한 전통 기업에게 가장 어려운 숙제가 '프로덕트 관리'이다.

디지털 프로덕트는 지속적으로 버전을 업데이트할 수 있어야 살아남는다. 빠르게 변하는 세상보다 더 빠르게 변하는 것이 기술이다. 기술의 변화를 따라가지 못하면 프로덕트를 잘 '관리'할 수 없다. 프로덕트 팀의 개발 수준이 높아야 한다. 『개발자로 살아남기』의 저자는 "리액트, Vue.js, 파이토치, 쿠버네티스, GCP, 플러터, 코틀린, Go 언어, 5년 전에는 지금처럼 개발자에게 대중적으로 사용되는 기술이 아니었습니다"[396]라고 말했다. 5년 뒤에는 또 다른 기술이 등장한다. 개발자를 대상으로 하는 체계적인 업스킬 교육은 개인의 책임일 뿐만 아니라 기업 경쟁력 강화의 방안이기도 하다.

전통 기업이 프로덕트 운영모델로 전환하는 이유는 단순하지만 결정적이다. 디지털 프로덕트로 경쟁해야 하기 때문이다. 훌륭한 프로덕트를 만드는 것이 시장에서 이기는 방법이다. 토스 PO 출신으로 알뜰폰 요금제 플랫폼 '모요'를 창업한 안동건 대표는 이렇게 말한다. "훌륭한 제품의 개발은 다 같이 몰입하고 헌신해서 이터레이션을 엄청 돌아도 될까 말까 해요."[397] 이 말은 디지털 프로덕트 관리에서 새로운 제품 기능을 '반복적'으로 개발, 테스트 및 배포할 수 있어야 함을 강조한다. 워터폴 개발 방식이 아니라 적응형 개발인 애자일 방식이 효과적인 이유도 이 때문이다. 만약 프로덕트 팀이 없는 기업에서 애자일 방식으로 개발하겠다는 것은 현실과 이상의 괴리가 너무 크다. 프로덕트 운영 모델로 전환해야 '애자일'하게 개발할 수 있다.[398]

고객 요구에 신속하게 대응해서 솔루션을 개발하려면 '프로젝트'가 아니라 '프로덕트'를 관리해야 한다. 전통 기업이 IT 조직을 프로덕트 중심 조직으로 전환하는 이유이다. 프로덕트에 대한 주인 의식이 있어야 디지털 혁신을 지속할 수 있다. 오너십을 가진 프로덕트 팀을 구성하기 위해서는 개발 역량의 내재화가 전제 조건이다. 그래야 애자일한 개발도 가능하다.

기존 인력의 재교육과 채용 전략의 변화도 필요하다. 개발자의 기술 수준도 관리해야 한다. 기술 발전을 따라가야 프로덕트 경쟁력도 유지된다. 경쟁 우위의 원천이 되는 개발 역량의 확보는 프로덕트 중심의 운영 모델이 작동할 때 비로소 진짜 경쟁력이 된다.

34

"애자일"은 소프트웨어를 개발하는 철학이다

애자일은 디지털 프로덕트를 개발하는 철학이다. 개발을 진행하면서 요구 사항을 확정하는 적응형 계획이며 일하는 프로세스를 인간이 선택하는 인간 중심적 개발 문화이다. 존 디어는 IT 조직을 필두로 전 조직을 애자일 조직으로 변화시켜 디지털 전환에 성공했다.

좋은 프로덕트를 만들기 위해서는 좋은 개발자와 더불어 좋은 개발 문화가 있어야 한다. 이를 위해 2001년 2월 미국 유타 주에 있는 스노버드 스키 리조트에 소프트웨어 개발을 대표하는 17인의 선각자들이 모였다. 이들은 2박 3일의 논의 끝에 12개의 개발 원칙을 담은 "애자일 '소프트웨어 개발'을 위한 선언"[399]을 채택했다. 바로 '애자일'의 탄생이었다. 마틴 파울러의 제안으로 새로운 소프트웨어 개발 원칙을 "애자일"이라고 이름 붙였다.

그로부터 20년이 지난 지금, '애자일'은 누구나 아는 용어가 되었지만, 적용은 여전히 혼란스럽다. '애자일 혁신'과 '애자일 경영'을 한다는 기업은 많은데 성공했다는 소리는 잘 들리지 않는다. 이제 애자일을 제자리로 돌려놓아야 한다.

'애자일'은 민첩하고 유연한 형용사가 아니다

'애자일 경영'이 근사해 보이는 CEO는 '애자일 혁신'을 외친다. 그리고 민첩하고 유연한 '애자일 조직'을 지시한다. 수많은 애자일 방법론 중 가장 만만한 것은 '스크럼Scrum'[400]이다. 먼저 부서장 옆에 작업 현황판Task Board을 만든다. 부서원마다 "해야 할 일, 진행 중인 일, 완료된 일"로 구분된 영역에 포스트잇으로 자기 일을 붙여 놓는다. 아침마다 현황판 앞에 모여서 15분씩 스크럼 회의를 한다. 자아비판 비슷한 반성과 다짐을 돌아가면서 한 마디씩 해야 회의가 끝난다. 그동안 하던 주간 회의와 뭐가 다른지 잘 모르겠지만 옆 부서도 하니까 안 할 수도 없다. 열심히 '애자일 잘못하기'를 하고 있는 현장의 모습이다.

'애자일'이란 단어는 지난 20년 동안 다양한 변주를 낳았다. 마틴 파울러는 이것을 "의미론적 확산Semantic Diffusion"[401]이라고 했다. 의미를 정확히 전달하기 위해 새로운 용어를 만들고, 이를 잘 아는 소수의 사람들 중심으로 그들 커뮤니티 내에서 사용할 때는 새로운 용어가 소통에 도움이 된다. 하지만 용어가 유행하면서 원래 의미를 정확히 모르는 사람들이 가져다 쓰면서는 본래 의미와 다른 왜곡이 일어난다. 마틴 파울러가 제창한 애자일은 단순히 '민첩한'이란 뜻의 '형용사'가 아니라 소프트웨어 개발 철학을 뜻하는 단어로 소프트웨어 개발에 대한 '새로운 가치와 원칙'을 담은 '개념어'로 이해해야 한다.[402]

애자일이 기존 방법론과 다른 것 중 하나는 '계획 수립'에 대한 생각이다. 마틴 파울러는 소프트웨어 개발이 건축의 시공이 아니라 디자인 행위에 가깝다고 했다. 디자인에서는 요구 사항이 불확실하고 불안정한 것이 자연스러운 일이고, 예측할 수 있는Predictive 계획을 수립하기도 어렵다. 그래서 불확실한 요구 사항을 빠르게 테스트하면서 안정시킬 수 있는 다른 방식의 '계획'이 필요한데, 그게 바로 적응형Adaptive 계획 수립이고 애자일이다. 애자일에서 '예측 가능한' 계획은 한 번의 반복Iteration을 돌리기 위한 계획이 유일하다. 그래서 피드백과 이터레이션이 애자일에서는 매우 중요하다. 반면에 요구 사항이 명확하고 예측 가능한 업무에 애자일을 적용하는 것은 적절하지 않다.

또 다른 차이는 애자일이 '프로세스 중심'이 아니라 '사람 중심'이라는 점이다. 테일러의 과학적 관리법과 포드의 컨베이어 벨트로 상징되는 산업화는 프로세스가 우선이었다. 일하는 사람이 프로세스에 맞춰야 했다. 하지만 애자일의 철학은 사람이 먼저이다. 일하는 사람이 프로세스를 선택한다. 소프트웨어 개발은 디자인이고, 디자인 프로세스의 주인은 창의성을 가진 인간이다.

동기부여가 된 훌륭한 사람들로 팀을 만들어 함께 일하기 위해서는 환경이 중요하다. 소프트웨어 개발을 위해 필요한 프로세스도 이들이 선택하도록 해야 한다. 17인의 선각자들이 선언한 애자일도 '노동하는 인간의 자율과 책임'을 믿어야 작동되는 개발 원칙이다.

존 디어의 총체적 애자일 전환: 애자일 운영 모델AOM

농기계 회사 존 디어가 디지털 전환에 성공한 이유 중 하나는 IT 조직의 애자일 전환이다.[403] 2019년 '글로벌 IT 그룹'은 모든 업무를 애자일로 전환하는 여정을 시작했다. 글로벌 IT 그룹 역사상 단일 규모로는 가장 큰 투자였다. 하지만 그 성과는 놀랍다. 투자 수익률ROI은 100% 이상이고 실제 일하는 엔지니어링 인력의 비율은 77.7%로 증가했다. 개발 아이디어에서 완료까지 걸리는 시간은 54일에서 11일로 79%나 개선됐다. 개발 속도는 스프린트 한 번에 개발하는 기능이 9개에서 49개로 448%나 증가했다.

존 디어는 애자일 전환을 시작하면서 2019년 5월 '애자일 운영 모델AOM'을 도입했다. 조직 전체의 운영을 애자일 중심으로 전환하는 총체적인 접근이었다. 목표는 '강력한 디지털 프로덕트 경험을 창출'하는 것이었다. 사용자 경험, 소프트웨어 엔지니어링, 프로덕트 관리의 중심에 애자일을 두고 다음의 세 가지 변화에 집중했다. 첫째, 프로젝트가 아니라 '프로덕트' 관리를 위해 일하도록 전환한다. 둘째, 고객 피드백에 집중하고, 작은 단위로 고객 가치를 전달할 수 있도록 일하는 방식을 전환한다. 셋째, 운영 모델의 기초를 이루는 기술 전문성, 자동화, 비즈니스 파트너(현업)의 트레이닝에 투자한다.[404]

존 디어의 애자일 전환은 차수별Wave/단계별Phase로 구성된 애자일 코칭 프로그램이 핵심 역할을 했다. 한 개 웨이브는 3단계로 교육이 진행된다. 2019년 1차부터 2022년 10차까지 총 453개 팀이 애자일 교육을 수료했다.[405] 1단계는 근무지에서 애자일 코치가 웨이브를 준비시키는 사전 준비 단계로 팀에 프로덕트 오너, 스크럼 마스터, 엔지니어링 매니저가 정해졌는지를 확인한다. 2단계는 10주간의 준비 단계로 애자일 마인드 셋 교육에 집중하면서 프로덕트 조직과 고객 여정 지도를 공부한다. 3단계는 몰입 단계로 전용 교육센터인 '파운드리'에서 집중적으로 진행된다. 이때 프로덕트 팀은 실제 비즈니스 문제를 가지고 10주 동안 애자일 개발을 진행하게 된다.

존 디어의 애자일 전환을 이끈 가네쉬 자야람은 "학습하는 환경을 만드는 것이 애자일 전환의 핵심적인 부분이다"[406]라고 말했다. 실제 존 디어는 '파운드리'라고 불리는 애자일 교육 장소를 다섯 곳이나 운영하고 있다. 미국과 인도를 시작으로 브라질, 독일, 멕시코에 있다. 존 디어는 애자일 전환을 통해 "스스로 지속할 수 있는 애자일 조직"을 구축하고자 했다.

애자일 전환이 단기 스프린트가 아닌 장기 마라톤임을 명확히 인식한 존 디어의 경영진은 애자일 코칭을 위한 사내 트레이너와 코치를 먼저 양성하고 직원 교육을 시작했다. 외부 코치에만 의존해서는 애자일 운영 모델AOM을 '스스로 지속할 수' 없기 때문이다.

애자일 전환이 성공하는 조건

디지털 프로덕트는 요구 사항을 예측할 수 없기 때문에 빠르고 유연한 개발을 위해서 애자일은 선택이 아니라 필수라고 했다. 성공적인 디지털 전환을 원한다면 IT 조직을 프로덕트 중심의 애자일 조직으로 전환해야 한다.

시작은 소프트웨어 '개발' 조직부터이다. 하지만 전통 기업의 IT 조직은 대부분 '관리' 조직이지 '개발' 조직이 아니다. 그동안 개발은 아웃소싱으로 진행했다. 그래서 애자일을 위해서는 내부에 개발 조직을 갖추고 있어야 한다.[407] 애자일 도입 전 인-하우스 개발 조직에 대한 내부 입장을 명확히 하는 것이 중요하다.

전통 기업 입장에서는 '급진적인 전환'일 수밖에 없다. 수십 년 동안 프로젝트 중심의 K-워터폴 개발에 물든 IT 조직이 바뀌는 것은 쉽게 상상하기 어렵다. JP모건 체이스나 존 디어의 사례에서도 알 수 있듯 '프로덕트 운영 모델'과 '애자일 운영 모델'은 동전의 양면과 같다. 하지만 단계적 전환이란 이름 아래 애자일 '파일럿'이 되어서는 안 된다. 잉크 몇 방울로 태평양을 물들일 수는 없다. JP모건과 존 디어처럼 훨씬 급진적인 방식으로 IT 조직의 전환을 추진해야 한다.

애자일 전환이 성공하려면 전문성과 책임감을 가진 개발자가 핵심이다. 애자일은 프로세스가 아니라 '사람'에 의존하는 개발 방법론이다. 그래서 네이버나 토스처럼 인재 밀도가 높지 않은 전통 기업은 풀어야할 숙제가 더 많고 어렵다. 마틴 파울러는 "개발자의 수준과 동기가 낮다고 생각한다면 예측 접근 방식을 사용해야 한다"[408]라고 말했다. 이 말은 좋은 개발자가 아니면 애자일 방식의 개발이 쉽지 않음을 의미한다. '스크럼'이라는 애자일 방법론을 적용한다고 무조건 좋은 프로덕트를 개발하는 것도 아니다. 스크럼의 창시자 켄 쉬와버 조차

도 '똑똑하고 열심히 일하는 사람'이 스크럼을 사용할 때 성공할 수 있다고 말했다.[409]

애자일 조직으로 전환한다는 의미는 '고객 자본주의'로 전환하겠다는 뜻으로 고객 만족을 최우선에 두는 애자일 선언의 첫 번째 원칙을 지키겠다는 약속이다. 하지만 주주가치 극대화를 기업의 사명으로 삼고 있는 전통 기업에게 애자일 전환은 그동안 중요하게 생각하던 가치의 혼란을 초래할 수 있다. 애자일을 도입한다고 당장 고객 중심이 되는 것도 아니다. 고객 중심이 되어야 애자일의 철학이 조직 내에 뿌리내릴 수 있다. 포브스의 선임 기고가 스티브 데닝은 "애자일을 수용하는 기업에서는 모든 이들이 고객에게 더 많은 가치를 전달하는 데 열중한다"[410]라고 말했다. 애자일이 디지털 혁신의 도구가 될 수 있는 이유이다.

17인의 선각자가 탄생시킨 애자일은 '민첩한'이란 형용사가 아니다. 소프트웨어 개발을 위한 새로운 철학이다. 애자일은 불확실한 요구사항을 개발할 때 효과적인 계획이다. 전문성과 책임감을 가진 개발자가 있어야 애자일은 작동한다.

전통 기업의 애자일 전환은 급진적인 것으로 비춰진다. 개발 조직을 내재화해야 하고, 프로덕트 중심 조직으로 전환해야 한다. 존 디어는 '애자일 운영 모델'을 전사적으로 도입했다. 총체적 전환을 급진적으로 해서 조직의 디지털 역량을 빠르게 확보하기 위해서였다.

개발 조직 없는 애자일 도입은 또 하나의 '혁신 극장'일 뿐이다. 개발은 애자일 방법론이 하는 것이 아니라 똑똑하고 열심히 일하는 개발자가 한다. 고객 가치를 우선하는 원칙을 지키고 개발하는 사람을 우선할 때 애자일은 개발 역량으로 전환된다. "애자일"은 디지털 프로덕트 개발에 적합한 소프트웨어 개발 철학임을 잊지 말아야 한다.

◆

3부에서는 전통 기업이 디지털로 경쟁하기 위해서는 디지털 프로덕트가 필요함을 강조하고, 이를 위해서 어떤 역량이 필요한지 살펴보았다. 바로 개발, 디자인, 데이터라는 3D 역량의 확보다. 개발은 외주 프로젝트를 없애고 내부 개발 중심으로 내재화 해야 한다. 그리고 디자인은 혁신 조직부터 디자인 씽킹을 마스터하고 디자인 시스템을 가지고 일관성과 생산성을 동시에 잡아야 한다. 데이터는 데이터 사이언티스트와 데이터 분석가의 역할을 정확히 구분하고 업무를 부여해야 한다.

3D 역량이 훌륭하게 조직 내에 구축되기 위해서는 애자일식 운영을 검토하고 적용할 필요가 있다. 애자일 도입은 고객 자본주의, 디자인 사고의 도입, 현장(데이터) 중심의 의사결정 등으로의 전환을 의미한다. 프로젝트 관리 조직에서 프로덕트 중심의 애자일 조직으로의 전환은 전통 기업이 디지털 역량을 확보하는 데 꼭 필요한 조직 운영이다.

이어지는 4부에서 디지털 전환에 성공하기 위해서는 어떤 조직 문화가 필요한지 알아보자.

디지털 초격차 코드 나인

4부

디지털 전환의 팀 경영

: 평평하고 빠르고 재미있는 조직으로 탄생하라

디지털 전환을 통해 만들어야 하는 조직의 모습은 어떤 것일까?
디지털 중심의 경제에서 팀 경영에 대해서도 고민해보자.
'팀'의 진짜 의미를 알고 있는가? '진짜 팀'이란 어떤 것인가?
평평하고 빠르고 재미있는 조직은 어떻게 만들 수 있는가?

12장

히포HiPPO가 풀어야 하는 세 가지 숙제

35

병목은 언제나 병의 맨 꼭대기에 있다

디지털 전환의 시작과 끝은 디지털 경영에 맞는 조직 문화를 만드는 것이다. 기존의 지배적 조직 문화를 버릴 수 있는 리더가 행동해야 변할 수 있다. 핵심 가치와 조직 문화에 동의하지 못하는 사람은 따르거나 떠나거나 둘 중 하나를 선택해야 한다.

전통 기업의 디지털 전환은 '조직의 전환'으로 완성된다. '고객을 위한 가치 창조'의 절대 경쟁에서는 디지털 혁신이 유일한 무기이다. 디지털 혁신은 디지털 역량의 확보 없이는 불가능하다. 그리고 디지털 역량 확보는 결국 일하는 사람의 역량 확보이므로 일하는 사람이 지향하는 행동 양식과 가치를 조직 문화로 만드는 것이 중요하다.

경쟁력 있는 조직 문화 만들기는 "디지털 전환을 위해 기업이 마지막으로 해야 하는 일"[411]이 아니다. 가장 먼저 해야 하는 일이다. '조직 문화'는 가장 먼저 시작해서 가장 마지막에 끝내야 하는 디지털 전환의 과제이다.

새 술을 담을 새 부대가 필요하다

하마는 세상에서 가장 위험한 동물 중 하나이다. 자기 영역을 지키려는 의지가 강하고 생각보다 빠르다. 상대를 제압하는 강한 턱을 가지고 있어서 사자, 호랑이, 악어보다도 더 위험하다. 전통 기업에서도 하마는 위험하다. 높은 연봉을 받는 사람들의 의견Highest Paid Person's Opinion이 바로 하마HiPPO이다. 전통 기업의 조직원들은 히포를 기다리고 히포를 따를 수밖에 없다. 조직의 전환을 어렵게 만드는 것도 '자기 영역을 지키려는' 히포들이다. 맨 꼭대기에서 새로운 조직 문화의 유입을 막고 있다.

기업에서 의사결정을 하는 CEO와 경영진을 '리더십팀'이라고 부른다. 전통 기업이 가진 리더십팀의 문제는 그들이 리더도 아니고 팀도 아니라는 것에 있다. 게리 하멜에 따르면, 예산도 없고 지위도 없는 상태에서 아무것도 할 수 없는 그들은 관료이지 리더가 아니다. 관료처럼 자라온 하마들이 병목을 지키고 있는 한 전통 기업의 조직 전환은 불가능하다. 『하트 오브 비즈니스』에서 위베르 졸리도 "나는 물고기가 머리부터 썩는다고 믿는다"[412]라고 말했다. 기업에 문제가 생기면 책임은 경영진에게 있다는 뜻이다.

조직은 '목적 의식을 가진 인간'이 만든다. 어떤 기업이든 창업 초기에는 조직원 모두가 분명한 목적 의식을 가진다. 하지만 기업이 성장하고 조직이 커지면서는 조직의 목적 의식은 희석된다. 그래서 리더라면 '우리가 왜 여기에 모여 있는가?'에 대한 물음을 끊임없이 던져야 한다. 리더 자신에게는 두말할 필요도 없다.

리더가 해야 할 일은 조직의 DNA를 '진화'시키는 것이다. 문화가 하루아침에 만들어지지 않듯 진화도 대를 이어서 서서히 이루어진다. 조직의 숫자를 키우는 것만이 리더의 성과는 아니다. 리더의 성과는 남겨진 자들의 DNA속에 '조직 문화'로 새겨져야 한다. '핵심 가치'를 선포하고 'XX 웨이'를 정의한다고 조직 문화가 변하지는 않는다. 조직 문화의 진정한 변화는 리더의 가치관과 행동에서부터 시작된다. CEO가 변하고, 경영진이 변하고, 부서장이 변해야 한다. 그래야 힘은 없지만 생각은 있는 나머지 조직원들이 따라서 움직인다. 이들은 리더들이 어떤 가치관을 가지고 어떻게 행동하고 결정하는가를 보며 자기 행동 양식의 수위를 조절한다.

조직은 사람이고 사람이 문화를 만든다. 조직 문화의 핵심은 그 문화를 만들고 지배하는 사람이다. 리더십은 역할이 아니라 '행동'이다. 리더가 진정성 있게 조직의 목적과 가치를 설정하고 행동할 때 조직의 전환도 가능해진다. 리더가 변해야 리딩할 수 있다는 얘기다. 병목을 지키는 하마가 아니라 행동하는 리더가 필요하다.

'지배적 조직 문화'를 버리는 리더를 기다린다

'핵심 가치'는 조직의 가치관이다. 조직 구성원들이 생각하고 행동하고 판단하는 기준이다. 경영진부터 사원까지 모든 조직원이 핵심 가치를 지키면서 일하는 조직이 '목적 의식을 가진 조직'이다. 핵심 가치는 '실제' 조직 문화를 설명할 수 있어야 '가치'가 있다. 핵심 가치를 정하고 '지키면' 조직 문화가 만들어진다. 하지만 전통 기업에서는 핵심 가치와 조직 문화가 따로 노는 경우가 많다. 핵심 가치는 대외 선전용이고 사무실안의 조직 문화는 딴 세상이다. 이런 현실에서는 조직원들이 핵심 가치를 '실천'하기가 어렵다.

핵심 가치와 조직 문화가 따로 노는 가장 큰 이유는 기존의 '지배적 조직 문화'가 뿌리 깊게 박혀 있기 때문이다. 산업화 시대에 성장한 전통 기업은 공통의 지배적 조직 문화를 갖고 있다. 바로 군대 문화와 관료주의이다. '상명하복' '일사불란' '안 되면 되게 하라' '까라면 까라'는 식의 군대 문화는 전통 기업의 조직 문화를 설명하는 한 축이다. 여기에 권력은 위에서 아래로 내리고, 결정은 직급의 권한이며, 통제는 꼭 필요하다는 관료주의적 사고가 또 다른 한 축을 이룬다. 전통 기업의 히포들은 이런 '비인간적인' 조직 문화를 신입사원 때부터 행동으로 보고 배웠다. 짙은 안갯속에서도 모습을 드러내는 100년 된 고성처럼 지배적 조직 문화의 뿌리는 깊고 단단하다.

리더는 지배적 조직 문화를 버리고 새로운 핵심 가치를 가장 먼저 행동으로 실천해야 한다. 『컴피티션 시프트』에서 램 차란은 "특정한 방식으로 행동하는 사람들의 수가 임계치에 다다르면 다른 사람들의 행동을 이끌기 때문에 영향력 있는 자리에 누구를 앉히느냐는 매우 중요하다"[413]라고 했다. 하지만 전통 기업은 이처럼 '매우 중요한' 리더 자리에 리더가 아닌 사람을 앉힐 때가 있다. 일 잘하고 실적이 좋은 사람이 반드시 좋은 '리더'는 아니다. 핵심 가치를 행동으로 보여주며 조직의 문화를 바꿀 수 있는 사람이 좋은 리더이다. 조직의 DNA를 가꾸는데 헌신할 수 있는 사람이 디지털 전환의 리더이다.

전통 기업의 많은 관리자들은 일하는 직원들을 감시하는 것을 자신의 역할로 생각한다. 그렇게 배워왔고, 그래서 승진했다. 가장 잘할 수 있고 가장 익숙한 역할이다. 이들은 전통 기업의 지배적 조직 문화에서 '일 잘하는 방법'에 익숙한 전문가이고 숙련가이다. 문제는 같이 일해야 하는 디지털 지식 노동자들이 기대하는 '일 잘하는 방법'과는 거리가 멀다는 데에 있다. 조직을 리딩하는 방식이 '지시'가 아니라 '코칭'으로 달라졌지만 준비는 아직 미진하다. 직장을 다니면서 한 번도 코칭을 제대로 받아 본 적이 없는데 누군가를 코칭해야 하는 상황이 낯설기만 하다. 전통 기업의 '관리자'가 디지털 지식 노동자를 제대로 코칭하는 '리더'가 될 때 지배적 조직 문화는 비지배적으로 바뀐다.

병을 뒤집어야 히포가 사라진다

지배적 조직 문화의 병목을 없애는 방법은 병을 뒤집는 것이다. 병을 뒤집기 위해서는 디지털 전환의 비전에 맞게 핵심 가치를 새로 정립하는 것이 필요하다. 이때 가장 중요한 것은 조직 구성원 '모두가' 만들고 싶은 조직 문화를 핵심 가치로 정하는 것이다. 그리고 핵심 가치를 행동으로 지킬 때 새로운 조직 문화가 된다. 조직 문화를 바꾸는 것은 애자일 코치도 아니고 HR 컨설턴트도 아니다. 새로운 가치를 수용해야 하는 조직 구성원이다. 모든 조직 구성원이 알 수 있도록 핵심 가치가 지향하는 조직의 모습을 구체화해야 한다. 우아한 형제들이 "송파구에서 일 잘하는 방법 11가지"[414][415]를 만든 이유이다.

새로운 핵심 가치를 조직의 DNA로 만드는 데 가장 중요한 것은 리더의 '행동'이다. CEO, 경영진, 부서장들부터 핵심 가치의 원칙을 지켜야 한다. 솔선수범이 아니라 '언행일치'가 핵심이다. 새로운 조직 문화를 전통 기업의 리더들이 솔선수범하기 어렵다. '나를 따르라'라고 자신 있게 앞장설 수도 없다. 한 번도 경험해보지 못한 조직 문화라서 그렇다. 오히려 나처럼 하면 안 된다는 반면교사의 상징이 되어야 할 판이다. 조직 문화의 규율은 리더의 말에서 시작된다. 말은 행동으로 지켜질때 힘이 실린다. 조직원들은 리더의 입이 아니라 등을 보면서 따른다는 사실을 잊어서는 안 된다.

리더의 등을 보고 따르는 조직원들도 리더십 교육을 받아야 한다. 리더십은 리더 포지션에 있는 사람만 필요한 것이 아니다. 아마존의 리더십 원칙은 리더만 지켜야 하는 것이 아니라 조직원 누구나 지켜야 하는 원칙이다. 조직의 핵심 가치를 지키는 사람은 누구나 리더이다. 자신의 가치관과 행동 양식을 조직의 핵심 가치와 문화에 정렬시키고 행동하기 때문이다. 리더의 자리에 앉고 나서 리더십 교육을 받는다면 이미 늦다. 조직원 누구나 리더십을 갖고서 핵심 가치를 지키는 실천적 행동을 할 때 디지털 전환의 핵심 가치는 전통 기업의 새로운 '지배적 조직 문화'가 될 수 있다.

인간은 나이가 들면 회복 탄력성이 떨어지지만, 조직은 오히려 정

반대다. 오래된 조직일수록 원래 상태를 회복하려는 성질이 강하다. 잠시 한 눈을 팔면 보이지 않는 곳에서부터 요요가 일어난다. 눈 밝고 귀 밝은 리더의 역할이 요구되는 이유이다. 요요를 막는 가장 좋은 방법은 디지털 전환의 핵심 가치와 이를 조직 문화로 지지하는 사람들로만 조직을 구성하는 것이다. 지지하지 않는 사람은 박수 쳐서 떠나게 만들던지, 전향을 시키든지 둘 중 하나를 해야 한다. '이끌거나, 따르거나, 떠나거나'를 결정해야 한다. 힘들고 어려운 일이지만 어쩔수 없는 리더의 몫이다. 사람이 만든 문화는 쉽게 변하지 않는다. 축적된 시간만큼 변화의 시간이 필요하다.

디지털 전환은 조직의 전환으로 완성된다. 전통 기업의 조직 전환을 어렵게 만드는 것은 아래에 있는 사람들이 아니라 위에 있는 사람들(병목을 차지한 히포들)이다.

디지털 전환의 리더는 익숙하고 숙련된 '지배적인 조직 문화'를 버리고 코칭으로 리딩하는 사람이다. 전통 기업은 새로운 조직 문화를 구축하기 위해 핵심 가치를 다시 정립해야 한다. CEO, 경영진, 부서장들이 행동으로 실천해야 새로운 '지배적 조직 문화'가 탄생한다.

군대 문화와 관료주의적 사고는 오래된 만큼 쉽게 바뀌지 않는다. 새로운 핵심 가치와 조직 문화를 지지하는 사람들이 다수가 될 때 조직의 요요를 막을 수 있다.

36

'진짜 팀'을 만들어야 애자일도 산다

'진짜 팀'의 원칙을 지키지 않으면 무늬만 애자일인 조직이 된다. '진짜 팀'은 서로 보완적인 기술을 가진 소수의 인원이 공동의 목표를 향해 상호 책무성을 가지고 협업하는 조직이다. '진짜 팀'이 애자일하게 일할 때 애자일 조직이 만들어진다.

애플은 전 세계 시가총액 1위 빅테크 기업이다. 애플에는 애자일 조직으로 알려진 '스쿼드'도 없고 '트라이브'도 없다. 그렇다면, 애플은 '애자일'하게 일하지 않는 걸까? 애자일 진영에서 사용하는 이름의 조직이 없다는 것만 보면 애자일답지 않다. 하지만 애자일이 프로덕트 중심으로 팀이 일하는 철학이라면 애플은 이미 애자일 그 자체이다. 스티브 잡스에게 애플은 언제나 '하나의 팀'으로 일하는 조직이었다.[416]

전통 기업이 닮아야 하는 애자일 조직은 '형식'이 아니라 '실체'여야 한다. 애자일 조직은 '진짜' 팀이 애자일하게 일할 때 만들어 진다.

애자일의 가면을 벗기면 진짜 팀이 보인다

국내에서는 전통 금융 회사를 중심으로 애자일 조직에 대한 관심이 높다. "한층 빠르게 의사결정을 하고 계획을 즉시 실행하는 속도감 있는 조직 문화"[417]를 원해서이다. 신한은행은 2017년 '셀' 조직 도입을 시작으로 '트라이브'와 '스쿼드' 조직을 확대하고 있다.[418] '셀'은 프로젝트에 따라 언제든지 생성되고 소멸하는 조직이다. 우리은행은 2020년 7월부터 애자일코어팀ACT을 운영 중이다. ACT는 "경영진으로부터 부여받은 미션을 수행하기 위해 필요할 때마다 만들고 임무를 마치면 해산"하는 조직이다.[419] KB국민은행은 애자일 전담조직으로 "ACE"를 운영하고 있고, 2022년부터는 애자일빌드팀이 사내 애자일 코치 역할을 하고 있다.[420]

'셀' 조직의 설명을 보면 기존의 테스크 포스TF와 크게 다르지 않다. 업무가 주어지고 필요한 인력들이 모이고 일이 끝나면 조직은 해산한다. 보고서 대신 구두나 쪽지로 셀 리더에게 보고한다고 해서 일하는 방식이 크게 달라지진 않는다. 셀의 리더가 기존 부서장의 책임과 권한을 가진다고 하지만 '자율적인 의사결정'이 가능하지는 않다. 부서장도 의사결정을 자율적으로 할 수 없는 조직 문화에서 셀 리더가 자율적으로 행동하기란 어렵다. TF와 다르지 않은 업무 방식을 '셀'이란 이름으로 포장한다고 해서 '속도감 있는 조직 문화'가 만들어지진 않는다.

'트라이브'라는 이름을 가진 신한은행의 애자일 조직도 마찬가지이다. 지시 받은 '미션 업무'를 수행하고 "목표 업무가 완료되면 또 다른 업무를 할 수도 있고 다시 원래 조직으로 돌아갈 수 있다."[421] 하지만 이런 방식은 존 디어나 JP모건 체이스에서 살펴본 프로덕트 중심의 애자일 조직과는 거리가 멀다. 신한은행의 '트라이브'는 하나의 목표를 달성하면 원래 소속으로 돌아간다. 반면 프로덕트 중심의 애자일 조직은 프로덕트가 없어지지 않는 한 백로그를 쌓으면서 계속 함께 일한다. TF는 풀어야 할 문제가 있지만 애자일 조직은 스스로 문제를 찾아낸다는 점에서도 다르다.

많은 전통 기업이 따라하는 스포티파이의 애자일 조직은 스쿼드, 챕터, 트라이브, 길드로 구성된다. 스쿼드는 '팀'을 좀 더 멋지게 보이려고 지은 이름에 불과하다. 트라이브는 팀이 여러 개 모인 부서의 명칭일 뿐이다. 챕터는 같은 스킬의 사람들이 모인 기능 조직을 부르는 '특이한' 이름이다(그림 9를 다시 떠올려 보자). 길드는 소속과 상관없이 공통의 관심사를 가진 사람들이 만든 학습 그룹을 말한다. 처음 듣는 이상한 이름을 떼고 나면 결국 '팀'과 '매트릭스' 구조만 남는다. 전통 기업이 그렇게 따라 하고 싶은 애자일 조직의 핵심은 한마디로 '팀'이다. '스쿼드'란 이름이 중요한 것이 아니라 '진짜 팀'을 만드는 것이 중요하다.

'팀의 지혜'는 기본에서 찾는다

우리나라에 팀제가 도입된 것은 1977년 삼성물산에서부터다. 그러다 90년대에 대기업 중심으로 확산

되었다. 많게는 45년, 적어도 30년 동안 우리는 '팀'이라는 이름의 조직에서 일하고 있다. 사실 오랫동안 '팀'이라는 이름으로 일하고 있지만, 팀의 진짜 의미는 제대로 모른채 그냥 인사부는 인사팀으로 영업과는 영업팀으로 간판만 바꿔 달았다. 팀이 왜 필요한지는 아무도 궁금해하지 않았다. 애플을 시가 총액 세계 1위 기업으로 만든 '팀'과 용도폐기의 기로에 서 있는 우리 기업의 '팀'은 어떻게 다를까? 팀의 지혜를 찾아서 기본으로 돌아가 보자.

'진짜' 팀은 "서로 보완적인 기술을 가지고, 공동의 목적, 퍼포먼스 목표 그리고 접근 방식에 헌신하면서 서로 책임지는 소수의 사람들"[422]이다. 팀에 대한 정의라기보다는 '진짜' 팀이 되기 위한 '필수적인 원칙'에 가깝다. 진짜 팀은 의미 있는 목적, 구체적인 성능 목표, 공동의 접근법, 보완적인 기술, 상호 책무성이라는 다섯 가지 원칙을 가지고 있다. 애자일 조직에서 말하는 '목적 중심의 교차 기능 팀'의 특징도 이와 다르지 않다. 다시 한번 강조하지만, 애자일 팀이라고 해서 대단한 무엇은 아니다. 팀에서 합의한 '공동의 접근 방식'이 애자일이면 애자일 팀이 되는 것이다.

진짜 팀은 '소수의 사람들'이다. 대부분 10명 내외의 사람으로 이루어진다. 위에서 말한 팀의 다섯 가지 원칙에 따라서 팀의 크기는 달라질 수 있지만 최소 2명에서 최대 25명을 넘지 않는다. 아마존의 투 피자 팀도 6~10명 정도이다(피자 두 판을 먹을 수 있는 인원의 팀). 전통 기업에서 30명이 넘는 조직을 '팀'이라고 부르는 것은 '진짜 팀'의 작동 원칙을 제대로 모르고 하는 처사다. 반대로 단순히 조직의 규모가 작다고 해서 진짜 '팀'이 되는 것도 아니다.

'워킹 그룹'과 '팀'은 구분되어야 한다.[423] 워킹 그룹은 각자의 일을 각자가 책임지는 개인들이 모인 조직이다. 반면, 팀은 공동의 목적과 목표를 달성하기 위해 '상호 보완적인 기술'을 가진 사람들이 모인 조직이다.[424] 기능적으로 분화된 조직의 사일로 현상을 깨고 조직 내의 협업을 강화하기 위해서 등장한 것이 '팀'이다.[425] 같은 조직의 구성원들이 유사한 스킬만 가지고 있다면 팀이 아니라 워킹 그룹이다.[426] 정확하게 말해서 디자이너만 모인 조직은 디자인 '팀'이 아니라 디자인 '그룹'이다. 스포티파이도 '팀'으로 일하는 스쿼드와 구분하기 위해서 기능 조직인 '워킹 그룹'을 챕터라는 별도의 이름으로 불렀다. 결국, 애자일 팀이 교차 기능cross-functional 조직인 것은 애자일 때문이 아니라 진짜 팀의 고유한 원칙 때문이다. '팀'으로 일한다는 말은 기능적 사일로를 뛰어넘어 협업한다는 의미를 갖고 있다.

'진짜 팀'을 만들어라

마이크로소프트가 상대적으로 쉽게 애자일을 도입할 수 있었던 이유도 이미 강력한 팀 문화가 내부에 있었기 때문이다.[427] 애자일 팀을 만드는 것은 팀이 애자일하게 일하면 된다. 진짜 팀이 애자일을 일하는 도구로 활용하는 것은 상대적으로 쉽다. 팀의 기초가 탄탄하기 때문이다. 문제는 진짜 팀으로 일해 본 적이 없는 이름만 팀인 조직이다. 팀으로 일하는 문화가 자리 잡지 못한 조직이 애자일을 도입하는 것은 서지도 못하면서 뛰겠다고 안간힘을 쓰는 꼴과 같다. 섣불리 애자일을 도입했다 실패하는 이유도 다 이 때문이다. 도입 이전에 진짜 팀을 만드는 것이 먼저다.

전통 기업이 진짜 팀을 만들기 위해서는 3단계를 거쳐야 한다. 가장 먼저 해야 할 일은 전 직원의 '스킬 데이터 베이스' 구축이다. 명함의 타이틀을 바꾸는 일이다. 개인의 역할을 직급이 아니라 '기술'로 알 수 있도록 해야 한다. 전통 기업의 명함은 대부분 부서와 직급만 표시한다. 조직 내에서 연공서열을 나타내는 목적이 강하다. 하지만 디지털 기업은 보유한 전문 '기술'과 '역할'이 중심이다. '주니어 소프트웨어 엔지니어'나 '시니어 프로덕트 디자이너' 같은 식이다. 명함만 봐도 무슨 일을 하는 사람인지, 어느 정도까지 일 할 수 있는 사람인지 쉽게 파악이 된다. 진짜 팀의 중요한 원칙인 '서로 보완적인 스킬'을 찾기 위해서는 '기술'을 기준으로 조직원을 구분할 수 있어야 한다.

기술을 기준으로 직원을 구분한 다음 업무를 구분해야 한다. 기존의 기능적 구분이 아니라 사일로를 가로지르는 교차 기능적 구분이다. 협업이 자연스럽도록 비즈니스를 '재구성'하는 일이다. 진짜 팀으로 일해야 문제 해결이 쉬운 업무 즉, 고객이 해결해야 하는 일**JTBD**부터 구분한다. JP모건 체이스가 프로덕트 중심으로 업무를 재구성한 것과 같은 맥락이다. 비즈니스를 재구성하라는 말이 일시적으로 주어진 업무를 했다가 해체되는 TF를 만들라는 뜻은 아니다. 오히려 공동의 목적, 목표, 접근법을 신뢰하고 헌신하기 위해서는 비즈니스의 연속성이 보장되어야 한다.

마지막 순서가 팀 빌딩이다. 실리콘 밸리에서 '팀 빌딩'은 관리자의 1순위 업무이다. "세계 최고의 팀을 만드는 것"[428]이 관리자의 책임이다. 하지만 전통 기업의 관리자들은 '팀 빌딩'을 팀워크로 잘못 이해한다. 부서원들과 회식 하면서 "위하여!" 하는 것이 팀 빌딩이 아니다. 팀 빌딩은 팀 퍼포먼스를 최대로 끌어 올릴 수 있도록 팀을 구성하는 것이다. 그러려면 '상호 보완적인 기술'을 가진 팀원으로 팀을 꾸려야 한다. 그래서 팀의 퍼포먼스를 책임지는 리더에게는 팀 빌딩의 권한이 반드시 필요하다.

애자일 조직의 핵심은 '진짜 팀'이다. 스포티파이의 '스쿼드'는 '팀' 대신 부르는 이상한 이름일 뿐이다. 애자일 조직의 '이름'만 가져온다고 팀으로 일하는 조직이 만들어지지는 않는다.

진짜 팀은 상호 보완적인 스킬을 가진 소수의 전문가들이 공동의 목적과 목표를 위해 헌신하는 조직이다. 강력한 팀 조직과 문화가 있으면 애자일 도입이 상대적으로 용이하다. 문제를 해결하는 접근법만 새로 도입하면 되기 때문이다.

전통 기업은 애자일 도입 전에 진짜 팀을 만드는 일부터 해야 한다. 교차 기능적인 업무를 구분하고 상호 보완적인 기술을 가진 소수의 사람으로 팀을 만들어야 한다. '진짜' 팀으로 일할 줄 알아야 애자일이 뿌리 내릴 수 있다.

37

잘되는 조직은 입구를 지킨다

인재 채용은 조직의 정체성을 명확히 하는 것이다. 어떤 사람을 뽑는지를 보면 그 조직이 어떤지 알 수 있다. 훌륭한 인재를 뽑고 싶다면 훌륭한 기업이 되어야 한다. 전통 기업의 채용은 꿩 대신 닭이 아니라 군계일학을 찾는 과정이어야 한다. 인사담당자는 물론이고 CEO도 인재 영입과 발굴에 담당자처럼 나서야 한다.

업무가 복잡할수록 뛰어난 사람과 그렇지 않은 사람과의 생산성 차이는 벌어진다. 글로벌 컨설팅사 맥킨지의 조사에 따르면 소프트웨어 개발 같은 고도의 복잡성을 필요로 하는 업무에서 뛰어난 사람과 그렇지 않은 사람의 생산성 차이는 여덟 배에 이른다고 한다.[429] 디지털 프로덕트 개발에서 팀을 어떤 사람으로 구성하는가에 따라 비즈니스의 성패가 좌우된다는 뜻이기도 하다. '인재 밀도'를 중요하게 생각해야 하는 이유이다.

인재 밀도는 조직원의 '기술적 전문성'과 '문화적 적합성'으로 이루어진다. 한 기업의 인재 밀도는 조직의 입구인 채용에서 결정된다. 디지털 경영을 준비하는 전통 기업이라면 조직의 입구를 잘 정비해야 한다.

진짜 팀 빌딩은 채용에서 시작한다

"성공적인 팀을 만드는 요인은 무엇인가?" 구글이 답을 찾고 싶었던 질문이었다. 2012년 시작한 '프로젝트 아리스토텔레스'는 2년 동안 180개 팀을 대상으로 200회 이상의 인터뷰를 수행하고 나서 구글에서 성공하는 팀의 특징을 다섯 가지로 정리했다.[430] 바로 심리적 안전, 의존성, 구조와 명확성, 일의 의미, 일의 파급 효과이다(각각의 자세한 내용은 주석 참조).[431] 일반적으로 중요하게 생각하는 '팀원의 구성'은 찾아볼 수 없다. 아리스토텔레스 프로젝트는 이 중에서도 '심리적 안전'이 팀 성과에 가장 중요한 영향을 미친다는 결과를 내놓았고, 이 같은 새로운 인식은 이후 실리콘 밸리의 조직 문화에 크게 영향을 주었다.

그런데 실리콘 밸리의 조직 문화를 벤치마킹하는 전통 기업의 입장에서 간과하지 말아야 할 사실이 있다. 프로젝트 아리스토텔레스의 연구 대상은 '구글'의 팀이라는 점이다. 조사 발표만 보고 팀 구성이 팀 성과에 중요하지 않다고 주장하는 것은 오해가 있을 수 있다. 구글은 기본적으로 구글의 까다로운 채용기준을 통과한 사람들로 팀이 구성되어 있다. 그래서 팀원 구성이 팀 성과에 큰 변별력이 없다고 보는 것이 합리적이다. 구글의 팀은 '진짜 팀'이 요구하는 상호 보완적인 기술의 전문성, 공동의 목적을 향한 헌신과 책임감 등을 이미 기본으로 갖추고 있다고 봐야 한다. 그렇기 때문에 진짜 팀이라는 전제 위에서 '심리적 안전'이 성공하는 팀의 가장 중요한 특징이 될 수 있었다.

아리스토텔레스가 "전체는 부분의 합보다 크다"라고 했지만 무조건 집단의 결과가 개인을 능가하는 것은 아니다. 팀으로 일하는 문화에 익숙한 개인이 모인 집단일 때만 집단이 개인을 능가할 수 있다. 실리콘 밸리에서 채용하는 인재의 유형이 비슷한 것도 이런 이유에서다. 예외 없이 "자율적이고 책임이 강한 독특한 조직 문화를 즐기는 사람"[432] "스스로 동기를 부여하고 팀 문화에서 성장할 수 있는 사람"[433] "전문적인 지식과 기술은 물론 영역의 경계를 뛰어넘어 협업을 추구하는 인재"[434]를 찾는다. 애자일 조직을 전파하는 실리콘 밸리에서는 이런 사람들로 팀을 구성하고 애자일하게 일한다. 애자일 방법론 때문에 팀이 성과를 내는 것이 아니라 팀을 구성하는 사람들의 능력에 따라 팀의 퍼포먼스가 좌우된다.

구글은 직원이 5만여 명일 때 인사 채용 담당자가 2,500여 명에 이르는 것으로 알려져 있다.[435] 매일 아침 구글 캠퍼스 어딘가에서는 채용이 진행 중이다. 구글의 관리자가 하는 일 중 가장 중요한 일 역시도 직원 채용이다.[436] 구글은 "평범한 인재를 채용해 최고의 인재로 키우는 것" 보다 "최고의 인재를 채용"하는 것을 더 중요한 투자로 생각한다.[437] 직원을 뽑고 나서 재교육하는 것보다 채용 단계에서 '적합한' 인재를 뽑는 것을 더욱 효과적으로 본다. 팀 빌딩은 채용에서 시작되고 채용으로 끝난다고 해도 과언이 아니다.

전통 기업이 입구를 잘 못 지키는 이유

디지털 인재 채용에서 가장 중요한 것은 '필요한' 인력보다 '적합한' 인력을 뽑는 것이다.[438] 하지만 전통 기업이 직면한 첫 번째 문제는 조직의 '정체성'과 뽑고 싶은 인력의 '적합성'이 맞지 않는다는 것에 있다. 전통 기업의 '정체성'에는 산업화 시대의 관료주의적 사고와 상명하복의 군대식 문화가 남아 있다. '공채'라는 대량 채용 방식으로 '필요한' 인력을 뽑았고 그들이 조직의 실체적 정체성을 만들었다. 디지털 전환을 위해 애자일, 혁신, 수평적 조직을 말하지만 조직의 '정체성'은 모호하기만 하다. 스스로 어떤 조직을 만들고 싶은지 잘 모르는데 '적합한' 인재를 구인하기는 어렵다.

전통 기업의 두 번째 문제는 해당 산업에서는 메이저이지만 디지털 씬에서는 마이너라는 사실이다. 업계 1,2위를 다투는 전통 기업이라도 디지털 인재 입장에서는 네이버, 카카오보다 우선 순위가 떨어진다. 싫지만 인정해야 하는 현실이다. 대졸자 공채처럼 앉아서 채용 공고만 내면 입사하기 위해 줄을 서는 상황은 아니다. 연봉 수준을 디지털 기업 수준으로 맞춘다 해도 해결되지는 않는다. 더구나 연공서열이 중요한 전통 기업에서 연차를 무시하고 실력만으로 연봉을 책정하기도 어렵다. 그래서 업계 1위 기업도 디지털 인재 채용이 쉽지 않다.

전통 기업의 채용이 직면한 세 번째 문제는 채용 담당자의 낮은 전문성과 네트워크 부족이다. 전통 기업이 경력직 채용공고를 내지만 마음에 드는 지원자를 찾기는 하늘의 별 따기만큼이나 어렵다. 네이버나 토스가 채용 공고를 내는 것과는 다르다. 전통 기업의 채용 담당자에게 전문성과 네트워크를 요구하는 이유이다. 디지털 직무에 대한 이해가 충분해야 적합한 사람을 찾을 수 있다. 평소에 잠재 후보자들과 네트워크를 가지고 있어야 필요할 때 이직을 제안할 수도 있다. 하지만 전통 기업의 채용 담당자는 채용 프로세스를 '관리'하는 사람이라 인재 사냥을 다닐 줄 모른다. 직접 찾아 나서야 하는데 어디에서 누구를 찾아야 할지 막막하다.

마지막 네 번째 문제는 퇴사에 대한 걱정이다. 전통 기업에서 경력직을 채용할 때 경영진이 보이는 반응은 대동소이하다. '비싼 돈 주고 데려와서 일 가르쳤는데 2~3년 있다가 경쟁사로 가면 손해 아니냐?'라는 걱정이다. 경력직을 채용하는 입장에서는 누구나 염려하는 일이다. 경력직의 퇴사율을 KPI로 관리하는 조직에서는 더더욱 채용이 조심스럽다. 하지만 구더기 무서워서 장 못 담그는 상황은 바람직하지 않다. "실리콘밸리에서 일하는 밀레니얼 세대는 평균 2년에 한 번씩 이직"[439]한다고 한다. 디지털 인재도 다르지 않다고 본다. 있는 동안이라도 잘하고 나가면 그것으로 만족해야 한다.

디지털 경영을 위해 조직의 입구를 정비하라

전통 기업이 입구를 지키기 위해서 가장 먼저 해야 할 일은 조직의 '정체성'을 명확히 하는 것이다. '어떤 사람을 뽑을 것인가'란 질문에 대한 답은 간단하다. '우리 회사는 이런 회사이고 우리는 이렇게 일한다'라고 말하면 된다. CEO부터 신입사원까지 한목소리로 답할 수 있는 조직은 정체성이 명확하고 인재상에 대해서도 구체적이다. 새로운 조직 문화를 고민하는 전통 기업은 디지털 전환을 정체성 변신의 기회로 만들어야 한다. 100년 된 조직 문화의 껍데기를 벗어야 생존할 수 있는 시대로 접어든 만큼, 정체성이 하루아침에 바뀔 수는 없겠지만 지향점은 분명히 해야 한다.

조직의 정체성이 명확해지면 적합한 인재를 찾기 위해 CEO가 직접 나서는 것도 필요하다. '진짜 팀'을 구성하는 인재 채용은 인사 부서나 채용 담당자만의 역할은 아니다. 스티브 잡스도 자신에게 가장 중요한 업무는 '채용'이라고 했다.[440] 2008년 포춘지와의 인터뷰에서 그는 이렇게 말했다. "저는 지금까지 5,000명이 넘는 사람들을 채용하는 데 관여해왔습니다. 따라서 인재를 채용하는 일을 매우 심각하게 생각합니다."[441] 잡스가 1997년 애플에 복귀하고 10년 동안 한 일은 새로운 애플에 적합한 사람을 찾는 일이었다. 디지털 전환을 준비하는 전통 기업의 CEO도 애플에 복귀한 잡스의 입장과 크게 다르지 않다.

전통 기업은 통상 서류 전형, 실무자 직무 면접 30분, 임원 인성 면접 30분으로 채용이 진행된다. 하지만 대졸자 공채 전형에 맞춘 프로세스로는 디지털 인재를 찾기에 역부족이다. 그래서 빅테크나 IT 기업 출신이라면 별다른 검증 없이 무사통과로 채용된다. 전통 기업이 진짜 팀에 맞는 전문가를 찾기 위해서는 채용 프로세스를 바꿔야 한다. 기술적 전문성과 조직적 적합성을 깊이 있게 파악해야 한다. 동시에 지원자가 면접을 통해 회사를 평가할 기회도 줘야 한다. 지원자는 자신을 정확하게 평가하고 자신의 가치를 정당하게 알아주는 회사를 찾아야 한다. 이직과 채용은 양쪽 모두에게 '심각한' 일이다.

팁을 하나 말하자면, 디지털 인재를 채용할 때 인사팀의 공식 채용 프로세스를 시작하기 전 별도로 티타임을 한 시간 정도 직접 가졌는데, 꽤 효과가 있었다.

디지털 인재는 자신의 성장 속도에 만족해야 회사에 계속 남는다. 자신이 정체되어 있다고 판단하면 이직을 준비한다. 직원이 성장했기 때문에 회사를 떠난다면 입구는 제대로 지킨 셈이다. 성장할 수 있는 좋은 인력을 뽑았기 때문이다. 그래도 전통 기업 입장에서는 공들인 인재의 이탈을 막을 수 있는 장치가 필요하다. 바로 스페셜리스트를 커리어 트랙으로 보장하는 것이다. 전통 기업은 스페셜리스트보다 제너럴리스트를 키우는데 익숙하다. 때가 되면 부서를 이동하는 순환보직 인사를 관례처럼 하는 기업도 여전히 많다. 전문가로 성장할 수 있는 커리어 패스가 공식화되어야 성장에 대한 '심리적 불안'을 잠재울 수 있다.

구글은 평범한 사람을 뽑아 최고로 만드는 대신 최고의 인재를 뽑는 것에 심혈을 기울인다. 이렇게 뽑은 최고의 인재들로 구성된 팀에서는 실패해도 괜찮은 '심리적 안전'이 성과 창출에 중요하다.

진짜 팀을 만드는 것은 필요한 사람이 아니라 '적합한' 사람을 찾는 일이다. 조직의 정체성이 명확해야 '적합한' 사람을 구별하기가 쉽다. 전통 기업의 낡은 정체성은 디지털 인재가 바라는 정체성에 적합하지 않다. 전통 기업의 정체성을 버리고 디지털 기업(경영)으로의 정체성을 명확히 해야 '적합한' 인재를 채용할 수 있다.

디지털 씬에서 마이너인 전통 기업은 CEO가 직접 채용에 발 벗고 나서는 모습을 보여줘야 한다. 채용 프로세스는 지원자의 기술적 전문성과 문화적 적합성을 깊이 있게 파악할 수 있도록 해야 한다. 스페셜리스트로 성장할 수 있는 커리어 패스가 명확히 보여야 디지털 인재가 마음놓고 일할 수 있다.

13장

코드 7 : Flat
- 평평해야 바로 세울 수 있다

38

조직은 씨줄과 날줄의 짜임이다

디지털 전환에 성공하는 조직 문화를 위해 실리콘밸리의 여러 제도를 가져와 보지만, 상명하달식 문화가 바뀌지 않는 한 어떤 변화도 일어나지 않는다. 모든 조직은 계층적이기 때문에 계층별로 의사결정의 자율과 책임을 명확히 하는 수밖에 없다.

조직 문화는 기업 경영에서 매우 중요하다. 부연 설명이 필요 없을 정도다. 전통 기업이 실리콘 밸리의 '지배적 조직 문화'에 관심을 두는 것도 조직 문화의 중요성을 잘 알기 때문이다. 그래서 어떻게 일하는지, 팀장들은 어떤 리더십을 갖고 있는지 책도 보고, 찾아가서 물어보기도 한다. 나아가 영어 이름을 부르고, 복장도 자율화하고, 타운 홀 미팅도 한다. 마치 ERP 패키지를 도입하듯 조직 문화도 수입하면 된다고 생각한다. 하지만 디지털 시대의 '지배적인 조직 문화'가 무엇인지에 대한 해답은 여전히 현재 진행형이다. 실리콘 밸리의 '문화'를 수입하는 것보다 우리 '조직'에 대한 고민을 먼저 해야 한다.

수평적 조직 구조와 수평적 조직 문화는 다르다

조직은 한자로 짤 조(組), 짤 직(織)이다. 실로 베를 짜듯이 엮여서 돌아가는 것이 조직이다. 베틀은 씨줄과 날줄을 교차시켜서 천을 짠다. 씨줄은 가로 실이고 날줄은 세로 실이다. 날줄은 베틀에 걸려서 천의 바탕을 만들고, 씨줄은 천의 모양과 색상을 만든다. 천을 짤 때 씨줄은 옆으로 움직이고 날줄은 위에서 아래로 움직인다. 조직에 비유하자면 씨줄은 조직 문화고 날줄은 조직 구조이다. 씨줄과 날줄이 천을 구성하듯 문화와 구조가 조직을 구성한다. 이 두 가지는 구분해서 보아야 한다.

조직의 구조를 수평flat으로 만든다는 것은 최고경영자부터 사원까지의 '계층layer'을 줄이는 것이다. 궁극적인 수평 조직의 모습은 직급이 없는 완전히 자율적인 조직이다. 가장 유명한 사례는 미국의 게임 개발회사 밸브이다. 밸브의 신입 직원 핸드북에 따르면 경영진도 없고, 직책도 없고, 보고할 사람도 없다.[442] 밸브에서는 무엇을 하라고 누가 지시하지도 않는다. 현재 작업 중인 프로젝트가 무엇인지 누구나 볼 수 있고, 원하면 참여도 할 수 있다. 아이디어를 가진 직원이 프로젝트를 시작하기 위해 자금을 모으고 팀을 구성하는 방식으로 일한다. 말 그대로 플랫 월드이다.

조직의 문화를 수평으로 만든다는 것은 조직 내에 존재하는 '권력 거리Power-Distance'를 줄이는 것이다. 권력 거리란 권력이 작은 구성원이 권력의 불평등한 분배를 수용하고 기대하는 정도를 말한다.[443] 권력 거리가 가까운 문화에서는 하급자가 상급자와의 관계를 민주적이고 평등하다고 인식한다. 권력 거리가 먼 문화에서는 하급자가 전제적이고 가부장적인 권력 관계를 쉽게 수용한다. 권력 거리는 힘을 가진 사람이 인식하는 거리가 아니라 힘이 없는 사람이 인식하는 거리이다.

조직의 '계층을 줄이는 일'과 구성원 사이의 '권력 거리를 줄이는 일'은 성격이 매우 다르다. 씨줄과 날줄의 역할이 다른 것과 같다. 조직의 계층을 줄이는 일은 상대적으로 쉽다. 인사 시스템에서 직급을 하나로 통일하면 된다. 그러면 계층은 하루아침에도 수평적으로 만들어진다. 그렇지만 계층이 줄어든다고 해서 조직원 사이의 권력 거리가 좁혀지지는 않는다. '수평적 조직'을 자랑하는 빅테크 기업이라도 조직 내 불평등한 권력 행사에는 여전히 노출되어 있다.[444]

구조보다 문화가 먼저다

조직 구조가 3단계면 수평에 가깝고 5단계면 수직적이라는 생각은 조직에 대한 본질을 놓치고 있음을 의미한다. 특정한 목적을 이루기 위해 모인 사람들이 구성한 집단은 '계층적'일 수밖에 없다.[445] 밸브처럼 완전히 자율적인 조직은 현실적으로 일반 기업에 적용하기는 어렵다. 조직 구조가 완전히 평평하다고 해서 조직 구성원 간의 권력 거리가 없어지는 것도 아니다. 밸브에서 근무했던 직원도 "실제로 회사에는 강력한 관리 구조의 숨겨진 계층이 있다"[446]라고 말했다. 플랫 월드에도 비공식적인 계층은 존재한다. 따라서 조직이 가지는 구조적 특성으로 계층을 이해해야 한다(모든 조직은 계층적일 수밖에 없다).

계층적인 '조직 구조'가 문제의 원흉은 아니다. 재능 있는 사람들이 훌륭한 리더와 함께 일한다면 계층적인 조직에서도 훌륭한 성과를 만들 수 있다. 문제는 계층 조직이 병드는 것이다. 우리가 지금 목격하는 전통 기업의 계층 조직은 관료주의와 군대 문화에 병들어 있다. 지시 없이는 꼼짝도 하지 않는 '복지부동'이나 까라면 까는 '상명하복'은 문화이다. 이는 구조에서만 비롯된 문제는 아니다. 따라서 수직적 조직 문화의 병리 현상을 치료하기 위해 계층 구조 자체만 도려내는 것은 올바른 처방이 될 수 없다.

수직적 조직 문화의 병폐는 조직에서 힘을 가진 사람의 태도 때문에 발생한다. 완장을 찼다고 위계적 힘을 과시하는 계층은 보이지 않는 '권력 거리'를 눈에 띄게 한다. 나이가 많고, 회사를 오래 다녔고, 직급이 높다는 이유만으로 행사하는 '투명 완장'도 문제를 일으킨다. '권력 거리'를 줄이는 힘은 상급자에게 있다. 조직에서 지시하고 통제할 수 있는 권한은 리더만 가진다. 조직의 성과를 최종적으로 책임지기 때문이다. 나쁜 문화를 치료하는 유일한 방법은 리더가 좋은 문화를 조직에 주입하는 것밖에 없다. 힘을 가진 리더가 권위주의와 관료주의를 배척해야 병폐를 막을 수 있다.

조직 구조는 조직 문화의 산물이다. 문화가 구조를 만들어야 무너지지 않는다. 전통 기업이 직면한 조직의 위기는 구조가 문화를 강제할 수 있다고 믿기 때문에 발생한다. '형식적'으로는 수평적인 조직 구조가 '실질적'으로는 수직적인 조직 문화와 충돌하는 것이다. 빠르고 유연한 조직은 조직 계층을 줄인다고 만들어지지 않는다. 조직을 움직이는 사람들의 행동 양식과 태도가 빠르고 유연해야 한다. 수평 조직이든 애자일 조직이든 조직의 변화는 구조 이전에 문화가 변해야 한다.

수직적 계층 조직에서도 수평적 조직 문화는 싹이 튼다

일을 하는 것은 누가 시켜서 하거나, 내가 알아서 하거나 둘 중 하나이다. 건강한 조직은 지시와 자발성 모두가 제자리를 지키는 조직이다. 지시는 없고 자발성만 있는 완전 자율 조직은 이상적이지만 비현실적이다. 조직이 커질수록 완전 자율은 불가능에 가깝다. 플랫 월드를 자칭하는 밸브도 창업 이후 지금까지 조직 규모가 400명을 넘지 않았다.

축구 선수 손흥민에게 아버지 손웅정은 '호랑이 친구' 같은 존재이다. 같이 훈련할 때는 호랑이처럼 무섭지만 훈련이 끝나고 나면 더없이 좋은 친구이다. 조직도 호랑이 친구 같아야 한다. 일할 때는 칼날이 서 있어야 하고, 일을 떠나서는 한없이 무뎌도 된다. 하지만 많은 조직이 이를 거꾸로 생각한다. 일은 흐리게 하면서 의전은 칼 같이 지키길 원한다. 건강한 조직은 일의 본질에서 한 치의 양보도 허용하지 않는다. 한마디로 일에만 집중한다. 구성원들끼리 서로 신뢰하고 존중하지만 권한과 책임도 명확하다.

배달의민족을 운영하는 우아한 형제들이 '송파구에서 일을 더 잘하는 11가지 방법'으로 내세운 것 중 두 번째가 "실행은 수직적! 문화는 수평적!"이다. 자율과 책임의 문화를 강조하는 스타트업이지만 "실행은 수직적"으로 해야 한다고 선언하고 있다. 우아한 형제들의 컬처 커뮤니케이션 책임자는 "우아한 형제들은 수직적인 문화도 수용하며, 모두가 찬양하는 수평적인 문화만 추구하지 않는다"[447]라고 말했다. 수직적인 문화를 수용한다는 뜻은 리더의 지시와 통제를 따른다는 말이다. 수직적 계층 조직의 필요성을 인정하면서 동시에 수평적 조직 문화와의 공존을 실험하고 있는 셈이다.

전통 기업은 '현실적'으로 수직적인 계층구조에서 '이상적'인 수평적 조직 문화의 뿌리를 내리는 난제를 풀어야 한다. 계층 조직 내에서 수평적 문화를 만들기 위해서는 계층별로 자율과 책임의 범위가 명확해야 한다. 의사결정의 탈집중화가 모든 계층이 공평하게 동일한 수준의 의사결정을 한다는 뜻은 아니다. 계층별로 의사결정의 수준은 다를 수밖에 없다. CEO가 해야 하는 결정과 팀장이 할 수 있는 결정은 달라야 하는 것이 정상이다. 하지만 분명한 것은 계층과 상관없이 결정하는 사람이 바로 그 일의 '리더'라는 사실이다.

씨줄과 날줄로 천을 짜듯이 조직은 조직 문화와 조직 구조로 만들어진다. 조직 문화의 수평은 '권력 거리'가 만들고 조직 구조의 수평은 '계층'이 만든다. 모든 조직은 구조적으로 계층적일 수밖에 없다.

전통 기업의 조직 문제는 수직적 계층 구조가 아니라 병든 수직적 문화가 원인이다. 병든 문화는 가만히 두고 계층을 줄인다고 해서 '권력 거리'가 줄어들지는 않는다. 구조보다 문화가 먼저 변해야 한다.

리더는 가장 먼저 관료주의와 권위주의의 병폐를 막아야 하는 사람이다. 계층별 자율과 책임의 범위를 명확하게 하는 것이 '지시'와 '통제'의 수직적 구조에서 '자율'과 '책임'의 수평적 문화로 변화하는 길이다.

39

자율과 책임은 수평적 일하기가 시작이다

자율과 책임 아래 일하는 것도 훈련이 필요하다. 전통 기업이라면 더더욱 필요하다. 자율과 책임의 훈련은 남의 밥그릇에 '숟가락 얹는' 관행부터 없애야 시작할 수 있다. 성과를 책임지는 리더는 백업 플랜을 세우고 자율과 책임의 문화를 실험해야 한다.

21세기 기업 경영에서 관료주의적 사고와 수직적 조직 문화가 더 이상 경쟁력이 없다는 것은 누구나 알고 있다. 2000년 1월 CJ그룹은 국내 처음으로 '직급 호칭'을 없애고 '님'을 부르기 시작했다. 많은 기업이 수평적 조직 문화를 위해 직급을 축소하고 '실리콘 밸리식'으로 영어 이름을 부른다. 그렇게 20년이 지났지만 '수평적 조직 문화'는 여전히 전통 기업의 로망이자 숙제로 남아 있다.

실리콘 밸리에서 말하는 수평적 조직 문화는 팀의 자율과 책임을 기반으로 일하는 문화를 말한다. 진짜 팀으로 일할 줄 모르는 조직에서는 아무리 '브라이언님'을 외쳐도 수평적 조직 문화가 만들어지지 않는다.

조직의 수평은 계급장이 아니라 일 사이에 있다

영어로 'Flat'은 '평평하다'는 뜻이다. '수직적 계층'을 뜻하는 'Hierarchy'의 반대말로 사용된다. 계층은 권위의 구분을 위해 존재한다. 권위는 결정할 수 있고 타인에게 명령할 수 있는 '권한'과 전문성으로 인정받는 '존경' 이 두 가지가 복합된 개념이다. 기업에서 부장은 대리보다 높은 '권위'를 가진다. 하지만 직급을 떼는 순간 명령할 수 없고 전문성으로만 인정받는다. 오랫동안 '제너럴리스트'로 일해온 관리자에게 '전문성'이 있을 리 없다. 결국 원활한 의사소통을 핑계로 직급 체계로 다시 돌아온다.[448]

반복하는 얘기지만, 조직 계층을 줄이고 직급을 '프로'로 통일하고 호칭을 '님'으로 바꾼다고 해서 평평해지지는 않는다.[449] 조직 문화가 수평적이란 말은 계층구조의 위쪽에 집중된 '권위'가 아래쪽으로 분산되어야 한다는 것을 뜻한다. 책임 있게 "결정할 수 있는 자유"[450]를 주고 이를 신뢰하는 것이 수평적 조직 문화의 핵심이다.

디지털 시대에 노동하는 인간과 노동의 본질은 과거와 다르다. 진정한 '지식기반 노동자'이고 '창의적인 지식 노동'이다. 창의적인 지식 노동의 생산성은 노동자의 '자율'과 '책임'에 달려 있다. 일하는 사람의 자율과 책임이 바로 수평적 조직 문화가 자라는 기초 토양이 된다.

자율은 말 그대로 남의 명령을 따르지 않고 스스로 세운 규율을 따르는 것이다. 행동에 대한 책임도 스스로 진다. '자율과 책임'은 스스로 결정하고 행동할 수 있을 때 가능하다. 그렇지 않은 사람에게는 책임질 수 없는 리스크가 된다. 실리콘 밸리의 수평적 조직 문화는 '책임' 질 수 있는 사람에게 '자율'을 주는 것이다. '노동하는 인간에 대한 신뢰'가 없다면 불가능하다. 책임질 수 없는 사람에게 자율을 주는 것은 노동하는 인간을 '신뢰'하는 것이 아니라 '시험'하는 것이다.

실리콘밸리의 "플랫 컬처는 조직의 모든 구성원들이 같은 기회와 책임을 갖고 일하는 업무 방식"[451]을 말한다. 공동의 목표에 대한 '상호 책무성 **Mutual Accountability**'은 '진짜 팀'의 원칙 중 하나이다. 상호 책무성은 간단히 말해, 나 때문에 다른 팀원이 일을 못하는 상황을 만들지 않는 것이다. '진짜 팀'은 일도 똑같이 하고 실행의 책임도 똑같이 진다. 일을 수평적으로 한다는 뜻이다. 사원, 대리는 영혼을 탈탈 털어서 만들고, 과장, 차장은 리뷰하고 지적만 하는 '수직적 일하기'가 아니다. 일을 수평적으로 할 때 비로소 수평적 조직 문화의 가치가 살아난다. 수평적 조직 문화는 호칭 바꾸기로 시작되는 것이 아니라 '뭐하는 사람인지 알 수 없는' 사람을 가려낼 때 시작된다.

일에서 자율과 책임을 경험하게 하라

전통 기업의 수직적 조직 문화에서는 실리콘 밸리의 '자율과 책임'을 찾아보기 어렵다. 창조적 혁신 대신 효율적 혁신이 자리한 조직에서 '책임감 있게 결정할 수 있는 자유'는 비효율적으로 보인다. 실제로 일하는 사람보다 관리하는 사람이 더 많은 전통 기업에서는 과거의 방식이 가장 '효율적' 이다. 윗사람이 지시하는 대로 하는 것이 가장 안전하다. 그러다 보니, 전통 기업의 조직원들은 '책임감 있게 결정하는 자유'를 한 번도 경험하지 못했다. 한 번도 경험하지 못한 자유를 갑자기 얻게 되면 스스로 통제하기가 힘들다. 그래서 자율에도 훈련이 필요하다. 일단 수평적으로 일하는 문화부터 경험하도록 해야 한다.

가장 먼저 해야 할 일은 밥그릇을 제대로 구분하는 것이다. 팀을 구성하는 모두가 '똑같이' 일해야 한다는 원칙을 집요하게 실천하는 것이다. 팀의 누구도 '남의 밥그릇에 숟가락 얹는 행위'를 못하도록 해야 한다. 대리는 사원이 한 일을 과장에게 보고하고, 차장은 과장이 보고한 일을 부서장에게 자기 일처럼 보고하는 관행부터 없애야 한다. 주간회의 시간에는 각자 자기가 '직접' 하는 일에 대해서만 이야기해야 한다. 조직에서 누군가 진짜 일은 하지 않고 '취합'과 '보고'만 한다면 평평한 조직은 절대 만들어지지 않는다. 일에 대한 오너십이 명확해야 자율과 책임이 의미를 가지게 된다.

숟가락 걷어내기가 자리 잡고 나면 자율과 책임을 경험할 수 있도록 '강제'하는 작업이 필요하다. 쓰지 않은 근육은 퇴화하기 마련이다. 그동안은 책임을 피하고자 자율적인 판단을 포기했다. 전통 기업의 조직이 그랬다. 자율적인 판단과 결정이 실패에 대한 책임으로 부메랑이 되는 모습을 오랫동안 보고 학습했다. 이를 깨려면 스스로 책임지겠다는 일을 찾도록 해야 한다. 일을 선택하게 하고 실행에 대한 책임도 받아들이게 해야 한다. 책임과 자유가 함께 있어야 자율이라는 근육을 사용할 수 있다.

기업 문화의 아버지라고 불리는 MIT의 애드거 샤인 교수에 따르면 조직 문화는 조직의 "인공물"로도 파악할 수 있다고 했다.[452] 인공물이란 사무실 레이아웃이나 옷 입는 매너, 시각적이거나 청각적인 행동 패턴, 보고서 형태 등을 말한다. 아직도 전통 기업의 사무실에 있는 '인공물'은 여전히 수직적이고 획일적이다. 수평적 조직 문화를 위한 가치나 규범은 그렇다 하더라도 인공물부터 바꾸는 것은 가장 먼저 해야 하는 일이다. 사무실에서 상석과 말석의 구분부터 없애자. 누구는 반말하고 누구는 존대하는 장유유서의 프로토콜도 필요 없다. 보고서의 '자간과 장평'으로 갑질 하는 패턴도 사라져야 한다.[453] 일하는 문화의 내용이 수평이 되기를 바란다면 형식부터 수평으로 바꿔야 한다.

자율과 책임은 리더의 헌신을 먹고 자란다

수평적 조직 문화를 만들고 싶다면 리더는 '수평적 일하기'에 대한 '운영 원칙'을 만들어야 한다. 『초속도』의 저자들이 말하듯 "팀의 자율성은 이행해야 할 업무와 목적에 대한 운영 원칙이 세워졌을 때 가장 효과적으로 작동"한다.[454] 실리콘 밸리의 디지털 기업이 조직 문화를 유지하기 위해 '핵심 가치'를 구체적으로 정하는 이유이다. 전통 기업도 핵심 가치를 정하고는 있지만 진짜 팀의 '행동 강령'으로서 역할은 하지 못한다. 조직의 운영 원칙은 '자율적'으로 정해야 한다. 조직원이 원하고 실천할 수 있는 그리고 타인의 강제가 아니라 스스로 합의해서 정한 운영 원칙이 필요하다.

리더의 역할도 중요하다. 조직 운영에서 더 많은 리스크를 짊어질 각오를 하고 시작해야 한다. "구성원의 주체적 사고와 행동의 자유를 허락하는 문화"[455]는 잠시만 한눈을 팔아도 방종으로 흐른다. 『무엇이 최고의 조직을 만드는가』에서 저자는 조직 문화의 변화 어려움을 이렇게 말했다. "조직 문화를 바꾸는 것은 쉽지 않다. 여름날 무성하게 자란 잡초를 제거하는 것과 같다. 뿌리까지 제거하지 않으면 다시 자란다."[456] 부지런하게 잡초를 뽑아야 하는 것이 리더의 책임이다.

수평적 일하기의 문화에서는 리더도 자유롭지 못하다. 자율과 책임이 조직의 문화로 구축될 때까지 리더십을 가지고 '통제된 자율성'을 직접 실천해야 한다. 수평적으로 일하는 문화를 위해 밥그릇을 구분하고 밥그릇에 놓인 숟가락을 가려내려면 리더가 업무 내용을 속속들이 알고 있어야 한다. 임원이랍시고 부장의 보고만 받아서는 안 된다. 보고를 받더라도 실제 일한 담당자가 직접 보고하도록 하고, 임원도 사원이 무슨 일을 하는지 알아야 한다. 중간 '관리'를 없애야 일하는 사람에게 자율과 책임을 줄 수 있다.

수평적 조직 문화를 구축한다고 해서 성과에 대한 책임이 면제되는 것은 아니다. 자전거를 달리면서 바퀴를 교체해야 하는 것과도 같다. 이미 어느 정도 성장한 전통 기업이라면 달리는 속도는 더 빠르다. 리더는 항상 백업 플랜을 세우고 '자율과 책임의 문화'를 실험해야 한다. 자율과 책임의 문화가 시스템화된 실리콘 밸리와 같을 거로 생각하면

오산이다. 실리콘 밸리에서는 리더가 방향만 정하고 업무의 진행은 담당 직원에게 전적으로 맡긴다. 하지만 자율과 책임의 일하는 문화가 익숙지 않은 전통 기업에서는 이야기가 다르다. 자율과 책임을 실험하기 위해 담당 직원에게 전적으로 맡기지만 리더는 플랜 B를 갖고 있어야 한다. 그래야 리스크를 줄일 수 있다. 전통 기업에서 수평적으로 일하는 문화를 구축하는 것은 리더의 헌신이 있을 때만 가능하다.

수직적 조직 구조에서 계층을 축소하고 호칭을 파괴한다고 해서 수평적 조직 문화가 자라지는 않는다. 수평적 조직 문화는 자율과 책임을 기반으로 '일하는 문화'이다. 자율과 책임은 일에 대한 오너십이 분명할 때 가능하다.

수평적 조직 문화는 '수평적으로 일하기'가 핵심이다. 조직을 구성하는 모두가 똑같이 일하는 원칙을 지켜야 한다. 그러려면 남의 밥그릇에 숟가락 얹는 행위부터 막아야 한다. 일에 대한 오너십이 명확해지면 자율과 책임을 경험하도록 기회를 줘야 한다.

리더는 자율과 책임의 문화를 실험한다고 성과를 외면할 수 없다. 반드시 플랜 B를 세워두고 일해야 한다. 조직 문화의 변화는 조직의 성과가 높아질 때 가치가 생긴다.

40

'심리적 안전'은 조직의 수평계이다

자율과 책임의 조직 문화 아래에서는 '심리적 안전'이 중요하다. '심리적 안전'이란 실패를 두려워하지 않으며 누구나 자신의 의견을 얘기해도 문제가 되지 않는다는 팀원들과의 공유된 믿음을 말한다.

조직이 어느 정도로 평평한지 알아보기 위해서라면 비싼 돈을 주고 컨설턴트의 진단을 받을 것까지도 없다. 사무실과 회의실 풍경만 들여다봐도 어느 정도 짐작이 된다. 인공물 사이에 흐르는 공기는 문화의 결정체이다. 얼마나 수직적인지, 얼마나 관료적인지 숫자로 측정할 수는 없어도 느낌만으로도 충분히 알 수 있다.

자율과 책임을 기반으로 일하기 위해서는 신뢰와 존중의 문화가 바탕에 있어야 한다. 앞서 '심리적 안전'이 구글의 조직 문화에서 성과를 내는 가장 중요한 역할을 한다고 했다(아리스토텔레스 프로젝트). 평평하게 일하는 '진짜 팀'의 마지막 퍼즐인 심리적 안전에 대해서 좀 더 알아보자.

심리적 '안전'은 심리적 '안정'이 아니다

'심리적 안전'은 2016년 찰스 두히그의 뉴욕타임즈 칼럼 덕분에 세상에 빛을 보게 되었다.[457] 구글의 아리스토텔레스 프로젝트를 소개한 칼럼에 따르면 구글 연구팀은 하버드대학교 경영대학의 에이미 애드먼슨 교수가 1999년에 쓴 연구 논문[458]을 보고, 구글에서 성공한 팀의 특징을 '심리적 안전'이라고 설명했다.

애드먼슨 교수는 『두려움 없는 조직』에서 '심리적 안전'을 "인간관계의 위험으로부터 근무 환경이 안전하다고 믿는 마음"[459]으로 정의했다. 좀 더 풀어서 설명하면 부정적인 결과를 두려워하지 않고, 위험을 감수하며, 자신의 생각과 우려를 자유롭게 표현하고 질문하며, 실패한다 해도 이를 인정한다는 '팀원들의 공유된 믿음'을 말한다.[460] 애드먼슨 교수는 이를 "솔직함을 허용 받는 느낌"[461]이라고도 표현했다.

지난 20년 동안 조직에서의 '심리적 안전'은 점점 더 중요해지고 있다. 에드먼슨 교수는 "결과나 업무가 규정되지 않은 상황에서 창의적이고 참신하거나 진정으로 협업적인 일을 할 때 심리적 안전과 성과 간의 관계가 더욱 강해진다"[462]라고 말했다. 애드먼슨 교수는 최근에 수행한 새로운 연구에서 심리적 안전이 높은 팀은 전문성이 다양하더라도 성과에 긍정적인 영향을 준다고 했다.[463] 이는 심리적 안전이 없는 팀에서는 각자의 전문성이 갈등의 원인이 될 수 있음을 뜻한다. 즉, 진짜 팀은 지식을 기반으로 상호 보완적인 다양한 스킬을 가진 소수의 사람이 모여서 협업하는 팀으로 '심리적 안전'이 보장되어야 진짜 팀으로서 성공도 기대할 수 있다는 의미다.

'심리적 안전'을 '심리적 안정감'으로 잘못 이해하는 경우도 종종 있다.[464] '안전하다'는 말은 위험이 없다는 뜻이고 '안정하다'는 말은 변동이 없다는 뜻이다. 즉, 안전은 위험으로부터 보호받는 것이지만 안정은 불안에 적응하는 것이다. 특히 주의해야 할 것은 애드먼슨 교수가 말하는 '심리적 안전'이 개인이 느끼는 감정이 아니라 '팀원의 공유된 믿음'이어야 한다는 것이다.[465]

심리적 안전에서 '팀'은 매우 중요하다. 안전함을 느끼고 목소리를 내는 것은 개인 수준의 경험이다. 하지만 '팀의 심리적 안전'은 개인의 특성이 아니라 '집단의 속성'으로 개인의 성격 차이에 따른 감정의 변화 여부가 아니다.[466] 심리적 안전은 "구성원이 서로를 신뢰하고 존중하며 자기 생각을 솔직하게 나눌 때"[467] 만들어진다. 결과적으로 새로운 도전과 창의적 활동으로 이어질 수 있다.

심리적 안전이 편한 관계를 뜻하는 것은 아니다. 오히려 신뢰와 존중을 바탕으로 솔직하게 자신의 의견을 말할 수 있는 '불편한' 관계를 만드는 것이다. 직급이나 나이에 상관없이 자유롭게 의견을 제시하고 토론할 수 있어야 한다. 직급 체계나 호칭 변화보다도 더 중요하다. 지식을 제품으로 만드는 디지털 노동자에게 심리적 안전은 수평적 일하기의 가늠자 역할을 한다.

적자생존을 버리고 화자생존으로

'적자생존'은 환경에 적응해야만 살아남는다는 뜻이다. 하지만 기업에서는 이를 '적는 자만이 살아남는다'는 뜻으로 사용한다. 상사의 지시를 토씨 하나 놓치지 않고 받아 적어야 나중에 다른 말 하는 것을 피할 수 있다는 뜻이다.

'적자생존'의 현장은 전통 기업에서 쉽게 목격할 수 있다. 회의를 시작하면 모든 팀원이 반사적으로 다이어리를 펼치고, 고개를 숙이고, 펜을 든다. 그들에게 회의는 상사의 지시를 '받아 적는' 시간이지 자신의 의견을 '말하는' 시간이 아니다. 고개를 숙이고 상사와 눈을 마주치지 말아야 심리적으로 안정된다. 수직적 조직 문화에서 살아남기 위해 환경에 적응한 사람들의 모습이다.

임원들끼리 하는 경영회의를 들여다봐도 크게 다르지 않다. 경영진 사이의 자유로운 의견 제시나 건설적 비판은 기대하기 어렵다. 경영회의의 아젠다가 정해지면 CEO가 누구에게 무슨 질문을 할 것인지 사전 준비가 이뤄진다. 겉으로 보기에는 질문과 답변이 오가는 자유로운 토론 같지만 속을 보면 각본에 따라 움직이는 연극이다. 그러다 CEO가 예정에 없던 질문이라도 하면 회의장 분위기는 얼음장이 된다. 약속된 '심리적 안정'이 깨졌기 때문이다. '적자생존'을 모토로 30년을 일해 온 사람들이 모인 '리더십 팀'에서도 '심리적 안전'은 존재하지 않는다.

'적자생존'의 환경에서 살아 남으려면 문제 해결을 위한 자발성과 창의성은 '적합'하지 않다. 실패에 대한 두려움보다 독박 쓸 위험에 대한 두려움이 더 크며, 아이디어를 낸다 하더라도 돌아올 결과가 불확실하다고 느낀다. 이런 환경에서는 본능적으로 침묵을 지켜야 안전을 도모할 수 있다.[468]

상사가 자기와 다른 관점을 허용해야 직원들이 자신의 의견을 말할 수 있다. 리더가 팀의 '심리적 안전'을 책임지지 않으면 아무도 입을 열지 않는다. 생각이 다를 때 말할 수 있는 조직이 '평평한' 조직이다. 회의실 밖을 나가서야 꺼내 놓을 수 있는 얘기가 회의실 안에서도 할 수 있어야 심리적 안전이 확보된 조직이다.

침묵은 더 이상 금이 아니다. 지식으로 노동하는 디지털 노동자에게 침묵은 직무유기에 가깝다. 디자인 씽킹이나 애자일 조직도 침묵하면 답이 없다. '진짜 팀'이 개인보다 높은 성과를 내는 이유는 협업하기 때문이다. 협업의 핵심은 소통이고 피드백이다. 솔직하게 서로 의견을 주고받아야 정보가 공유되고 새로운 통찰이 나온다. 디지털 전환의 팀 경영에서는 '적자생존'이 아니라 '화자생존'이 법칙이다. 말하는 사람이 살아남을 수 있다는 뜻이다. 개인뿐만 아니라 조직도 마찬가지다. 전통 기업에게 '심리적 안전'이 더 시급한 이유이다. 침묵하는 조직으로는 디지털 시대의 경쟁에서 도태될 수밖에 없다.

수직적 조직에서 '심리적 안전' 만들기

2023년 4월 20일 민간 우주기업 스

페이스 X 의 우주선 '스타십'은 이륙 4분 만에 고도 32Km 상공에서 폭발했다. 일론 머스크의 첫 시험 비행은 '실패'로 끝났다. 놀라운 광경은 발사를 지켜보던 많은 사람이 박수를 치는 모습이었다. 우주선이 폭발했는데 박수라니?

일론 머스크는 "많이 배웠다"라고 했다. 시험 비행의 실패를 새로운 도전의 결과인 '창조적 실패'로 받아들인 것이다.[469] 애드먼슨 교수가 말하는 '두려움 없는 조직'의 모습이다. "실패에서 어떤 교훈을 얻었느냐"에 초점을 맞추는 것이 심리적 안전의 구축에 꼭 필요하다. 실패로부터 학습하는 조직이 두려움 없는 조직이다.

두려움 없는 조직을 만든다고 해서 "실수를 자연스러운 것으로 받아들이는 문화"[470]를 만들라는 것은 아니다. 실패와 실수는 다르다. 실패는 성공을 목표로 새롭게 시도한 행위가 성공하지 못하는 것을 말한다. 실수는 부주의로 인해 발생하는 잘못이다. 실패는 성공을 위한 가설 검증에 꼭 필요한 과정이지만 실수는 그냥 실수일 뿐이다. 실수로 배우는 것도 있겠지만, 이를 조직 문화로 장려할 일은 아니다. 리더가 장려해야 하는 것은 '창조적 실패'이다. 창조적 실패에는 두려움이 없어야 한다. 새로운 시도의 실패는 '학습의 과정'이다. 무능력하고 무책임한 행위를 두려움 없이 하자는 것은 아니다.

애드먼슨 교수는 심리적 안전을 "솔직함을 허용 받는 느낌"이라고 했다. 솔직하게 말해도 욕먹지 않고 상처받지 않아야 한다는 뜻이다. 팀에 도움이 된다면 말하기 힘들고 입에 쓴 이야기도 기꺼이 할 수 있어야 한다. 하지만 심리적 안전이 보장되지 않는 조직에서는 솔직하게 행동하기 위해 '용기'가 필요하다. 수직적 조직에서 상급자는 용기 없이도 가혹할 정도로 솔직하게 말할 수 있다. 하지만 하급자는 다르다. 심리적 안전이 '팀원이 공유한 믿음'이라고 생각하면 누구나 용기 없이도 솔직해질 수 있다. 조직원 모두가 서로에 대한 신뢰와 존중, 애정이 있을 때다.

일하는 관계에서 신뢰를 쌓기 위해서는 많은 시간이 필요하다. 전통 기업 입장에서는 꽤 어려운 주문이다. 하루아침에 신뢰를 쌓을 수는 없지만, 시간을 줄이는 방법은 있다. 바로 '심리적 안전'을 공식화하는 것이다. 회의할 때 프로토콜을 정하는 것이 효과적이다.[471] 반말하지 않는다, 회의에 참석한 사람은 무슨 말이든 한마디 이상은 반드시 한다, 남이 말할 때는 그 사람 말을 듣는다, 말의 무게가 동등하게 반응한다, 의견을 낸다고 그 일을 하는 것은 아니다, 같은 것들이다. 리더는 이 같은 회의 프로토콜이 잘 지켜질 수 있도록 주의 깊게 살피고 조정하는 역할을 해야 한다. 그러면 1년 차 신입 사원이 임원 앞에서 '두려움 없이' 솔직하게 자기 의견을 말하는 광경을 볼 수 있다.

'심리적 안전'은 솔직하게 행동하고 말해도 피해받지 않을 거라는 공유된 믿음을 말한다. 디지털 지식 노동자에게 심리적 안전은 더욱 중요하다. 전문가들이 각자의 지식에 근거해서 솔직하게 의견을 교환하는 것이 성과에 긍정적인 영향을 주기 때문이다.

전통 기업의 수직적 조직 문화는 '적는 자만이 살아남는' 환경이다. 상급자의 생각과 다른 자발성과 창의성은 침묵으로 보호된다. 지식으로 노동하는 디지털 시대에는 '화자생존'이 법칙이 되어야 한다. 리더는 '창조적 실패'를 장려하고 이를 학습 과정으로 받아들여야 한다. 심리적 안전을 공식화하고 회의의 프로토콜을 정하면 신뢰를 쌓는데 필요한 시간을 줄일 수 있다.

14장

코드 8 : Fast
- 빨리 달리기는 기초체력이다

41

빠른 결정이 빠른 실행을 책임질 수 있다

누구나 자신의 일을 결정할 수 있어야 주인 의식이 생긴다. 다만 결정에는 책임이 뒤따른다. 이때의 책임은 결과에 대한 책임이 아니라 실행에 대한 책임이다. 결정 없는 수많은 회의가 빠른 실행의 발목을 잡는 주범이다.

전통 기업이 평평한 조직 문화를 원하는 이유는 빠르게 변하는 환경에 대응하기 위해서이다. 네트워크로 연결된 세상에서 디지털 기술로 혁신해야 하는 기업에게 속도는 곧 경쟁력이다. 디지털 전환을 고민하는 전통 기업은 더더욱 '민첩한' 조직에 목말라한다.

버지니아 대학교 다든 경영대학의 진 리드카 교수는 "일이 느릿느릿하게 진행되는 이유 세 가지를 꼽자면 첫째가 느린 의사결정이고, 둘째도 느린 의사결정, 마지막 역시 느린 의사결정이다"[472]라고 말했다.

우리가 하는 모든 일은 '결정'으로 시작된다. 결정이 느리면 실행도 느려질 수밖에 없다. 빠른 조직이 되는 첫 번째 관문은 조직의 의사결정 속도를 높이는 것이다.

감독은 그라운드 밖에 있다

선수단 버스에서 가장 앞자리는 통상 감독과 코치가 앉는다. 하프 타임에 경기 전략을 '지시'하는 것은 감독과 코치의 몫이다. 휘슬이 울리고 경기가 시작되면 공을 차고 뛰는 것은 선수의 역할이다. 시시각각 변하는 상대 팀의 전술과 움직임에 대응해서 '결정'을 내리는 것은 필드에서 뛰는 선수의 몫이다. 골을 넣는 것도, 골을 먹는 것도 선수다. 그런데 그라운드를 뛰는 선수가 공을 잡을 때마다 벤치를 쳐다보고 감독의 지시를 기다리면 이미 늦다. 감독은 선수의 결정을 믿고 맡겨야 한다. 필드 라인 밖에 있는 감독은 뛸 수 있는 '권한'이 없다. 이처럼 감독과 선수는 포지션의 역할과 권한이 다르다.

2003년 이라크 전쟁 때 스탠리 맥크리스털 장군은 합동특수전사령부JSOC의 사령관이었다.[473] 델타 포스, 네이비 실즈, 레인저스 같은 미군 최정예 특수부대들이 JSOC 산하에 있었다. 그럼에도 JSOC가 알카에다와의 전쟁에서 고전한 이유는 아이러니하게도 잘 조직된 명령 체계 때문이었다. 이라크 알카에다는 지켜야 할 교범이 없었다. 유일한 교범이란 이겨서 살아남는 것뿐이었다. 훈련할 때는 교범을 똑바로 지키는 것이 효율적이지만 실전은 다르다. JSOC 부대원들이 현장에서 수집한 정보를 지휘부에 보고하고 명령을 받아서 소탕하러 가면

적은 이미 사라지고 없었다. 맥크리스털 장군은 적을 상대로 작전을 수행하는 팀은 현장에서 바로 의사결정을 할 수 있도록 했다.

축구 경기에서의 결정은 필드 위의 선수가 한다. 알카에다와의 전투에서는 현장 지휘관이 결정을 내린다. 둘 다 상대의 움직임이 빠르고 예측하기 힘든 상황에서 내리는 의사결정이다. 소위 VUCA[474](불확실한 미래)시대의 경영 환경에서 내리는 의사결정도 이와 다르지 않다. 민첩한 조직을 만들고 싶다면 일하는 사람이 자신의 일을 결정할 수 있어야 한다. 감독은 필드 안으로 들어갈 수 없다. 지휘부에 있는 사령관이 현장의 상황을 제대로 알 수도 없다. 감독이나 사령관이 가진 권한을 위임하라는 말이 아니다. 일하는 실무자가 판단하고 결정하도록 권한을 '명확히' 하라는 뜻이다. 이처럼 의사결정의 탈중앙화는 '권한 위임'이 아니라 '권한 찾기'로 봐야 한다.

실무자에게 의사결정의 권한을 '찾아 주기' 위해서는 실무자의 결정을 존중해 주어야 한다. 그러려면 두 가지가 필요하다. 하나는 실무자의 전문성에 대한 믿음이고, 다른 하나는 의사결정을 위한 충분한 정보 공유이다. 맥락을 이해할 때 올바른 결정에 한 걸음 더 다가갈 수 있다. 빠른 성장을 미션으로 하는 스타트업들이 최고의 인재를 찾고 모든 정보를 투명하게 공개하는 이유도 이 때문이다.[475] 팀을 구성하는 모두가 결정할 수 있어야 조직의 실행 속도도 빨라진다.

결정은 실행을 책임지는 것이다

모든 결정에는 책임이 따른다. 『무엇이 최고의 조직을 만드는가』의 저자 한근태는 '책임'을 "자신의 역할을 정확히 이해하고 그 역할에 충실한 것"[476]이라고 했다. 역할의 인지와 수행이 책임의 핵심이다. 그래서 '책임진다'는 의미는 '실행'을 반드시 해낸다는 뜻이지 '결과'를 책임진다는 의미가 아니다.

팀의 결과는 팀원 개인의 결과는 아니다. 개인의 자율적 결정은 결과에 책임지기 위한 것이 아니라 실행에 대한 책임 때문에 필요하다. 토스에서는 "개별 팀원이라도 맡은 일에 관한 한 토스팀을 대표하는 최종의사결정권"[477]을 가진다. '결정'의 권한을 가지면 '책임'도 따른다. 그래서 결정권을 가진 사람을 DRI **Directly Responsible Individual** 라고 부른다. DRI는 어떤 일에 대해 실행을 '직접적으로 책임지는 사람'이다. DRI는 스티브 잡스가 애플에서 일하면서 만들어낸 개념이다. 잡스는 매주 월요일 프로젝트를 리뷰할 때 모든 일마다 책임지는 한 사람이 누구인지 분명히 밝히도록 했다. DRI는 기술적으로 복잡하고, 여러 기능이 모여서 개발하는 프로덕트 팀을 운영할 때 효과적이다. 책임지는 사람이 모호해서 발생하는 '조정과 통제' 비용을 줄일 수 있도록 도와준다.

전통 기업도 매주 월요일 주간회의를 하고 회의록에 담당자 이름을 적도록 한다. 겉모습은 애플에서 스티브 잡스가 하던 것과 비슷하다. 하지만 전통 기업의 '담당자'는 애플이나 토스의 DRI처럼 일할 수 없다. 자기가 맡은 일에 대해 '결정'할 권한도 없고 책임도 애매하다. 결정은 상사가 하고 담당자는 시키는 대로 '실행'만 하기 때문이다. 일을 결정하는 사람과 일을 하는 사람이 다르면 '직접적으로 책임지는 사람'이 애매하다. 일을 지시한 상사는 '책임감'은 느끼지만 실행의 '책임'은 담당자에게 있다고 생각한다. 담당자는 시키는 대로 했으니까 일의 '책임'은 '결정'한 상사에게 있다고 생각한다. 이런 상황에서 '일에 대한 주인 의식'은 누구에게서도 찾기 어렵다.

'일'은 결정으로 시작된다. 실행의 속도를 높이려면 결정의 속도가 빨라야 한다. 일하는 사람이 결정해야 하는 이유이다. 일에 대한 주인 의식, 곧 '책임'을 기대하려면 '결정'할 수 있는 '자율'도 있어야 한다. 자율적 결정은 정해진 '규칙'을 지키는 것이 아니라 '원칙'에 따라 '결정'하는 것이다. '규칙 없는' 넷플릭스도 원칙은 분명하게 존재한다. "넷플릭스가 추구하는 행동"은 판단력, 헌신, 용기, 소통, 포용, 진실성, 열정, 혁신, 호기심에 대해 어떻게 행동해야 하는지를 정하고 있다.[478]

일하는 사람이 결정하고 실행을 책임져야 모두가 원하는 목적지에 빠르게 도달할 수 있다.

실패를 용인하는 문화가 '결정'하는 회의를 만든다

빠른 결정을 하는 조직은 의사결정의 탈중앙화만으로는 충분하지 않다. 조직 전체의 의사결정 프로세스 자체가 빨라져야 한다. 그러려면 기업의 회의 문화가 변해야 한다.

취업포털 잡코리아의 2018년 조사에 따르면, 우리나라 직장인들은 하루 평균 1.4회 회의에 참석한다.[479] 직장인에게는 회의 없는 날이 없는 셈이다. 회의는 일하는 방식 중 하나이다. 생산직 노동자에게 컨베이어 벨트가 있다면 사무직 노동자에게는 '회의'가 있다. 같은 조사에서 응답자의 57.6%는 '회의에 만족하지 않는다'라고 답했다. 상사의 이야기를 듣기만 하는 수직적 회의나 결과 없이 흐지부지 끝나는 회의가 반복된다면 '일을 잘못하고 있다'는 증거로 보아야 한다.

대기업 같이 큰 조직에서는 대부분 정해진 일정에 따라 회의가 진행된다. 매주 월요일 팀 주간회의, 매주 수요일 본부/실 주간회의, 매달 셋째 주 수요일 경영회의, 매달 넷째 주 목요일 투자심의회의 같은 식이다. 회의마다 '회의체'를 운영하는 주관 부서가 있다. 그런데 어느 순간부터는 일을 위해 회의를 하는 것이 아니라 회의를 위해 일하고 있는 조직을 발견한다. 회의의 목적을 망각하고 회의 운영 그 자체가 '일'이 된다. 빠르게 결정할 일이 생겨도 회의 일정에 맞춰서 보고한다. 그리고 정보 공유라는 명분 때문에 결정하는 시간 보다 발표하는 시간이 더 길다. 판단할 정보가 완전하지 않다고 생각되면 결정은 다음 회의로 미뤄진다.

아마존의 제프 베조스는 원하는 정보의 약 70%만을 토대로 의사결정을 해야 한다고 말한다. 정보가 충분할 때까지 기다리면 의사결정이 늦다고 했다. 아마존처럼 하려면 실패를 받아들이는 문화가 있어야 한다. 그래야 부족한 정보로 빠른 의사결정을 시도할 수 있다. 실패하면 '책임'을 묻는 감사팀과 대면해야 하는 전통 기업에서는 불가능한 이야기처럼 들린다. 꼬투리를 잡히지 않으려면 의사결정을 늦추더라도 필요한 정보는 충분히 모아야 한다.

토스는 DRI의 결정이 실패하는 경우 회사가 그 피해를 온전히 감수했다.[480] 실패를 용인하는 문화가 장기적으로는 빠른 의사결정을 장려하는 길로 보았기 때문이다.

『씽크 어게인』의 저자 애덤 그랜트 교수는 회의하는 가장 중요한 목적이 바로 '결정'하는 것이라고 했다.[481] 결정하기 위해 회의하는 이유는 분명하다. 결정할 사람이 관계자들의 의견을 듣기 위해서이다. 단순히 정보 공유나 보고를 위한 회의는 없애야 한다. 회의를 하고도 결정을 못 하는 이유는 자신이 없기 때문이다. 부족한 정보를 기반으로 빠른 결정을 내리는 것은 상당한 직관과 통찰이 필요하다. 회의를 통해서 결정하는 것도 훈련이 필요하다. 그래야 속도가 빨라진다. 작은 결정을 여러 번 해 봐야 큰 결정도 빨리 잘할 수 있다.

그라운드 안과 밖에 있는 선수와 감독의 역할과 권한은 다르다. 상대와 맞서 결정을 내리는 것은 선수의 '권한'이다. 감독의 지시를 기다리면 늦다. 직접 일을 하는 사람이 일에 대한 결정을 해야 한다. 결정에는 책임이 따른다. 직접적으로 책임지는 개인**DRI**은 '실행'을 책임지는 것이지 '결과'를 책임지는 것은 아니다.

모두가 '책임감'을 느끼는 결과는 언제나 팀의 결과이다. 팀원 개인은 '원칙'에 따라서 결정을 내린다. 규칙은 없어도 원칙은 분명해야 한다. 회의로 일하는 사람은 회의의 목적을 알아야 한다. 회의의 첫 번째 목적은 '결정'하는 것이다.

실패를 용인하는 문화가 있어야 '빠른 의사결정'이 일하는 문화가 될 수 있다.

42

협업의 속도가 팀의 속도다

의사결정을 늦추는 또 다른 원인은 협업이다. 성과 목표가 다르고 보고 라인이 다르면 협업이 어렵다. 협업은 공동의 목표를 향해 서로 보완적인 기술을 가진 사람들이 함께 일하는 것이다. 상대방의 전문성을 인정하는 적극적인 신뢰가 협업의 속도를 높인다.

'협업'이란 용어도 '전략'이나 '혁신' 만큼 자주, 쉽게 사용되는 말이다. 협업이 디지털 기업의 성공 열쇠라는 점은 이미 여러 번 언급했다. 하지만 전통 기업에게 협업은 여전히 풀기 어려운 숙제이다. 디지털 협업 툴이나 프로세스를 도입하고는 잘하고 있다고 자평하기도 하지만 근본적인 해결책이 되지는 못한다.

때로는 협업을 조직원의 마음의 문제, 태도의 문제, 의식의 문제로 풀려고도 한다. 하지만 협업은 개인의 문제 이전에 조직의 구조적 문제이다. 협업은 진짜 팀이 일하는 방식이다. 협업의 작동 방식을 알아야 진짜 팀의 일하는 속도를 높일 수 있다.

'협업'은 21세기의 일하는 방식이다

전통 기업에게 익숙한 20세기의 기능 조직은 전문화라는 장점과 함께 사일로라는 부작용을 낳았다. 규모의 경제가 중요한 산업화 시대에는 지시와 통제가 용이하도록 전문화된 기능과 계층적 구조로 조직을 설계했다. 하지만 전문화와 계층제는 시간과 함께 사일로를 만든다. 조직은 자신의 경계를 명확히 하는데 최선을 다하는 수많은 사일로들의 조합으로 변했다. 결과적으로 '협업'은 조직에서 가장 어려운 일이 되었다. 일하기 위해 경계를 넘나드는 것은 여러 사람의 일을 '복잡'하게 한다.

2023년 캠브리지 대학과 옥스퍼드 대학의 남자 조정경기는 캠브리지 대학이 승리했다.[482] 보트에는 1명의 타수가 방향을 지시하고 8명의 조수가 노를 젓는다. 6.8Km의 템즈강을 달려 결승선에 누가 빨리 도착하느냐로 승부가 결정된다. 경기 모습을 보면 노를 젓는 8명의 조수는 마치 한 몸처럼 움직인다. 결승선에 먼저 도착하기 위해서 젖 먹던 힘까지 쏟아낸다. 이들이 일하는 방식은 '협력'Co-operation이다. 9명이 보트를 함께Co 조종Operation하는 것이다. 노를 하나씩 잡은 8명의 조수는 똑같은 폼과 템포로 보트의 가속에 힘을 더한다. '협력(協力)'은 글자 그대로 '힘을 더하는 방식'이다. 사일로에서도 마찬가지이다. 보트에 탄 조수들처럼 '협력'이 가능하다.

'협업'Collaboration은 경계를 넘어서 일하는 방식이다. 맥킨지 컨설팅에서 21세기의 조직을 연구한 로웰 브라이언과 클라우디아 조이스는

"협업은 전문화된 기술과 다른 사람의 지식을 더 잘 사용할 수 있게 한다"[483]라고 말했다. 스티브 잡스가 "애플은 놀라울 정도로 협업적인 회사"[484]라고 말하는 이유도 이에 해당한다. 비틀즈를 생각하면 '협업'의 진정한 의미를 더 잘 이해할 수 있다. 위대한 음악을 만든다는 목적은 같지만 각자의 '기능'은 다르다. 멤버 각자만으로는 '비틀즈'가 될 수 없다. 스티브 잡스는 "팀은 서로 부딪히고, 논쟁하고, 어떤 때는 싸우기도 하면서 잡음은 있지만 같이 일한다"[485]라고 했다. 진짜 팀의 협업은 '서로를 다듬는 방식'으로 일한다.

스탠포드 디스쿨의 공동설립자인 버나드 로스 교수는 디자인 씽킹에서 "급진적 협업"을 요구했다.[486] 『두려움 없는 조직』의 애드먼슨 교수는 극도로 복잡하고 도전적인 경영 환경에서는 기업이 여러 팀의 협업으로 문제를 해결하는 "익스트림 티밍Extreme Teaming"이 필요하다고 했다.[487] 두 사람 모두 앞으로 필요한 것은 '협력'보다는 '협업'하는 조직임을 강조하고 있다. 디지털 프로덕트로 경쟁하는 기업에서의 '협업'은 '기능'과 '계층'의 경계를 넘어서 복잡한 문제를 함께 해결하는 일의 기본이다. 결과적으로 '협업'의 속도가 팀의 속도를 결정한다.

협업을 알아야 '진짜' 팀의 속도를 높일 수 있다

협업이 조직 내에서 구조적으로 작동하는 방식은 '진짜' 팀의 원칙을 보면 금방 알 수 있다. '진짜' 팀은 '공동의 목적과 성과 목표'를 달성하기 위해 '서로 보완적인 기술'로 함께 문제를 해결하는 '소규모 조직'이다.

협업이 구조적으로 작동하기 위해서는 다음의 세 가지가 전제되어야 한다. 첫째, 한 방향을 바라보고 일할 수 있어야 한다. 둘째, 문제 해결에 도움이 되는 서로 다른 '업(業)'을 가지고 있어야 한다. 셋째, 서로 얼굴을 보며 이야기할 수 있을 정도로 가까이 있어야 한다.

토스는 프로덕트 팀을 '사일로'라고 부른다. 토스는 왜 프로덕트 팀을 사일로라고 부르는 걸까? '협업은 팀 내에서 끝내야 한다'는 원칙을 이해하고 있기 때문이다. 토스가 말하는 사일로에는 일의 목적과 성과 목표가 분명하다. '우리는 왜 이 일을 하는가?'에 대한 답이 똑같다면 같이 일하기 쉽다. 그러나 '경계선'(사일로) 너머의 협업은 원천적으로 어렵다. 보고 라인이 다르고, 성과 목표가 다르고, 사람 관계가 다르기 때문에 '왜 일하는가'에 대한 답도 다를 수밖에 없다.

20세기의 조직 구조를 가진 전통 기업에서 '협업'이 안 되는 이유는 사일로 안에 있으면서 사일로를 가로지르는 '협업'을 주문하기 때문이다. 협업의 경계는 조직의 경계선을 넘어서기 어렵다는 사실을 잊으면 안 된다.

협업은 말 그대로 '업(業)'을 더하는 일이다. 문제 해결을 위해 서로 보완적인 기술을 가진 사람들이 함께 일하는 것이다. 팀의 결과는 협업의 결과이지 개인의 결과가 아니다. 협업하는 사람들의 결과를 평가하기 위해서 줄을 세우는 것은 협업하지 말라는 말과 같다. 서로 다른 기술을 가진 사람을 하나의 기준으로 상대 평가한다는 발상 자체가 말이 안 된다. 수비수 김민재를 공격수 손흥민과 비교하는 축구 감독은 없다. 자신의 기술을 가지고 최선을 다한 팀원들은 하나의 '팀'으로 평가받아야 한다. 개인의 평가는 포지션에 맞게 평가해야 협업을 해치지 않고 우열을 제대로 가릴 수 있다.

애드먼슨 교수는 티밍Teaming을 위해 '말하기'와 '주의 깊게 듣기'가 주요한 요소라고 말했다.[488] '말하기'는 팀원들 사이에 솔직하고 직접적인 대화를 뜻한다. '주의 깊게 듣기'는 다른 팀원의 지식과 전문성 그리고 생각과 우려를 충분히 이해한다는 것을 뜻한다. 말하기와 듣기는 결국 팀원들 사이의 소통이다.

'매체 풍부성 이론'에 따르면 소통에 가장 효과적인 방법은 서로 얼굴을 보는 대면 방식이다. 이메일은 매체 풍부성이 가장 낮다. 서로 얼굴 보며 일할 때 소통도 쉽고 협업하기도 좋다.[489] '진짜' 팀이 '소규모 조직'을 고집하는 이유이다.

빨리 협업하려면
'적극적 신뢰'가 필요하다

일이 힘든 이유는 일 자체보다 같이 일하는 사람 때문일 때가 많다. '우아한 형제들'의 최고브랜드책임자CBO인 장인성은 '같이 일하기 싫은 사람'으로 "왜 하는지 모르고 하는 사람, 비협조적인 사람, 착취하고 착취당하는 사람, 남 탓하는 사람, 나만 옳다는 사람, 방어적인 사람"을 들었다.[490] 한 마디로 팀team으로 일하기work 어려운 사람이다. 개인의 성향과 업무에 대한 기본적인 태도가 팀워크에 맞지 않는 사람은 배제하는 것이 상책이다. 사람의 천성은 쉽게 변하지 않는다. 다시 강조하지만 '진짜' 팀을 만들고 싶으면 입구를 잘 지켜야 한다.

팀으로 일하기 좋은 사람들이 모여도 협업은 쉽지 않다. 서로 다른 직업과 전문성을 가진 사람들이 모여서 '서로 부딪치면서' 일해야 하기 때문이다. 애드먼슨 교수는 이러한 갈등을 "직업적 문화 충돌"[491]이라고 불렀다. 직업이 다른 사람끼리는 말도 잘 안 통하고 문제 접근 방식도 다르다. 바보처럼 보일까 봐 서로 물어보기도 어렵다. '인간적 관계'와 더불어 '기술적 전문성'이 협업의 걸림돌이 되고, 자신도 모르게 보이지 않는 '심리적 경계'[492] 주의보를 발동한다. 다양성이 협업의 가치이지만 다양해서 협업이 어렵다. 그래서 '심리적 경계'를 '얼마나 빨리 허물 수 있는가'가 협업의 속도를 결정한다.

심리적 경계를 허물 수 있는 처방은 '신뢰trust'가 유일하다. 믿는 사람과 일해야 편하게 일할 수 있다. 뇌과학자 폴 잭 박사 팀의 연구는 신뢰도가 낮은 회사에서 일하는 직원과 신뢰도가 높은 회사에서 일하는 직원의 성과 차이를 잘 보여준다.[493] 신뢰도가 높은 회사에서 일하는 직원은 스트레스가 74% 감소하고, 생산성은 50% 향상되었으며, 업무 몰입은 76% 증가하고, 번 아웃은 40% 감소했다.

매트릭스 조직에서 신뢰가 부족하면 의사 결정 속도가 느려지고 커뮤니케이션 라인이 흐려져서 결국 생산성이 떨어진다. 그렇다면, 신뢰는 어떻게 쌓아야 하는 걸까? 신뢰는 약속을 지키는 행위가 반복될 때 조금씩 쌓인다. 그래서 시간이 걸린다. 하지만 빠른 환경에 적응해야 하는 전통 기업에게 시간은 쉽사리 주어지지 않는다. 디지털 시대의 일하는 환경은 점점 더 역동적이고 불안정하게 변하고 있다. 2~3년 마다 회사를 옮겨 다니는 MZ세대와도 같이 일해야 하고, AI 기술 기업과도 함께 일해야 한다. 오픈 이노베이션은 다른 기업, 다른 산업과 공동으로 일하는 것을 말한다. 하지만 처음 본 사람들이 서로 신뢰를 쌓으면서 일하기 위해서는 많은 시간이 필요하다.

심리적 경계를 줄이는 데는 '심리적 안전'만으로는 부족하다. '직업적 문화 충돌'이 내재된 협업에서는 '심리적 안전' 이상의 '적극적 신뢰'가 필요하다. 그러려면 같이 일하는 사람의 '직업적 전문성'을 믿고 존중하는 것부터 해야 한다. '적극적' 신뢰는 '심리적 경계'를 빠르게 허무는 구급약이 된다.

'협업'은 경계를 넘어서 함께 일하는 방식이다. 여럿이 한 몸처럼 일하는 '협력'과는 다르다. '기능'과 '계층'의 경계를 넘어 복잡한 문제를 해결하는 조직이 '협업' 조직이다. 팀 안에서 협업이 끝나도록 조직을 구성해야 한다. 협업의 경계는 조직의 경계선 안이다.

협업에 참여한 개인은 팀으로 평가받아야 한다. 팀원은 서로 다른 기준으로 평가받아야 경쟁하지 않는다. 협업은 소통이 기본이고 소통은 서로 얼굴을 볼 때 가장 효과적이다.

협업은 본질적으로 '직업적 문화 충돌'을 내재하고 있다. 다양성이 협업의 가치이지만 오히려 협업을 어렵게 하기도 한다. 팀원의 '직업적 전문성'을 일단 믿는 '적극적 신뢰'가 빠른 협업을 위해 꼭 필요하다.

43

몰입하는 조직이 빠른 조직이다

빠르게 일하는 조직에 꼭 필요한 일의 태도 중 하나가 몰입이다. 몰입은 누가 시켜서 되는 것이 아니다. 일하는 사람이 스스로 '일의 주인'이라고 느낄 때 가능하다. 의미 있는 일을 하면서 나의 성장에 도움이 된다고 생각할 때 몰입할 수 있다.

'물아일체', 자연(物)과 내(我)가 하나(一)의 몸(體)이 된다는 뜻이다. 중국의 도가 사상인 장자 철학을 대표하는 말이다. 현대에서는 나와 대상이 구분되지 않을 정도로 몰입한 상태를 말할 때 주로 쓴다. 무아지경(無我之境)도 같은 말이다. 정신이 한곳에 쏠려 자신의 존재를 잊고 있는 상태이다.

공부하면서 게임하면서 일하면서 운동하면서 우리는 한 번쯤 물아일체나 무아지경을 경험한다. 자기가 하는 일에 '몰입'하는 사람과 그렇지 않은 사람 사이에는 꽤 큰 차이가 만들어진다. 똑같은 시간을 써도 결과가 다른 이유가 여기에 있다.

누구나 몰입의 중요성은 알고 있지만, 어떻게 하면 몰입할 수 있는지는 잘 모른다. 리더에게는 조직원이 일에 몰입할 수 있도록 돕는 것이 중요하다. 몰입의 성질을 알면 몰입하는 조직도 만들 수 있다.

몰입 어디까지 해 봤니?

팬데믹이 한창이던 2021년 영국인 남성 윌 컷빌은 'M&M 초콜릿 높이 쌓기' 부문에서 세계 신기록을 세웠다. 기네스 공식 인스타그램에는 윌이 실패를 거듭하다 결국에는 성공하는 영상이 있다.[494] 그가 세운 세계 신기록은 초콜릿 5개이다. 세계 신기록이 고작 초콜릿 5개에 불과하다는 것도 놀랍지만, 초콜릿을 쌓기 위해 '몰입'하고 있는 윌의 모습은 더욱 놀랍다. 윌은 초콜릿을 쌓으면서 균형을 찾는데 온 신경을 집중한다. '몰입'은 마라톤 풀코스 완주처럼 대단한 일을 할 때에만 필요한 것이 아니다. 무슨 일을 하든지 그 일을 잘하기 위해서는 몰입이 필요하다.

목표가 분명한 일을 해내야 한다고 생각할 때 '몰입'은 자연스럽다. 필자가 IBM에서 컨설턴트로 근무할 때의 일이다. 프로젝트 제안 마감을 하루 남기고, 그동안 작업한 제안서를 뒤집어엎어야 하는 일이 발생했다. 제안을 책임진 PM으로서 24시간 이내에 새로운 제안서를 완성해야 했다. 그날 밤, 밤을 새우며 일하는 데 어느 순간부터는 머릿속의 생각보다 자판 위의 손이 더 빠르게 움직이는 것을 경험했다. 시간이 갈수록 머릿속은 맑아지고 손의 움직임은 날렵해졌다. '과연 끝낼 수 있을까?'하는 불안감으로 시작했지만 새로운 제안서를 제시간에 제출할 수 있었다. 몸은 피곤했지만 기분은 좋았다. 제안서 작성에 '몰입'한 결과였다.

'몰입'은 자발적이다. 스스로 동기부여가 되지 않으면 절대 경험할 수 없다. 상사가 지시한다고 '몰입'할 수 있는 것도 아니다. 프로덕트 오너가 "자영업자 사장을 위한 앱 개발을 위해 직접 사업자 등록을 내고 물건을 파는 사장"[495]이 되어 보는 것은 시켜서 할 수 있는 일이 아니다. 토스의 프로덕트 오너 안지영이 일에 '몰입'하는 방식이다. 일하는 여성을 위한 커뮤니티 서비스 '헤이조이스'와의 인터뷰에서 안지영은 이렇게 말했다. "일에 무아지경으로 빠져보는 강력한 몰입감, 여러 직군의 동료들과 합심하여 더 좋은 해결책을 찾아낼 때의 짜릿함, 고생한 결과물이 성과를 냈을 때의 쾌감. 세상을 다 가진 듯 뿌듯한 감정이 좋아 계속 도전하고 있습니다."[496]

몰입은 영어로 'Immersion'이다. 어디에 푹 빠진다는 뜻이 있다. 긍정심리학의 대가 칙센트미하이 교수는 몰입하는 경험을 '플로우Flow'로 상징화했다.[497] "최고의 즐거움을 경험하는 순간에는 에너지의 흐름에 따라 아무런 힘도 들이지 않고 자신이 저절로 움직이는 것 같은 느낌"[498]이 들기 때문에 '플로우'이다. 이는 식음을 전폐하고 작업에 몰입하는 예술가의 경험과 비슷하다. 하지만 직장인들은 '플로우'를 경험하기 어렵다. 월급 받기 위해 하는 남의 일에는 '내적 동기'가 약하다. 현실적으로 일터에서 기대할 수 있는 '몰입'은 내 일처럼 일할 때 일어난다. '자신의' 성장과 행복을 위해 '자발적'으로 일에 빠져드는 것이 일하는 사람의 몰입이다.

일에 몰입할 수 있어야 행복하다

어떻게 하면 '남의 일'을 하면서도 '자기 일'처럼 행복감을 느낄 수 있을까? 사람이 행복할 때는 뇌에서 네 가지 호르몬이 나온다.[499] 도파민, 옥시토신, 엔돌핀, 세로토닌이다. 소위 '기분 좋은 호르몬'이다. 몰입해서 일할 때 행복하다면 위의 호르몬이 분비되고 있다는 증거이다. 일하면서 행복감을 느끼고 있다면 몰입은 더 이상 문제가 되지 않는다.

몰입은 신경 전달 물질인 도파민에서 출발한다. 도파민은 가치 있는 것이 주위에 있을 때 뇌가 주의를 기울이도록 경고하는 기능을 한다.[500] 일을 한다는 것은 나의 에너지를 쓰는 일이다. 육체노동자는 몸의 에너지를 쓰고 지식노동자는 머리의 에너지를 쓴다. 에너지는 제한되어 있기 때문에 모든 일에 균일하게 쓸 수 없다. 신경과학자 딘 버넷에 따르면 "뇌 영역은 특정 업무에 얼마큼의 노력이 필요한지 그 결과는 어떤지를 자동적으로 측정한다"[501]라고 했다. 즉, 아무 일에나 에너지를 쓰지 않는다는 말이다. '나에게 가치 있는 일'이라야 뇌는 주의를 기울인다는 뜻이다.

뇌가 '가치 있는 일'에 주의를 기울이면 옥시토신이 방출되어 자신이 경험하는 대상과 감정적 공명을 촉발시킨다.[502] '사랑의 호르몬'으로 알려진 옥시토신은 감정적 공감과 신뢰, 유대의 관계에 영향을 미치는 호르몬이다. 그래서 가치 있는 일이라 판단되면 에너지를 완전히 쏟도록 움직인다. 일에 전심전력을 쏟는다는 것은 '나에게 도움이 된다'는 공감과 신뢰가 있을 때 가능하다. 애덤 그랜트 교수도 몰입의 조건 중 하나로 "하나의 일에 완전히 집중하는 것"이라고 말했다.[503] 그러면 몰입이 자연스레 따라오게 된다.

하지만 에너지를 완전히 쏟으며 일하는 것은 힘이 든다. 이때 엔돌핀이 있다면 밤새워 일하고도 별로 힘들게 느끼지 않는다.[504] 엔돌핀은 신체의 천연 진통제 역할을 한다. 엔돌핀으로 몰입의 고통을 완화하고 행복감을 느끼려면 일이 '할 만해야' 한다. 내가 해낼 수 있다는 확신이 있다면 그 일에 몰입하기가 쉬워진다. 수영을 처음 배우는 사람이 수영에 '몰입' 할 수는 없다. 너무 어려우면 불안에 빠지고 너무 쉬우면 지루함에 빠진다. 일에 빠지기 위해서는 도전적이지만 실행 가능한 수준의 목표가 필요하다.

몰입은 세라토닌 분비로 희열을 느낄 때 비로소 완성된다. 세라토닌은 우울감을 줄이고 모든 일이 잘되고 있다고 느끼게 만드는 작용을 한다. 스피닝 바이크의 페달을 밟거나 웨이트를 들어 올리는 것처럼 강렬한 운동은 세라토닌의 분비를 증가시킨다. '가치 있고' '나에게 도움이 되면서' '할 만한' 일에 집중해서 에너지를 쏟는 것도 강렬한 운동과 비슷하다. 운동 후에 느끼는 만족감처럼 '몰입'해서 일한 다음에 느끼는 만족감도 세라토닌 덕분이다.

운동에 만족하는 것은 그 결과를 알기 때문이다. 일도 마찬가지다. 몰입해서 한 '일의 결과'를 알 수 있어야 한다. 그래서 일에 대한 피드

백이 중요하다.[505]

'일의 주인'이 되어야 몰입할 수 있다

"업무에서 미안함이란 사실 가치가 없다. 자기의 일이 아닌 남의 일로 여기니까 미안한 거다. 자기 일이라고 생각하면 미안함이 아니라 간절함이어야 한다."

2016년 12월 29일 현대카드 정태영 부회장이 페이스북에 올린 글이다. 기업의 오너 입장에서는 모든 업무가 "자기의 일"이다. 누구보다도 간절할 수밖에 없다. '주인 의식'은 '주인'이 가지는 '의식'이다. 월급 받고 일하는 사람에게 '간절함'을 기대한다면, 그 전에 '일의 주인'이 되도록 기회를 주는 것이 먼저다.

'일의 의미'에 전적으로 공감해야 그 일의 주인이 될 수 있다. '모든 것은 마음먹기 나름'이라고 하지만 일하는 사람의 마음먹기에만 맡겨서는 안 된다. 리더는 일의 의미를 명확하게 전달해야 한다. '왜 이 일을 해야 하는지' '이 일을 잘하는 것이 왜 중요한지' 그리고 '이 일을 잘한다는 것이 자신에게 무슨 의미가 있는지'를 일하는 사람이 공감할 수 있도록 해야 한다.

나에게 의미가 있어야 '내 일'처럼 생각이 된다. 뇌가 주의를 기울이지 않는 일에 에너지를 쏟기는 어렵다. 일의 의미가 공감되지 않는다면 일에 대한 간절함도 없고 몰입도 어렵다.

'몰입'하는 조직은 개인의 성장을 위해 투자하는 조직이다. 디지털 지식노동자의 '주인 의식'은 '전문가 정신'을 말한다. 월급 받는 '직장'인이 아니라 자신의 '직업'에 대한 오너십을 가진 전문가로서 자기 '업'에 대한 프로페셔널리즘을 뜻한다. 이직이 경력이 되는 세상에서 회사에 대한 '주인 의식'은 이미 평생 직장 시대의 깨진 유물이다. 나를 고용하는 주인이 바뀌더라도 내가 지키는 프로페셔널리즘은 변하지 않는다. 어느 회사에 다녔는가보다 무슨 일을 했느냐가 더 중요한 시대로 '물경력'을 걱정하는 MZ 세대는 일을 하면서 성장을 확인해야 '자기 일'처럼 일할 동기를 얻는다. 당연히 주어진 일이 자신에게 성장의 기회가 된다고 생각할 때 '몰입'을 기대할 수 있다.

일에 푹 빠지기 위해서는 시간과 공간이 필요하다. 『몰입의 경영』에서 칙센트미하이 교수도 "이상적인 기업 조직이란 직원 개개인이 잠재력을 발휘할 수 있도록 공간을 제공하는 기업"[506]이라고 말했다. 자리에서 꼼짝도 못하는 '집중근무시간'은 '몰입'을 강요하는 전근대적 발상이다. 디지털 지식노동자는 일하면서 자신이 가진 지적 능력과 창의력의 가치를 확인한다. 노동은 더 이상 '밥벌이의 지겨움'을 이겨내면서 참고 견디는 힘든 노동이 아니다. 일터는 '작업의 표준화'를 위한 공간에서 '개인의 창의성'을 위한 공간으로 옮겨 가고 있다.[507] 일에 대한 자발적 몰입은 시간과 공간에 대한 선택도 스스로 할 수 있을 때 가능하다.

'몰입'은 물아일체, 무아지경인 상태를 말한다. 무슨 일을 하든 잘해내기 위해서는 몰입이 필요하다. 몰입은 자발적인 것으로 '잘해내겠다'는 동기 없이는 불가능하다.

직장에서 일하는 사람은 남의 일을 '자기 일'처럼 할 때 몰입한다. 자기 일이란 '나에게 가치 있는 일' '나의 성장에 도움이 되는 일' '내가 도전해서 할 만한 일' '결과를 내가 알 수 있는 일'이다. 이런 일을 할 때 몰입의 속도가 빨라진다.

몰입하는 조직은 '일의 주인'이 많은 조직이다. 일의 의미를 알고, 일을 통해 성장하고, 일하는 시간과 공간을 스스로 정하는 사람만이 주인이 될 수 있다. 디지털 전환의 기업이 만들어야 하는 몰입의 조건은 바로 '일의 주인'이 바라는 조건이다.

15장

코드 9 : Fun
- 재미있어야 사람이 모인다

44

출근이 설레는 조직을 만들자

'월급 받은 만큼만 일한다'라는 '조용한 사직'은 일과 조직에 대한 체념과 좌절 때문에 발생한다. 출근이 설레는 조직이 되려면 일의 의미, 일을 통한 성장 그리고 공정한 평가가 필수적이다. 궁극적으로는 개인의 비전을 회사에서 실현할 수 있어야 한다.

"일은 눈에 보이는 사랑이다" 시인 칼릴 지브란의 말이다. 『하트 오브 비즈니스』에서 위베르 졸리도 "일이란 다른 사람에게 도움을 주기 위한 소명이자 사랑의 표현"이라고 말했다.[508]

일이 이처럼 소중한 것이라면 왜 많은 사람이 일터를 벗어나고 싶어할까? 취업을 위해서 그렇게 많은 시간과 노력을 투자해 놓고 왜 영혼 없이 지옥철을 오가고 있을까? 실리콘 밸리에서는 자기 일에서 '의미'를 발견한다고 하는데 왜 우리에게는 어려운 걸까?

'타성'이 아니라 일하는 즐거움을 찾아서 출근하는 조직을 만들어야 살아남을 수 있다. 일하는 재미를 아는 사람은 일하는 재미가 없는 조직을 미련 없이 떠난다.

'조용한 사직'은 만성질환이다

"조용한 사직Quite Quitting"이 유행이다. 뉴욕에 사는 엔지니어 자이드 펠린이 2022년 7월에 17초짜리 숏폼 영상을 틱톡에 올린 것이 시작이었다.[509] '조용한 사직'은 "주어진 일 이상을 해야 한다는 생각을 그만두는 것"으로 숏폼 게시 한 달 만에 조회 수는 340만 회를 넘겼고, 좋아요는 49만 개 이상이나 달렸다. MZ세대가 공감하고 지지한 것으로 우리나라라고 예외는 아니었다. 2021년 12월 구인구직 플랫폼 '사람인'의 조사에 따르면 직장인 3,293명 중 70%는 "딱 월급 받는 만큼만 일하면 된다"라고 답했다.[510] 일하는 사람이 일에서 멀어지고 싶어 한다.

갤럽은 '조용한 사직'을 "심리적으로 업무에서 손을 뗄 때 발생하는 현상"으로 본다.[511] 몸은 출근해서 컴퓨터를 켜지만 '무엇을 해야 하는지' '왜 이 일이 중요한지' 따위는 아무렇지 않다는 것이다. 2023년의 갤럽 조사에 따르면 글로벌 기준으로 '조용한 사직'은 59%에 달한다. 그런데 특기할 점은 2009년 조사에서도 '조용한 사직'의 비율은 61%였다. 그때나 지금이나 직장을 다니는 10명 중 6명은 언제나 '조용한 사직' 상태이다. '조용한 사직'은 갑작스러운 유행이 아니라 기업의 만성 질환이다. 문제는 전통 기업이 디지털 기업에 비해 상황이 좀 더 심각하다는 것에 있다.

만성 질환에 대한 전통 기업의 대응은 일차원적이다. 2023년 1월 대한상공회의소가 국내 매출액 상위 100대 기업의 인재상을 분석한 결과, 기업이 바라는 인재의 최고 덕목으로 '책임 의식'이 1위를 차지했다.[512] 2008년 조사를 시작한 이후로 1위를 차지한 것은 2023년이 처음이었다. 상사의 업무 지시에 '이걸요?' '제가요?' '왜요?'('3요'라고도 한다)라고 되묻는 젊은 직원과는 일하기 힘들다는 전통 기업의 궁여지책이 다름 아닌 책임 의식의 강조였다. 하지만 이는 '3요 주의보'를 잘못 해석해서 그렇다.

'3요'는 책임 의식의 부족 때문이 아니라 '일의 의미'를 적극적으로 찾기 위한 것으로 보아야 한다. X세대는 일의 의미를 묻지 않았고 M세대는 일의 의미를 원했지만 침묵했다. 그러나 Z세대는 일의 의미를 찾고 요구하고 있다. Z세대에게 '책임 의식'은 자신에게 의미 있는 일을 열심히 하는 것이다.

일하는 사람의 책임 의식에서 조용한 사직의 원인을 찾아서는 발전을 기대하기 어렵다. '월급 루팡'도 있겠지만 조용히 사직하는 대부분의 사람은 일과 조직에 실망해서이다. 일에 대한 기대, 조직에 대한 기대가 무너지면서 체념하고 좌절한 체 다람쥐 쳇바퀴 돌듯이 출퇴근만 반복한다. 이들에게는 도파민, 옥시토신, 엔돌핀, 세로토닌의 분비가 막혀있다. 그냥 영혼 없이 일만 한다.

심리적으로 손을 떼지 않도록 하는 방법이 책임 의식의 강조는 아니다. 자신에게 중요한 의미를 갖고 있는 일을 재미있게 할 수 있을 때 비로소 그 일은 사람의 마음에 와 닿는다.

'펀 경영'은 일하는 재미가 먼저다

2000년대 초반에 '펀Fun 경영'이 유행했다. '신나는 일터' 만들기가 목적이었다. 일하는 직장이 재미있어야 직무 만족도도 높고 이직률도 떨어진다는 인식에 따른 것이었다. 출근길에 삐에로가 깜짝 등장한다거나 '웃음전도사'를 정해 유머, 개그 연수를 보내기도 했다. '재미있는 직장'을 '웃기는 직장'으로 잘못 해석한 결과였다. 재미있는 직장은 일하는 게 재미있는 직장이다. '일의 재미' '조직 생활하는 재미' '직장 다니는 재미'를 말한다. 일하는 게 재미있으면 '조용하게' 사직할 수가 없다. 웃지 말라고 해도 웃음이 저절로 나온다.

"자리로 돌아 왔는데 가슴이 두근거리는 거예요."[513] 토스의 UX라이터 김강령은 "진짜 들도 보도 못한 너무 재미있는 작업을 할거라고" 신나서 떠든다. "천재 개발자"라고 추앙하는 UX엔지니어와 어떻게 구현할지를 이야기 할 때도 "티키타가 하면서 엄청 신나게" 한다. 실리콘 밸리에서 일하는 것처럼 "심장이 뛰는 일을 (…) 마치 놀이처럼 즐기면서" 성과를 낸다. 일하는 사람이 직장에서 가장 행복할 때는 일이 잘될 때이다. 의미 있다고 생각하는 일을 주도적으로 기획하고 실력 있는 동료와 함께하면 일이 재미있을 수밖에 없다.

조직 생활의 재미는 '같이' 일하는 맛이다. 혼자 일할 때보다 같이 일하면서 도움을 받을 때 즐거움을 느낀다. 일을 통한 학습과 성장 또한 조직 생활이 주는 재미이다. 필요한 지식은 개인이 공부하면 된다. 공부한 지식을 가지고 진짜 문제를 해결하는 과정은 함께 하지 않으면 익히기 힘들다. "일을 하면서 하는 성장이 최고"[514]라고 말하는 이유이다. 성장은 현재 수준보다 좀 더 큰 역할을 하고 책임을 갖는 '기회의 문제'이다. 자신의 기술 수준을 높이는 것은 개인의 책임이지만 성장의 기회를 제공하는 것은 조직의 책임이다. 같이 일하면서 조직이 주는 기회가 자신의 성장으로 연결될 때 조직 생활의 재미를 찾을 수 있다.

직장 생활을 하는 재미는 월급날 통장에 꽂히는 돈이다. 한 달 동안 열심히 일한 것에 대한 금전적 보상이다. 금전적 보상이 '재미'가 되려면 공정한 평가가 전제되어야 한다. 공정한 평가는 개인과 조직 사이의 신뢰를 바탕으로 이루어진다. 회사의 비전, 팀의 목표, 구성원의 기여를 잘 정렬하지 않으면 열심히 해도 제대로 평가받기 어렵다. 리더는 비전을 달성하기 위한 '일'과 직원들이 성장할 수 있는 '방향'을 잘 연결해야 한다. 당연히 목표를 정하고, 목표 달성에 따른 평가와 보상도 명확하고 투명해야 한다. 일한 만큼 받지 못한다고 생각하면 조직을 떠나거나 '받은 만큼만 일하는' 재미없는 직장 생활을 하게 된다.

리더는 꿈을 물어야 한다

팀으로 일하는 조직에서 팀원이 '일하는 재미'를 찾지 못하고 있다면, 일차적인 책임은 팀 리더에게 있다. 갤럽에 따르면 팀 몰입의 70%는 관리자의 책임이라고 한다.[515] 그런데 팀 몰입에 가장 영향을 많이 미치는 관리자도 자기 일에서 재미를 찾지 못한다면? 글로벌 기준으로 자기 일에 만족하고 열중하는 관리자의 비율은 31%에 불과하다.[516] 조용한 사직을 줄이려면 조직을 책임진 사람부터 조용한 사직에서 벗어나야 한다. 사람을 키우고 이끄는 일이 의미 있다고 생각하는 사람이 조직의 리더가 되어야 재미있게 일할 수 있다.

'펀 경영'을 위해 리더가 가장 중요하게 해야 하는 일은 조직의 비전과 개인의 비전을 연결하는 것이다. 개인의 비전과 목표가 자기가 하는 일과 연결될 때 일의 의미는 커지고 일의 재미도 생긴다. 예를 들면, 데이터 사이언티스트로 성장하고 싶은 주니어에게는 AI 모델링을 하도록 일을 줘야 한다. 『하트 오브 비즈니스』에서 위베르 졸리도 이렇게 말한다. "모든 팀원의 개인적 목적과 회사의 목적을 연결 짓는 것은 (…) 모든 리더들의 가장 중요한 한 가지 역할이다."[517] 재미있는 직장을 꿈꾸는 리더라면 가장 먼저 일하는 사람 개인의 비전부터 파악해야 한다.

필자가 보험 회사 임원으로 입사해서 처음 팀장을 맡았을 때 가장 신경 쓴 것은 팀원들과 진행한 '일대일 면담'이었다. 팀장인 임원이 56명의 팀원과 일대일 면담을, 그것도 한 시간씩이나 한다는 것은 전무후무한 일이었다. '지금 하는 일이 재미있는지?' '왜 이 회사에 들어왔는지?' '일하면서 힘든 점은 무엇인지?' '일하면서 개인적으로 성장한다고 느끼는지?' '입사할 때의 꿈은 무엇이었는지?' 질문할 때마다 팀원들은 한참을 뜸들이다 대답했다. 그동안 한 번도 생각해본 적 없던 질문이라고 했다. 어떤 직원은 이렇게 말했다. "20년 직장 생활 동안 내

꿈이 뭔지 물어보는 상사는 처음입니다." 아무도 물어보지 않는 나의 꿈과 비전은 조직의 비전과 연결될 수 없다. 조용한 사직은 어찌 보면 당연한 결과이다.

단기적인 성과를 위해 조직의 역량을 '착취'하는 리더에게 '재미있는 직장'을 기대할 수는 없다. 현재 자기 일에 만족하는 직원들도 43%는 이직을 생각한다.[518] 더 이상 조직은 개인을 희생시키면서 성장할 수 없다. 조직을 구성하는 개인이 성장하지 못하는데 그 사람들로 구성된 조직이 성장한다는 것은 '건강한 성장'이 아니다. 조직의 성장은 조직을 구성하는 개인의 성장이다. 조직에서 개인의 비전 실현이 중요한 이유이다. '천재 개발자'는 자신의 비전을 실현하기 어려운 조직에서 일하지 않는다. 진정한 리더라면 조직의 비전을 강요하기 전에 개인의 꿈(비전)부터 먼저 물어야 한다.

'조용한 사직'은 일에서 마음이 멀어지는 것이다. 새로운 유행이 아니라 기업의 오래된 만성질환이다. 일하는 사람의 '책임 의식' 부족으로 마음이 멀어지는 것은 아니다. 일과 조직에 실망했기 때문에 그렇다.

'웃기는 직장'이 일에서 마음이 멀어진 사람을 돌려세우진 못한다. '재미있는 직장'은 일하는 것이 재미있는 직장이다. 일 자체가 재미있고, 같이 배우면서 성장하는 것이 재미있고, 일한 만큼 돈을 받아서 재미있는 직장이 디지털 전환에 성공하는 직장이다.

조용한 사직의 이유는 대부분 리더에게 있다. 리더 스스로 자기 일에서 재미를 못 찾았기 때문이다. 조직의 성장은 개인의 성장이다. 개인의 비전이 중요한 이유이다. 리더는 조직원에게 꿈부터 물어야 한다. 출근이 설레는 조직을 만드는 출발점이다.

45

신나는 일터는 '최복동'이 만든다

배울 점이 있는 동료가 옆에 있을 때 신나는 일터가 된다. 최고의 인재는 학습과 성장이 가능한 조직을 찾는다. 나보다 뛰어난 사람을 뽑는다는 생각으로 채용해야 한다. 동료를 경쟁자로 인식하는 상대 평가가 있는 한 좋은 인재는 모이지 않는다.

직장인은 하루의 3분의 1을 직장에서 보낸다. 그 시간이 즐겁고 재미있어야 인생이 살만하다. 몰입하는 즐거움, 성취하는 보람, 성장하는 기쁨을 일터에서 찾을 수 있어야 한다.

일터에서 행복을 결정하는 요소 중 하나는 같이 일하는 동료다. MZ 세대가 '최고의 복지는 동료다(최복동)'라는 말에 공감하는 이유이다. 디지털 시대의 진짜 팀은 협업하며 일한다. 협업하는 팀에서 동료와 '티키타카' 케미가 맞으면 즐겁게 일하고 몰입도 쉽다. '최복동'은 일하는 개인의 행복뿐만 아니라 조직의 문화에도 영향을 미친다.

'최복동'은 누구인가

나보다 뛰어난 동료가 최고의 복지다. 내가 일을 더 잘할 수 있게 도와줘서다. '최복동'을 찾는 사람은 조직에서 "탁월해지려고 경쟁하는 문화"[519]를 자연스럽게 받아들인다. 나보다 재능 있고 책임감이 강한 동료와 함께 일하는 즐거움을 즐긴다.

인재 밀도로 유명한 넷플릭스의 리드 헤이스팅스는 『규칙 없음』에서 이렇게 말했다. "뛰어난 성과를 올리는 사람은 인재 밀도가 전체적으로 높은 환경에서 특히 제 실력을 발휘한다."[520] 업계 최고 수준의 동료와 함께하는 것이 '부담'이 아니라 '즐거움'인 사람에게는 '나보다 뛰어난 동료'가 복지 이상의 가치를 지닌다.

'최복동'은 '성장'을 갈망하는 사람이 찾는다. 나보다 뛰어난 동료는 내가 성장할 수 있는 기회를 준다. 가장 먼저는 같이 일하면서 '긍정적인 자극'을 준다. 일을 대하는 태도, 일에 접근하는 관점, 문제를 푸는 방식이 나와 다르다. 그 다음으로 동료의 경험을 배울 수 있다. 오랜 시간 동안 시행착오를 하면서 축적해 온 동료의 경험은 '보이지 않는 지식(암묵지)'이 되어 나에게 흡수된다. 그리고 뛰어난 동료가 모인 조직은 성장할 가능성이 높다. 조직이 성장해야 개인에게도 성장의 기회가 열린다. 대기업의 인재들이 스타트업으로 이직하는 이유이다.

전통 기업에서 '최복동'을 찾기 어려운 이유는 두 가지이다. 먼저, 인재 밀도에 대한 낮은 인식이다. '핵심 인재'를 선정하지만 '보상' 차원의 접근이 대부분이다. 조직 전체의 인재 밀도보다 소수의 인원을 '핵심 인재'로 비밀스럽게 관리한다. 반면, 디지털 기업인 넷플릭스는 최고의 인재들로 팀을 꾸린다. 조직 전체를 '핵심 인재'로 채우는 것이 넷플릭스의 인재 밀도이다. 또 다른 이유는 낮은 채용 문턱이다. 인재 경쟁이 심한 디지털 관련 채용에서는 전통 기업이 문턱을 높이기는 현실적으로 어렵다. 구글이나 네이버 같은 빅테크 회사들은 '최복동'을 위해 합격 기준을 높여서 채용을 하지만 전통 기업 입장은 그렇지 못하다. '최복동'을 위해 합격 기준을 높이면 채용 자체가 안된다.

좋은 동료에 대한 기준은 어디에서나 마찬가지다. 똑똑하고, 부지런하고, 착한 사람이다. 일만 잘한다고 좋은 동료가 되지는 않는다. 착하기만 하고 일 못하는 동료보다는 낫지만 오랫동안 같이 할 사람은 못 된다. 똑똑하고 부지런한데 남을 배려하기까지 하는 착한 사람을 찾아야 '최복동'이 완성된다. 실리콘 밸리의 디지털 기업들이 인재 밀도를 위해 기업 문화를 중요하게 생각하는 것도 같은 이유이다. 찾기 힘든 '최복동'이 제 발로 찾아오게 하는 것이 중요하다.

'최복동'이 찾아오는 일터

'최복동'은 의미 있는 일을 찾는다. 돈도 중요하지만 일의 가치가 더 중요하다고 생각한다. 뛰어난 인재일수록 목적 의식이 강하고 성취감이 큰일을 하고 싶어 한다. 금전적인 인센티브가 아니라 내가 하는 일이 만드는 '임팩트'의 크기가 일하는 동기가 된다. 동료와 함께 배우고 성장하기 위해서는 일하는 동기가 같아야 한다. 일하는 목적과 가치가 다른 동료와 함께한다는 것은 '복지'가 아니라 '고문'에 가깝다. 성장의 에너지를 얻는 것이 아니라 나의 에너지를 고갈시킨다. '최복동'이 찾아가는 조직은 함께 큰 꿈을 꿀 수 있는 조직이다.

'최복동'은 끊임없이 '실험'하는 조직을 찾는다. 디지털 시대의 '최복동'이 찾는 조직은 변함없이 안정적으로 '운영'하는 조직이 아니라 새로운 '실험'을 학습과 성장의 기회로 인식하는 조직이다. 디지털 기술로 일하는 사람에게 '학습'과 '성장'은 생존의 문제와 직결된다. 데이터, 디자인, 디벨로프먼트 분야는 하루가 다르게 새로운 기술과 트렌드가 출현한다. 한 번 배우고 익혔다고 해서 평생 써먹을 수 있는 것도 아니다. 새로운 기술을 경험하고 전문성을 키울 기회를 주는 조직에 최고의 인재가 찾아온다. '실험'하는 조직에 '학습'과 '성장'의 기회가 있기 때문이다.

'최복동'은 피드백이 '편한' 조직을 선호한다. 피드백은 리더의 전유물이 아니다. 일하면서 성장한다는 말은 동료의 피드백을 원한다는 말과 같다. 피드백은 질책이 아니다. 지나간 잘못을 따지는 것이 아니라 앞으로의 개선 의견을 듣는 것이다. '최복동'은 피드백을 성장의 기회로 인식한다. '최복동'이 바라는 피드백은 다음의 세 가지 조건이 맞아야 한다. 조직이 보장하는 '심리적 안전', 상대방의 성장을 바라는 '진정성', 숨김없이 '완전한 솔직함'이다. 주는 사람, 받는 사람 모두가 성장의 관점에서 서로 피드백해야 신뢰를 쌓을 수 있다.

'최복동'이 찾아가는 조직은 '공정한' 조직이다. 실리콘 밸리에서 일한 크리스 채는 "공정성은 조직 내 고성과자를 유지할 수 있는 아주 중요한 요소다"[521]라고 말했다. 성장의 기회와 성공의 보상이 지연, 학연, 동기, 선배, 후배, 남자, 여자의 이유로 불공정하게 제공되어서는 안 된다. 실력 대신 '관계'가 중요한 조직에서는 '최복동'이 일하기 어렵다. 잡코리아의 조사에 따르면 20~30대 직장인의 60.2%가 이직을 '성장의 기회'로 생각한다.[522] 실력에 따라 공정하게 성장의 기회를 얻을 수 있는 조직이 '최복동'이 찾는 일터이다.

'최복동'을 찾아라

안타깝게도 전통 기업은 최고의 디지털 인재들이 입사하고 싶어 안달이 난 곳이 아니다. 디지털 기업이나 스타트업과는 차이가 날 수밖에 없다. '최복동'을 가려 뽑기는커녕 기업이 나서서 지원을 읍소해야 할 상황이다. 문제의 근원은 '가고 싶지 않은 문화'에 있다. 여기에 전통 기업의 딜레마가 있다.

인재 밀도를 높이려면 최고의 인재를 뽑아야 하는데, 기존의 낮은 인재 밀도 때문에 아무도 오지 않으려 한다. 닭이 먼저냐 달걀이 먼저냐 같은 문제이기도 하지만 고민할 필요는 없다. 한 번에 두 가지 모두를 해야 한다. 문화도 바꾸고 사람도 뽑아야 한다. '최고의 복지는 동료'라는 인식을 리더가 확고하게 가지고 있어야 한다.

디지털 분야에서 똑똑하고 부지런하면서 착한 사람을 찾기는 쉽지 않다. 전통 기업은 기존의 관행과 절차를 바꾸지 않으면 '최고의 인재'

를 놓칠 수 있다. '회사 양식에 맞춰 지원서를 작성하지 않으면 지원을 못 한다' '학사 이상 학력이 없으면 지원을 못한다' '이직 경험이 많으면 서류 전형에서 탈락이다' 이처럼 '공채' 기준을 고집해서는 최고의 인재를 모시고 올 수 없다. 문턱을 확 낮춰야 한다. 본인이 원하는 양식으로 지원하게 하고, 학력 상관없이 실력만 평가하고, 이직은 당연한 경력 관리로 보고 사람을 찾아야 한다. 강조하지만, 전통 기업에서 디지털 인재 영입은 꿩 대신 닭이 아니라 군계일학을 찾는 일이다.

지원의 문턱을 낮춘다 하더라도 아무나 뽑을 수는 없다. 면접을 철저히 해야 한다. 구글이나 아마존처럼 몇 단계의 검증을 거치는 것은 현실적으로 어렵지만 그래도 두 가지는 꼭 필요하다. 첫 번째는 비전의 확인이다. 일의 의미를 서로 확인하는 시간이 필요하다. 전통 기업은 앞으로 펼쳐 갈 디지털 비전을 셀링하고 지원자는 자신의 비전과 회사의 방향이 맞는지 확인해야 한다. 두 번째는 실력의 확인이다. 실력 확인은 같이 일하는 동료의 몫이다. 질문의 수준이 답변의 수준을 결정하기 때문에 철저한 준비가 필요하다. 나보다 더 나은 사람을 뽑아야 '최복동'도 되고 인재 밀도도 높아진다는 사실을 명심해야 한다.

그런데 상대 평가 조직에서 '나보다 뛰어난 동료'를 뽑으라는 주문은 아이러니하다. 상대 평가로 팀원의 20%는 무조건 하위 고과를 받아야 한다면 '최복동'은 영원히 찾을 수 없다. 왜냐면 나를 하위 고과로 밀어낼 사람을 동료로 맞고 싶지는 않기 때문이다. 이렇게 되면 넷플릭스처럼 '비범한 동료들'로 구성된 '빠르고 혁신적인 직장'은 공염불에 불과하다. 토스가 개인 고과 평가를 안 하는 것도 이 때문이다.[523]

'개인별 성과평가'와 이에 따른 '차등적 보상'은 경쟁의 칼날을 동료에게 겨누라는 주문이 된다. 토스의 구성원은 토스팀 전체의 성과에 따라 인센티브를 받는다. '나보다 뛰어난 동료'를 찾는 것이 팀의 성과에 도움이 된다. 경쟁은 팀 밖에서 하도록 해야 한다.

신나게 일하고 싶은 사람에게 '최고의 복지는 동료'다. 나보다 뛰어난 동료는 내가 성장할 기회를 준다. 인재 밀도는 '핵심 인재' 몇 명 관리한다고 높아지지 않는다. 조직 전체를 업계 최고 수준의 인재로 채우겠다고 생각해야 의미가 있다.

뛰어난 인재는 일의 의미를 찾아 움직이고 '학습'과 '성장'의 기회를 얻을 수 있을 때 관심을 가진다. 동료와 일에 대한 피드백을 주고받는 것이 편해야 하고, 실력에 따라 공정하게 평가받을 수 있는 조직을 원한다. 전통 기업은 '최복동'을 위해서 문화도 바꾸고 사람도 찾아야 한다. 지원의 문턱은 낮추고 면접은 철저히 해야 한다. 상대 평가를 없애야 '나보다 뛰어난 동료'가 '최복동'이 된다.

46

OKR은 팀 경영의 철학이다

디지털 지식 노동자로 구성된 조직이 퍼포먼스를 제대로 내려면 도전적인 목표, 실패가 당연한 마일스톤, 성장을 위한 피드백이 필요하다. OKR은 '목표'와 '핵심 결과'를 중심으로 팀을 경영하는 철학으로 대화, 피드백, 인정으로 퍼포먼스를 관리한다.

OKR이 유행이다. 스타트업에서 시작된 유행이 전통 대기업까지 넘어왔다. OKR은 조직의 퍼포먼스를 '목표Objectives'와 '핵심 결과Key Results'로 관리하는 것을 말한다. 구글에 OKR을 전수한 존 도어는 OKR이 "구글을 위해, 우리 모두를 위해 객관적으로 입증된 최고의 경영 도구다"[524]라고 강조했다.

실리콘 밸리를 갈망하는 전통 기업의 경영진에게 구글이 한다는 OKR은 또 하나의 매력적인 '조직 혁신' 아젠다처럼 보인다. OKR을 도입하면 출근이 설레는 조직, '최복동'이 찾아오는 조직을 만들 수 있다는 기대도 든다. 하지만 기대를 현실로 만드는 것은 OKR 템플릿이 아니라 조직의 '경영 철학'임을 잊어서는 안 된다.

'야만적' 상대 평가는 최복동과 '협업'할 수 없다

전통 기업이 조직을 관리하는 익숙한 방식은 성과에 따라 '등급'을 매기는 것이다. S, A, B, C, D나 상위, 보통, 하위같이 상대적 서열을 정하는 방식이다. 상위 고과에는 보상으로 인센티브와 승진의 기회가 있지만 하위 고과에는 연봉 동결과 승진 누락이 따른다.

2014년 딜로이트의 조사에 의하면 조사대상 기업 중 70%는 상대 평가제를 폐지했거나 폐지 작업 중이라고 답했다.[525] 마이크로소프트는 직원들을 상대 평가하기 위해 전임 CEO 스티브 발머가 도입한 '스택 랭킹'(최고, 우수, 평균, 평균 미만, 불량으로 평가하는 시스템)[526] 시스템을 2013년에 폐기했다. GE는 잭 웰치가 1981년에 도입한 '10% 룰'(조직의 하위 10%에게 퇴사를 권고하는 상대 평가)을 2015년에 폐지했다. 우리나라 기업들이 여전히 붙잡고 있는 상대 평가제는 이미 글로벌에서는 용도 폐기된 상태이다.

'상대 평가'라는 제도 자체가 문제는 아니다. 달리기 시합을 하면 1등이 있고 꼴찌가 있다. 달리는 선수의 퍼포먼스에 따라 결과도 다르고 상도 다르다. 이의를 제기하는 선수는 없다. 문제는 팀으로 협업해야 하는 조직에 상대 평가의 칼을 들이대는 것이다. 실제로 MS의 스택 랭킹 시스템은 직원들이 다른 회사와 경쟁하기보다 서로를 의식하고 경쟁하도록 만들었다. 경쟁에는 내가 앞서가는 것도 있지만 동료를 뒤처지게 하는 방법도 있다. 아이러니하게도 성장을 위해 나보다 뛰어난 동료와 일하게 되면 내가 하위 고과를 받게 된다. 그래서 상대 평가제 아래에서는 동료를 통한 성장도 공염불에 불과하다. 협업은 물 건너가는 것이다.

인재 밀도는 최고의 인재들로 조직 전체를 채우는 문제이다. 애플의 스티브 잡스, 메타의 마크 주커버그, 구글의 래리 페이지, 엔비디아의 젠슨 황, 아마존의 제프 베조스가 한 팀에 있다고 생각해보라. 인재 밀도는 높지만 상대 평가는 어렵다. 누구 한 사람은 반드시 하위 고과를 받아야 한다면 누가 남아 있으려 하겠는가. 직원 줄 세우기를 고수하면서 '최고의 복지는 동료'라고 떠드는 것은 입에 발린 소리에 불과하다. '최복동'은 상대 평가와는 절대 같이 할 수 없다. 디지털 전환을 하면서 많은 글로벌 기업들이 상대 평가를 버리는 이유이다.

'성과 관리'로 번역되는 'Performance Management'는 '성과'를 '관리'하는 체계가 아니다. 성과는 어떤 행위의 결과로 이루어낸 결실이다. 결과를 만드는 행위가 퍼포먼스다. 퍼포먼스를 관리할 수는 있지만 성과를 관리할 수는 없다. 스포츠에서 감독과 코치의 미션은 팀 퍼포먼스가 최대치가 되도록 관리하는 것이다. 하지만 팀의 성과를 관리할 수는 없다. 그런데 많은 기업들이 퍼포먼스를 관리하지 않고 성과를 평가하는 데만 골몰한다. 왜냐면 관리는 어렵고 평가는 쉽기 때문이다.

퍼포먼스를 관리해야 하는 리더의 책임을 동료끼리 싸우게 하는 제도로 대신하는 것이 상대 평가이다. 그래서 상대 평가는 '야만적'이다.

지식 노동자는 퍼포먼스를 '스스로 통제' 한다

앤디 그로브가 인텔에서 OKR을 만든 이유는 명확하다. '지식 노동자의 퍼포먼스를 높이기 위해서 무엇을 해야 하는가'에 대한 해답이었다.[527] 그가 찾은 것은 피터 드러커가 말한 '목표에 의한 경영 **Management By Objectives**'이었다.

1983년 앤드 그로브가 쓴 책 『하이 아웃풋 매니지먼트』를 보게 되면 MBO와 OKR은 크게 다르지 않다.[528] "성공적인 MBO 시스템"은 두 가지 질문에 답해야 한다. '어디로 가길 원하는가?'와 '그곳에 도착했는지는 무엇을 보면 알 수 있는가?'이다. OKR에서 말하는 '목표'와 '핵심 결과'에 대한 질문과 동일하다. 목표는 방향이고 핵심 결과는 이정표다. 목표한 방향으로 제대로 가고 있는지를 이정표로 확인하는 것이다.

OKR은 '목표'와 '핵심 결과'만 묻는다. 목표와 핵심 결과 사이의 퍼포먼스, 즉 '실행'에 대해서는 질문하지 않는다. 실행은 일하는 사람의 '자율'과 '책임'에 맡긴다. 드러커가 말하는 목표에 의한 경영은 자기 통제 **Self-Control** 없이는 불가능하다.[529] 드러커에게 자기 통제는 '더 강한 동기'를 말한다. "목표 도달에 딱 충분한 정도가 아니라 최대치를 하려는 욕구"[530]이다. '지식'으로 일하는 디지털 노동자는 자신의 퍼포먼스를 스스로 통제, 측정, 가이드 할 수 있다. 결국, 디지털 시대의 퍼포먼스 관리는 지식 노동자가 자기 통제의 기준을 높게 가져가도록 하는 데 있다.

일하는 사람이 자발적으로 높은 기준을 세우는 이유는 일을 통해 성취하는 것이 의미 있고 임팩트가 크다고 판단하기 때문이다. 하는 일이 재미있고, 일을 통해 성장이 기대되고, 혼자는 어렵지만 같이 하면 해볼 만한 일을 마주할 때 내적 동기가 강화된다. 드러커가 '위기를 통한 경영'이나 '쪼이기식 경영' 대신 '목표에 의한 경영'을 제시한 이유이다.

존 도어가 말한 것처럼 목표는 구체적이고 행동 지향적이며 영감으로 가득해야 한다.[531] MBO든 OKR이든 '목표에 의한 경영'은 목표를 알아야 효과가 있다. 내가 일해서 달성하는 목표가 전체 비즈니스에 어떤 영향을 미치는지 아는 것이 핵심이다. 기존의 성과 관리 시스템에서는 목표와 KPI를 관리자와 직원 사이의 비밀로 둔다. 하지만 OKR은 전체 공개가 원칙이다. 왜냐면 회사 전략과 개인 업무의 목표를 '정렬'하기 위해서다.

OKR에서 '핵심 결과'는 목표를 향한 이정표라고 했다. 핵심 결과는 기준을 충족했거나 못했거나 둘 중 하나다. 중간은 없다. 길이 맞네, 틀리네 논쟁 없이 네비게이션이 가리키는 대로 가면 목적지에 도착해야 한다.[532] 앤디 그로브는 드러커의 MBO에서는 잘 보이지 않던 '결과 result'를 iMBO(인텔식 MBO)에서 '핵심 결과'로 명확하게 드러냈다. 목표만으로는 지식 노동자의 자기 통제를 '통제'할 수 없다고 생각하고 스스로 통제하는 퍼포먼스의 기준을 공개적으로 밝히도록 요구한 것이다. 이처럼 핵심 결과는 목표를 향한 이정표인 동시에 지식 노동자가 목표를 달성하기 위해 세우는 자기 통제의 기준이 되어야 한다.

OKR의 성공은 시스템보다 문화가 결정한다

OKR 전도사들이 전하는 성공 사례만큼이나 실패 사례도 많다. MBO도 제대로 못 해본 기업이 OKR을 제대로 하기는 어렵다. 제도에 녹아 있는 '경영 철학'은 외면하고 시스템만 갈아 끼운다고 해서 회사가 바뀌지는 않는다. 존 도어도 "문화적 변화는 OKR을 도입하기 '이전에' 시작되어야 한다"라고 말했다.[533]

전통 기업은 OKR을 도입하기 전에 다음 질문에 답부터 해야 한다. 우리 회사의 '사명Mission'이 분명한가? 우리 회사의 '팀'은 서로 독립적인가? 팀의 리더는 퍼포먼스 개발의 역량을 가졌는가? 우리는 실패를 학습하는 조직 문화를 가지고 있는가? 질문 모두에 '예스'라고 답할 수 있을 때 OKR이 팀 경영의 철학으로 자리 잡을 수 있다.

OKR 도입에 회사의 '미션'은 가장 중요한 좌표이다. '목표에 의한 경영'은 조직의 목표를 비즈니스의 최종 미션에 맞게 정렬하는 것이다. 비즈니스의 존재 이유가 명확해야 조직이 한 방향으로 정렬할 수 있다. MBO에 실패한 많은 기업들은 목표가 지향하는 미션이 명확하지 않은 문제를 갖고 있었다. 『구글이 목표를 달성하는 방식 OKR』의 저자 크리스티나 워드케가 "OKR을 시작하기 전에 사명부터 확인하라"[534]라고 말한 것도 이런 이유에서다. 언뜻 보면 그럴싸하지만 자세히 보면 무슨 말인지 알 수 없는 사명은 좌표가 될 수 없다. OKR을 원하는 기업은 자기 회사의 사명부터 다시 읽어보아야 한다. '가슴이 뛰는가?' '방향이 명확한가?' CEO의 OKR부터 미션을 정확히 지향하고 있어야 한다.

OKR은 '팀'의 퍼포먼스를 위한 것이다.[535] 개인의 성과 평가를 위한 것이 아니다. 반드시 회사와 팀 레벨에서만 목표를 설정해야 한다.[536] 개인이 OKR을 가지게 되면 팀의 목표보다 자신의 목표에 집중한다. "더 야심 찬 목표를 위해 위험을 감수하기보다는 달성할 수 있는 목표를 선택"[537]한다. 그래서 개인이 아니라 팀 OKR을 정해야 진짜 임팩트 있는 목표를 세울 수 있다.

팀 레벨에서 OKR이 제대로 작동하기 위해서는 '독립적으로 행동할 수 있는 목표'가 필요하다.[538] 목표 달성을 위해 다른 팀의 지원이 필요하다면 실행의 책임은 분산된다. 기능적으로 분화된 전통 기업의 사일로 조직 구조에서는 OKR이 어렵다. '진짜' 팀이 되어야 OKR도 작동한다.

OKR은 CFR로 완성된다. CFR은 대화**Conversation**, 피드백**Feedback**, 인정**Recognition**을 말한다. 지식 노동자의 퍼포먼스 개발을 위해 리더가 애써야 하는 일이다. "OKR은 관리자와 직원이 함께 미래를 바라보는 대화이다"[539]라는 말처럼 과거의 성과를 평가하고 보상하기 위한 시스템이 아니다. 피드백도 당연히 과거의 평가가 아닌 미래의 성장에 초점을 맞춰야 한다. 그리고 목표 달성을 위해 기여한 행위가 인정된다면 분기가 끝날 때까지 기다리지 말고 마일스톤 중간에라도 이를 인정하는 동기부여를 해야 한다. 이처럼 작은 인정을 자주 여러 번하는 것이 퍼포먼스 향상에 긍정적인 영향을 준다. CFR은 OKR의 퍼포먼스 개발이고 리더의 역할이자 책임임을 잊어서는 안 된다.

OKR에서 '실패'는 칭찬받을 만한 일이다. '더 강한 동기'를 가지고 스스로 가능하다고 생각하는 것보다 높은 목표를 세웠다는 증거이기 때문이다. 목표가 도전적일수록 실패 확률은 높을 수밖에 없다. OKR을 하는 목적은 회사의 미션 성공이지 팀의 분기 목표 달성 때문이 아니다. 구글 벤처스의 파트너 릭 클라우가 "실패는 OKR의 특징이지 버그가 아니다"[540]라고 말한 배경이다. 실패는 '퍼포먼스의 결과이고 더 나은 의사결정을 위한 데이터'로 봐야 한다. '실패'로부터 학습하는 문화가 있어야 실패를 '장려'하는 OKR이 제대로 작동할 수 있다.

'야만적'인 상대 평가는 용도 폐기되어야 한다. 전통 기업은 여전히 동료와 경쟁하도록 관리한다. 상대 평가의 잣대로 결과를 평가하는 '성과 관리' 대신 조직과 사람을 성장시키는 '퍼포먼스 개발'로 전환해야 한다.

OKR에는 지식 노동자의 퍼포먼스 개발을 고민한 피터 드러커와 앤디 그로브의 '경영 철학'이 녹아있다. 지식 노동자에게 '목표'는 일의 의미이고, '핵심 결과'는 일을 통한 성장을 의미한다. 목표와 핵심 결과가 정해지면 실행은 일하는 사람의 자율과 책임 그리고 창의성에 맡기면 된다. 퍼포먼스 개발은 디지털 노동자의 자기 통제 기준을 높이는 일이다.

OKR의 성공은 시스템이 아니라 경영 철학이 결정한다. 가슴 뛰는

'사명', 독립적으로 일하는 '팀', CFR이 자신의 역할과 책임이라고 믿는 '리더', 실패로부터 학습하는 '문화'가 우선되어야 OKR이 산다. OKR은 단순히 새로운 성과 관리 도구가 아니다. OKR은 디지털 전환으로 만드는 '팀 경영'을 위한 철학이다.

◆

4부를 통해서는 디지털 전환에 성공하는(디지털 프로덕트로 혁신을 지속할 수 있는 디지털 역량을 가진) 조직이 되기 위해서 조직 문화가 어떻게 변해야 하는지 구체적으로 살펴보았다.

'진짜' 팀이 되려면 과거의 문화를 버리고 디지털 경영에 맞는 수평적 조직 문화, 자율과 책임의 문화가 중요하다. 디지털 경영에 필요한 인재는 자신의 일에 몰입하는 인재다. 이 같은 인재를 뽑기 위해서는 개인에게 성장의 기회를 제공할 수 있는 조직이 되어야 한다. 심리적 안전이 보장된 조직에서는 실패가 두렵지 않다. 새로운 도전과 실험으로 도전적인 목표를 설정할 수 있다. 달성 불가능한 목표와 핵심 결과를 설정하고 이에 대한 도전을 멈추지 않으며, 실패는 당연히 있을 수 있다고 생각한다. 담대한 목표를 설정하고 혁신하는 조직의 문화는 실패로부터 학습하는 문화이다. 이런 문화를 심리적 안전의 토대 위에 구축할 때 비로소 조직의 역량이 된다.

◆ ◆ ◆

이상으로 총 1~4부에 걸쳐서 디지털 전환에 성공하여 초격차의 성장을 이뤄내기 위한 여러 가지 조건들을 총체적 관점에서 살펴보았다. 시작은 전통 기업이 직면한 디지털 전환의 고민에서 출발했다. '왜 그동안 우리는 디지털 전환에 실패했나?' '왜 그동안 아무 일도 일어나지 않았나?' '왜 돈을 써도 바뀐게 없을까?' 하지만 결국에는 앞으로 다가올, 아니 이미 현실이 된 새로운 시대의 경영 혁신 아젠다(아홉 개의 코드)로 마무리되었다.

디지털 전환의 리더십 이슈, 새로운 가치 혁신의 방향, 디지털 프로덕트로 경쟁하기 위한 디지털 역량의 확보 방안, '진짜' 팀 경영을 위한 조직 문화의 문제까지. 감히 디지털 경영의 실제라 해도 무방하다. 아무쪼록 대한민국의 전통 기업들이 디지털 전환에 성공을 이루어 혁신으로 성장하는 디지털 초격차 기업으로 재탄생하길 기원한다.

주석

1 Pulse Survey, "Digital Transformation Refocused: New Goals Require New Strategies," Harvard Business Review Analytics Services, 2022

2 Patrick Forth et al., "Flipping the Odds of Digital Transformation Success," Boston Consulting Group, October 29, 2020, <https://www.bcg.com/publications/2020/increasing-odds-of-success-in-digital-transformation> 2023. 9. 12. 확인

3 David Rogers, "Leading Digital Transformation that Matters," Columbia Business School, March 9, 2021, <https://youtu.be/Ps9tMDHck2g> 2023. 9. 12. 확인

4 위르겐 메페르트, 아난드 스와미나탄, 『디지털 대전환의 조건』, 고영태 옮김, 청림출판, 2018, 58쪽

5 Dennis Carey et al., "The CEO's Playbook for a Successful Digital Transformation," Harvard Business Review, December 20, 2021, <https://hbr.org/2021/12/the-ceos-playbook-for-a-successful-digital-transformation> 2023. 9. 12. 확인

6 김유성, 「우리은행, 위비톡 서비스 종료 결정」, 『이데일리』, 2020. 9. 8., <https://www.edaily.co.kr/news/read?newsId=03316086625898152> 2023. 9. 12. 확인

7 Pulse Survey, 같은 자료, p. 1

8 Luke Koshi, "'Why digital transformations fail': Former P&G VP Tony Saldanha shares his insights," The News Minute, August 01, 2019, <https://www.thenewsminute.com/article/why-digital-transformations-fail-former-pg-vp-tony-saldanha-shares-his-insights-106532> 2023. 9. 12. 확인

9 위르겐 메페르트, 아난드 스와미나탄, 같은 책, 58쪽

10 에이미 에드먼슨, 『두려움 없는 조직』, 최윤영 옮김, 다산북스, 2019

11 George Westerman, "Should Your CIO Be Chief Digital Officer?," Harvard Business Review, August 02, 2013, 〈https://hbr.org/2013/08/should-your-cio-be-chief-digit〉 2023. 9. 12. 확인

12 위르겐 메페르트, 아난드 스와미나탄, 같은 책, 324쪽

13 Nitin Seth, 『디지털 시대 승리하기』, 손봉균 옮김, 한티미디어, 2022, 37쪽

14 아룬 아로라 외 3인, 『초속도 디지털 전환 불변의 법칙』, 송이루 옮김, 청림출판, 2021, 197쪽

15 Michael Hammer, "Reengineering Work: Don't Automate, Obliterate," Harvard Business Review Magazine, July-Aug 1990, 〈https://hbr.org/1990/07/reengineering-work-dont-automate-obliterate〉 2023. 9. 12. 확인

16 Nitin Seth, 같은 책, 319쪽

17 Steve Denning, "Why Budgeting Kills Agile And Innovation," Forbes, April 28, 2019, 〈https://www.forbes.com/sites/stevedenning/2019/04/28/why-budgeting-cripples-agile-and-innovation/〉 2023. 9. 12. 확인

18 Jeremy Hope, Robin Fraser, "Who Needs Budgets?" Harvard Business Review Magazine, Feb 2003, 〈https://hbr.org/2003/02/who-needs-budgets〉 2023. 9. 12. 확인

19 Michael Schrage, Vansh Muttreja, and Anne Kwan, "How the Wrong KPIs Doom Digital Transformation," MIT Sloan Management Review, SPRING 2022, 〈https://sloanreview.mit.edu/article/how-the-wrong-kpis-doom-digital-transformation〉 2023. 9. 12. 확인

20 마이크로서비스 아키텍처는 하나의 애플리케이션을 독립적으로 배포할 수 있는 일련의 서비스로 분리하는 아키텍처이다. 주요 비즈니스, 도메인별 문제를 별도의 독립적인 코드 베이스로 분리하기 때문에 업데이트, 테스트, 배포 및 확장이 개별 서비스 내에서 이루어지는 장점이 있다. 반면에 모놀리식 아키텍처는 하나의 통합된 어플리케이션 내에 모든 비즈니스 관련 사항을 결합하는 하나의 코드 베이스를 갖춘 아키텍처를 말한다. 애플리케이션을 변경하려면 전체 스택(일종의 데이터 목록)을 업데이트해야 하므로 업데이트에 제한이 많고 시간이 오래 걸리는 단점이 있다. 두 가지 아키텍처 모두 각각 장, 단점을 가지고 있기 때문에 아키텍처의 선정은 개별 기업의 비즈니스 환경에 따라 결정해야 한다. 참고 〈https://www.atlassian.com/ko/microservices/microservices-architecture/microservices-vs-monolith〉 2023. 9. 12. 확인

21 애드-온 방식이란 문제가 생기거나 서비스가 추가될 때마다 계속 하나씩 더하는 식으로 코딩을 해 왔다는 의미이다. 하드 코딩은 프로그램의 상수나 변수에 해당하는 값을 소스 코드

에 직접 쓰는 경우를 말한다. 문제를 당장 해결하기 위해 하드 코딩을 하지만 업데이트 할 수 없기 때문에 그냥 그대로 계속 사용할 수밖에 없다.

22 웹 개발에서 프론트 엔드(Front-End)는 고객이 보는 화면 즉, 사용자 인터페이스(UI)를 말하고, 백 엔드(Back-End)는 프로세스가 돌아가도록 데이터베이스와 서버 사이드를 관리하는 기술을 말한다.

23 아룬 아로라 외 3인,같은 책, 65쪽

24 아룬 아로라 외 3인, 같은 책, 152쪽

25 황재선,『디지털 트랜스포메이션, 조직의 습관을 바꾸는 일』, 좋은습관연구소, 2021, 100쪽

26 Gary Hamel, Bill Breen, The Future of Management, HBS Press, 2007, pp. 11-14

27 George Westerman, Didier Donnet, Andrew McAfee, 『Leading Digital』, Harvard Business Review Press, 2014, pp. 96-151 pp.209-223

28 John P. Kotter, The Heart of Change, Harvard Business Review Press, 2002, p. ix

29 John P. Kotter, 같은 책, p. 16

30 Behnam Tabrizi, Ed Lam, Kirk Girard, and Vernon Irvin, "Digital Transformation Is Not About Technology," Harvard Business Review, March 13, 2019., <https://hbr.org/2019/03/digital-transformation-is-not-about-technology> 2023. 9. 12. 확인
오상진,『디지털 트랜스포메이션 뷰카시대 살아남는 기업의 비밀』, 교보문고, 2020, 6쪽

31 Karl Deutsch, The Nerves of Government (1966), Gary Hamel, Michele Zanini, "Building Fearless Organization with Amie Edmonson," The New Human Movement, 2022. 4. 6., <https://youtu.be/lWSptfrTxbE> 재인용. 2023. 9. 12. 확인

32 라인하르트 코젤렉,『코젤렉의 개념사 사전 1 문명과 문화』, 안삼환 옮김, 푸른역사, 2010, 6쪽

33 Jason Bloomberg, "Digitization, Digitalization, And Digital Transformation: Confuse Them At Your Peril," Forbes, April 29, 2018, <https://www.forbes.com/sites/jasonbloomberg/2018/04/29/digitization-digitalization-and-digital-transformation-confuse-them-at-your-peril/> 2023. 9. 12. 확인

34 Gartner Glossary, "Digitization," Gartner, <https://www.gartner.com/en/information-technology/glossary/digitization> 2023. 9. 12. 확인

35 김광일, "디지털패션(3D)의 현재와 미래," 2022 국제저작권기술 컨퍼런스, 저작권TV, 2022. 11. 2., <https://youtu.be/HTjVjV3qLw8> 2023. 9. 12. 확인

36 <https://www.sap.com/insights/what-is-digital-transformation.html> 2023. 9. 12. 확인

37 Curtis R. Carlson & William W. Wilmot, Innovation, Crown Business, 2006, p. 6

38 이지효, 『대담한 디지털 시대』, 알에이치코리아, 2016, 75-76쪽

39 신동훈, 이승윤, 이민우, 『디지털로 생각하라』, 북스톤, 2021, 93-119쪽

40 부동산(property)과 기술(technology)이 결합된 용어로 디지털 기술을 활용한 부동산 비즈니스를 지칭하는 말이다.

41 마셜 밴 엘스타인, 상지트 폴 초더리, 제프리 파커, 『플랫폼 레볼루션』, 이현경 옮김, 부키, 2017, 35쪽, 121쪽

42 이성열, 양주성, 오태완, 『플랫폼 비즈니스의 미래』, 개정증보판, 리더스북, 2022, 30쪽

43 『플랫폼 레볼루션』의 영문판 부제목에 "Networked Markets" 이라고 되어 있다. G.G. Parker, M.W. Van Alstyne, and S.P. Choudary, Platform Revolution: How **Networked Markets** Are Transforming the Economy ? and How to Make Them Work for You, W. W. Norton & Company, 2016 강조는 필자

44 Tom Eisenmann, Geoffrey G. Parker, Marshall W. Van Alstyne, "Strategies for Two-Sided Markets," Harvard Business Review Magazine, October 2006, <https://hbr.org/2006/10/strategies-for-two-sided-markets> 2023. 9. 12. 확인

45 이성열, 양주성, 오태완, 같은 책, 29쪽

46 이성열, 양주성, 오태완, 같은 책, 168-169쪽

47 수요를 만드는 소비자들이 네트워크화 됨으로써 공급 측면뿐만 아니라 수요 측면에서도 규모의 경제가 가능해졌다. 마셜 밴 엘스타인, 상지트 폴 초더리, 제프리 파커, 같은 책, 58쪽

48 주호재, 『(현장 컨설턴트가 알려주는) 디지털 트랜스포메이션』, 성안당, 2020, 28-29쪽

49 박수정, 김국현, 『디지털 트랜스포메이션 필드 매뉴얼』, 미래의 창, 2021, 14쪽

50 이상인, 『디지털 트랜스포메이션; 뉴 호라이즌』, 가나문화콘텐츠, 2020, 26쪽

51 강태욱, 『뉴노멀 디지털 트랜스포메이션』, 씨아이알, 2022, 62쪽

52 스리람 나라얀, 『애자일 조직혁명: 애자일을 조직에 적용하는 비결』, 홍유숙 옮김, 처음북스, 2017, 42쪽

53 이동우, 『파이브 포인트: 디지털 대전환 시대, 위대한 기업의 조건』, 한국경제신문, 2022, 236쪽

54 이동우, 같은 책, 61쪽, 232쪽

55 KAIST 기술경영전문대학원, 『4차 산업혁명과 디지털 트랜스포메이션 전략』, 율곡, 2019, 71-72쪽

56 강태욱, 같은 책, 27쪽

57 강태욱, 같은 책, 35쪽

58 김진영, 김형택, 이승준, 『디지털 트랜스포메이션 어떻게 할 것인가?』, e비즈북스, 2017, 35쪽

59 아룬 아로라 외 3인, 같은 책, 10쪽

60 황재선, 같은 책, 42-44쪽

61 황재선, 같은 책, 45쪽

62 이성열, 양주성, 『디지털 비즈니스의 미래』, 리더스북, 2019, 25쪽

63 니콜라스 네그로폰테, 『디지털이다』, 백욱인 옮김, 커뮤니케이션북스, 1999 영문본은 『Being Digital』로 1995년 출간되었다.

64 Marc Andreessen, "Why Software Is Eating The World", The Wall Street Journal, August 20, 2011, <https://www.wsj.com/articles/SB10001424053111903480904576512250915629460> 2023. 9. 12. 확인

65 2019년 마이크로 소프트사 CEO 사티아 나델라가 MWC에서 한 말이다. 소프트웨어 품질의 아버지로 불리는 Watts S. Humphrey는 이미 20년전에 "모든 비즈니스는 소프트웨어 비즈니스이다" 라고 말했다. Watts S. Humphrey, Winning with Software: An Executive Strategy, Addison-Wesley Professional, 2001

66 제품을 더 많이 생산하기 위해 드는 단위당 비용이 점차 증가하는 현상이 '수확 체감의 법칙'이다. 반면, 투입된 생산요소가 늘어나면 늘어날수록 산출량이 기하급수적으로 증가하는 현상은 '수확 체증의 법칙'이다. 지적 자본과 지식기반 경제에서는 '수확 체증의 법칙'이 적용된다. W. Brian Arthur, "Increasing Returns and the new world of Business," Harvard Business Review Magazine, July-August 1996, <https://hbr.org/1996/07/increasing-returns-and-the-new-world-of-business> 2023. 9. 12. 확인

67 S. J. Liebowits, Stephen E. Margolis, "Are Network Externalities A New Source of Market Failure?" Research in Law and Economics, Vol. 17, 1995, pp. 1-22

68 Roger Martin, "The Age of Customer Capitalism", Harvard Business Review Magazine, Jan-Feb 2010, <https://hbr.org/2010/01/the-age-of-customer-capitalism> 2023. 9. 12. 확인

69 Peter F. Drucker, The Practice of Management, Collins, 1986 (1954), p. 37

70 스티브 데닝, 『애자일, 민첩하고 유연한 조직의 비밀』, 박설영 옮김, 어크로스, 2019, 274쪽

71 Business Roundtable, "STATEMENT ON THE PURPOSE OF A CORPORATION Q&A,"

〈https://www.businessroundtable.org/purposeanniversary〉 2023. 9. 12. 확인

72 김민구, 「잭 웰치의 반성 "주주가치 집착은 어리석었다."」, 『매일경제』, 2009년 3월 13일자 〈https://www.mk.co.kr/news/world/4558101〉 2023. 9. 12. 확인

73 위베르 졸리, 캐롤라인 램버트, 『하트 오브 비즈니스』, 엄성수 옮김, 상상스퀘어, 2022, 101쪽

74 정경화, 『유난한 도전』, 북스톤, 2022

75 Patrick Forth et al., "The Rise of the Digital Incumbent", Boston Consulting Group, February 16, 2022, p. 8

76 Peter F. Drucker, 같은 책, pp. 37-39

77 "Jeff Bezos : It is always 'Day One' at Amazon", Investors Archive, 〈https://youtu.be/H4QdJnlhRHc?si=oNTsG_fZp5ZSczSm〉 2023. 9. 12. 확인

78 존 로스만, 『아마존 웨이』, 김정혜 옮김, 와이즈맵, 2017, 82쪽

79 ADD(Ambition Deficit Disease)는 "혁신을 위한 상상력이나 담대한 미래를 위한 야망이 부족하고 새로운 변화를 두려워하는" 관리자들의 태도를 비꼬기 위해 스티브 데닝이 만든 용어이다. Steve Denning, "An Agile Management Model," Drucker Forum, 2014 〈https://youtu.be/_kxTOlmN68Q〉 2023. 9. 12. 확인

80 William Gallagher, "Apple's R&D spend continues to climb, but isn't directly correlated to anything," Appleinsider, Aug 01, 2018, 〈https://appleinsider.com/articles/18/08/01/apples-rd-spend-continues-to-climb-but-isnt-directly-correlated-to-anything〉 2023. 9. 12. 확인

81 Gary Hamel, Bill Breen, 같은 책, p. 11

82 Blind staff writer, "2021: 15 Companies With The Happiest Employees," Blind Blog-Workplace Insights, February 25, 2021, 〈https://www.teamblind.com/blog/index.php/2021/02/25/2021-15-companies-with-the-happiest-employees/〉 2023. 9. 12. 확인. 미국 블라인드 웹 사이트라서 인증코드가 필요하다. 이미지 검색을 해 봐도 내용은 확인할 수 있다.

83 리드 헤이스팅스, 에린 마이어, 『규칙 없음』, 이경남 옮김, 알에이치코리아, 2020, 114쪽

84 디지털 전환의 이유를 "디지털 기업에 잡아 먹힐 지 모르는" 위기에서 찾는 경우가 있다. 디지털 전환은 디지털 네이티브가 시장의 주류가 되는 5~10년 뒤의 디지털 세상에서 새로운 기회를 찾고 지속적인 성장을 추구하기 위해 필요한 것이다. CEO가 디지털 전환을 '위기에 대한 대응'으로 보느냐, 아니면 '성장의 기회'를 위한 공격 준비로 보느냐는 단순한 말장난이

아니라 비전의 차이, 실행의 차이를 가져온다. 신동훈, 이승윤, 이민우, 같은 책, 54-59쪽

85 "두려움은 움직임을 촉발할 수 있다. (…) 그러나 두려움이 위대한 전환을 주도하여 지속적인 힘을 갖는 경우를 아직 보진 못했다. (…) 두려움이 변화 프로세스의 2단계에서 8단계까지 성공적으로 이끌지 못하는 이유는, 사람들이 결국 조직의 발전보다는 자기 보신에 더 중점을 두기 때문이다." 존 코터, 댄 코헨, 『(기업이 원하는) 변화의 기술』, 김성수, 김기웅 옮김, 김영사, 2003, 54쪽

86 Pulse Survey, 같은 책, pp. 2-3

87 Patrick Forth et al., 같은 자료(2022), p. 1

88 Standard & Poors, 미국의 신용 평가 회사로 세계 3대 평가 회사로 꼽힌다. 다우존스 지수를 발표한다.

89 Scott D. Anthony, "What Do You Really Mean by Business "Transformation"?" Harvard Business Review, February 29, 2016, <https://hbr.org/2016/02/what-do-you-really-mean-by-business-transformation>

90 Nike Annual Report 2017

91 Pamela N. Danziger, "Nike's New Consumer Experience Distribution Strategy Hits The Ground Running," Forbes, Dec. 1, 2018, <https://www.forbes.com/sites/pamdanziger/2018/12/01/nikes-new-consumer-experience-distribution-strategy-hits-the-ground-running/> 2023. 9. 12. 확인

92 Elizabeth Mixson, "Nike's Digital Transformation Efforts Continue to Win Big," Intelligent Automation Network, June 21, 2022, <https://www.intelligentautomation.network/transformation/articles/nikes-digital-transformation-efforts-continue-to-win-big> 2023. 9. 12. 확인

93 "Nike Aims for 50% Digital Engagement by 2022 as Online Sales Surge," Brainstation, 2020. 06. 29., <https://brainstation.io/magazine/nike-aims-for-50-digital-engagement-by-2022-as-online-sales-surge> 2023. 9. 12. 확인

94 Patrick Forth et al., 같은 자료(2022), p. 4

95 Max Greenwood, "Nike's Digital Ecosystem Paved the Way for D2C Transformation," BrainStation, Feb 23, 2021, <https://brainstation.io/magazine/nikes-digital-ecosystem-paved-the-way-for-d2c-transformation> 2023. 9. 12. 확인

96 Michael Seibel, "트위치를 1조원에 매각하고 세계 최고의 투자자가 되면서 배운 것들", EO 이오, 2022.09.14., <https://youtu.be/GP5jXj0O4OM> 2023. 9. 12. 확인

97 Noel Tichy and Ram Charan, "Speed, Simplicity, Self-Confidence: An Interview with Jack Welch," Harvard Business Review Magazine, Sep-Oct 1989, updated March 02, 2020, <https://hbr.org/1989/09/speed-simplicity-self-confidence-an-interview-with-jack-welch> 2023. 9. 12. 확인

98 David Beaumont, Joël Thibert, and Jonathan Tilley, "Same lean song, different transformation tempo," McKinsey & Company, Sep 26, 2017, <https://www.mckinsey.com/capabilities/operations/our-insights/same-lean-song-different-transformation-tempo> 2023. 09. 12. 확인

99 존 코터, 댄 코헨, 같은 책, 51쪽

100 Gary Hamel, Michele Zanini, "Building Fearless Organization with Amie Edmonson," The New Human Movement, 2022. 4. 6., <https://youtu.be/lWSptfrTxbE> 2023. 9.12. 확인

101 아룬 아로라 외 3인, 같은 책, 221쪽

102 크리스 채, 『실리콘밸리에선 어떻게 일하나요』, 더퀘스트, 2022, 31쪽

103 리드 호프먼, 준 코언, 데론 트리프, 『마스터스 오브 스케일』, 이주영 옮김, 인플루엔셜, 2022, 361쪽

104 리드 호프먼, 준 코언, 데론 트리프, 같은 책, 361쪽

105 리드 호프먼, 준 코언, 데론 트리프, 같은 책, 357쪽

106 램 차란, 게리 윌리건, 『컴피티션 시프트』, 이은경 옮김, 비전코리아, 2021, 18쪽

107 패트릭 반 더 피즐 외 11인, 『디자인씽킹, 비즈니스를 혁신하다』, 김시내 외 옮김, 틔움, 2018, 154쪽

108 로버트 하그로브, "Impossible Future," SERI CEO 구루에게 묻다 2016. 7. 28.

109 마티 뉴마이어, 『디자인 풀 컴퍼니: 경영을 디자인하다!』, 박선영 옮김, 시그마북스, 2009, 101쪽

110 아룬 아로라 외 3인, 같은 책, 62쪽, 73쪽

111 김회승, 「10대 그룹 신년사 키워드, '위기' '성장' 급부상…언급 1위는?」, 『한겨레』, 2023년 1월 3일, <https://www.hani.co.kr/arti/economy/economy_general/1074208.html> 2023. 9. 12. 확인

112 Peter F. Drucker, 같은 책, pp. 35-36

113 James H. Gilmore, B. Joseph Pine II, "The Four Faces of Mass Customization", Harvard Business Review Magazine, Jan-Feb. 1997, <https://hbr.org/1997/01/the-four-faces-of-mass-customization>

114 Peter F. Drucker, 같은 책, p. 37

115 Steve Jobs, "Customer Experience", Apple WorldWide Developers Conference, 1997, <https://youtu.be/r2O5qKZlI50> 2023. 9. 12. 확인

116 1. 고객에 집착한다(Customer Obsession) 2. 주인 의식을갖는다(Ownership) 3. 발명하고 간소화한다(Invent and Simplify) 4. 리더는 정확하고 옳아야 한다(Leaders are Right A lot) 5. 학습하고 호기심을 가져라(Learn and Be Curious) 6. 최고의 인재를 채용하고 육성한다(Hire and Develop the Best) 7. 최고의 기준을 추구한다(Insist on the Highest Standards) 8. 크게 생각한다(Think Big) 9. 신속하게 판단하고 행동한다(Bias for Action) 10. 절약한다(Frugality) 11. 신뢰를 쌓는다(Earn Trust) 12. 깊게 고민한다(Dive Deep) 13. 반대하거나 받아들인다(Disagree and Commit) 14. 결과를 도출한다(Deliver Results) 15. 지구 최고의 고용주가 되기 위해 노력한다(Strive to be Earth's Best Employer) 16. 성공과 확장에는 큰 책임이 따른다(Success and Scale Brings Broad Responsibility)

117 위베르 졸리, 캐롤라인 램버트, 같은 책, 277쪽

118 마크 랜돌프, 『절대 성공하지 못할 거야』, 이선주 옮김, 덴스토리, 2020, 237쪽

119 존 로스만, 같은 책, 197쪽

120 김위찬, 르네 마보안, 『블루오션 전략』, 강혜구 옮김, 교보문고 2005

121 김위찬, 르네 마보안, 같은 책, 16쪽

122 『블루오션 전략』에서 "분석의 진단 도구이자 실행 프레임워크"로 제안한 것이다. 구매자의 가치 요소를 구분하여 경쟁사와의 가치 곡선을 비교해봄으로써 "구매자의 가치 요소를 재구축"하는데 도움을 준다. 김위찬, 르네 마보안, 같은 책, 34-38쪽 참조

123 Peter F. Drucker, 같은 책, p. 47

124 브라이언 두메인, 『베조노믹스』, 안세민 옮김, 21세기북스, 2020, 166쪽

125 브라이언 두메인, 같은 책, 167쪽

126 기동어(Wake-Up Word)란 음성인식 시스템에서 사용되는 특정한 명령어나 키워드를 말한다. "알렉사" "지니야" "헬로 구글" 같은 특정 명령어를 말한다. 시스템이 해당 명령어나 키워드를 인식하여 음성인식 기능을 시작하게 된다. 기동어 이후부터 사용자의 의도를 파악하고 적절한 작업을 수행할 수 있다. 베조스는 처음부터 "아마존"을 기동어로 고집했다고 한다.

Joshua Brustein, "The Real Story of How Amazon Built the Echo", Bloomberg, 2016. 4. 19., <https://www.bloomberg.com/features/2016-amazon-echo/> 2023. 9. 12. 확인

127 유철현, 「IP로 엿보는 유니콘 이야기 3 ? 토스의 혁신은 계속되고 있는가?」, Platum, <https://platum.kr/archives/174899> 2023. 9. 12. 확인

128 정경화, 같은 책, 56쪽

129 은행과 이용 기업의 전산시스템을 전용회선 또는 VAN사의 전산망을 통해 직접 연결해 자금의 이체 및 입출금내역, 각종 조회 등 금융업무를 처리할 수 있도록 하는 것을 말한다.

130 클레이튼 M. 크리스텐슨, 『혁신기업의 딜레마』, 이진원 옮김, 세종서적, 2009, 영어 원서는 1997년 발간됐다. Clayton M. Christensen, The Innovator's Dilemma: When New Technologies Cause Great Firms to Fail, Harvard Business School Press, 1997

131 Clayton M. Christensen, Michael E. Raynor, and Rory McDonald, "What is Disruptive Innovation?" Harvard Business Review, Dec. 2015, <https://hbr.org/2015/12/what-is-disruptive-innovation?> 2023. 9. 12. 확인

132 Joseph L. Bower and Clayton M. Christensen, "Disruptive Technologies: Catching the Wave", Harvard Business Review Magazine, Jan-Feb 1995, <https://hbr.org/1995/01/disruptive-technologies-catching-the-wave> 2023. 9. 12. 확인

133 이동우, 같은 책, 206쪽

134 『블루오션 전략』의 저자들의 글에서 아이디어를 '확인'했지만, 그들이 말하는 "비파괴적 창조"와는 다르다. "비파괴적 창조는 기존 산업 경계 외부 또는 그 너머에 완전히 새로운 시장을 창출하는 것"이다. "창조적 혁신"은 "기존 산업 경계 외부"에만 한정하지 않는다. 창조적 혁신에서 산업의 경계는 더 이상 '경계'의 역할을 할 수 없다. 고객에게 새로운 가치를 제공하는지의 여부가 "창조적 혁신"의 경계이다. W. Chan Kim and Renée Mauborgne, "Nondisruptive Creation: Rethinking Innovation and Growth", MIT Sloan Management Review, Feb. 21, 2019, <https://sloanreview.mit.edu/article/nondisruptive-creation-rethinking-innovation-and-growth/> 2023. 9. 12. 확인

135 안드레센 호로위츠의 전 파트너였던 베네딕트 에반스가 2019년에 쓴 글에서 아마존 에코를 빗대어 한 말이다. Jake Swearingen, "Amazon thought Alexa would be the next iPhone. Turns out it's a 'glorified clock radio.'," Business Insider, Nov. 30, 2022, <https://www.businessinsider.com/amazon-alexa-business-failure-10-bn-losses-2022-11> 2023. 9. 12. 확인

136 이성열, 양주성, 오태완, 같은 책, 117쪽 그림 2-1 디지털 혁신 전략 피라미드 참조

137 Roger Martin, "A Plan is Not a Strategy," Harvard Business Review, 2022. 6. 29, <https://youtu.be/iuYlGRnC7J8?si=cJSN8UZYtKWGJlaK> 2023. 9. 12. 확인

138 이성열, 양주성, 오태완, 같은 책, 113쪽

139 Michael E. Porter, "What Is Strategy?" Harvard Business Review Magazine, Nov-Dec. 1996, <https://hbr.org/1996/11/what-is-strategy> 2023. 9. 12. 확인

140 위베르 졸리, 캐롤라인 램버트, 같은 책, 168쪽

141 Michael E. Porter, Competitive Advantage, The Free Press, 1985, p. 38

142 Michael E. Porter, 같은 책, p. 38

143 『블루오션 전략』도 싸우지 않고 이기는 법을 "전략 캔버스"라는 세련된 이름으로 정리한 것이다. 산업을 파괴하는 것이 아니라 산업 내에서 기존과 '다르게' 하는 경쟁 전략이다. 포터가 말하는 차별화 전략의 한 줄기라고 해도 크게 틀리지 않다.

144 Michael E. Porter, 같은 책, pp. 11-16 마이클 포터의 '본원적' 경쟁 전략은 차별화, 비용 리더십, 집중 전략 세 가지이다.

145 비용 리더의 자리를 놓고 경쟁하는 경쟁자 중의 하나가 아니라 오직 하나의 "*the* cost leader"이다. "비용 우위 전략"이라고 번역하면 포터의 의도가 희석된다. advantage 대신 굳이 leadership이라는 단어를 선택한 전략적 이유를 살려야 한다. "비용 우위"는 경쟁 전략이 아니라 경쟁 우위를 말한다.

146 Roger Martin, "There Are Still Only Two Ways to Compete," Harvard Business Review, April 21, 2015, <https://hbr.org/2015/04/there-are-still-only-two-ways-to-compete>

147 『플랫폼 비즈니스의 미래』의 저자들은 "초연결 시대에 필요한 세 가지 경쟁 전략은 디지털 혁신 전략, 차별화 전략, 비용 우위 전략으로 재구성된다"라고 말했다. 즉, "디지털 혁신 전략"을 별도의 경쟁 전략으로 구분지었다. 하지만 포터가 말하는 차별화 전략과 비용 리더십 전략은 디지털 혁신을 통해서도 가능한 것으로 "디지털 혁신"은 가치 창출을 통해 차별화와 비용 우위를 만들기 위한 기업의 활동이지 별도의 경쟁 전략은 아니다.

148 Felix Oberholzer-Gee, Better, Simpler Strategy, Harvard Business Review Press, 2021 p.19

149 Felix Oberholzer-Gee, 같은 책, p. 6

150 Felix Oberholzer-Gee, 같은 책, pp. 6-7 '가치 막대'란 아이디어가 새로운 것은 아니다. "가치 기반 전략 이론 Value-based strategy의 목표는 고객을 위해 창출된 가치와 기업이 발생시키는 비용 사이의 차이를 최대화하는 것이다." Thomas T. Nagle, Reed K. Holden, The

Strategy and Tactics of Pricing, Second Edition, Prentice Hall, 1995, p. 9

151 Felix Oberholzer-Gee, 같은 책, pp. 30-33

152 마이클 포터도 구매자의 가치(Buyer Value)를 높이는 2가지 메커니즘을 말한다. 구매자의 비용을 낮추거나, 구매자의 성능을 높이거나 이다. Michael E. Porter, 같은 책, pp. 130-132

153 『경험 경제』의 저자들도 "경험"이라는 단어가 유행하는 이유를 이렇게 설명한다. "1998년 <경험 경제로의 초대> 이후 20년 가까이 지나서 '경험'이라는 단어가 유행하는 이유 중에 가장 큰 것은 경영자들과 관리자들이 경험을 차별화를 위한 손대지 않은 도구라고 보았기 때문이다." Joseph Pine II & James H. Gilmore, "The Experience Economy: Past, Present and Future," Handbook on the Experience Economy, Edward Elgar, Jan 2013, pp. 21-44

154 브라이언 솔리스, 『경험은 어떻게 비즈니스가 되는가』, 정지인 옮김, 다른, 2016, 14쪽, "Keynote speaker Brian Solis on the future of customer experience design", NextCon, 2017. 12. 19., <https://youtu.be/zLy18irAxlk> 2023. 9. 12. 확인

155 MOT(Moments Of Truth)란 'Moment De La Verdad'라는 스페인의 투우용어를 영어로 옮긴 말이다. 투우사가 소의 급소를 찌르는 순간을 의미하기 때문에 말 그대로 '진실의 순간', '결정적 순간'을 말한다. 고객 여정 Customer Journey에서 고객 경험에 결정적인 순간을 설명하기 위해 사용된다.

156 Jan Carlzon, Moments of Truth, Harper Business, 1989 얀 칼슨, 『MOT 진실의 순간 15초』, 박세연 옮김, 현대지성, 2023

157 고객이 상품, 서비스에 대한 경험을 공유하는 순간을 말한다. UMOT의 콘텐츠는 ZMOT의 검색 대상이 된다. 브라이언 솔리스, 같은 책, 93쪽

158 "Jeff Bezos In 1999 On Amazon's Plans Before The Dotcom Crash," CNBC, 2019. 2. 9., <https://youtu.be/GltlJO56S1g> 2023. 9. 12. 확인

159 고객이 나쁜 경험을 해야 고객 서비스(애프터 서비스)를 찾는다는 뜻이다. 니콜라스 웹, 『(초연결시대) 혁신적 고객경험 설계』, 김경자 외 2인 옮김, 시그마북스, 2018, 77쪽

160 "Welcome to the Experience Economy - Joe Pine", Qualtrics, 2017. 8. 17., <https://youtu.be/TOjUxGqh7aA> 2023. 9. 12. 확인

161 차경진, 『데이터로 경험을 디자인하라』, 시크릿하우스, 2022, 62쪽

162 차경진, 같은 책, 60쪽

163 "Spotify Debuts a New AI DJ, Right in Your Pocket," 2023. 2. 23., <https://newsroom.spotify.com/2023-02-22/spotify-debuts-a-new-ai-dj-right-in-your-pocket/> 2023년 8월

서비스 지역을 50개국으로 확대했다. 2023. 9. 12. 확인

164 레바브 교수가 말하는 경험의 효용은 세 가지이다. 첫째는 예상 효용(Anticipated Utility)이다. 경험으로부터 얻을 수 있는 효용을 미리 예상하는 것이다. 둘째는 경험 효용(Experience Utility)이다. 실제로 제품을 사용하면서 경험하는 효용을 말한다. 셋째가 회고적 효용(Retrospective Utility)이다. 경험을 기억하면서 느끼는 효용이다. Jonathan Levav, "Defining Customer Experience," Stanford Graduate School of Business, 2020. 2. 7., <https://youtu.be/Oa7k3S2vnus> 2023. 9. 12. 확인

165 World Economic Forum, "The experience economy is booming, but it must benefit everyone," Jan. 7, 2019, <https://www.weforum.org/agenda/2019/01/the-experience-economy-is-booming-but-it-must-benefit-everyone/> 2023. 9. 12. 확인

166 B. Joseph Pine II & James H. Gilmore, "Welcome to the Experience Economy", Harvard Business Review Magazine, July-Aug 1998, <https://hbr.org/1998/07/welcome-to-the-experience-economy>

167 "경험 경제"라는 아이디어는 1993년 후반 즈음 IBM 직원 교육 현장에서 떠올랐다. 『대량 맞춤화』의 저자 조 파인이 교육 중에 받은 질문이 도화선이다. 재화를 맞춤화하면 서비스가 되는데 서비스를 맞춤화하면 뭐가 되는가란 질문이다. 조 파인은 "대량 맞춤화는 서비스를 경험으로 변화 시킨다"라고 별 생각 없이 말하고는 속으로 유레카를 외쳤다고 한다. 『경험 경제』의 탄생이다. Joseph Pine II & James H. Gilmore, 같은 자료(2013), pp. 22-24

168 제임스 길모어, 조지프 파인 2세, 『경험 경제』, MX디자인랩 옮김, 유엑스리뷰, 2021, 42쪽

169 로버트 로스만, 매튜 듀어든, 『팔리는 경험을 만드는 디자인』, 홍유숙 옮김, 유엑스리뷰, 2021, 7쪽 조지프 파인 2세의 서문

170 제임스 길모어, 조지프 파인 2세, 같은 책, 399쪽

171 로버트 로스만, 매튜 듀어든, 같은 책, 10쪽 조지프 파인 2세의 서문

172 "Joe Pine - The Experience Economy is All About Time Well-Spent - S5E6 - Voices of CX Podcast", Customer Value Alignment Blog & Podcast, 2020. 4. 27., <https://youtu.be/7o7FBw3ahRo> 2023. 9. 12. 확인

173 "What exactly is customer experience? - Joe Pine on the Voices Of CX Podcast," Customer Value Alignment Blog & Podcast, 2020. 10. 6., <https://youtu.be/bSaOKqZQOow> 2023. 9. 12. 확인

174 로버트 로스만, 매튜 듀어든, 같은 책, 39쪽

175 Daniel Kahneman, "The riddle of experience vs. memory," TED, 2010. 3. 2. <https://

youtu.be/XgRlrBl-7Yg> 2023. 9. 12. 확인

176 미국의 건축가 루이스 설리반(Louis Sullivan, 1856~1924)이 한 말이다. 산업사회에 적합한 "단순하고 명쾌한 형태와 기능을 추구하는 디자인 경향을 뜻한다."
김의경, "Form Follows Functions," 디자인하우스, 월간디자인 2006년 10월호, <https://mdesign.designhouse.co.kr/article/article_view/101/38345> 2023. 9. 12. 확인

177 G. Lynn Shostack, "Designing Services That Deliver," Harvard Business Review, Jan 1984, <https://hbr.org/1984/01/designing-services-that-deliver> 2023. 9. 12. 확인

178 조 파인은 디자인한 미시적 경험들이 모여서 거시적 경험이 된다고 한다. "경험 디자인이란 근본적으로 시간을 디자인하는 것이고, (···) 각각의 미시적 경험은 특정한 양의 시간을 차지한다. 이 시간의 길이와 순서를 잘 조율해서 쌓아 올리고, 이 시간 순서대로 고객을 끌어들여 최종적으로 거시적 경험을 만들어 낸다. 이 때 지향성을 가지고 디자인을 해야 한다. 그래야 원하는 드라마가 탄생하고, 그 속으로 온전히 들어갈 수 있다." 로버트 로스만, 매튜 듀어든, 같은 책, 9쪽 조지프 파인 2세의 서문

179 Daniel Kahneman, 같은 자료

180 Richard Buchanan, "A Design From the Other Side," MX 2013 Keynotes, adaptivepath, 2013. 6. 13., <https://youtu.be/z3xRhi52FzA> 2023. 9. 12. 확인

181 닐슨 노먼 그룹은 고객 여정 지도를 세 가지 영역으로 구분한다. Zone A는 고객 여정의 렌즈에 해당하는 영역이다. 여정을 경험하는 행위자와 여정의 시나리오를 포함한다. Zone B는 경험을 나타내는 영역이다. 터치포인트에서 발생하는 단계별 행동들과 고객의 생각과 감정을 포함한다. Zone C는 인사이트를 정리하는 영역이다. 고객 경험 지도를 통해 발견한 기회들을 설명하는 곳이다. Kate Kaplan, "Journey Mapping in Real Life: A Survey of UX Practitioners," NNg, 2016. 10. 16., <https://www.nngroup.com/articles/journey-mapping-ux-practitioners/> 2023. 9. 12. 확인

182 마르거스 클라, 『고객 경험 혁신을 위한 서비스 디자인 특강: 가장 쉽게 배우는 서비스 디자인 프로세스』, 황희경 옮김, 유엑스리뷰, 2019, 73쪽

183 브라이언 솔리스, 같은 책, 237쪽

184 Daniel Kahneman, 같은 자료

185 마르거스 클라, 같은 책, 20쪽

186 B. Joseph Pine II & James H. Gilmore, 같은 자료(2013), pp. 29-30

187 Marco Iansiti, "The History and Future of Operations," Harvard Business Review, 2015. 6. 30., <https://hbr.org/2015/06/the-history-and-future-of-operations> 2023. 9. 12. 확인

188 웨스턴 일렉트릭 호손 공장의 불량검수부서에서 제조 공정의 불량을 줄이기 위해 고민하던 월터 쉬하트는 1924년 통계적인 공정 관리(Statistical Process Control)의 아이디어를 개발한다. 1927년 쉬하트를 만난 에드워드 데밍 박사는 컨트롤 차트의 가치를 알아보고, 그의 강연과 인터뷰 등을 정리해서 1939년 책을 발간했다. 1947년 일본 점령군 사령관 맥아더 장군이 일본 인구통계 작업을 위해 통계 샘플링의 대가인 에드워드 데밍 박사를 초빙하게 되고, 통계학자로 이름이 나있기 때문에 일본 과학 기술자 연합 JUSE에서 초청 강연을 하게 된다. JUSE에서 관리자들을 대상으로 SPC 교육을 하던 중 1950년 경영자 대상 강연에서 SPC를 전달한다. 전후 일본 제조업의 부흥을 고민하던 일본 제조업체 CEO들은 데밍의 품질 관리를 해결책으로 받아들이게 된다. JUSE는 감사의 의미로 에드워드 데밍 상을 제정해서 품질 관리에 뛰어난 성과를 보인 기업에 시상하고 있다. 〈https://en.wikipedia.org/wiki/W._Edwards_Deming〉 2023. 9. 12. 확인

189 Quality Circle 또는 Quality Control Circle이라고 한다. 작업 현장에서 동일하거나 유사한 업무를 수행하는 근로자들이 정기적으로 만나 업무 관련 문제를 식별, 분석 및 해결하는 자발적인 소그룹을 말한다. 우리나라에서는 “품질 분임조”로 불린다. QC에 대한 아이디어는 데밍 박사에서 출발했지만, 1960-70년대 일본에서 유행을 시킨 것은 일본 과학 기술자 연합이다. 토요타자동차는 1964년에 Quality Circle을 처음 도입했고 지금도 QCC 경진대회를 하고 있다. 〈https://en.wikipedia.org/wiki/Quality_circle〉 2023. 9. 12. 확인

190 린 제조(Lean Manufacturing)는 효율성을 극대화하고 낭비를 최소화하며 품질을 개선하는 것을 목표로 하는 제조 철학이자 방법을 말한다.

191 TPS(Toyota Production System)는 일본의 자동차 제조업체인 토요타가 개발한 제조 철학이자 방법론이다. 자료 및 정보의 지속적인 흐름을 생성하고 직원이 개선하고 문제를 해결할 수 있도록 권한을 부여하여 낭비를 줄이고 효율성을 개선하는 데 중점을 둔다. TPS는 JIT(Just-In-Time) 생산과 지도카(인간의 손길을 통한 자동화)라는 두 가지 주요 기둥 위에 구축된다. 적시 생산은 필요한 만큼만, 필요할 때만, 필요한 만큼만 생산하는 것이다. 지도카는 결함이 있는 제품이 만들어지지 않도록 사람이 문제를 감지하고 생산을 중단할 수 있는 기계와 프로세스를 설계하는 것을 말한다. 이 두 기둥은 칸반(시각적 신호), 카이젠(지속적인 개선), 안돈(문제 알림)과 같은 일련의 도구와 기술로 지원되며, 이를 통해 작업자는 문제를 빠르고 효과적으로 식별하고 해결할 수 있다. https://en.wikipedia.org/wiki/Toyota_Production_System

192 아마존에는 ‘선임 상품 매니저, 안돈 코드’라는 직함이 존재한다. “아마존 내부에서 결함이 발생할 때를 감지해 ‘줄을 당기는’ 조직간 프로세스와 시스템을 구축하는 것이다.” 존 로스만, 같은 책, 2017, 57-60쪽

193 Michael Hammer, 같은 자료

194 Michael Hammer, 같은 자료

195 "스티브 잡스를 움직인 것은 언제나 박스였다." 제프리 영, 윌리엄 사이먼, 『iCon 스티브 잡스』, 임재서 옮김, 민음사, 2005, 181쪽

196 스티브 잡스는 당시 애플에서 쫓겨나듯 나왔다. 이때 5명이 애플을 버리고 스티브를 따라 나와서 넥스트를 창업했다. 소프트웨어 엔지니어 버드 트리블과 조지 크로우, 하드웨어 엔지니어 리치 페이지, 마케팅과 커뮤니케이션 담당 수잔 바른스, 전략과 사업개발 담당 단엘 르윈이다. 스티브 잡스는 비즈니스를 할 수 있는 진짜 팀을 꾸려서 나온 것이다.

197 "Steve Jobs on Joshep Juran and Quality", American Society of Quality, 1995, 〈https://youtu.be/XbkMcvnNq3g〉 2023. 9. 12. 확인

198 실제로 넥스트의 생산 공장은 토요타의 JIT 프로세스를 따르도록 설계되었다. Walter Isaacson, Steve Jobs, Simon & Schuster, 2011, p. 225

199 "Steve Jobs on Joshep Juran and Quality", 같은 자료(1995)

200 Walter Isaacson, 같은 책, p. 218

201 AI 팩토리는 네 가지 구성 요소가 필수적이다. 첫 번째는 데이터 파이프라인이다. 데이터를 수집, 정제, 표준화 및 통합하는 반자동화된 프로세스이다. 데이터는 체계적이고 지속 가능하며 확장 가능한 방식으로 관리된다. 두 번째는 비즈니스의 미래 상태 또는 행동을 예측하는 알고리즘의 개발이다. 세 번째는 새로운 알고리즘의 가설을 실험하는 실험 플랫폼이 필요하다. 네 번째는 디지털 오퍼레이션의 프로세스를 소프트웨어로 변환하고 사용자들과 연결하는 시스템 인프라스트럭처이다. Marco Iansiti & Karim R. Lakhani, "Competing in the Age of AI," Harvard Business Review Magazine, Jan-Feb 2020, 〈https://hbr.org/2020/01/competing-in-the-age-of-ai〉 2023. 9. 12. 확인

202 Marco Iansiti & Karim R. Lakhani, 같은 자료

203 Pulse Survey, 같은 자료, p. 8

204 Thor Olavsrud, "AT&T embraces intelligent automation at scale", CIO.com, Dec. 9, 2022, 〈https://www.cio.com/article/415235/atts-embraces-intelligent-automation-at-scale.html〉 2023. 9. 12. 확인

205 전하경, 「전영묵 삼성생명 사장, 연내 음성·챗봇 10만건 처리 목표」, 『한국금융』, 2022년 9월 5일, 〈https://www.fntimes.com/html/view.php?ud=202209040003199462dd55077bc2_18〉 2023. 9. 12. 확인

206 자연어 이해, 이미지 인식, 추론과 생성이 하나의 모델에서 가능한 AI를 말한다.

207 브라이언 두메인, 같은 책, 192쪽

208 "Amazon introduces Sparrow?a state-of-the-art robot that handles millions of diverse products," 2022. 11. 11., <https://www.aboutamazon.com/news/operations/amazon-introduces-sparrow-a-state-of-the-art-robot-that-handles-millions-of-diverse-products> 2023. 9. 12. 확인

209 Chris Stokel-Walker, "Here's how Amazon plans to automate its warehouses in the future," Fast Company, 2022.12.16., <https://www.fastcompany.com/90826142/heres-how-amazon-plans-to-automate-its-warehouses-in-the-future> 2023. 9. 12. 확인

210 Scott Martin, "BMW Group Starts Global Rollout of NVIDIA Omniverse," NVIDIA, 2023. 3. 21., <https://blogs.nvidia.com/blog/2023/03/21/bmw-group-nvidia-omniverse/> 2023. 9. 12. 확인

211 Will Knight, "BMW's Virtual Factory Uses AI to Hone the Assembly Line," Wired, April 12, 2021, <https://www.wired.com/story/bmw-virtual-factory-ai-hone-assembly-line/> 2023. 9. 12. 확인

212 "GTC 2023 Keynote with NVIDIA CEO Jensen Huang," NVIDIA, 2023. 3. 21., <https://youtu.be/DiGB5uAYKAg> 2023. 9. 12. 확인

213 Michael E. Porter, 같은 책, p. 48

214 로저 마틴, 『디자인 씽킹 바이블: 비즈니스의 디자인』, 현호영 옮김, 유엑스리뷰, 2018, 214-215쪽

215 스포티파이의 애자일 조직은 스쿼드, 챕터, 트라이브, 길드로 구성된다. 스쿼드는 '팀'과 유사하다. 트라이브는 스쿼드가 여러 개 모인 부서의 명칭이다. 챕터는 같은 스킬의 사람들이 모인 기능 조직을 부르는 이름이다. 길드는 소속과 상관없이 공통의 관심사를 가진 사람들이 만든 학습 그룹을 말한다.

216 콜린 브라이어, 빌 카, 『순서파괴』, 유정식 옮김, 다산북스, 2021, 118쪽

217 tossfeed, "토스 디자인팀에 대한 궁금증 10문 10답," 토스, 2019. 8. 2., <https://blog.toss.im/article/toss-design-team-qna> 2023. 9. 13. 확인

218 램 차란, 게리 윌리건, 같은 책, 180쪽

219 Melvin Conway, "How Do Committees Invent?", Datamation, April 1968, p. 31

220 피자 두 판으로 한 끼를 때울 수 있는 소규모의 팀을 두고 하는 말이다.

221 Martin Fowler, "Microservices", 2014. 3. 14., <https://martinfowler.com/articles/

microservices.html> 2023. 9. 13. 확인

222 Zhamak Dehghani, "How to break a Monolith into Microservices," 2018. 4. 24., <https://martinfowler.com/articles/break-monolith-into-microservices.html> 2023. 9. 13. 확인

223 소프트웨어 아키텍처가 조직 구조를 결정한다는 것을 "역콘웨이 법칙"이라 한다. 하지만 프로덕트와 서비스를 중심으로 조직이 정렬되어 있지 않은 상태에서 MSA를 도입하게 되면 "마이크로서비스"를 정의할 주체가 불분명하다. MSA 도입에는 자율적이고 분권화된 서비스 운영 주체의 조직화가 먼저 되어야 한다.

224 Alexander Ostwalder, "The Business Model Ontology," Ph. D. Thesis, University of Lausanne, Switzerland, 2004, p. 14

225 알렉산더 오스터왈드, 예스 피그누어, 『비즈니스 모델의 탄생』, 유효상 옮김, 타임비즈, 2011, 20쪽

226 비즈니스 모델 캔버스는 9개의 빌딩 블록으로 구성된다. 1. 고객 세그먼트, 2, 가치 제안, 3. 채널, 4. 고객관계, 5. 수익원, 6. 핵심자원, 7. 핵심활동, 8. 핵심 파트너십, 9. 비용구조이다. 캔버스의 중심은 '2. 가치 제안'이다. 가치 제안을 기준으로 오른쪽은 고객 관점이고 왼쪽은 회사관점이다. 알렉산더 오스터왈드, 같은 책, 22-50쪽

227 클레이튼 크리스텐슨 교수는 70년대 자동차 산업의 제조에서 '레몬(불량품)' 생산이 당연했던 것처럼, 지금은 비즈니스 모델 혁신에서 수많은 레몬이 생산되고 있다고 지적한다. Clayton M. Christensen, Thomas Bartman, and Derek van Bever, "The Hard Truth About Business Model Innovation," MIT Sloan Management Review, Sep. 13, 2016, <https://sloanreview.mit.edu/article/the-hard-truth-about-business-model-innovation/> 2023. 9. 12. 확인

228 황재선, 같은 책, 48쪽

229 황재선, 같은 책, 169쪽

230 Clayton M. Christensen, Thomas Bartman, and Derek van Bever, 같은 자료

231 Mark W. Johnson, Clayton M. Christensen, Henning Kagermann, "Reinventing Your Business Model," Harvard Business Review Magazine, Dec. 2008 <https://hbr.org/2008/12/reinventing-your-business-model> 2023. 9. 12. 확인

232 Michael Seibel, "Building Product", Y Combinator, 2018. 9. 6., <https://youtu.be/C27RVio2rOs> 2023. 9. 13. 확인

233 "이것은 실패와 용기에 대한 이야기입니다", EO 이오, 2021. 7. 29., <https://youtu.be/

TjVP4cICwGE> 2023. 9. 13. 확인

234 팀 브라운, 『디자인에 집중하라』, 고성연 옮김, 개정판, 김영사, 2019, 321쪽

235 "트위치를 1조 원에 매각하고 세계 최고의 투자자가 되면서 배운 것들, EO 이오, 2022. 9. 14., <https://youtu.be/GP5jXj0O4OM> 2023. 9. 13. 확인

236 마셜 밴 엘스타인, 상지트 폴 초더리, 제프리 파커, 같은 책, 2017

237 마셜 밴 엘스타인, 상지트 폴 초더리, 제프리 파커, 같은 책, 37쪽

238 이성열, 양주성, 같은 책, 56쪽

239 신동훈, 이승윤, 이민우, 같은 책, 29쪽

240 마셜 밴 엘스타인, 상지트 폴 초더리, 제프리 파커, 같은 책, 84쪽

241 주석 43 참조.

242 Roger Martin, 같은 자료(2015)

243 Marshall W. Van Alstyne, "How Platforms Change Structure and Strategy," MIT Initiative on the Digital Economy, July 15, 2016, <https://youtu.be/e5B9pfuVrMU> 2023. 9. 13. 확인

244 김진욱, 「'오징어 게임' 가치 1조원 육박... 제작비 40배 넘는 '효율' 챙겼다」, 『한국일보』, 2021.10.17., <https://m.hankookilbo.com/News/Read/A2021101715280004461> 2023. 9. 13. 확인

245 디지털 데이터는 다음의 세 가지 특성을 가지고 있다. 1)비경합성(디지털 음원): 다수의 사용자가 동시에 한 가지 정보재를 이용할 수 있다, 2)즉시성(디지털사진): 즉각적으로 완전한 복제가 가능하다, 3)한계비용 제로(넷플릭스영화): 생산수량이 증가하더라도 한계비용은 무시할만한 수준이다. 이성열, 양주성, 오태완, 같은 책, 185-186쪽

246 마셜 밴 엘스타인, 상지트 폴 초더리, 제프리 파커, 같은 책, 53-79쪽

247 마셜 밴 엘스타인, 상지트 폴 초더리, 제프리 파커, 같은 책, 67쪽

248 이승주, 「신세계·컬리도 뛰어들었다...유통업계 '유료 멤버십 전쟁'」, 『블로터』, 2023.08.08., <https://www.bloter.net/news/articleView.html?idxno=605085> 2023. 9. 13. 확인

249 마셜 밴 엘스타인, 상지트 폴 초더리, 제프리 파커, 같은 책, 36쪽

250 이성열, 양주성, 오태완, 같은 책, 36-38쪽

251 Michael Cusumano, "The Business of Platforms: Strategy in the Age of Digital Competition, Innovation, and Power," MITsdm webinar, Oct. 16, 2019, <https://youtu.

be/Yo0ydXtVjGk> 2023. 9. 13. 확인

252 Geoffrey Parker, "The Rise of Digital Platforms 2016 by Geoffrey Parker", MIT Initiative on the Digital Economy, 2016. 4. 15., <https://youtu.be/r3pykplgUiw> 2023. 9. 13. 확인

253 이성열, 양주성, 같은 책, 45쪽

254 이수정, 「마이데이터 장착하는 '모니모'...흥행 재도전」, 『뉴스웨이』, 2023년 1월 26일, <https://www.newsway.co.kr/news/view?ud=2023012517571096624> 2023. 9. 13. 확인

255 손지현, 「신한은행 '땡겨요' 2기 시작…'진옥동'표 역점사업 박차 가한다」, 『연합인포맥스』, 2022년 12월 22일, <https://news.einfomax.co.kr/news/articleView.html?idxno=4247663> 2023. 9. 13. 확인

256 「모바일뱅킹 월간 이용자수 1000만 명 돌파」, 『동아일보』, 2022년 2월 23일, <https://www.donga.com/news/Economy/article/all/20220222/111978625/1> 2023. 9. 13. 확인

257 김윤주, 「20조원 배달시장 손 뻗는 신한은행 '땡겨요'…시장 안착 가능할까」, 『아시아투데이』, 2021년 12월 21일, <https://www.asiatoday.co.kr/view.php?key=20211220010012793> 2023. 9. 13. 확인

258 마셜 밴 엘스타인, 상지트 폴 초더리, 제프리 파커, 같은 책, 92쪽

259 Feng Zhu & Nathan Furr, "Products to Platforms: Making the Leap," Harvard Business Review Magazine, April 2016, <https://hbr.org/2016/04/products-to-platforms-making-the-leap> 2023. 9. 13. 확인

260 마이클 쿠수마노, 데이비드 요피, 애너벨 가우어, 『플랫폼 비즈니스의 모든 것』, 오수원 옮김, 부.키, 2021, 123-128쪽

261 소셜커머스의 원조 그루폰의 부침을 보면 트래픽을 돈으로 사는 비즈니스 모델이 지속하기 어렵다는 점을 확인할 수 있다. 체리 피커를 양산하고, 품질보다는 프로모션에 투자하는 상인들이 모일 수밖에 없는 비즈니스 모델이기 때문에 네트워크의 규모는 단기간에 급증했지만 네트워크 효과를 만들어 내는 긍정적 피드백 대신 부정적인 피드백 루프가 형성된 것이다. 박종서, 「'소셜커머스 원조' 그루폰은 왜 추락했나」, 『한국경제』, 2016년 2월 18일, <https://www.hankyung.com/international/article/2016021841111> 2023. 9. 13. 확인

262 Michael Seibel, 같은 자료(2018)

263 Michael Seibel, 같은 자료(2018)

264 “Competition is for Loser with Peter Thiel”, Y Combinator, How to Start a Startup 2014 Lectures, 2017. 3. 23., <https://youtu.be/3Fx5Q8xGU8k> 2023. 9. 13. 확인

265 Michael Cusumano, 같은 자료(2019)

266 Rita Gunther McGrath, 『경쟁우위의 종말』, 정선양, 김경희 옮김, 경문사, 2014

267 ‘경쟁 우위는 지속할 수 없다’는 아이디어는 맥그라스 교수가 처음이 아니다. 다트머스 경영대학원의 리처드 다베니 교수는 1994년에 출간한 『하이퍼컴피티션』에서 “초경쟁 환경에서는 경쟁 우위가 빠른 속도로 형성되었다가 다시 무너진다.”고 했다. 리처드 다베니, 『하이컴피티션』, 이현주 옮김, 21세기북스, 2009, 17쪽 (영어원본은 1994년 출간)

268 Rita Gunther McGrath, “Transient Advantage,” Harvard Business Review Magazine, June 2013, <https://hbr.org/2013/06/transient-advantage> 2023. 9. 13. 확인

269 Rita Gunther McGrath, 같은 책, 42쪽

270 영어 원서 제목이 “경쟁 우위 다시 생각하기”이다. Ram Charan with Geri Willigan, Rethinking Competitive Advantage: New Rules for the Digital Age, Currency, 2021

271 램 차란, 게리 윌리건, 같은 책, 10쪽

272 램 차란, 게리 윌리건, 같은 책, 41쪽

273 램 차란, 게리 윌리건, 같은 책, 234쪽

274 정재상, 『애자일 컴퍼니』, 클라우드나인, 2019, 50쪽

275 임일, 이무원, 『디지털 리더십』, 클라우드나인, 2021, 145쪽

276 Roger Martin , 같은 자료(2015)

277 Rita Gunther McGrath, 같은 자료

278 Michael E. Porter, 같은 책, p. 99

279 Alexander Ostwalder, 같은 자료(2004), p. 80

280 Gartner Glossary, Product(digital Business), <https://www.gartner.com/en/information-technology/glossary/product-digital-business> 2023. 9. 13. 확인

281 W. Brian Arthur, 같은 자료

282 영어 원문은 “Machines are incomplete”이다. 번역본에서는 “디지털 제품은 불완전하다”로 번역되어 있다. 존 마에다, 『제품의 언어』, 권보라 옮김, 유엑스리뷰, 2021, 164쪽

283 존 마에다, 같은 책, 169쪽

284 <https://team.alwayz.co/> 2023. 9. 13. 확인

285 "2022년 한국에서 가장 빨리 크고 있는 이커머스 회사," EO 이오, 2022. 3. 19., <https://youtu.be/L2sNAQYLNbA> 2023. 9. 13. 확인

286 김성한, 『프로덕트 오너』, 세종, 2020, 12쪽

287 정경화, 같은 책, 159쪽

288 IT 업계에서 네이버, 카카오, 라인, 쿠팡, 배달의민족(우아한형제들), 당근마켓, 토스를 함께 묶어서 부르는 말이다. 대한민국 대표 디지털 기업이라 할 수 있다.

289 예를 들면, 『디지털 대전환의 조건』에서도 디지털 역량을 완전히 디지털화된 기업이 갖추고 있는 "디지털 시대에 필요한 중요한 능력" 이라고 하지만 그 능력이 무엇인지는 명확하게 밝히고 있지 않다. 위르겐 메페르트, 아난드 스와미나탄, 같은 책, 302쪽

290 이성열, 양주성, 오태완, 같은 책, 130-136쪽

291 George Westerman, Didier Donnet, Andrew McAfee, 같은 책, 2014, p. 27

292 George Westerman et al., "Digital Transformation: A Roadmap for Billion-Dollar Organization," Capgemini Consulting and MIT Center for Digital Business, November 2011

293 "#1: Airbnb's Director of Experience, Katie Dill, tells us why Airbnb uses "stories" to design," High Resolution, 2017. 2. 13., <https://youtu.be/sVc2hp9jlQ0> 2023. 9. 13. 확인

294 Gary Hamel & Michele Zanini, "Why thinking innovatively means paying attention to design", FastCompany, 2022. 4. 1., <https://www.fastcompany.com/90736065/why-thinking-innovatively-means-paying-attention-to-design> 2023. 9. 13. 확인

295 Richard Buchanan, 같은 자료(2013)

296 Thomas H. Davenport and Randy Bean, "Developing Successful Data Products at Regions Bank," MIT Sloan Management Review, November 10, 2022, <https://sloanreview.mit.edu/article/developing-successful-data-products-at-regions-bank/> 2023. 9. 13. 확인

297 아룬 아로라 외 3인, 같은 책, 161쪽

298 <https://www.dbs.com/technology-future/index.html> 2023. 9. 13. 확인

299 "DBS' IT Spend: 85 Percent Outsourced to 85 In-House," finews.asia, August 16, 2019, <https://www.finews.asia/finance/29391-dbs-it-spend-85-percent-outsourced-to-85-

in-sourced> 2023. 9. 13. 확인

300 "Capital One Labs: How Design Thinking is Transforming its Customer Experience," ExperiencePoint, June 5, 2019, <https://blog.experiencepoint.com/design-thinking-transforming-customer-experience-finance> 2023. 9. 13. 확인

301 Adaptive Path, "We're Making it Official: We're Capital One," Medium, 2019. 5. 11., <https://medium.com/@adaptivepath/were-making-it-official-we-re-capital-one-ffbd26748328> 2023. 9. 13. 확인

302 "Eat your own dog food"의 번역이다.

303 "데이터 리터러시란 무엇이고, 왜 중요합니까?", 한국IBM, <https://www.ibm.com/kr-ko/resources/the-data-differentiator/data-literacy> 2023 .9. 13. 확인

304 Jordan Morrow, "Why everyone should be data literate," TEDxBoise, TEDx Talks, 2019. 6. 4., <https://youtu.be/8ovyQZ_Z8Xs> 2023. 9. 13. 확인

305 강양석, 『데이터 리터러시 AI시대를 지배하는 힘』, 이콘, 2021, 325-327쪽

306 강양석, 『데이터로 말하라: 냉철한 판단과 강력한 설득의 기술』, 이콘, 2015 이 책의 많은 내용을 같은 저자의 『데이터 리터러시』에서도 확인할 수 있다.

307 황보현우, 김철수, 『감으로만 일하던 김팀장은 어떻게 데이터 좀 아는 팀장이 되었나』, 한빛비즈, 2021, 7쪽

308 황보현우, 김철수, 같은 책, 127-146쪽

309 Jeff Feng, "How Airbnb Democratizes Data Science With Data University," Airbnb Tech Blog, 2017. 5. 25., <https://medium.com/airbnb-engineering/how-airbnb-democratizes-data-science-with-data-university-3eccc71e073a> 2023. 9. 13. 확인

310 시티즌 데이터 사이언티스트는 "데이터 분석 전문가는 아니지만 머신러닝 같은 데이터 사이언스 기술을 지원하는 소프트웨어로 데이터를 분석하고, 새로운 인사이트를 발견하며, 예측모델을 만들어 비즈니스 결과를 개선하려는 사람"이다. 박민영, "당신도 데이터 사이언티스트가 될 수 있는 이유", 삼성SDS, 2021. 6. 9., <https://www.samsungsds.com/kr/insights/cds.html> 2023. 9. 13. 확인

311 Thomas H. Davenport and DJ Patil, "Data Scientist: The Sexiest Job of the 21st Century," Harvard Business Review Magazine, October 2012, <https://hbr.org/2012/10/data-scientist-the-sexiest-job-of-the-21st-century> 2023. 9. 13. 확인

312 Sissi Cao, "What on Earth Is a Data Scientist? The Buzzword's Inventor DJ Patil Spills

All," OBSERVER, 2019.11.9., <https://observer.com/2019/11/data-scientist-inventor-dj-patil-interview-linkedin-job-market-trend/> 2023. 9. 13. 확인

313 Linda Burtch, "9 Must-Have Skills You Need to Become a Data Scientist," KD nuggets, 2014. 11. 22., <https://www.kdnuggets.com/2014/11/9-must-have-skills-data-scientist.html> 2023. 9. 13. 확인

314 Sissi Cao, 같은 자료.

315 차현나, 『문과생, 데이터 사이언티스트 되다』, 더퀘스트, 2020, 42쪽

316 차현나, 같은 책, 61-62쪽

317 차현나, 같은 책, 53쪽

318 윤정원, 『살아남는 것들의 비밀』, 라곰, 2022, 93쪽

319 윤정원, 같은 책, 93쪽

320 황동현, "토스 | SLASH 22 - Data Scientist는 어떻게 비즈니스에 기여할 수 있을까?" 토스, 2022. 6. 9., <https://youtu.be/mKf1kvWXiPY> 2023. 9. 13. 확인

321 데이터 웨어하우스가 전사의 데이터를 모아 놓은 창고 역할을 한다면, 데이터 마트는 분석 목적에 맞도록 별도로 가공한 것을 말한다. 고객 분석을 위한 CRM 데이터 마트가 그 예다.

322 Richard Waters, "How machine learning creates new professions ? and problems," Financial Times, 2017. 11. 29., <https://www.ft.com/content/49e81ebe-cbc3-11e7-8536-d321d0d897a3> 2023. 9. 13. 확인

323 임대준, 「대화형 인공지능 글로벌 시장, 2030년 42조원 규모로 성장」, 『AI타임스』, 2023년 3월 22일, <https://www.aitimes.com/news/articleView.html?idxno=150059> 2023. 9. 13. 확인

324 "AlexNet은 알렉스 크리제프스키, 일리야 수츠케버, 제프리 힌튼이 2012년에 설계하고 개발한 심층 신경망 아키텍처입니다. 알렉스넷은 컴퓨터 비전 모델이 이미지 속 사물과 장면을 인식하는 능력을 평가하는 경연 대회인 ILSVRC(ImageNet Large Vision Recognition Challenge)에서 2012년에 우승한 모델입니다." 챗GPT-3.5가 대답한 알렉스넷에 대한 설명이다. 번역은 인공지능 번역기 DeepL이 한 것이다.

325 Customer Stories, "Morgan Stanley wealth management deploys GPT-4 to organize its vast knowledge base," Open AI, 2023. 3. 14., <https://openai.com/customer-stories/morgan-stanley> 2023. 9. 13. 확인

326 이주영, 「업스테이지, 챗봇 '아숙업'에 이미지 생성 기능 추가」, 『AI타임스』, 2023년 4월 3일

자, <https://www.aitimes.com/news/articleView.html?idxno=150283> 2023. 9. 13. 확인

327 Bill Gates, "The Age of AI has begun," GatesNotes, 2023. 3. 21., <https://www.gatesnotes.com/The-Age-of-AI-Has-Begun> 2023. 9. 13. 확인

328 이서희, 「빌 게이츠 "챗GPT, 1980년 이후 가장 중요한 기술 발전」, 『한국일보』, 2023년 3월 22일, <https://www.hankookilbo.com/News/Read/A2023032205320005244> 2023. 9. 13. 확인

329 선재관, 「챗GPT, 생성 인공지능의 무한한 가능성」, 『이코노믹데일리』, 2023년 4월 6일, <https://www.economidaily.com/view/20230404141211856> 2023. 9. 13. 확인

330 Will Knight, "John Deere's Self-Driving Tractor Stirs Debate on AI in Farming," Wired, 2022. 1. 4., <https://www.wired.com/story/john-deere-self-driving-tractor-stirs-debate-ai-farming/> 2023. 9. 13. 확인

331 Sharon Goldman, "How John Deere grew data seeds into an AI powerhouse," Venturebeat, 2022. 6. 30., <https://venturebeat.com/ai/how-john-deere-grew-data-seeds-into-an-ai-powerhouse/> 2023. 9. 13. 확인

332 정밀 표적 제초제 분사 기술을 개발할 것은 인공지능 스타트업 블루 리버 테크놀로지이다. 2017년 존 디어가 3억 500만 달러에 인수했다. 블루 리버 테크놀로지의 기술에 대한 보다 자세한 설명은 다음을 참조하라. 이수호, 『비즈니스 전략을 위한 AI 인사이트』, 한빛비즈, 2022, 161-172쪽

333 Jack Hough, "Deere Has Gone High Tech Under This CEO," Barron's, 2022. 7. 9., <https://www.barrons.com/articles/deere-john-c-may-51657331875> 2023. 9. 13. 확인

334 딥 러닝의 대가 4명을 통칭해서 부르는 말이다. 제프리 힌튼, 요수아 벤지오, 얀 르쿤, 그리고 앤드류 응 교수이다.

335 Richard Waters, 같은 자료

336 김성훈교수의 '모두를 위한 머신러닝/딥러닝 강의' 목록은 다음을 참조하라. <http://hunkim.github.io/ml/> 2023. 9. 13. 확인

337 Andrew Ng, "The Data-Centric AI Approach", Snorkel AI, 2022. 3. 10., <https://youtu.be/TU6u_T-s68Y?si=mtc8XWHAOkbFZKEZ> 2023. 9. 13. 확인

338 Philip Kotler, G. Alexander Rath, "DESIGN: A POWERFUL BUT NEGLECTED STRATEGIC TOOL", Journal of Business Strategy, Vol. 5 No. 2, 1984, p. 18 <https://doi.org/10.1108/eb039054> 2023. 9. 14. 확인

339 Herbert A. Simon, The Sciences of the Artificial, Third Edition, The MIT Press, 1996

340 Herbert A. Simon, 같은 책, p. 111

341 디자인에 관한 챕터 제목은 "디자인의 과학 : 인공물 창조하기" 이다. 내용은 자연과학과 다르게 인공물을 디자인하기 위한 로직과 문제 해결 방법에 대한 '디자인 이론'이 대부분이다. Herbert A. Simon, 같은 책, pp. 111-138
허버트 사이먼은 유명한 인지과학자이다. 인공지능의 태두 존 매카시와 마빈 민스키가 기획한 1956년 다트머스 워크숍에도 참석할 정도로 인공지능 분야에도 권위가 있다. 이수호, 같은 책, 43쪽 참조

342 로저 마틴, 같은 책, 208-209쪽

343 Herbert A. Simon, 같은 책, p. 114

344 톰 켈리는 이노베이션 조직이 가져야 할 10가지 얼굴(페르소나)로 문화인류학자, 실험가, 교차수분자, 장애물극복가, 협력자, 디렉터, 경험건축가, 무대디자이너, 케어기버, 스토리텔러를 제시했다. Tom Kelley, The Ten Faces of Innovation, Currency Doubleday, 2005

345 Roger Martin, "The Design School Advantage," Medium, 2022. 5. 23., 〈https://rogermartin.medium.com/the-design-school-advantage-bc9e4b700639〉 2023. 9. 14. 확인

346 Richard Buchanan, "The Convergence of Management and Design", Case Western Reserve University, April 9, 2010, 〈https://youtu.be/xpKJSvKrk7o 2〉 2023. 9. 14. 확인

347 로저 마틴, 같은 책, 103쪽

348 로저 마틴, 같은 책, 6쪽

349 팀 브라운, 같은 책, 68쪽

350 경영학자 필립 코틀러와 알렉산더 라스는 1984년 발표한 논문에서 이미 디자인의 전략적 중요성에 대해 이렇게 말하고 있다. "디자인은 기업이 지속 가능한 경쟁 우위를 확보할 수 있도록 하는 전략적 도구로써 잠재력을 갖는다." Philip Kotler, G. Alexander Rath, 같은 자료, p. 16

351 팀 브라운, 같은 책, 22-23쪽

352 David Cooney et al., "Redesigning the design department", McKinsey & Company, April 27, 2022, 〈https://www.mckinsey.com/capabilities/mckinsey-design/our-insights/redesigning-the-design-department〉 2023 .9. 14. 확인

353 'design thinking'은 '디자인 사고' 또는 '디자인적 사고'로 번역되거나 번역 없이 그냥 '디자인

씽킹'으로 쓰이고 있다. 필자는 허버트 사이먼이 말하는 문제해결 능력이나 피터 로우 교수가 연구한 디자이너의 의사결정 프로세스를 가리키는 design thinking과 스탠포트 d.스쿨이나 아이데오U에서 가르치는 design thinking은 구별되어야 한다고 생각한다. 앞으로 디자이너의 문제해결 방식을 의미할 때는 '디자인 사고'로, '디자인 사고'를 교육할 목적으로 개발된 방법론을 의미할 때는 "디자인 씽킹"으로 구분한다.

354 차경진, 같은 책, 192-193쪽

355 Peter G. Rowe, Design Thinking, Third Edition, The MIT Press, 1991

356 로위 교수는 "어떤 본원적인 문제해결 절차를 밝혀내고 정의할 수 있는가?"라고 자문하고 있다. Peter G. Rowe, 같은 책, p. 2

357 Bruce Nussbaum, "Design Thinking Is A Failed Experiment. So What's Next?", FastCompany, 2011. 4. 5., <https://www.fastcompany.com/1663558/design-thinking-is-a-failed-experiment-so-whats-next> 2023. 9. 14. 확인

358 Reuven Cohen, "Design Thinking: A Unified Framework For Innovation", Forbes, March 31, 2014., <https://www.forbes.com/sites/reuvencohen/2014/03/31/design-thinking-a-unified-framework-for-innovation/?sh=5c8095a18c11> 2023. 9. 14. 확인

359 Bruce Nussbaum, 같은 자료

360 팀 브라운, 같은 책, 17쪽

361 Tim Brown, Design Thinking Defined, IDEO DESIGN THINKING, <https://designthinking.ideo.com/> 2023. 9. 14. 확인

362 팀 브라운, 같은 책, 342쪽

363 David Dunne, Theresa Eriksson, and Jan Kietzmann, "Can Design Thinking Succeed in Your Organization?" MIT Sloan Management Review, September 6, 2022., <https://sloanreview.mit.edu/article/can-design-thinking-succeed-in-your-organization/>

364 IDEO의 인간중심 디자인 툴킷(Human-Centered Design Toolkit)이 궁금한 독자는 한국어 버전을 무상으로 다운로드 받을 수 있다. HCD 툴킷에서는 초보자와 숙련된 실무자를 위한 57가지의 디자인 방법과 실제 적용된 현장 사례 그리고 IDEO의 디자인 프로세스를 확인할 수 있다. <https://www.designkit.org/> 2023. 9. 13. 확인

368 P&G가 디자인을 조직적 역량으로 도입하는 과정의 어려움에 대해서 한 말이다. 로저 마틴, 같은 책, 170-173쪽

369 Jeanne Liedka, "Why Design Thinking Works," Harvard Business Review Magazine,

Sep.-Oct. 2018 <https://hbr.org/2018/09/why-design-thinking-works> 2023. 9. 13. 확인

370 반복은 동일한 일을 똑같이 하는 단순 반복(repeat)과 새로운 결과를 만들기 위해 다르게 일을 하는 실험적 반복(iteration)으로 구분해서 봐야 한다.

371 "make design accessible to everyone." <https://www.figma.com/about/> 2023. 9. 14. 확인

372 Marcin Treder, CEO of UXPin, "Design Systems Sprint 0: The Silver Bullet of Product Development," Medium, April 6, 2017, <https://medium.com/@marcintreder/design-systems-sprint-0-the-silver-bullet-of-product-development-8c0ed83bf00d> 2023. 9. 14. 확인

373 박재현, "디자인 시스템 1편 - 디자인 가이드/디자인 시스템은 왜 필요한가," pxd story, 2019. 9. 9., <https://story.pxd.co.kr/1434> 2023. 9. 14. 확인

374 현재는 Material 3 가 최신 버전이다. <https://m3.material.io/> 2023. 9. 14. 확인

375 UXtools, "2022 Design Tools Survey," <https://uxtools.co/survey/2022/design-systems> 2023. 9. 14. 확인

376 강수영, "지금, 툴이 아닌 틀을 바꿔야 할 때," Simplicity 21 A Design Conference by Toss, 2021. 9. 2., <https://youtu.be/OWQlHgEo7Hw> 2023. 9. 14. 확인

377 강수영, "효율적으로 일하고 싶다면 이 영상을 보세요," EO 이오, 2022. 2. 11., <https://youtu.be/HQktfrNBZV4> 2023. 9. 14. 확인

378 고현선, "그래픽, 보이는 아름다움 그 너머," Simplicity 21 A Design Conference by Toss 2021. 9. 1., <https://youtu.be/mlmQ776DNMQ> 2023. 9. 14. 확인

379 김지윤, "모두를 위한 단 하나의 서체," Simplicity 21 A Design Conference by Toss 2021. 9. 1., <https://youtu.be/9R701Rc3rJc> 2023. 9. 14. 확인

380 정경화, 같은 책, 208쪽

381 웹사이트에서 글이 차지하는 비중은 70%를 넘는다. 하지만 그래픽적인 디자인에만 신경을 많이 쓰지, 고객이 읽는 글에 대해서는 관심을 두지 않은게 그동안의 현실이다. 최근에서야 UX 라이팅의 중요성을 인식한 기업에서 UX 라이터를 별도 직군으로 채용하고 있다. UX라이터는 서비스의 성격과 철학을 반영하는 UI 텍스트를 작성하고 관리하는 프로덕트 메이커로 일한다. 전주경, 『그렇게 쓰면 아무도 안 읽습니다』, 월북, 2023, pp. 29-59

382 김강령, 구슬, "어느날 토스가 말을 걸기 시작했다," Simplicity 21 A Design Conference by Toss 2021. 9. 2. <https://youtu.be/zRm5JNcC_Bw> 2023. 9. 14. 확인

383 한국 IDC, "2022년 국내 IT 서비스 시장 전년대비 3.3% 성장 전망", 2022년 11월 8일, <https://www.idc.com/getdoc.jsp?containerId=prAP49833722> 2023. 9. 14. 확인

384 최재을, "국내 IT서비스 생태계의 문제점(갑을병 문화)", 을의 디지털 Finance 블로그, 브런치, Feb. 9, 2023, <https://brunch.co.kr/@jorbachoi/9> 2023. 9. 14. 확인

385 Martin Folwer, "The New Methodology (Original)", July 21, 2000, <https://www.martinfowler.com/articles/newMethodologyOriginal.html> 2023 .9. 14. 확인

386 김병철, 「'갑을관계'? '갑을병정무기경신'이 일상화된 IT업계」, 『미디어오늘』, 2013년 7월 11일, <http://www.mediatoday.co.kr/news/articleView.html?idxno=110753> 2023. 9. 14. 확인

387 Martin Folwer, 같은 자료(2000)

388 대럴 릭비 외, 『조직을 민첩하고 유연하게 바꾸는 애자일 전략』, 이영래 옮김, 알에이치코리아, 2021, 184쪽

389 Martin Folwer, 같은 자료(2000)

390 Bianca Chan and Carter Johnson, "JPMorgan is adding 25 'mini-CEOs' as part of a massive plan to overhaul its 50,000-strong tech organization and pivot the bank to operate more like a startup," Insider, 2022 .4. 16., <https://www.businessinsider.com/insider-jpmorgans-massive-shift-product-oriented-tech-operating-model-2022-4> 2023. 9. 14. 확인

391 Stacy Collett, "Making the shift to product-based IT," CIO.com, Jan. 16, 2019., <https://www.cio.com/article/219649/making-the-shift-to-product-based-it.html> 2023. 9. 14. 확인

392 Beth Stackpole, "Product-based IT: A blueprint for success," CIO.com, Nov. 7, 2022., <https://www.cio.com/article/411295/product-based-it-a-blueprint-for-success.html> 2023. 9. 14 확인

393 『초속도』의 저자들도 "IT 조직의 많은 직원이 새로운 환경에서 충분한 가치를 창출하지 못할 것이라는 사실이 전환에 돌입한 직후에 더욱 분명하게 드러났다. (…) 실제로 코딩을 하는 사람보다 코딩에 대해 이야기하는 사람이 더 많았다."고 말한다. 아룬 아로라 외 3인, 같은 책, 233쪽

394 새로운 기술이 계속 나오면 그것을 기업에서 채택하고, 전체적인 기술 수준을 업그레이드한다는 뜻으로 단순히 기술 제품의 업그레이드를 말하는 것은 아니다.

395 아룬 아로라 외 3인, 같은 책, 17쪽

396 박종천, 『개발자로 살아남기』, 골든래빗, 2022, 37쪽

397 조혜리, 「월 통신비 9만원에서 100원으로? '모요'가 통신을 혁신하는 방법」, 『아웃스탠딩』, 2023.04.27., <https://outstanding.kr/moyo20230427> 2023. 9. 14. 확인

398 Sriram Narayan, "Products Over Projects," 20 February 2018., <https://martinfowler.com/articles/products-over-projects.html> 2023. 9. 14. 확인

399 Manifesto for Agile Software Development <https://agilemanifesto.org/> 2023. 9. 14. 확인 "애자일 소프트웨어 개발을 위한 선언" 한글 번역은 장재웅, 상효이재, 『네이키드 애자일』, 미래의 창, 2019, 20-22쪽 참조

400 2001년 애자일 선언 17인 중 한 사람인 제프 서덜랜드와 동료 켄 쉬와버가 1995년 발표한 소프트웨어 개발 프레임워크이다. 럭비의 스크럼을 본따 이름 지은 '스크럼'은 "복잡한 문제에 대한 적응형 솔루션을 통해 사람, 팀 및 조직이 가치를 창출할 수 있도록 지원하는 가벼운 프레임워크"을 말한다. 스크럼은 교차 기능팀으로 프로덕트 오너, 개발자들, 그리고 스크럼 마스터의 3 가지 역할이 필수적이다.
Darrell Rigby, Jeff Sutherland, Hirotaka Takeuchi, "The Secret History of Agile Innovation," Harvard Business Review, 2016. 4. 20., <https://hbr.org/2016/04/the-secret-history-of-agile-innovation>

401 Martin Folwer, "Semantic Diffusion," 14 December 2006, <https://martinfowler.com/bliki/SemanticDiffusion.html> 2023. 9. 14. 확인

402 Martin Folwer, "The New Methodology," 13 Decemebr 2005, <https://martinfowler.com/articles/newMethodology.html> 2023. 9. 14. 확인

403 Case Study, "Agile Unleashed at Scale," Scruminc., <https://www.scruminc.com/agile-unleashed-scale-john-deere-case-study/> 2023. 9. 14. 확인

404 프로덕트 중심 조직으로 가기 위해서는 개발자가 아닌 비즈니스 현장 담당자들의 애자일 개발에 대한 이해가 있어야 한다. 그래서 개발자 뿐만 아니라 현업에 대한 교육 투자가 필요하다.

405 Matt Ring, Amy Willard, "Helping Life Leap Forward," DevOps Enterprise Summit 2022

406 Ganesh Jayaram, "Creating a learning environment is a critical part of an agile transformation," Linkedin, 2020. 10. 26., <https://www.linkedin.com/pulse/creating-learning-environment-critical-part-agile-ganesh-jayaram> 2023 .9. 14. 확인

407 덴마크 통신 회사 TDC는 B2C 업무의 IT부문 중 4분의 3을 아웃소싱하고 있었다. 애자일 전환을 위해 아웃소싱 업무를 모두 사내로 이전하고 IT 인력도 사내로 유입시킨 다음 스쿼드 12개를 출범시킬 수 있었다. 아룬 아로라 외 3인, 같은 책, 63쪽

408 Martin Folwer, 같은 자료(2005)

409 "스크럼은 만병통치약이 아닙니다. 스크럼이 성공을 가져오지 않습니다. 똑똑하고 열심히 일하는 사람들은 스크럼을 사용하여 폭포수 방식의 습관을 극복하고 가능한 최고의 제품을 만들 수 있지만, 노력은 엄청나게 들고 성공하는 사람은 소수에 불과합니다." Ken Schwaber, "Message from Ken", <http://www.controlchaos.com> 2023. 9. 14. 확인

410 스티브 데닝, 같은 책, 55쪽

411 이동우, 같은 책, 348쪽

412 위베르 졸리, 캐롤라인 램버트, 같은 책, 152쪽

413 램 차란, 게리 윌리건, 같은 책, 200쪽

414 1. 9시 1분은 9시가 아니다. 2. 실행은 수직적! 문화는 수평적~ 3. 잡담을 많이 나누는 것이 경쟁력이다. 4. 쓰레기는 먼저 본 사람이 줍는다. 5. 휴가나 퇴근 시 눈치 주는 농담을 하지 않는다. 6. 보고는 팩트에 기반한다. 7. 일의 목적, 기간, 결과, 공유자를 고민하며 일한다. 8. 책임은 실행한 사람이 아닌 결정한 사람이 진다. 9. 가족에게 부끄러운 일은 하지 않는다. 10. 모든 일의 궁극적인 목적은 '고객 창출'과 '고객 만족'이다. 11. 이끌거나, 따르거나, 떠나거나!

415 홍성태, 『배민다움』, 북스톤, 2016, 220-248쪽 2015년에 처음 발표한 "송파구에서 일 잘하는 방법 11가지"는 2017년에 "송파구에서 일을 더 잘하는 11가지 방법"으로 업데이트 된다. <https://story.baemin.com/3359/> 2023. 9. 14. 확인

416 "Steve Jobs My Model in Business is the Beatles," 60 Minutes, 2003, <https://youtu.be/1QfK9UokAIo> 2023. 9. 14. 확인

417 김대훈, 「새 판 짜는 진옥동 신한은행장…"은행도 실리콘 밸리처럼 일해야"」, 『한국경제』, 2022년 1월 30일, <https://www.hankyung.com/economy/article/202201282323i> 2023. 9. 14. 확인

418 홍하나, 「[금융 애자일] 신한은행의 애자일 실험은 계속된다」, 『바이라인 네트워크』, 2023년 1월 5일, <https://byline.network/2023/01/05-84/> 2023 .9. 14. 확인

419 홍하나, 「우리은행의 애자일 조직, 'ACT'」, 『바이라인 네트워크』, 2022년 2월 24일, <https://byline.network/2022/02/24-169/> 2023 .9. 14. 확인

420 홍하나, 「[인터뷰] "애자일에 진심"이라는 국민은행의 애자일빌드팀」, 『바이라인 네트워크』, 2023년 2월 10일, <https://byline.network/2023/02/10-266/> 2023. 9. 14. 확인

421 문혜원, 「신한은행, 트라이브 조직 차별화… '디지털 DNA' 내재화 방점」, 『시장경제』, 2022.

2. 9., 〈https://www.meconomynews.com/news/articleView.html?idxno=63146〉 2023. 9. 14. 확인

422 Jon R. Katzenbach, Douglas K. Smith, The Wisdom of Teams, HarperBusiness Edition, 1994, p. 45

423 Jon R. Katzenbach, Douglas K. Smith, "The Discipline of Teams," Harvard Business Review Magazine, July-Augst 2005 〈https://hbr.org/2005/07/the-discipline-of-teams〉

424 구글도 '상호의존성'을 기준으로 '팀'과 '워크 그룹'을 구분하고 있다. 〈https://rework.withgoogle.com/print/guides/5721312655835136/〉 2023 .9. 14. 확인

425 Jon R. Katzenbach, Douglas K. Smith, 같은 책, pp. 15-19

426 진짜 팀으로 일하는 것과 워킹 그룹으로 일하는 것은 다르다. 진짜 팀을 만들기 어렵기 때문에 코 워킹 그룹을 대안으로 제시하는 것은 팀과 워킹 그룹의 본질적인 차이를 이해하지 못하기 때문에 가능한 발상이다. Contance Noonan Hadley and Mark Mortensen, "Do We Still Need Teams?", Harvard Business Review, April 26, 2022, 〈https://hbr.org/2022/04/do-we-still-need-teams〉 2023. 9. 14. 확인

427 스티브 데닝, 같은 책, 199쪽

428 크리스 채, 같은 책, 185쪽

429 Scott Keller, "Attracting and retaining the right talent," McKinsey & Company, November 24, 2017., 〈https://www.mckinsey.com/capabilities/people-and-organizational-performance/our-insights/attracting-and-retaining-the-right-talent〉 2023. 9. 14. 확인

430 Michael Schneider, "Google Spent 2 Years Studying 180 Teams. The Most Successful Ones Shared These 5 Traits," Inc.com, 2017. 7. 19., 〈https://www.inc.com/michael-schneider/google-thought-they-knew-how-to-create-the-perfect.html〉 2023 .9. 14. 확인

431 심리적 안전(팀원들 사이에서는 위험을 감수해도 안전하다고 느끼는 감정), 의존성(의지할 수 있는 팀에서는 팀원들이 일을 제 시간에 훌륭하게 끝냄), 구조와 명확성(과업에 대한 기대치와 그 과업을 수행하는 프로세스를 개인이 이해하는 것), 일의 의미(일 그 자체 또는 일의 결과에 대한 의미를 찾는 것), 일의 파급효과(팀원 개인의 작업이 전체 조직에 영향을 준다는 주관적인 판단), 〈https://rework.withgoogle.com/print/guides/5721312655835136/〉 2023. 9. 14. 확인

432 크리스 채, 같은 책, 227-228쪽

433 램 차란, 게리 윌리건, 같은 책, 28쪽

434　팀 브라운, 같은 책, 54-55쪽

435　「'인사팀만 2500명' 구글의 인재 선발 비법」, 『한경BUSINESS』, 2018. 8. 13., <https://magazine.hankyung.com/business/article/201808136987b> 2023 .9. 14. 확인

436　에릭 슈미트, 조너선 로젠버그, 앨런 이글, 『구글은 어떻게 일하는가』, 박병화 옮김, 김영사, 2014, 146-151쪽

437　라즐로 복, 『구글의 아침은 자유가 시작된다』, 이경식 옮김, 알에치코리아, 2015, 102-112쪽

438　아룬 아로라 외 3인, 같은 책, 14쪽, 113쪽

439　크리스 채, 같은 책, 9쪽

440　"Steve Jobs On Recruiting People," Nordpeak TV, <https://youtu.be/fj0hpsJvrko> 2023. 9. 14. 확인

441　제이 엘리엇, 『왜 따르는가 : 스티브 잡스의 사람 경영법』, 이현주 옮김, 흐름출판, 2013, 118쪽

442　"Valve's Handbook for New Employees," First Edition, Valve Press, 2012, p. 4, <https://www.valvesoftware.com/en/publications> 2023. 9. 14. 확인

443　네덜란드 심리학자 헤이르트 호프스테드가 문화적 가치관을 비교하기 위해 제시한 네 가지 문화 차원 (개인주의-집단주의, 불확실성 회피, 권력 거리, 남성성-여성성) 중 하나이다. Power distance, Wikipedia, <https://en.wikipedia.org/wiki/Power_distance> 참조 2023. 9. 14. 확인

444　이영재, 「네이버 직원 설문조사해보니…응답자 53% "직장 내 괴롭힘 경험"」, 『연합뉴스』, 2021년 7월 27일, <https://www.yna.co.kr/view/AKR20210727123500530> 2023. 9. 14. 확인

445　칙센트미하이 교수는 "인간이 만든 조직이라면 그 무엇을 막론하고 책임과 권한의 정도에 따라 일정한 형태의 상하 관계를 나타내는 계층 구조를 가진다."라고 했다. 미하이 칙센트미하이, 『몰입의 경영』, 심현식 옮김, 황금가지, 2003, 162-163쪽

446　Philippa Warr, "Valve's flat management structure 'like high school'," Wired, 2013. 9. 7. <https://www.wired.co.uk/article/valve-management-jeri-ellsworth> 2023. 9. 14. 확인

447　나하나, 『일터의 설계자들』, 웨일북, 2023, 54쪽

448　공태윤, 「기업 '호칭파괴' '직급축소'가 성공하려면…」, 『한국경제』, 2020년 11월 10일, <https://www.hankyung.com/society/article/202011098625i> 2023. 9. 14. 확인

449　함승민, 「[기업 '호칭 파괴'의 허와 실] "홍길동님, 까라면 까세요」, 『중앙일보』, 2017년 3월 5일, <https://www.joongang.co.kr/article/21337920#home> 2023 .9. 14. 확인

450 마크 랜돌프, 같은 책, 292쪽

451 크리스 채, 같은 책, 93쪽

452 Edgar H. Schein, "Coming to a New Awareness of Organizational Culture," MIT Sloan Management Review, January 15, 1984, <https://sloanreview.mit.edu/article/coming-to-a-new-awareness-of-organizational-culture/> 2023. 9. 14. 확인

453 자간은 글자의 간격이고 장평은 글자 자체의 크기를 말한다. '자간장평'은 문서 작성 시, 문장의 줄 바꿈을 보기 좋게 처리하기 위해서 자간이나 장평을 조정하는데 목숨을 거는 것처럼 보고서의 내용 보다 형식에 집착하는 전통 기업의 보고서 문화를 꼬집는 말이다.

454 아룬 아로라 외 3인, 같은 책, 111쪽

455 장재웅, 상효이재, 같은 책, 102쪽

456 한근태, 『무엇이 최고의 조직을 만드는가』, 미래의창, 2022, 104쪽

457 Charles Duhigg, "What Google Learned From Its Quest to Build the Perfect Team," The New York Times Magazine, Feb. 25, 2016 <https://www.nytimes.com/2016/02/28/magazine/what-google-learned-from-its-quest-to-build-the-perfect-team.html> 2023. 9. 14. 확인

458 Amy Edmondson, "Psychological safety and learning behavior in teams," Administrative Science Quartely, Vol. 44. No. 2, January 1999, pp. 350-383

459 에이미 에드먼슨, 같은 책, 41쪽

460 Amy Gallo, "What Is Psychological Safety?" Harvard Business Review, February 15, 2023, <https://hbr.org/2023/02/what-is-psychological-safety>

461 Amy Gallo, 같은 자료

462 Amy Gallo, 같은 자료

463 Henrik Bresman and Amy C. Edmondson, "Research: To Excel, Diverse Teams Need Psychological Safety," Harvard Business Review, March 17, 2022, <https://hbr.org/2022/03/research-to-excel-diverse-teams-need-psychological-safety> 2023. 9. 14. 확인

464 "심리적 안전"을 "심리적 안정감"이라고 잘못 쓰는 이유는 『두려움 없는 조직』의 번역 때문이라고 생각된다. 2019년 에이미 애드먼슨의 책에서 "심리적 안정감"이라고 번역했기 때문에 많은 사람들이 별다른 의심 없이 따라 사용하고 있다고 보인다. "심리적 안정성"으로 표현하는 경우도 있다. 임일, 이무원, 같은 책, 180쪽

465 1999년 논문에서 "팀 심리적 안전 (Team Psychological Safety)"를 제시하고 있다. 팀 심리적 안전은 "자기가 소속된 팀은 서로 리스크를 지는데 안전하다고 팀원들 사이에 공유된 믿음"이라고 정의하고 있다. Amy Edmondson, 같은 자료(1999), p. 350

466 에이미 에드먼슨, 같은 책, 140쪽

467 에이미 에드먼슨, 같은 책, 41쪽

468 James R. Detert and Amy C. Edmondson, "Why Employees Are Afraid to Speak," Harvard Business Review Magazine, May 2007, <https://hbr.org/2007/05/why-employees-are-afraid-to-speak> 2023. 9. 14. 확인

469 에드먼슨 교수는 실패의 유형을 세 가지로 구분한다. 예방 가능한 실패, 복합적 실패, 창조적 실패이다. "예방 가능한 실패는 규정된 절차를 지키지 않아 부정적인 결과를 초래하는 유형이다. (…) 복합적 실패란 여러 가지 요소가 복합적으로 작용해 이전과는 전혀 다른 방식의 피해를 야기하는 유형이다." 이 두 가지 실패의 유형은 환영받지 못하는 나쁜 실패이다. "창조적 실패는 '새로운 도전의 결과'라는 것"이고 "그 이름처럼 적극적으로 권장되어야 한다." 에이미 에드먼슨, 같은 책, 99-100쪽

470 장재웅, 상효이재, 같은 책, 121쪽

471 찰스 두히그, 『1등의 습관』, 강주헌 옮김, 알프레드, 2016, 107쪽

472 진 리드카, 팀 오길비, 『디자인씽킹, 경영을 바꾸다』, 김형숙, 봉현철 옮김, 초록비책공방, 2016, 29쪽

473 Loren Mooney, "Gen. Stanley McChrystal: Adapt to Win in the 21st Century", Insights by Stanford Business, April 15, 2014, <https://www.gsb.stanford.edu/insights/gen-stanley-mcchrystal-adapt-win-21st-century> 2023. 9. 14. 확인

474 변동성 Volatile, 불확실성 Uncertainty, 복잡성 Complexity, 모호성 Ambiguity의 머리글자로 불확실한 미래를 뜻 한다.

475 정경화, 같은 책, 95-96쪽

476 한근태, 『한근태의 재정의 사전』, 클라우드나인, 2018, 249쪽

477 정경화, 같은 책, 96쪽

478 Netflix Culture ? Seeking Excellence, <https://jobs.netflix.com/culture> 2023. 9. 14. 확인

479 김경희, 「직장인, 하루 평균 1.4회 회의 …'권위적인 회의' 가장 많다」, 『디지털조선일보』, 2018. 4. 19., <https://digitalchosun.dizzo.com/site/data/html_dir/2018/04/19/

2018041911501.html#> 2023. 9. 14. 확인

480 정경화, 같은 책, 96쪽

481 Adam Grant, <https://www.linkedin.com/posts/adammgrant_activity-6982709620410613760-LWGs> 2023. 9. 14. 확인

482 "The Gemini Boat Race 2023," The Boat Race, 2023 03 .26., <https://www.youtube.com/live/f58jrzIwBRY?> 2023. 9. 14. 확인

483 Lowell L. Bryan and Claudia I. Joyce, Mobilizing Minds, McGraw-Hill, 2007, p. 47

484 "Steve Jobs talks about managing people," <https://youtu.be/f60dheI4ARg> 2023. 9. 14. 확인

485 "Steve Jobs Talks About Teamwork," <https://youtu.be/1zybuzVgGsA> 2023. 9. 14. 확인

486 "Prof. Bernie Roth: Design Thinking", <https://youtu.be/eSdnx4usRXw> 2023. 9. 14. 확인

487 익스트림 티밍은 조직이나 팀이 극한 상황에서 협업하여 과제를 수행하는 것으로 복잡하고 도전적인 환경에서 여러 팀이 협업하여 문제를 해결하거나 프로젝트를 완수하는 것을 의미한다. "경계를 넘나드는 협업을 익스트림 티밍이라고 지칭한다."
에이미 에드먼슨, 장-프랑소와 하비, 『익스트림 티밍』, 오승민, 김정은 옮김, 한국경제신문, 2019, 19쪽

488 Amy Edmondson, "Teamwork on the fly," HBR Video, April 26, 2012, <https://hbr.org/2012/04/teamwork-on-the-fly> 2023. 9. 14. 확인

489 신경경제학의 창시자인 뇌과학자 폴 잭 교수는 "신뢰를 배반하는 행동은 [(…) 사람들이 직접 대면할 때보다 원격으로 상호 작용할 때 더 자주 발생한다."라고 말한다. 폴 J. 잭, 『욕망의 뇌과학』, 이영래 옮김, 포레스트북스, 2023, 238쪽

490 "[우아한형제들] 싫어하는 사람과 일하는 법 - CBO 장인성 | 이게 무슨 일이야! 컨퍼런스," 2022. 4. 1., <https://youtu.be/7_3MqiVr9Sw> 2023. 9. 14. 확인

491 Amy Edmondson, "Teams That Build the Future," HBR Webinar, September 29, 2016, <https://hbr.org/webinar/2016/09/teams-that-build-the-future> 2023. 9. 14. 확인

492 '심리적 경계'는 협업을 위한 의사결정 과정에 부정적 영향을 미친다. 필자가 말하는 '심리적 경계'는 상대방의 '신뢰'를 얻기 위해서 솔직하고 직접적인 대화를 주저하는 '방어적 경계'와 상대방을 제대로 알기 전에 '불신'부터 하는 편견을 드러내는 '공격적 경계' 모두를 포

함한다. '신뢰'와 '불신'이 협업의 의사결정에 미치는 영향에 대해서는 다음을 참조하라. Per Hugander, "When Trust Takes Away from Effective Collaboration," Harvard Business Review, May 09, 2022, 〈https://hbr.org/2022/05/when-trust-takes-away-from-effective-collaboration〉 2023. 9. 14. 확인

493 Paul J. Jack, "The Neuroscience of Trust", Harvard Business Review Magazine, Jan.-Feb. 2017, 〈https://hbr.org/2017/01/the-neuroscience-of-trust〉 2023. 9. 14. 확인

494 Connie Suggitt, "Tallest stack of M&M's record broken by 23-year-old Brit," Guinness World Records, 04 June 2021, 〈https://www.guinnessworldrecords.com/news/2021/6/tallest-stack-of-mms-record-broken-by-brit-662361〉 2023. 9. 14. 확인

495 정경화, 같은 책, 153쪽

496 "토스를 혹자 기업으로 만든 결정적 계기 토스 PO 안지영님 인터뷰," 헤이조이스 인터뷰, Feb 09, 2022, 〈https://brunch.co.kr/@plannery2018/191〉 2023. 9. 14. 확인

497 미하이 칙센트미하이, 『몰입』, 최인수 옮김, 한울림, 2004

498 미하이 칙센트미하이, 심현식 옮김, 같은 책, 70쪽

499 딘 버넷, 『행복할 때 뇌 속에서 일어나는 모든 것』, 임수미 옮김, 생각정거장, 2018, 20-34쪽

500 Paul J. Zak, "The Neuroscience of Customer Experience", MIT Sloan Management Review, April 13, 2022, 〈https://sloanreview.mit.edu/article/the-neuroscience-of-customer-experience/〉 2023. 9. 14. 확인

501 딘 버넷, 같은 책, 116쪽

502 Paul J. Zak, 같은 자료(2022)

503 Adam Grant, "How to stop languishing and start finding flow," TED, 2021. 9. 29., 〈https://youtu.be/a3zPgyvCiJI〉 2023. 9. 20. 확인

504 딘 버넷, 같은 책, 24-28쪽

505 미하이 칙센트미하이, 심현식 옮김, 같은 책, 210-221쪽

506 미하이 칙센트미하이, 심현식 옮김, 같은 책, 186쪽

507 Gary Hamel, "Humanocracy : How To Create Organizations As Amazing As The People Inside Them", Great Leadership With Jacob Morgan, 2020. 07. 07, 〈https://www.youtube.com/live/hJz4B4rdhQI〉 2023. 9. 20. 확인

508 위베르 졸리, 캐롤라인 램버트, 같은 책, 23쪽

509 <https://www.tiktok.com/@zaidleppelin/video/7124414185282391342> 2023. 9. 20. 확인

510 여성국, 「17초 영상에 발칵…"돈 받는만큼 일한다" 조용한 사직 열풍 [팩플]」, 『중앙일보』, 2022년 9월 12일, <https://www.joongang.co.kr/article/25103218#hom> 2023. 9. 20. 확인

511 "State of the Global Workplace: 2023 Report", GALLUP, p. 4 <https://www.gallup.com/workplace/349484/state-of-the-global-workplace-report.aspx#ite-506891> 2023. 9. 20. 확인

512 신은진, 「이걸요? 제가요? 왜요?…대기업 임원들, MZ세대 '3요' 주의보」, 『조선일보』, 2023년 1월 31일, <https://www.chosun.com/economy/industry-company/2023/01/31/JNCOJVTXONBYZCLVZHHBEEXPIM/> 2023. 9. 20. 확인

513 김강령, 구슬, 같은 자료

514 박종천, 같은 책, 124쪽

515 GALLUP, 같은 자료, p.10

516 GALLUP, 같은 자료, p. 14

517 위베르 졸리, 캐롤라인 램버트, 같은 책, 194쪽

518 GALLUP, 같은 자료, p. 7

519 마크 랜돌프, 같은 책, 398쪽

520 리드 헤이스팅스, 에린 마이어, 같은 책, 40쪽

521 크리스 채, 같은 책, 234쪽

522 "MZ세대에게 이직이란? '성장할 수 있는 기회'," 잡코리아, 2022. 11. 29., <https://www.jobkorea.co.kr/goodjob/tip/view?News_No=20099&schCtgr=120005&Page=22> 2023. 9. 20. 확인

523 인센티브/평가제도, 토스 위키피디아, <https://toss.oopy.io/0afca229-7ec9-46f0-8fe6-69410fc4ad31> 2023. 9. 20. 확인

524 존 도어, 『OKR 전설적인 벤처투자자가 구글에 전해준 성공 방정식』, 박세연 옮김, 세종서적, 2019, 47쪽

525 김종일, 「[뉴트렌드: 상대평가 대신 절대평가] 상대평가 원조 GE, 30년 만에 성과비교제 폐지」, 『조선비즈』, 2017. 10. 16., <https://biz.chosun.com/site/data/html_

dir/2017/09/29/2017092902189.html> 2023. 9. 20. 확인

526 "당신이 10명으로 구성된 팀에 속해 있다면, 모두가 아무리 잘해도 두 사람은 좋은 평가를 받을 것이고, 일곱 명은 보통의 평가를 받을 것이고, 한 명은 형편없는 리뷰를 받는다." Kurt Eichenwald, "Microsoft's Lost Decade," VANTIFAIR, July 24, 2012., <https://www.vanityfair.com/news/business/2012/08/microsoft-lost-mojo-steve-ballmer> 2023. 9. 20. 확인

527 존 도어, 같은 책, 60쪽

528 앤드루 S. 그로브, 『하이 아웃풋 매니지먼트』, 유정식 옮김, 청림출판, 2018, 160-162쪽

529 과거 MBO를 도입한 많은 기업들이 간과한 내용이다. 목표를 스스로 작성한다고 MBO가 되는 것이 아니다. 목표를 달성하기 위한 퍼포먼스 자체를 '지시와 명령'이 아니라 '지율과 책임'에 따라 스스로 할 수 있어야(self-control) 진정한 MBO가 작동하는 것이다. 피터 드러커의 원래 의도는 "Management By Objectives and Self-Control" 이다. Peter F. Drucker, 같은 책, pp. 121-136

530 Peter F. Drucker, 같은 책, p. 130

531 존 도어, 같은 책, 35쪽

532 피터 드러커도 MBO에서 퍼포먼스와 결과에 대한 측정을 강조하고 있다. 자기 통제를 위해서는 목표를 아는 것 이상으로 결과에 대한 측정이 가능해야 한다고 말한다. 측정치들은은 "명확하고, 간단하며, 합리적이어야 한다." Peter F. Drucker, 같은 책, p. 131

533 존 도어, 같은 책, 305쪽

534 크리스티나 워드케, 『구글이 목표를 달성하는 방식 OKR』, 박수성 옮김, 한국경제신문, 2018, 161-164쪽

535 Jeff Gothelf, "Use OKRs to Set Goals for Teams, Not Individuals", Harvard Business Review, December 17, 2020, <https://hbr.org/2020/12/use-okrs-to-set-goals-for-teams-not-individuals>

536 Rick Klau, "Google: OKRs (Objectives and Key Results) - How Hyper-Growth Startups Stay Focused," June 13, 2016, <https://youtu.be/6iFPyyXlQSw> 2023. 9. 20. 확인

537 Jeff Gothelf, 같은 자료

538 크리스티나 워드케, 같은 책, 166쪽

539 존 도어, 같은 책, 255쪽

540 Rick Klau, 같은 자료

참고 문헌

강양석, 『데이터 리터러시 AI시대를 지배하는 힘』, 이콘, 2021.
강양석, 『데이터로 말하라: 냉철한 판단과 강력한 설득의 기술』, 이콘, 2015.
강태욱, 『뉴노멀 디지털 트랜스포메이션』, 씨아이알, 2022.
김성한, 『프로덕트 오너』, 세종, 2020.
김위찬, 르네 마보안, 『블루오션 전략』, 강혜구 옮김, 교보문고, 2005.
김진영, 김형택, 이승준, 『디지털 트랜스포메이션 어떻게 할 것인가?』, e비즈북스, 2017.
나하나, 『일터의 설계자들』, 웨일북, 2023.
니콜라스 네그로폰테, 『디지털이다』, 백욱인 옮김, 커뮤니케이션북스, 1999.
니콜라스 웹, 『(초연결시대) 혁신적 고객경험 설계』, 김경자 외 2인 옮김, 시그마북스, 2018.
대럴 릭비 외, 『조직을 민첩하고 유연하게 바꾸는 애자일 전략』, 이영래 옮김, 알에이치코리아, 2021.
딘 버넷, 『행복할 때 뇌 속에서 일어나는 모든 것』, 임수미 옮김, 생각정거장, 2018.
라인하르트 코젤렉, 『코젤렉의 개념사 사전 1 문명과 문화』, 안삼환 옮김, 푸른역사, 2010.
라즐로 복, 『구글의 아침은 자유가 시작된다』, 이경식 옮김, 알에치코리아, 2015.
램차란, 게리 윌리건, 『컴피티션 시프트』, 이은경 옮김, 비전코리아, 2021.
로버트 로스만, 매튜 듀어든, 『팔리는 경험을 만드는 디자인』, 홍유숙 옮김, 유엑스리뷰, 2021.
로저 마틴, 『디자인 씽킹 바이블: 비즈니스의 디자인』, 현호영 옮김, 유엑스리뷰, 2018.
리드 헤이스팅스, 에린 마이어, 『규칙 없음』, 이경남 옮김, 알에치코리아, 2020.
리드 호프먼, 준 코언, 데론 트리프, 『마스터스 오브 스케일』, 이주영 옮김, 인플루엔셜, 2022.
리처드 다베니, 『하이컴피티션』, 이현주 옮김, 21세기북스, 2009.
마르거스 클라, 『고객 경험 혁신을 위한 서비스 디자인 특강: 가장 쉽게 배우는 서비스 디자인 프로세스』, 황희경 옮김, 유엑스리뷰, 2019.
마셜 밴 엘스타인, 상지트 폴 초더리, 제프리 파커, 『플랫폼 레볼루션』, 이현경 옮김, 부키, 2017.
마이클 쿠수마노, 데이비드 요피, 애너벨 가우어, 『플랫폼 비즈니스의 모든 것』, 오수원 옮김, 부.키 2021.

마크 랜돌프, 『절대 성공하지 못할 거야』, 이선주 옮김, 덴스토리, 2020.
마티 뉴마이어, 『디자인 풀 컴퍼니: 경영을 디자인하다!』, 박선영 옮김, 시그마북스, 2009.
미하이 칙센트미하이, 『몰입』, 최인수 옮김, 한울림, 2004.
미하이 칙센트미하이, 『몰입의 경영』, 심현식 옮김, 황금가지, 2003.
박수정, 김국현, 『디지털 트랜스포메이션 필드 매뉴얼』, 미래의 창, 2021.
박종천, 『개발자로 살아남기』, 골든래빗, 2022.
브라이언 두메인, 『베조노믹스』, 안세민 옮김, 21세기북스, 2020.
브라이언 솔리스, 『경험은 어떻게 비즈니스가 되는가』, 정지인 옮김, 다른, 2016.
스리람 나라얀, 『애자일 조직혁명: 애자일을 조직에 적용하는 비결』, 홍유숙 옮김, 처음북스, 2017.
스티브 데닝, 『애자일, 민첩하고 유연한 조직의 비밀』, 박설영 옮김, 어크로스, 2019.
신동훈, 이승윤, 이민우, 『디지털로 생각하라』, 북스톤, 2021.
아룬 아로라 외 3인, 『초속도 디지털 전환 불변의 법칙』, 송이루 옮김, 청림출판, 2021.
알렉산더 오스터왈드, 예스 피그누어, 『비즈니스 모델의 탄생』, 유효상 옮김, 타임비즈, 2011.
앤드루 S. 그로브, 『하이 아웃풋 매니지먼트』, 유정식 옮김, 청림출판, 2018.
얀 칼슨, 『MOT 진실의 순간 15초』, 박세연 옮김, 현대지성, 2023
에릭 슈미트, 조너선 로젠버그, 앨런 이글, 『구글은 어떻게 일하는가』, 박병화 옮김, 김영사, 2014.
에이미 에드먼슨, 『두려움 없는 조직』, 최윤영 옮김, 다산북스, 2019.
에이미 에드먼슨, 장-프랑소와 하비, 『익스트림 티밍』, 오승민, 김정은 옮김, 한국경제신문, 2019.
위르겐 메페르트, 아난드 스와미나탄, 『디지털 대전환의 조건』, 고영태 옮김, 청림출판, 2018.
위베르 졸리, 캐롤라인 램버트, 『하트 오브 비즈니스』, 엄성수 옮김, 상상스퀘어, 2022.
윤정원, 『살아남는 것들의 비밀』, 라곰, 2022.
이동우, 『파이브 포인트: 디지털 대전환 시대, 위대한 기업의 조건』, 한국경제신문, 2022.
이상인, 『디지털 트랜스포메이션: 뉴 호라이즌』, 가나문화콘텐츠, 2020.
이성열, 양주성, 『디지털 비즈니스의 미래』, 리더스북, 2019.
이성열, 양주성, 오태완, 『플랫폼 비즈니스의 미래』, 개정증보판, 리더스북, 2022.
이수호, 『비즈니스 전략을 위한 AI 인사이트』, 한빛비즈, 2022.
이지효, 『대담한 디지털 시대』, 알에이치코리아, 2016.
임일, 이무원, 『디지털 리더십』, 클라우드나인, 2021.
장재웅, 상효이재, 『네이키드 애자일』, 미래의 창, 2019.
전주경, 『그렇게 쓰면 아무도 안 읽습니다』, 월북, 2023.
정경화, 『유난한 도전』, 북스톤, 2022.

정재상, 『애자일 컴퍼니』, 클라우드나인, 2019.
제이 엘리엇, 『왜 따르는가: 스티브 잡스의 사람 경영법』, 이현주 옮김, 흐름출판, 2013.
제임스 길모어, 조지프 파인 2세, 『경험 경제』, MX디자인랩 옮김, 유엑스리뷰, 2021.
제프리 영, 윌리엄 사이먼, 『iCon 스티브 잡스』, 임재서 옮김, 민음사, 2005.
존 도어, 『OKR 전설적인 벤처투자자가 구글에 전해준 성공 방정식』, 박세연 옮김, 세종서적, 2019.
존 로스만, 『아마존 웨이』, 김정혜 옮김, 와이즈맵, 2017.
존 마에다, 『제품의 언어』, 권보라 옮김, 유엑스리뷰, 2021.
존 코터, 댄 코헨, 『(기업이 원하는) 변화의 기술』, 김성수, 김기웅 옮김, 김영사, 2003.
주호재, 『(현장 컨설턴트가 알려주는) 디지털 트랜스포메이션』, 성안당, 2020.
진 리드카, 팀 오길비, 『디자인씽킹, 경영을 바꾸다』, 김형숙, 봉현철 옮김, 초록비책공방, 2016.
차경진, 『데이터로 경험을 디자인하라』, 시크릿하우스, 2022.
차현나, 『문과생, 데이터 사이언티스트 되다』, 더퀘스트, 2020.
찰스 두히그, 『1등의 습관』, 강주헌 옮김, 알프레드, 2016.
콜린 브라이어, 빌 카, 『순서파괴』, 유정식 옮김, 다산북스, 2021.
크리스 채, 『실리콘밸리에선 어떻게 일하나요』, 더퀘스트, 2022.
크리스티나 워드케, 『구글이 목표를 달성하는 방식 OKR』, 박수성 옮김, 한국경제신문, 2018.
클레이튼 M. 크리스텐슨, 『혁신기업의 딜레마』, 이진원 옮김, 세종서적, 2009.
팀 브라운, 『디자인에 집중하라』, 고성연 옮김, 개정판, 김영사, 2019.
패트릭 반 더 피즐 외 11인, 『디자인씽킹, 비즈니스를 혁신하다』, 김시내 외 옮김, 틔움, 2018.
폴 J. 잭, 『욕망의 뇌과학』, 이영래 옮김, 포레스트북스, 2023.
한근태, 『한근태의 재정의 사전』, 클라우드나인, 2018.
한근태, 무엇이 최고의 조직을 만드는가, 미래의창, 2022.
홍성태, 『배민다움』, 북스톤, 2016.
황보현우, 김철수, 『감으로만 일하던 김팀장은 어떻게 데이터 좀 아는 팀장이 되었나』, 한빛비즈, 2021.
황재선, 『디지털 트랜스포메이션, 조직의 습관을 바꾸는 일』, 좋은습관연구소, 2021.
KAIST 기술경영전문대학원, 『4차 산업혁명과 디지털 트랜스포메이션 전략』, 율곡, 2019.
Nitin Seth, 『디지털 시대 승리하기』, 손봉균 옮김, 한티미디어, 2022.
Rita Gunther McGrath, 『경쟁우위의 종말』, 정선양, 김경희 옮김, 경문사, 2014.

Curtis R. Carlson & William W. Wilmot, Innovation, Crown Business, 2006.

Felix Oberholzer-Gee, Better, Simpler Strategy, Harvard Business Review Press, 2021.

Gary Hamel, Bill Breen, The Future of Management, Harvard Business Review Press, 2007.

George Westerman, Didier Donnet, Andrew McAfee, Leading Digital, Harvard Business Review Press, 2014.

Herbert A. Simon, The Sciences of the Artificial, Third Edition, The MIT Press, 1996.

Jan Carlzon, Moments of Truth, Harper Business, 1989.

John P. Kotter, The Heart of Change, Harvard Business Review Press, 2002.

Jon R. Katzenbach, Douglas K. Smith, The Wisdom of Teams, HarperBusiness Edition, 1994.

Lowell L. Bryan and Claudia I. Joyce, Mobilizing Minds, McGraw-Hill, 2007.

Michael E. Porter, Competitive Advantage, The Free Press, 1985.

Peter F. Drucker, The Practice of Management, Collins, 1986 (1954).

Peter G. Rowe, Design Thinking, Third Edition, The MIT Press, 1991.

Ram Charan with Geri Willigan, Rethinking Competitive Advantage: New Rules for the Digital Age, Currency, 2021.

Thomas T. Nagle, Reed K. Holden, The Strategy and Tactics of Pricing, Second Edition, Prentice Hall, 1995.

Tom Kelley, The Ten Faces of Innovation, Currency Doubleday, 2005.

Watts S. Humphrey, James W. Over, Leadership, Teamwork, and Trust: Building a Competitive Software Capability, Addison-Wesley Professional, 2011.

· 그림 출처 ·

그림 1. Felix Oberholzer-Gee, Better, Simpler Strategy, Harvard Business Review Press, 2021. 6쪽

그림 2. 같은 출처, 31쪽

그림 3. B. Joseph Pine II & James H. Gilmore, "Welcome to the Experience Economy", HBR, July-August 1998

그림 4. 제임스 길모어, 조지프 파인 2세, 『경험 경제』, MX디자인랩 옮김, 유엑스 리뷰, 2021. 387쪽

그림 5. 필자

그림 6. Jim Gilmore and the design of experiences, Strategic Horizons LLP, 2014.02.03.
<https://youtu.be/bfPB00DqUqA?si=b90qWdbYcWFd77qu>

그림 7. Karim R. Lakhani, New rules in the age of AI, HBS Digital Initiative, 2020. 3.10.
<https://youtu.be/O5242n_W9vA?si=l7KW9I4ehXDK5Kcm>

그림 8. 필자

그림 9. 필자

디지털 초격차 코드 나인

: 디지털 전환에 성공하는 기업의 9가지 습관

초판 1쇄 발행 2024년 1월 2일
초판 2쇄 발행 2024년 3월 4일

지은이 이상호
펴낸이 이승현
디자인 디박스

펴낸곳 좋은습관연구소
출판신고 2023년 5월 16일 제 2023-000097호

이메일 buildhabits@naver.com
홈페이지 buildhabits.kr

ISBN 979-11-983919-5-7 (13320)

• 이 책은 저작권법에 따라 보호받는 저작물이므로 무단 전재와 복제를 금지합니다.
• 이 책의 내용 전부 혹은 일부를 이용하려면 반드시 좋은습관연구소로부터 동의를 받아야 합니다.
• 잘못된 책은 구매하신 서점에서 교환 가능합니다.

좋은습관연구소에서는 누구의 글이든 한 권의 책으로 정리할 수 있게 도움을 드리고 있습니다. 메일로 문의주세요.